「ハル」敬語考

ひつじ研究叢書〈言語編〉

【第60巻】ドイツ語再帰構文の対照言語学的研究　　大矢俊明 著
【第61巻】狂言台本とその言語事象の研究　　小林賢次 著
【第62巻】結果構文研究の新視点　　小野尚之 編
【第63巻】日本語形容詞の文法－標準語研究を超えて　　工藤真由美 編
【第64巻】イメージ・スキーマに基づく格パターン構文－日本語の構文モデルとして
　　伊藤健人 著
【第66巻】日本語の文章理解過程における予測の型と機能　　石黒圭 著
【第67巻】古代日本語時間表現の形態論的研究　　鈴木泰 著
【第68巻】現代日本語とりたて詞の研究　　沼田善子 著
【第69巻】日本語における聞き手の話者移行適格場の認知メカニズム
　　榎本美香 著
【第70巻】言葉と認知のメカニズム－山梨正明教授還暦記念論文集
　　児玉一宏・小山哲春 編
【第71巻】「ハル」敬語考－京都語の社会言語史　　辻加代子 著
【第72巻】判定質問に対する返答－その形式と意味を結ぶ談話規則と推論
　　内田安伊子 著

ひつじ研究叢書〈言語編〉第71巻

「ハル」敬語考
京都語の社会言語史

辻加代子 著

ひつじ書房

目　次

序章　　　　　　　　　　　　　　　　　　　　　　　　　　　　　　1

　1. 本書の目的　　　　　　　　　　　　　　　　　　　　　　　　 1
　2. 本書の構成　　　　　　　　　　　　　　　　　　　　　　　　 5

第1部　方法論　　　　　　　　　　　　　　　　　　　　　　　　9

第1章　京都市方言「ハル敬語」分析の枠組み　　　　　　　　　11

　1. ハル敬語関連の先行研究　　　　　　　　　　　　　　　　　 11
　2. 用語の定義と敬語・尊敬語の特質　　　　　　　　　　　　　 17
　　　2.1　待遇表現　　　　　　　　　　　　　　　　　　　　　 17
　　　2.2　敬語の一般的特質　　　　　　　　　　　　　　　　　 21
　　　2.3　尊敬語　　　　　　　　　　　　　　　　　　　　　　 25
　3. まとめ―「ハル敬語」分析の枠組み―　　　　　　　　　　　 38

第2章　調査方法　　　　　　　　　　　　　　　　　　　　　　43

　1. 調査票による面接調査　　　　　　　　　　　　　　　　　　 43
　　　1.1　調査の目的　　　　　　　　　　　　　　　　　　　　 43
　　　1.2　調査項目　　　　　　　　　　　　　　　　　　　　　 44
　2. 自然談話資料の分析　　　　　　　　　　　　　　　　　　　 45
　　　2.1　調査方法　　　　　　　　　　　　　　　　　　　　　 46
　　　2.2　分析方法　　　　　　　　　　　　　　　　　　　　　 48

　　　　2.3　自然談話文字化の方針　　　　　　　　　　　　　50

第2部　現代京都市方言「ハル敬語」の共時的考察　　　　　　55

第3章　中年層女性話者の「ハル敬語」　　　　　　　　　57

　1.　はじめに　　　　　　　　　　　　　　　　　　　　57
　2.　調査票による面接調査　　　　　　　　　　　　　　58
　　　2.1　面接調査の概要　　　　　　　　　　　　　　58
　　　2.2　面接調査結果　　　　　　　　　　　　　　　58
　　　2.3　本節のまとめと問題のありか　　　　　　　　68
　3.　自然談話資料による調査　　　　　　　　　　　　　69
　　　3.1　方言敬語独自の機能解明のために　　　　　　69
　　　3.2　調査概要　　　　　　　　　　　　　　　　　70
　　　3.3　中年層女性話者の敬語使用実態概観　　　　　73
　　　3.4　基本的な運用の枠組み　　　　　　　　　　102
　　　3.5　話者の心的態度を反映した現場依存的な
　　　　　 ハルの用法　　　　　　　　　　　　　　　105
　4.　まとめ―第三者待遇における尊敬語機能の変容―　126

第4章　高年層女性話者の「ハル敬語」　　　　　　　131

　1.　はじめに　　　　　　　　　　　　　　　　　　　131
　2.　調査票による面接調査　　　　　　　　　　　　　132
　　　2.1　面接調査の概要　　　　　　　　　　　　　132
　　　2.2　面接調査結果
　　　　　 ―高年層(最高年層・若年層含む)女性―　　133
　　　2.3　本節のまとめ　　　　　　　　　　　　　　140
　3.　自然談話資料による調査―高年層女性―　　　　　141
　　　3.1　高年層女性話者談話の調査概要　　　　　　142

		3.2	高年層女性話者の敬語使用実態	143
	4.	本章のまとめ		168

第5章　自然談話からみた
最高年層女性話者の「ハル敬語」　　171

1. はじめに　　171
2. 最高年層女性話者談話の調査概要　　172
   - 2.1　話者情報　　172
   - 2.2　談話情報　　172
   - 2.3　調査方法　　173
3. 最高年層女性話者の敬語使用実態　　173
   - 3.1　ハルの文法的特徴　　173
   - 3.2　集計結果と考察
      ——最高年層女性《カジュアル場面》——　　177
4. 本章のまとめ　　192

第6章　自然談話からみた若年層女性話者の「ハル敬語」　193

1. はじめに　　193
2. 若年層女性話者談話の調査概要　　194
   - 2.1　話者情報　　194
   - 2.2　談話情報　　194
   - 2.3　調査方法　　195
3. 若年層女性話者の敬語使用実態　　195
   - 3.1　ハルの生起する言語内的環境　　195
   - 3.2　集計結果と考察
      ——若年層女性《カジュアル場面》——　　196
4. 本章のまとめ　　201
5. 女性話者の敬語運用とハル敬語の世代間比較　　202

第7章　男性話者の敬語運用と「ハル敬語」　　207

　1.　はじめに　　207
　2.　ヨル・トル・オルに関する先行研究　　208
　3.　調査票による面接調査　　214
　　　3.1　面接調査の概要　　216
　　　3.2　面接調査結果　　217
　　　3.3　本節のまとめ　　224
　4.　自然談話資料による調査　　225
　　　4.1　はじめに　　225
　　　4.2　調査概要　　226
　　　4.3　男性話者の待遇表現使用実態　　229
　5.　本章のまとめ　　259

第3部　京都語「ハル」の通時的考察　　265

第8章　ハル敬語の源流
―京都板洒落本にみる待遇表現諸形式の消長と運用―　　271

　1.　はじめに　　271
　2.　調査概要　　272
　　　2.1　資料　　272
　　　2.2　方法　　273
　3.　結果　　275
　　　3.1　出現した待遇表現諸形式の概況　　275
　　　3.2　女性話者の敬語運用　　279
　4.　まとめ　　291

第9章　江戸時代後期京都語・女性話者のナサル・ナハル・ヤハル　295

1. はじめに　295
2. 調査　295
   - 2.1　考察対象とした資料　295
   - 2.2　分析の観点と方法　297
3. 調査結果　297
   - 3.1　『風俗三石士』におけるオ～ナハル　297
   - 3.2　『興斗月』におけるヤハル　302
   - 3.3　『千歳松の色』におけるオ～ナハル　309
4. 女性話者の敬語運用の特徴とナサル・ナハル・ヤハルの性格　312

第10章　ハル敬語の発生
―落語関係資料の検討―　315

1. はじめに　315
2. 先行研究　316
   - 2.1　上方(京阪語)におけるハル敬語の成立時期　316
   - 2.2　大阪語におけるハル敬語の成立期の様相　317
   - 2.3　明治期前後の京都語の口語の実態を表す資料　318
3. 検討した資料と調査結果の概要　320
   - 3.1　調査した資料　320
   - 3.2　調査結果　325
   - 3.3　本章で取りあげる落語家　330
4. 落語関係資料の分析と考察　331
   - 4.1　考察対象とする作品　331
   - 4.2　分析方法　331
   - 4.3　考察　331

4.4　まとめ　　　　　　　　　　　　　　　　　　　347
　5.　幕末から現代までの敬語運用および
　　　ハルの意味・機能の変遷　　　　　　　　　　　　349

終章　方言敬語の社会言語史的研究の試み　　　355

　1.　属性別・時代別「ハル」敬語概観　　　　　　　　355
　2.　ポライトネスの観点からみた「ハル」敬語　　　　361
　3.　京都語における第三者待遇表現の特質　　　　　　363
　4.　第三者待遇専用敬語形式の変遷　　　　　　　　　365
　5.　今後の課題　　　　　　　　　　　　　　　　　　367

参考文献　　　　　　　　　　　　　　　　　　　　　369
資料(使用テキスト)　　　　　　　　　　　　　　　　377
あとがき　　　　　　　　　　　　　　　　　　　　　379
索引　　　　　　　　　　　　　　　　　　　　　　　383

序章

1. 本書の目的

　二十世紀から二十一世紀の変わり目という現時点において、京都・大阪を中心とする近畿中央部の方言敬語である「ハル敬語」は非常な隆盛を示している。近畿中央部方言話者の中でも現代京都市方言話者はハル(以下形式として「ハル敬語」を指す場合ハルと呼ぶ)を最も高頻度、かつ広範囲に用いるとされる。本書の目的はそのような京都市方言、ひいては京都語における「ハル敬語」に照準をあて、時代とともに変容する姿も含めて、包括的かつ体系的に記述することにある。ここで便宜的に「京都市方言」という言葉を、現在主として京都市街地で行われている方言の意味で用いる。また、「京都語」という言葉を、現代京都市方言の核であり、かつての都であり長い歴史をもつ京都の地で連綿と受け継がれてきた言葉という意味で時代を現代と限らず広く指す場合に用いることにする。

　先行研究では第三者を話題にする場合に用いられるハルの用法(＝第三者待遇におけるハルの用法)に特徴があり、尊敬語として解釈できない場合のあることが指摘されている。京都市方言話者の中でも女性話者はハルの使用頻度が高いとされ、第三者待遇で赤ちゃん、犬や猫などの動物、豆・電車などの非情物、その他、現代日本標準語の尊敬語では適用対象にならないような広い範囲の対象に適用するとの指摘がある。そのような特異なふるまいを示すハルの性格の解釈については「丁寧語」、「美化語」、「親愛語」など研究者によって多岐に分かれているのが現状である。また、他人が話し相手の場合でも、父親などの身内の目上の人物にもハルが適用されることが認められており、それをもって絶対敬語的運用の残存と説明される。しかし、ハル敬語のとびかう中で生活している筆者には上記の先行研究の解釈はハル敬語の

特質をとらえきっていない感がある。従来の研究はハル敬語を標準語の敬語の枠内で説明しようとするきらいがあり、方言敬語独自の機能の存在に目を向けてこなかったこと、また、当地では主に使用する方言の待遇表現形式として男性話者はハルとオル・トル・ヨルを使用、女性話者はハルのみ使用というような男女間の分化がみられるのに、両者の「ハル敬語」の機能を一括して解釈していることに問題があると思われる。

　敬語ないし待遇表現は知的意味を一つにし、待遇的意味の異なりをもつ語彙項目である。言語行動という観点から敬語について考えると、敬語使用を待遇的意味の違う形式、すなわち待遇的意味の異なるヴァリエーションの選択過程ととらえると分かり易い。敬語形式ないし待遇表現形式の選択にあたって、話し手は、自分の属性、自分と話し相手との社会的関係、話題との社会的関係、場面の改まり度などの社会的要素や心理的要素、つまり言語外的諸要素を計算に入れることが前提となる。その待遇表現形式の中でも「ハル敬語」のような尊敬語を含む狭義敬語は待遇的意味の異なるヴァリエーションの一つを選択することが必須の語彙項目であり、文法体系の下位体系をなしている。狭義敬語の算定方式は時代や、地域社会により慣習化され、体系化された運用規則が形成され、地域言語を律することになる。ただし、この体系化された運用規則は文法規則と比べてゆるい拘束力しかもたない。なぜならば、上述のように敬語の適用や敬語運用規則には言語外的諸要素の計算が組み込まれており、その計算には多かれ少なかれ話し手の主観的な評価が入ってくるし、慣習化された規則は絶対的なものではなく、話し手にいくらか幅のある運用を許すからである。本書ではそのような幅のある運用を含めた総体として敬語の枠組みを考えることにする。

　本書では、総体としての敬語の枠組みは、日本国内で共時的に見ても均質のものではないという立場に立つ。京都の方言敬語の特質や、そこで使われているハルの意味・機能・運用上の特質を考えるにあたっては、運用面の地域性を中央語の敬語の変化過程から帰納した一つの尺度によってはかることなく、標準語の分析枠組みによることなく、当該方言独自の論理・尺度を発見・把握し、理解しなければならないと考える。

　現代日本における敬語の変化傾向に関するトピックとして、全国的に実施された方言調査にもとづいて東京を中心とする全国の広い地域での敬語体系全体の丁寧語化が指摘されて（井上史雄1981）久しい。敬語体系全体の丁寧

語化とは、丁寧に話す時には、素材にも丁寧に言及すること、つまり素材敬語の対者敬語的使用のことである。この傾向は、首都圏やその他の地方で行われた調査によっても裏付けられている（大石 1983: 50-73 他）。その一方で、京都市方言を含む近畿中央部方言に関して、「面と向かって話す場合よりも、第三者として話題にする場合に素材待遇語が多用される」（宮治 1987）という上述の対者敬語化とは全く異なる待遇表現運用上の特質が見られることが指摘されている。このような運用上の特質が認められること自体が、この地の方言敬語の世界で旧来の絶対敬語的運用がただ残存しているだけではない何らかの変化が起きていることを物語っている、と言える。

　京都市方言敬語、ひいてはハルの特質を方言敬語独自の論理・尺度により把握するには、さまざまな属性をもつ京都市方言話者のそれぞれが、実際ハルをどのような対象に適用し、どのように運用しているかについて改めて実態調査を行い、先行研究で挙げられた適用例も含めすべての用法を説明できる枠組みを実態に即して構築する必要があろう。以下に、本書が採用した調査の枠組みの概略を示す。

① 現代語の敬語記述においては男性、女性という敬語の使い手による違いは普通大きな問題とはされない。特に敬語の特質を云々するときはそうである。しかし上述のように当該方言では使用語彙に男女差が認められるため、調査にあたっては話者を性別に分けて調べることにした。特にハル敬語使用に特徴があるとされる女性話者について入念に調べることにより「ハル敬語」に起こっている変化の核心にせまることができると考えた。

② 共時的な臨地調査を行う際、あらゆる年齢の話者をまとめて考察すると、的確な記述ができないおそれがある。そのため、女性話者については、年層を臨地調査としては上限と考えられる明治末年生まれの最高年層話者、高年層話者、中年層話者、若年層話者に分けて調査を行い、男性話者についても高年層、中年層、若年層を対象に調査を行った。ひとまず中心においたのは中年層話者である。これは、一般に敬語の習得は他の言語項目より遅く社会経験の豊かなこの年層の敬語運用には安定性があると考えられること、京都市方言でひと昔前に隆盛のみられた伝統的敬語形式オ～ヤスがこの年層で使用されなくなりつつあると報告され

ており、使用方言敬語形式がハル一語に収束していることが認められることによる。

③ 敬語関係の調査としては、従来は場面を設定してのアンケート調査や調査票による面接調査が一般的だった。しかし、そのような調査法で得られた回答はあくまで内省によるものであり、インフォーマントの内省判断が必ずしも実態を反映しているとは限らない。また、調査の基礎となる場面の設定という作業自体が標準語の敬語の枠組みに制約されがちである。本研究では、敬語運用の大枠をとらえたり、先行研究で指摘されている特異な用法の使用実態を確認したり、不足部分を補ったりするために調査票による面接調査を実施したが、当該方言話者による自然談話資料の分析による方法を調査の中心に据え、言語使用の実態をじかにとらえることをめざした。自然談話資料の分析という方法の詳細の説明は次章にゆずり、要点だけ述べると以下のようである。話者毎の狭義敬語を含めた待遇表現形式の対象や場面による使い分けを網羅的に調べ、集計することにより、敬語運用の基軸を把握する一方で、孤例、ないし、少数の例外的な適用例のありかを把握する。集計された数字は多数例であれ、少数例であれ、具体的発話に直結しているので、それらの発話にさかのぼることによって文脈の中で敬語使用の意味・機能を解釈することができる。また、話者に意識されないような発話産出時の運用の機微もとらえられると期待できる。つまり、量的分析と質的分析、マクロな視点とミクロな視点との統合であり、両者を有機的に結びつける役割を果たすのがイディオレクト(個人語)の観察である。

上に記したような言語の多様性に注目すること、言語使用者の社会的属性や場面要素と言語使用との相関を探ること、臨地調査により帰納的な検証作業を行うこと、イディオレクトへの注目、分析材料として自然談話資料を用いることなどは社会言語学的な研究手法として培われてきたことであり、研究の視点である。Weinreich 他(1968: 100)では言語を秩序ある非等質性 orderly heterogeneity をもつ対象として見る必要性を説いている。たとえば、各年層を分けて共時的に考察するということ自体が、見かけ時間 apparent time(cf. Chambers 1995)上ではあるけれど、通時的変化の考察につながることになる。

Paul(1880)は「個々の事実の確認を一歩越え、全体の関係を把握し、すべての現象を理解しようとすれば、あるいは自ら明らかに自覚していなくても、おのずと史的研究の地盤に足を踏み入れることになる」と述べている。本書では、京都市方言の「ハル敬語」という言語事象を理解するために、使用し得る限りの資料を用いて、「個々の事実の確認」を越え、「ハル敬語」に関わる「全体の関係を把握し、すべての現象を理解」することを志向する。したがって京都語の「ハル」がどのような道筋をたどって現在ある姿になったか、なぜそのような姿になっているのか、についても考察を広げることになる。

　明治末年生まれの最高年層話者、高年層話者、中年層話者、若年層話者の各年層に分けて行った共時的考察は、見かけ時間上の変化とはいえ、通時的変化の考察でもある。本書では、その臨地調査にもとづく通時的考察を文献資料による考察へとつなぎ、ハル敬語の胚胎期までさかのぼって考察した。具体的には、①筆者が録音した明治末年生まれ以下の生え抜きの京都市方言話者による談話資料、②明治時代から大正時代にかけての京都出身の落語家による落語速記本、および落語音声資料、③江戸時代宝暦年間以降成立した京都市の口語を伝える京都板洒落本資料を中心とする文献資料である。それらの文献資料が臨地調査に連続する形で一つの言語事象を跡づけたことになる。文献資料の分析にあたっては、自然談話資料分析の方法論を援用した。このような文献資料と臨地調査を貫く一貫した社会言語学的方法論を用いて一つの敬語形式の展開の姿を追った研究は敬語研究としてもまだ試みられていないものであり、ここに「社会言語史的研究」と名づけ、考察を展開していこうと思う。

2. 本書の構成

　本書は先行研究の検討と方法論的な考察を行う第1部「方法論」(第1章、第2章)、現代京都市方言「ハル敬語」の共時的考察を行う第2部(第3章～第7章)、「ハル敬語」胚胎期以降の京都語の敬語に関する通時的考察を行う第3部(第8章～第10章)の三部構成とし、最後に終章を付し全体についてまとめる。

　第1部第1章では、まず京都市ないし近畿中央部方言における「ハル敬

語」に関する先行研究を検討し、問題の所在を示す。次に、現代の敬語論における各種敬語の定義やとらえ方を確認した上で、現代日本標準語の敬語の特質とは何かについて考え、京都市の方言敬語を記述するに際して本書で用いる用語の定義と分析の枠組みを示す。第2章では、それらをふまえて導き出した調査方法、分析方法等を示す。

第2部では、考察対象とする話者を男性話者と女性話者とに分けて考察する。先行研究で「ハル敬語」の使用に特徴がみられるとされる女性話者についてはさらに年層を分けて詳しく考察する。女性話者の中では、敬語に習熟している世代であり、かつ、活躍層である中年層女性話者を考察の中心におく。第3章では、その中年層女性話者の敬語運用の枠組みと「ハル敬語」の特質について考察する。まず、調査票による面接調査により敬語運用を全般的に概観する。次に、主に自然談話資料の分析により中年層女性話者の敬語運用の基本的な枠組みとハルの基本的意味・機能について考察し、さらに、基本的用法から逸脱した諸用法について考察する。第4章では、まず、調査票による面接調査により高年層、最高年層、および若年層女性話者の敬語運用を全般的に概観する。次に、自然談話資料により高年層女性話者の「ハル敬語」をはじめとする敬語の使用実態を分析、考察する。第5章では、自然談話資料により明治末年生まれの最高年層女性話者の「ハル敬語」の特質について考察する。第6章では、自然談話資料により若年層女性話者の「ハル敬語」の特質について考察する。第7章では、面接調査と自然談話資料により男性話者の敬語運用と「ハル敬語」およびヨル・トル・オルの各素材待遇語形式の特質について考察していく。男性・女性両話者の使用実態を別個に調べ、両者を対照することによって女性話者の敬語使用の特徴がより明確になると考えられる。また、男性の敬語表現に含まれる軽卑語とされるヨルなどのふるまいが女性の「ハル敬語」のふるまいに何らかの影響を与えているか、という点についても考察する。

第3部では、江戸時代後期以降から明治期にかけての京都語における敬語運用とハル、およびハル成立に関わったとされる諸尊敬語形式を中心に考察する。分析に用いる資料は基本的に文献資料となる。まず、第8章で京都板洒落本を資料としてハルの胚胎期である江戸時代後期の待遇表現形式使用状況について通時的に概観し、先行研究でハルの母胎とされる形式がいつ、どの資料で現れたかを確認する。さらにそれらの形式を含めた待遇表現

諸形式全体の運用の枠組みを考察する。第9章では、ナハル・ヤハルの現れた資料について、これらの形式の意味・機能を敬語運用の枠組みの中に位置づけつつ詳しく考察する。第10章では、京都語としては初めてハル形が現れた京都出身の落語家による落語関係資料について分析、考察を行う。次に第3部のまとめとして通時的観点から江戸時代後期から現在にいたる京都市方言女性話者の敬語運用およびハルの意味機能の変遷を概観する。最後に終章で全体のまとめを行う。前で述べたように、通時的考察においても現代語と同じ分析手法を用いることにより、より深い相互比較を行うことができ、ハル敬語の生成、ハル敬語ならびに敬語運用機構の変容過程を確実にとらえることができると考える。

第1部

方法論

第1部「方法論」では、第2部、および第3部で行う「ハル敬語」記述の方法について述べる。
　まず、第1章でハル関連の先行研究を概観した上でその問題点を考え、続いて現代日本標準語の敬語の特質について、敬語関係の論考を参照しつつまとめる。その結果と先行研究で示されたハル敬語の特質とを考えあわせて導きだした方言敬語分析の枠組みを提示する。
　第2章では、その枠組みをふまえて本書で行う主要な調査・分析の方法を具体的に示し、あわせて文字化の方針について述べる。

第1章　京都市方言「ハル敬語」分析の枠組み

　本章では京都市方言「ハル敬語」を記述する際に本書で用いる分析の枠組みを提示する。その枠組みを導きだすために、まず第1節でハル敬語関連の先行研究を検討して、そこにはどのような問題点があり、記述に際してどのような点を明らかにし、また補う必要があるか考え、第2節で本書の目的に関わる範囲の用語の定義や敬語研究で展開されている議論の紹介と整理を行い、第3節で「まとめ」として本書における分析の枠組みを示す。

1. ハル敬語関連の先行研究

　近畿中央部方言[1]の敬語に関する近年の動向として、分布上の側面からはハル敬語の使用地域の拡大といった隆盛が指摘されている(中井精一 1992、岸江 1993, 1998 他)。本書で取り上げる京都市方言[2]では、他の近畿中央部方言と比較して、特に女性話者においてくだけた場面の第三者待遇でハルを使用する頻度が高く、適用する対象の範囲が極めて広いことが指摘されている(中井精一 1992、岸江 1993 他)。
　このようなハルの特質と用法の解釈については、丁寧語(島田 1966、加藤 1973、藤原 1978: 417 他)、美化語(加藤 1973、岸江 1993)、絶対敬語的な身内尊敬用法[3]の名残(島田 1966、加藤 1973、野元 1987: 61 他)、くだけた場面で女性が使うハルは、二、三人称の人間の動作を示す(高橋 1974)、敬意表現の用法と関係把握の表現をあわせもつもの(宮治 1988)、身内尊敬用法の一部は距離を置く機能によるもの(中井幸比古 1997)、親愛語(岸江 1998)、他人の動作であることを示す(ただし宇治市方言)(中村真有美 1998)等諸説あるが、いずれも定説となるに至っていない。
　京都市方言「ハル敬語」を取り上げている先行研究としては大きく以下の

三つのグループに分類できる。
① 尊敬語としては特異な適用例を指摘しているもの。
② 運用面の特徴を指摘しているもの。
③ ハル敬語の性格について論じているもの。
もちろん、現実にはそれらの議論は重なりあっている場合もある。
　以下では、この分類にそって先行研究を簡略に紹介し、問題点を整理して、本書の問題意識を提示することとする。

① 尊敬語としては特異なハルの適用例
　　以下に具体例を示す。特異なハルの適用例からハルの性格付けを行っている場合には、③と重複することになるが、その記述もあわせて示す。
　　（下線筆者：ハルの適用対象に付した。）
島田(1966)：「『隣の猫が魚を盗んでいかはった』の『はる』は敬語から丁寧語に動きつつあるというべきかもしれない」
加藤(1973)：「〈オ芋ハンが煮エハリマシタ〉の…〈煮えはりました〉も丁寧語と解すべきであろう」
楳垣(1974)：自分の息子、どろぼうから天気に言及するときまで使う(特に婦人が)「結局これは『尊敬語』としてではなく『丁寧語』として使われていると考えなくてはならない」
大石(1974)：「たとえば、子が親のことを、また、妻が夫のことを言うばあいは、客に対してでも、『行カハッタ』『出カケラレタ』と言う。もっとも、自分の子どもについても『行カハッタ』と言うようだから単純ではないが、やはり『ハル』は親愛の意を含んだ軽い尊敬語と見ていいもののようである」
堀井(1988: 10-11)：「動物や無生物にも用い、子どもに『わんわん(犬)が来ヤハッタ』『オミコッサン(みこし)が通らハル』などという」
「『この子ヨー泣かハリマッシャロ』(よく泣くんですよ)のように母がわが子の面前で他人にいう場合の『ハル』は、他人が自分の子どもにでもいうかのように、いくぶん子どもを茶化した気持ちを含んでいる」
岸江(1998)：赤ちゃん、動物に対する用法は場面による使い分けはないので丁寧語的な用法ではない。他方、ハルが赤ちゃん・子猫・お猿

さん・小犬・猫の順によく用いられ、犬・どら猫・野良犬には用いられることがないという意識調査の結果をもとに素材による使い分けがあることから親愛語(筆者注：岸江1998では「素材に対して、かわいいと思う気持ち、親しみをあらわす形式」と定義している)の用法だとしている。

中井幸比古(1997: 35)：老年層では時に一人称に使う、(煎餅の割れを買ってきてそれを親しい客に出すとき)「こんなもん買うてキハリマンネ」のような例の「『ハル』には自分と本当は関係があるがそれを他人事のように言う、という意味合いを含むことがある」

② 運用面の特徴への言及

運用面の特徴に関しては次に示す二通りの指摘に集約できる。

ⅰ．身内の目上の人物へのハルの使用についての解釈と関わるもの

第三者に対する敬語表現に関して、その第三者が自分の父親等である場合でも敬語を使う現象が京都ないし関西のハルに認められるとの指摘は多い(島田1966、加藤1973、大石1974、野元1987他)。これを解釈して身内尊敬用法ないし絶対敬語的な運用の規範があるとするもの(加藤1973、野元1987: 61)、東京語の聞き手本位に対する話手本位(島田1966)、あるいは話し手中心性(大石1983: 36)とするものなどがある。

臨地調査により身内への敬語使用の実態を論じたものに宮治(1987, 1992など)や岸江(1993)他があり、近隣地域と比較して京都市の特に女性が父親を話題にする場合(話し相手は母親)、ハルを使用すると回答する率が高いという報告がある。宮治(1992)では、この用法は父親へのハル敬語の使用が皆無に近く革新的な大阪市の用法と比較しても、近世上方語の用法を継承する伝統的なものと考えられる、としている。

これに対して、中井精一(1992)では、家族、および、学校の友人や職場の同僚を話し相手として、父親を話題にした場合の待遇表現運用状況を調べた調査(関西中央部、具体的には大阪市、岸和田市、枚方市、東大阪市、神戸市、京都市、長岡京市、田辺町、甲南町、奈良

市百楽園、奈良市、桜井市、当麻町、高取町の 14 地点で、18 歳以上 30 歳未満の女性をインフォーマントとして行われた)にもとづいて近畿方言では身内尊敬用法の例はほとんど認められないとしている。

さらに、中井幸比古(1997: 35)に、自分の父・母など尊属の動作を家族以外の人に語るのに付ける「ハル」は、絶対敬語の残存として取り上げられていることが多いが、話者が父・母などと距離を置くという働きも大きいのではないか、という指摘がある。

ⅱ．話し相手待遇と第三者待遇での敬語の使用頻度の違い

宮治(1987)によると近畿方言では、素材待遇語[4](広義の素材敬語)全体としての用例が、話し相手待遇よりも第三者待遇に偏る、具体的には面と向かっては素材待遇語も丁寧語も用いない人物を話題にする場合に素材待遇語が多用される、という現代標準語の対者敬語化した運用とは全く異質な現象がみられるということである。この指摘は京都市に関しては 1986 年に高校生を対象として行ったアンケート調査にもとづく。上下関係と親疎関係とを組みあわせた四場面における話し相手待遇表現と第三者待遇表現(最もくつろいだ場面を設定するために話し相手は家族を想定)を尋ねたものである。

他に中井幸比古(1997: 34)に、待遇価について、ハルは老年層ではかなり敬意が低いが、壮年層以下では「オ〜ヤス」[5]が消滅した分、「ハル」をかなり上まで使える、との指摘がある。

③ ハル敬語の性格について

話し相手待遇と第三者待遇という待遇の違いにより性格が異なるという見方が一般的である。以下に示すように、特に問題となるのは身内尊敬用法がみられ、普通、尊敬語が適用されない対象にもハルが用いられる第三者待遇における用法の解釈である。

ⅰ．話し相手待遇における用法の解釈

敬度の軽い尊敬語だとするのが一般的である(中井精一 1992、中井幸比古 1997 他)。

ⅱ．第三者待遇における用法の解釈

島田(1966)、藤原(1978: 417)、楳垣(1974)：丁寧語、その場を丁寧に表現する方法。

高橋(1974)：「男性語のなかの『よまはる』は主として待遇表現の手段であるが、あらたまらない場面で女性がつかう『よまはる』は、二人称と三人称の人間の動作であることをしめすのにつかわれる。(中略)京都弁では、とりたてのうちけし動詞と待遇動詞とから人称性がすすんでいるようにおもえる」

岸江(1993, 1998)：親愛語、上述①

大石(1974)：「親愛の意を含んだ軽い尊敬語」、上述①

加藤(1973)：「美化語、丁寧語」

宮治(1988, 1992)：「敬意表現としての用法と関係把握の表現としての用法を併せ持つ素材待遇語」
近畿方言に見られる第三者待遇の場合にほぼ限定される形で用いられる素材待遇語の性格について「待遇される人物との間柄やその人物に対する認識・評価を話し手が言語化した表現(これを筆者は「関係把握の表現」と呼ぶ)としてとらえた方が妥当であると思われる」(宮治 1992)としている。

中井幸比古(1997)：身内尊敬用法の一部は距離を置く機能によるもの、上述②

中村真有美(1998)：他人の動作であることを示す(ただし宇治市方言)

　以上、先行研究について概観したが、京都市方言のハル敬語の特性に関する先行研究の指摘内容や、その論拠とした調査の方法論には、以下のような問題点がある。

(a) 現代日本標準語の相対敬語的運用と対比させて絶対敬語的運用の規範があるというためには、身内の目上に対し話し相手待遇と第三者待遇で同じような尊敬語形式を用い、かつ、第三者待遇の場合の話し相手が他人でもその形式が使用されることを示さなければならない。先行研究でこの点を押さえて調査しているのは中井精一(1992)だけであるが、京都市の標本数は1件のみとなっている。調査結果の解釈は、京都市を含めて身内尊敬用法は認められないとするものであり、京都市では伝統的な用法が残っているとする宮治(1992 他)と相反するものとなっており、実際にはどうなっているのかを確かめる必要があると思われる。ま

た、身内といっても血縁関係にあるのか義理の関係にあるのかにより運用が異なる可能性があり、どの範囲を身内とするかも確かめる必要がある。
(b) 「第三者待遇に偏る素材待遇語の使用」を主張した宮治(1987)では、インフォーマントは高校生である。敬語の習得は社会に出て完成すると考えられるので、高校生より上の、敬語に習熟している年代層の話者の実態はどうか、についても明らかにする必要がある。
(c) 丁寧語・美化語とする説は、(b)のくだけた場面において面と向かっては素材待遇語も丁寧語も用いない人物を話題にする場合における「第三者待遇に偏る素材待遇語の使用」という運用と重なっているのであるなら退けられなければならないはずである。また、「丁寧語」「美化語」の定義の確認と運用面の確認が必要である。例えば「動物」「お芋」その他のハルの特異な使用例について丁寧語であるとするためには、それぞれが話し相手が目上のような場面で使用され、話し相手が目下であるような場面では使用されないことを確かめなければならない。
(d) 「ハルが二人称・三人称の人間の動作を表す」という場合、「人称」「人間」の語が何を表しているかはっきりしない。尊敬語が一人称の人間の動作を表す場合普通使われないのは当然として、「人称」特に「三人称」がどの範囲までを表すのか、「間柄的関係」にない人物も含むのか、「三人称の人間」とは現代日本標準語では尊敬語を用いないと考えられる「人数」などの抽象的な概念を表す場合を含むのか、総称的に言う場合も含むのか、抽象化された組織のようなものも含むのか等々の疑問が生じる。それらの点を明らかにする必要がある。
(e) 動物やわが子への適用例には〈隣の猫が魚を盗んでいかはった〉や〈この子よー泣かはりまっしゃろ〉のように「素材に対して、かわいいと思う気持ち、親しみをあらわす形式」(岸江1998)から若干ずれていると思われる例もある。したがって、実態はどうなのか調べ、適用例の文脈に即した解釈を行うことや、「親愛語」の再定義を行うことが必要である。
(f) オ〜ヤスなどの伝統的な形式が消滅しつつあるとされるが、実際どの年層まで使用されているか、それにともなってハルの待遇価は変化しているのかについて確認する必要がある。

本書で目指す記述を行うためには序章第1節で述べたように、共時的には性別で分けたすべての年層の京都市方言話者のインフォーマントに対し(a)〜(f)に挙げた問題点に対応する調査票による面接調査と、自然談話資料の採集を実施する必要がある。具体的な調査方法や分析の枠組みを検討する準備として、次節では敬語関係の先行研究を参照しつつ相対敬語・丁寧語・美化語その他、本書で使用する用語の定義づけを行い、分析材料である敬語・尊敬語の特質について確認しておきたい。

2.　用語の定義と敬語・尊敬語の特質

　本節では本書で論を展開したり、分析のための方法論的枠組みをつくったりする際に必要な敬語関係の用語の定義を行い、敬語・尊敬語の特質について考える。ここでいう敬語・尊敬語とは一般的な概念であるとともに、現実世界で使用されているものであることに留意しなければならない。たとえば尊敬語の運用上の特質は時代や社会により変化するものである。本節では現代日本標準語の敬語論で説かれている定義や特質を記すが、当該方言敬語との違いを確認する材料として記すという意味あいもある。

　また、本書で分析対象とするハルという形式の出自に関して先行研究では、尊敬語ナサル（〜ナサル）→〜ナハル→〜ヤハルという過程を経て析出された、とする見方が優勢である（奥村1966他）。この形成過程については、第三部で改めて検討するが、ハルが尊敬語の一種として推移してきたことは動かないであろう。そこで「尊敬語」の言語学的、語用論的特質については特に詳しく先行研究を検討することにする。

　以下2.1で「待遇表現」、2.2で「敬語」、2.3で「尊敬語」について取り上げる。

2.1　待遇表現

　言語行動をはじめとする人間の表現活動には、話し手が発話の場面、特に人と人との関係を反映させて記号化された一群の表現群があり、日本語の研究においては待遇表現の語を用いて一括されている。菊地(1994: 21)では待遇表現を以下のように定義している。

〔1〕基本的には同じ意味のことを述べるのに、話題の人物／聞手／場面などを顧慮[6]し、それに応じて複数の表現を使い分けるとき、それらの表現を待遇表現という。　　　　　　　　（菊地1994: 21）

他にも先行研究にはさまざまな定義があるが、本書では待遇表現の語を用いる場合、ほぼ〔1〕の定義により用いる。

〔1〕には「基本的には同じ意味」、言語学の用語で言えば真偽が問題となるような性質の意味である「知的意味 cognitive meaning」を「待遇的意味」と区別し、知的意味に待遇的意味が結合した複合的意味構造をもつものとして待遇表現をとらえるという見方がある。

待遇表現の範疇に入る表現としては、言語的表現の他に、言語随伴的要素や、非言語的要素も考えられるが、ここでは言語表現としての待遇表現を大きく〔2〕のような三つの類型に分ける。（この類型化にあたっては菊地1994: 63を参考にした）

〔2〕ⅰ．本来的に特定の待遇の仕方を表す表現として慣習化され記号化されているもの。具体的には狭義敬語の類、卑罵語の類、対立する狭義敬語の類や卑罵語の類のある無標の形式（以下本書では普通形式と呼ぶ）。
　　ⅱ．本来的に待遇専用の表現ではない表現（あるいは表現差）を用いて語用論的に待遇的色彩をもたせたもの。具体的には否定疑問文による要求表現、婉曲語法、前置き表現、縮約語形の使用等。
　　ⅲ．ⅰとⅱとの中間的なものとして終助詞や間投助詞を考える。

本書で待遇表現という用語を用いる場合は、有標の待遇表現諸形式の他に有標の待遇表現諸形式と対立関係にある普通形式も含めることになる。また、「素材待遇語」というとき、上位待遇の尊敬語、下位待遇の卑罵語の別なく何かに言及して用いる〔2〕ⅰ．の類の有標の語を指すというように定義できる。敬語のような言語項目を考える際、有標・無標、上・下等で対立するどちらにも目を向ける必要があるというのが本書の基本的スタンスである。

さて、ある待遇表現を発することは相互的人間関係における一つの言語行動であるととらえることが可能であり、選択過程という角度からとらえることができる。菊地(1994)では図 1-1 および〔3〕に示すような待遇表現の選択までのプロセスをモデル化している。

〔3〕待遇表現の選択までのプロセスのモデル
（1） 場面や人間関係(＝上下・立場・親疎・内／外)という「社会的ファクター」を把握・計算する。
（2） これに、〈その場面でその人物にどのような／どの程度の待遇をしたいか〉についての〔＝より具体的には、〈その人を立てた表現をするかどうか〉〈よい(丁寧な)表現をするかどうか〉といった〕話手の待遇意図という「心理的ファクター」が加わる。別の言い方をすれば、〈(1)の把握・計算にそのまま対応した表現を使うかどうか〉についての話手の意図だといってもよい。(そのさらに背景的なファクターとしては、人間関係の円滑化を図る意図(の有無)・人柄など、付随的なファクターとしては、表現技術・伝達効果についての考慮もあげられる。)
（3） ほとんど一瞬のうちにこれらを勘案し、これにふさわしい《待遇的意味》をもつ待遇表現を選択する。（菊地 1994: 59）

図 1-1 に関して「上下」などの社会的ファクターの把握と心理的ファクターとが、「ともに加わってどのような待遇表現が使われるかが決まるのだと捉える(菊地 1994: 61)」「実は、究極的には自分の意図によって敬語を使うのである(同 1994: 70)」といった説明が加えられている。

〔3〕のモデルによれば《待遇的意味》は待遇表現自体の意味として「待遇表現の選択」の段階に位置づけられており、言語外的(社会的・心理的)諸ファクターである人間関係(＝上下・立場・親疎・内／外)等の把握や話し手の待遇意図と区別されていることが注目される。たしかに、待遇表現は表現の機構として共通のものがあるにしても、一般の文法項目よりはゆるい紐帯しかない。大石(1976)でも「待遇的意味によってはたらく待遇語においては、基本的に、そのはたらきが個別事情・個別場面によってきめられる傾向

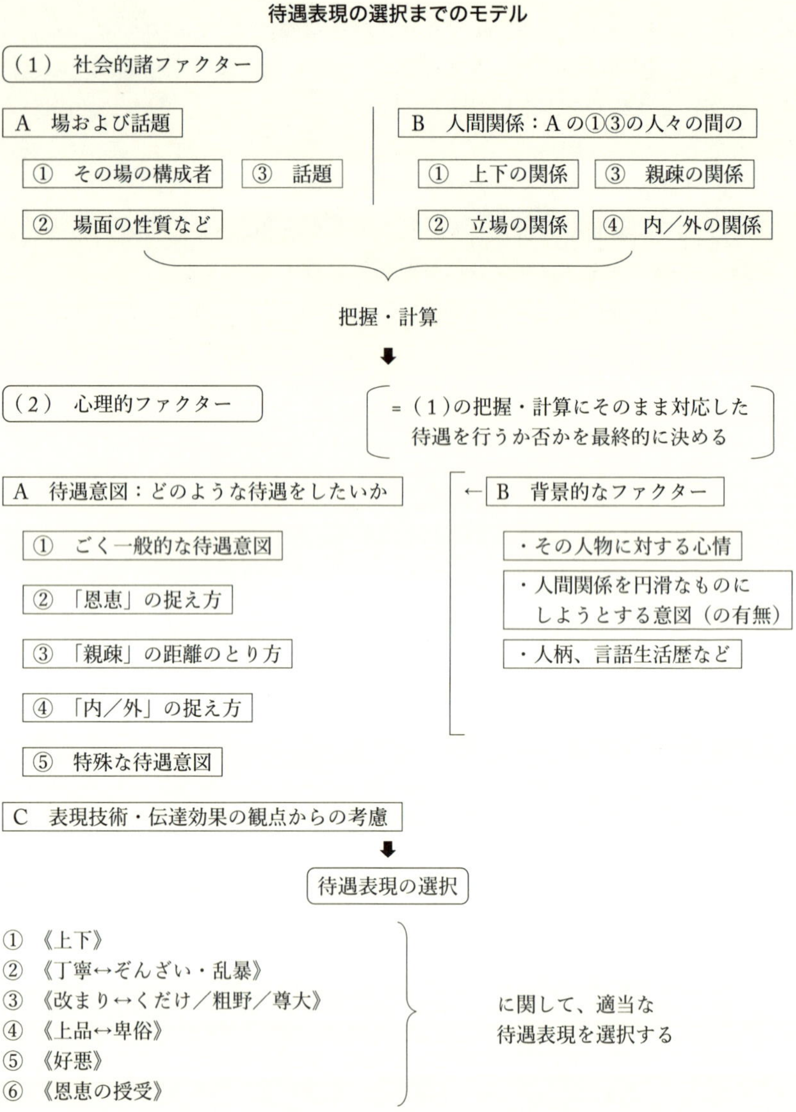

待遇表現の選択までのモデル

(1) 社会的諸ファクター

A 場および話題
  ① その場の構成者
  ② 場面の性質など
  ③ 話題

B 人間関係：Aの①③の人々の間の
  ① 上下の関係
  ② 立場の関係
  ③ 親疎の関係
  ④ 内／外の関係

把握・計算 ↓

(2) 心理的ファクター ＝(1)の把握・計算にそのまま対応した待遇を行うか否かを最終的に決める

A 待遇意図：どのような待遇をしたいか　← B 背景的なファクター
  ① ごく一般的な待遇意図
  ② 「恩恵」の捉え方
  ③ 「親疎」の距離のとり方
  ④ 「内／外」の捉え方
  ⑤ 特殊な待遇意図

・その人物に対する心情
・人間関係を円滑なものにしようとする意図（の有無）
・人柄、言語生活歴など

C 表現技術・伝達効果の観点からの考慮

↓ 待遇表現の選択

① 《上下》
② 《丁寧↔ぞんざい・乱暴》
③ 《改まり↔くだけ／粗野／尊大》
④ 《上品↔卑俗》
⑤ 《好悪》
⑥ 《恩恵の授受》

に関して、適当な待遇表現を選択する

（菊地 1994: 60 より転載）

図1-1　菊地(1994)による待遇表現の選択までのモデル

が強く、つきつめれば、個人の臨時の心理によってきまるところがあるといえる」と述べているように、最終的なアウトプットの段階は個別的、心理的なもの、という側面がある。したがって文法規則は逸脱すると非文となるが、敬語の場合、敬語の運用規則は逸脱した場合でも一定の範囲でそれなりに解釈され、待遇表現の運用には一定の幅があることをここで確認しておきたい。

　菊地(1994)、大石(1976)などの待遇表現の種類を単一の待遇的意味ないし機能と結びつける考え方に対して、南(1987)のようにそれぞれの種類の敬語(待遇表現)の意味は、いくつかの要素の複合からなりたっていて、種類によってそれらの要素の組み合わせが違う、とする考え方もある。本書ではひとまず、待遇的意味の違いは敬語の分類と関わり、本来的にはたす機能に関わると考える。

2.2　敬語の一般的特質
2.2.1　敬語の意味・機能

　伝統的な敬語分類による各種の敬語は典型的に対応する待遇的意味があるが、必ずしも一対一で対応するとは限らないし、時代により変化することもある。以下に広義敬語の種類と敬語が担う待遇的意味との対応関係を菊地(1994)、日高(1997)等を参考に〔4〕に簡略に示す。

〔4〕待遇的意味・機能の類型
待遇的意味の軸　　　　　広義敬語の種類とその本来的機能
〈上―下〉　　　　　　　尊敬語：{(助)動詞の場合} 話題の {主語の指す} 人物を上げて扱う
　　　　　　　　　　　　謙譲語：{(助)動詞の場合} 話し手(書き手)ないし話し手側(書き手側)にある話題の {主語の指す} 人物を下げて扱う(あわせて補語の指す人物を上げて扱う)
〈丁寧―ぞんざい〉　　　丁寧語：対話の相手に対して丁寧に述べる
　　　　　　　　　　　　謙譲語ないし丁重語：対話の相手に対して丁寧に述べる

〈はなれ―ちかづき〉　　　尊敬語・謙譲語・丁寧語
〈改まり―くだけ〉　　　　<u>謙譲語ないし丁重語</u>：改まった態度で述べる
〈上品―卑俗〉　　　　　　美化語：上品に事物について述べる
〈好―悪〉　　　　　　　　卑罵語：話題の人物や事態について悪い感情をこめて述べる
〈恩恵の供与―恩恵の受容〉授受動詞：話し手の事態についての恩恵的上下関係の把握を示す

　上記〔4〕のような表現の諸類型を待遇表現として一括してとらえると人間の言語行動の一つの重要な様式の中に狭義敬語の位置づけを明確にあたえることができる。次の菊地(1994)による敬語の定義はそれが示されている。

　　〔5〕敬語とは、同じ事柄を述べるのに、述べ方を変えることによって敬意あるいは丁寧さをあらわす、そのための専用の表現である。
　　　　　　　　　　　　　　　　　　　　　　　　　　　（菊地 1994: 72）

　さらに、菊地(1994)では狭義敬語の範囲を「待遇的意味」の観点から次のように規定している。

　　〔6〕《待遇的意味》という点からは、最も狭くとった場合の敬語とは、待遇表現のうち、
　　　　（一）《上》（話題の人物を《上位者として高める》）、
　　　　（二）《下》（自分側を《下位者として低める》。これはまた、《丁重》=《丁寧》+《改まり》に通じる）、
　　　　（三）《丁寧》（聞手に対して《丁寧》に述べる）、
　　　のいずれかの《待遇的意味》をもつものということになるだろう。
　　　　　　　　　　　　　　　　　　　　　　　　　　　（菊地 1994: 71）

　〔6〕（一）（二）（三）はそれぞれ尊敬語・謙譲語・丁寧語という伝統的な敬語の三分法と対応するものである。これらは〔4〕で実線を引いた種類の敬語、さらには意味・機能に相当する。したがって同じ敬語が担う〈はなれ〉の意

味・機能は副次的なものとなる。なお、美化語などは菊地(1994)では〈準敬語〉として分類されることになる。

　本書の記述においては上記〔5〕、〔6〕を基本的に踏襲し、「尊敬語」「謙譲語」「丁寧語」というとき〔6〕に示した待遇的意味をもつものとして扱う。

　敬語の意味・機能を考える際もう一つ重要な観点がある。それは菊地(1994: 82, 83)の言葉を用いると「話題に登場する人物に関係する〈"話題の世界"の敬語〉」か話し手と聞き手が作る「〈"対話の世界"の敬語〉」かという分類につながるものである。これは時枝(1941 他)による「詞の敬語」(話し手ないし素材と素材との関係認識による上下尊卑識別の表現)と「辞の敬語」(聴手への敬意の直接的表現)の分類に端を発し、辻村(1963)による「素材敬語」(表現素材に関する敬語)と「対者敬語」(表現受容者(対者)に対する表現主体の慎みの気持ちを直接表す表現)の分類、渡辺[7](1971 他)による「話題の世界」と「話の場面」という要素の導入を経て、菊地(1994: 81–86)に示された分析枠組みである。敬語の分類との関係でいえば、尊敬語・謙譲語は「"話題の世界"の敬語」に、丁寧語、～デゴザイマスなどの謙譲語(ないし丁重語)は「"対話の世界"の敬語」に入れられる。

2.2.2　統語論的位置づけ

　敬語、特に狭義敬語の類は構文論的ないし統語論的に緊密な結びつきがある。

　すなわち待遇的意味を担う専用の表現としての狭義敬語は、知的意味と待遇的意味が複合した意味を表し、そのような意味構造を持っていることにともなって、他の敬語語彙、あるいは、普通形式の語と連帯して語彙的な範列的体系を構成することになる語彙の種類である。その範列的体系と現実世界の人物や事象とが結びつき、体系化された概念的枠組みができあがり、それにもとづいて系統的に語が選択され、異種の文法カテゴリー間で文法規則に準ずる呼応(例：尊敬語における主述の呼応)が原則として要求される。言い換えると、狭義敬語の選択過程は、図 1–1 に示したような言語外的要因にもとづく選択過程であるとともに、言語内的(統語論的・構文論的)制約を受けるという側面をもつ。この過程は南他(1974)で示された次頁図 1–2 のような図によって考えやすい。

　この言語内的制約に関しては二つのレベルが考えられる。

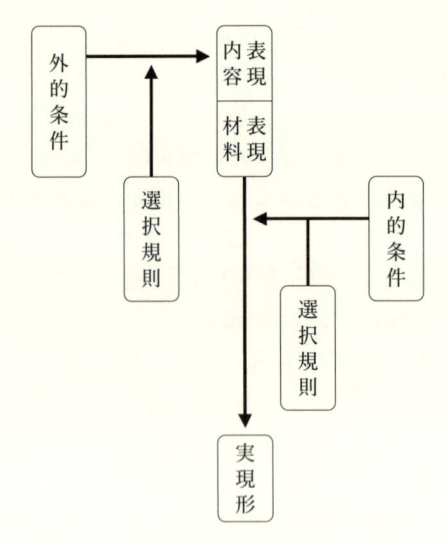

図1-2　表現主体による言語的な敬語表現の処理（南他1974より転載）

① 狭義敬語の統語論的規則の概要は以下のようなものである。
　　尊敬語動詞および形容詞述語・謙譲語動詞述語の類は対応する名詞句の統語論的範疇に規定される。具体的には尊敬語(以下動詞および形容詞述語について述べる)は主語、謙譲語は目的語となる名詞句にそれぞれ対応した語彙が選択される。
　　丁寧語はそのような制約を受けることなく対話の場面(話し相手、場の性格等)に応じて選択される。
　　この規則は、適用されなければその表現自体が成立しない、という性格のものである。日本語に顕著な主語の省略などの現象はこのような統語論的対応関係があることに支えられている、という側面があろう。
② 敬語出現の構文論的環境(言語内的条件)による制約は①と比べると統語論的性格と語用論的な性格の混ざり合った二次的なものである。
　　話し手の発話時の待遇意図によって敬語が使用出来る構文論的環境にあっても使用しないということがありえる。
　なお、尊敬語に関しては別に2.3で統語論的本質規定、出現環境に関する詳細について述べる。

2.3 尊敬語

2.3.1 統語論的観点からみた尊敬語

　尊敬語の動詞述語(以下では「尊敬語」の語を基本的にこの意味で用いる)は、統語論的観点からみると、①尊敬語の英語訳 subjective honorifics という言い方が端的に示すように主語に対応する、②尊敬語は文末および従属句や連体修飾句内に出現するが従属句や連体修飾句の種類によっては出現に制約がある、といえる。

　上記二点について順次説明する。

2.3.1.1　主語との対応

　菊地(1978)では尊敬語を〔7〕のように定義し、「尊敬語は『主語』という文法(構文論)上の概念と対応するもの」であり、このことは「尊敬語が主語とのみ対応するという、敬語研究にとっても、構文論にとっても、甚だ大切な事実なのである」と指摘している。

　　〔7〕尊敬語は話手が、主語の指す人物(まれに事物)を上位者として待
　　　　遇することを示す語形である。　　　　　　　　　(菊地 1978)

　菊地(1978)によると尊敬語の規定に「主語」という文法上の概念を導入したのは原田(1973)に倣ったとされ、具体的には〔8〕の名詞句を「主語」と呼ぶとし(1)(2)(3)のような尊敬語を用いた例文をあげている。それぞれ下線で示した「主語」に尊敬語動詞述語が対応していることになる。

　　〔8〕(ⅰ)動作を表す述語をもつ文において、格助詞「が」を伴う名詞
　　　　　　句
　　　　(ⅱ)状態を表す述語をもつ文において、格助詞「が」あるいは
　　　　　　「に」を伴う名詞句

(1)　<u>田中先生が</u>飛行機でお帰りになる。(＝菊地 1978 例文 7)
(2)　<u>あの方には</u>財産がおありになる。(＝菊地 1978 例文 8)
(3)　<u>田中先生には</u>中国語がおわかりになりますか。(＝菊地 1978 例文 9)

上に加え角田(1991: 171, 176)では、次に示す(4)(5)(6)のような例文を示し、「これらの例では、被尊敬者は意味役割からいえば動作者であるが、格は主格ではない。それぞれ所有格「の」、所格(?)「で」、奪格「から」である」と述べている。

（4）　田中先生のお書きになった本（＝角田1991例文8-13）
（5）　宮内庁では今、花嫁候補を捜しておられます。（同上例文8-14）
（6）　お父さんから少し小言をおっしゃってくださいよ。（同上例文8-15）

　本書では原田(1973)、菊地(1978)、角田(1991)の考えを取り入れ尊敬語を統語論的観点から以下のように規定する。

　　〔9〕尊敬語は主語という文法機能上の概念と対応するものである。
　　　　ここでいう「主語」とは以下のような名詞句をさす。
　　　（ⅰ）動作を表す述語をもつ文において、格助詞「が」を伴う名詞句
　　　（ⅱ）状態を表す述語をもつ文において、格助詞「が」あるいは「に」を伴う名詞句
　　　（ⅲ）動作を表す述語をもつ文において、格助詞「で」を伴う名詞句で、かつその名詞句が意味役割からいえば動作者を示し被尊敬者となっているもの
　　　（ⅳ）動作を表す述語をもつ文において、格助詞「から」を伴う名詞句で、かつその名詞句が意味役割からいえば動作者を示し被尊敬者となっているもの
　　　（ⅴ）動作を表す述語をもつ文において、格助詞「の」を伴う名詞句で、かつその名詞句が意味役割からいえば動作者を示し非尊敬者となっているもの
　　　　ただし、「が」を伴う名詞句のうち「水が飲みたい」の「水が」のようないわゆる対象格となっているものは除く。
　　　　また、(ⅰ)～(ⅴ)に相当する名詞句が主題化されて副助詞「は」等が付加されていたり、逆に格助詞が省略されているものも含める。

　菊地(1978)による上記〔7〕の定義に戻ると、「主語の指す人物(まれに事物)

を」と「主語」の範囲に「人物(まれに事物)」という限定をつけている。この語彙的限定は統語論的観点からは〔9〕より下位の制約であり、意味論や語用論とも関わる問題といえる。この点については 2.3.2 および 2.3.3 で詳しく述べることとする。

2.3.1.2 尊敬語要素生起の言語内的条件

尊敬語が出現する構文的環境に関して概観すると、文末では自由に現れるが、従属句や連体修飾句の中の述語的部分に尊敬語の要素が現れにくいものがある。

従属句を構成している諸要素の現れ方を調べた南(1974)によると、従属句[8]の種類が「連用形反復」の場合には述語的部分の要素が尊敬の形をとるものは存在不可能だとしている。(例文7参照)

(以下、本書では、「*」を不適格か非文法的な文であることを示し、「?」を許容性が低い文、「??」を許容性が特に低い文であることを示すのに用いる。)

(7) <u>酒ヲ　ノミノミ</u>　考エタ、ウシロヲ　フリカエリ　フリカエリ立チサッタ(＝南 1974: 122)
(8) *酒を　飲みなさり飲みなさり　考えなさった。
(9) *うしろを　ふりかえりなさり　ふりかえりなさり立ちさりなさった。

南(1993)では「連用形反復」に加えて「ノニ」で終わる従属句内も尊敬の形が存在不可能としている。

上述の「連用形反復」「ノニ」で終わる従属句述語的部分内での尊敬語要素出現の制約は文法的制約といってよいものである。他に(南 1974, 1993 で存在可としている)状態副詞的に用いられるテ形で終わる従属句などの内部も同様の制約があるであろう。

(10) <u>手ヲツナイデ</u>歩キマシタ。(＝南 1993: 79 例文29)
(11) ??太郎さんは花子さんと手をつなぎなさってお歩きになりました。

上記以外の種類の尊敬語要素出現に制約のない従属句に関しては、述語的

部分内での尊敬語要素の出現は必須ではなく任意的なものである。したがって従属句の種類による出現の頻度は、どちらかというと語用論や意味論の問題だと考えられる。

引用のトで終わる句の述語的部分の内部でも尊敬語要素は現れないことがある。これはそのような句自体の文法的制約ではなく、話し手(=伝達者)の表現意図に応じて間接化することが出来る「引用」の表現の特性によるものであろう。

以上、尊敬語要素生起の言語内的条件についてまとめると〔10〕のようになる。

〔10〕従属句の種類によっては従属句述語的部分内における尊敬語要素の生起に制約がある。該当する従属句の種類は「連用形反復」、「ノニ」、状態副詞的に用いられるテ形で終わる従属句などである。
上記以外の従属句内では尊敬語要素の生起は任意的である。
引用のトで終わる句の述語的部分の内部でも尊敬語要素の生起は任意的である。

上記の特定の従属句述語的部分内における尊敬語要素生起の制約は「話手が、主語の指す人物(まれに事物)を上位者として待遇することを示す語形」(菊地1978(2))である尊敬語のもつ指示対象の限定性と話者の主観的な事態認識を伝えるという表現内容の特性により派生した制約であろう。したがって〔10〕よりは〔9〕に示したことの方が統語論的に本質的な規定といえる。

2.3.2 待遇的意味と機能

尊敬語の基本的な待遇的意味・機能を一般化していうと〔11〕のようになる。

〔11〕話し手が言及対象とする人物(まれに事物)を上位者として高める。

尊敬語の動詞述語・形容詞述語の場合は菊池(1978)に倣って〔12〕と考える。

〔12〕話し手が主語として指示する人物（まれに事物）を上位者として高める。

　上の定義で「まれに事物」としたのは、所有物等に対しても敬語が使用されたり[9]、組織を対象に使用されたりすることもあるが、高める対象は基本的に人物であると考えたからである。これは運用の問題であると同時に意味の問題でもある。尊敬語には・人・を高めるということが含意されていると思われる。

　他に尊敬語の意味として敬意・隔て（はなれ）、さらには揶揄・皮肉といったものが挙げられることがある。

　これらのうち「敬意」に関しては実際尊敬の念をともなって用いられることもあるが、接客敬語など敬意が形骸化してしまっている場合もあり、現代においては「敬う」という心情ないし態度が中心的な意味だとは言えないと考える。

　隔て（はなれ）に関しては、南（1974: 250）で、「近づき／はなれ／中立　これはたとえば、常識的に言った場合に親密感を伴った表現かどうかということが問題になるようなものに関係した特徴である」とし、～サン・～ドノなどに対する～チャン、～（ラ）レルに対する～ナサルを「近づき」の特徴をもつことを示唆している。このことに関して筆者は尊敬語の範疇に入る語彙が親愛感をともなった表現として使われることを認めるが、それはその語の中心的機能としてではなく、周辺的意味・機能（付加的機能ないし語用論的に実現した機能）として考える。

　皮肉・揶揄に関しては語用論的に生じた意味・機能と考える。それらの意味生成のしくみについては 2.3.3.3 で改めて述べる。

2.3.3　語用論的観点からみた尊敬語

　尊敬語を語用論的観点からみるにあたって①場面のとらえ方、②適用の問題、③規範的運用機構とその応用、④対応する主語の制約という項目に分けて順次述べていきたい。

2.3.3.1　場面と運用

　尊敬語は「話題の世界」に関わる敬語である。しかし、同時に渡辺（1971

他)でも指摘されているように話し相手、ないし、聞き手への話し手の配慮も反映される。話し相手への配慮は、直接には、言及対象が聞き手である場合と、会話に参加していない第三者である場合との待遇の仕方の異なりとして現れる。それぞれ「話し相手待遇」、「第三者待遇」と呼ぶことにする。「第三者待遇」でも、言及対象とする人物が対話の場にいないという外的条件だけではなく、話し相手への配慮が反映される。また、「話し相手待遇」では対話の直接の相手と、対話の場の参与者だが直接の話し相手以外の人物とで、扱いに区別がある場合がある。それぞれ「マトモの相手」、「ワキの相手」と呼ぶことにする。

2.3.3.2 尊敬語の適用

尊敬語に謙譲語を含めた話題の敬語の適用に、話し手と聞き手との関係が反映される、という運用の仕方を相対敬語的運用と言い、中央語では、絶対敬語的運用をする時代を経て、相対敬語的運用が行われるようになった、とされる(金田一1941、辻村1968他)。

敬語適用にあたっては敬語のもつ待遇的意味にともなって一定の人称の制約が生じる。例えば尊敬語は、基本的に、話し手、すなわち、一人称以外の二人称、三人称にあたる人物に適用され、謙譲語は、基本的に、話し手に適用される。

相対敬語とは、それに加えて「聞手がある場合、話手は、話手側の領域に属する人物(事物)を上位者として待遇することはできない」(菊地1978)という付帯的な原則をともなって運用される敬語である。菊地(1994)ではそこから〔13〕のような〈敬語的人称〉という考えを導出している。

〔13〕敬語的人称(菊地1994: 96)

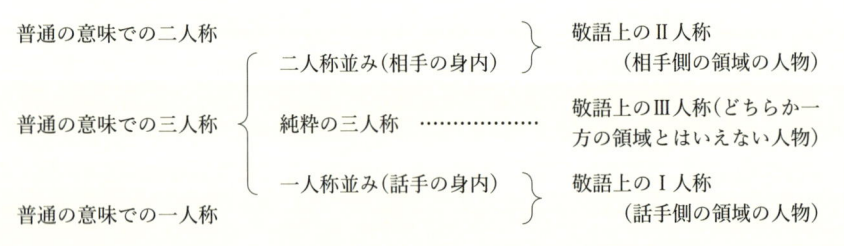

普通の意味での二人称		}	敬語上のⅡ人称
	二人称並み(相手の身内)		(相手側の領域の人物)
普通の意味での三人称 {	純粋の三人称 ………………		敬語上のⅢ人称(どちらか一方の領域とはいえない人物)
	一人称並み(話手の身内)	}	敬語上のⅠ人称
普通の意味での一人称			(話手側の領域の人物)

〔13〕は現代語の尊敬語や謙譲語を考える際、大変有効な分類法である。〔13〕を用いると相対敬語の適用規則は〔14〕のように定式化できる。

〔14〕敬語上のⅠ人称の人物を高めてはいけない
　　　敬語上のⅢ人称の人物で、聞手から見て高める対象とは思われないような人物を高めるのは、聞手に対して失礼になる
　　　聞手から見て同等以下の人でも、話手がその人を高めることで結果的に聞手のことも立てることになる場合は、その人を高めてもよい
（菊地 1994: 96–106）

さらに近年は現代敬語の運用に関して絶対敬語→相対敬語化→対者敬語化という流れも指摘されている。すなわち、井上史雄(1981)では、国立国語研究所による文法・表現法の全国分布調査のうち第三者への敬語(第三者＝その場に居合わせない話題の人物)に関する資料図2枚を組み合わせた全国地図を描き、そこに全国のかなり広い地域での、素材敬語の対者敬語的使用、すなわち、敬語体系全体の丁寧語化がみられることを指摘している。馬瀬(1988)では、長野県の方言で若年層方言についても同様の変化を認めている。

大石(1981)では、現代敬語の特質について「今や第三者尊敬をも含めて一般に家庭内敬語は衰弱し、社会的場面での敬語の時代になってきているものと判断される」としている。

以上のように現代日本標準語では尊敬語が言及対象を高めるといっても、適用の基準となる上下関係の把握が対話の場面や親族関係等により制約されるという特徴をもつ。

2.3.3.3　規範的運用機構と主体的運用

2.3.2で尊敬語の待遇的意味・機能を論じた際、基本的な意味・機能から逸脱した皮肉・揶揄等[10]に関しては語用論的に生じた意味・機能と考える、とした。そのような表現成立のしくみを適切にとらえるために、ここでは語用論の「社会的ダイクシス」という概念を導入する。それは尊敬語、ひいては敬語のシステムを世界に普遍的な言語事象であるダイクシス(直示体系)の中でとらえ直すことでもある。また、そのようにとらえ直すことによって敬

語にまつわるいくつかの問題、例えば敬語が構文論や意味論に組み込まれ体系をなしながらも他の文法項目にはない運用面の柔軟性が認められるということの説明が可能になる。

まず、ダイクシス deixis について Levinson(1983)による定義を〔15〕に、説明を〔16〕に示す。

〔15〕本質的にダイクシスとは、言語が発話の文脈(context of utterance)、あるいは発話事象(speech event)の素性を記号化または、文法化する方法とかかわるものである。

(Levinson1983、安井他訳 1990: 62)

〔16〕ダイクシスが自己中心的方法で組織化されているということは、一般的に(ただし常にではないが)真実である。すなわち、もし(意味論的あるいは語用論的解釈のために)直示的な表現を伝達事象(communicative event)の中にある特定の地点にいかりを降ろしているものとして考えるなら、その固定した無標の地点は、**直示の中心**(**deictic center**)を構成し、典型的に以下のようなものであると仮定される。すなわち、(ⅰ)その中心人物は話し手である、(ⅱ)中心時は、話し手が発話を生み出す時である、(ⅲ)中心の場所は、発話時、あるいは言語化時における話し手の場所である、(ⅳ)談話の中心は、話し手の発話の生産において話し手がまさにいる点である、(ⅴ)その社会的中心は、話し手の社会的地位や階級で、受け手あるいは指示対象の地位や階級はそれに関係する。ところが様々な例外がある。例えば、いくつかの言語は、話し手より他の会話参与者の位置のまわりに部分的に組織化された指示詞をもつ。また、種々の派生的用法もあり、そこにおいては、ダイクシス表現は、直示の中心を他の会話参与者に、あるいは、それどころか、物語の場合には、主人公に移すというような方法で用いられる。Lyons(1977: 579)はこれを**直示の投射**(**deictic projection**)と呼び、Fillmore(1975)は、**視点**(**points of view**)の推移としている。

(Levinson1983、安井他訳 1990: 73-74)

ダイクシスという現象は言語項目でいうと指示詞、人称詞、時制、場所の副詞、敬語などに認められる。範疇でいうと人称、場所、時、談話のダイクシス、社会的ダイクシスといった範疇にわたる。また、実際の発話(自然言語)では、Levinson(1983、安井他訳(1990: 84))でも指摘されているとおり、呼びかけ語ないし言及称に人称と社会的ダイクシスとが関係しているというように一つの形態に上記の範疇が重なりあっている、ということも起こる。
　尊敬語を含む素材敬語 referent honorifics は言及対象めあての社会的ダイクシス referent SDs という社会的ダイクシス social deictics(SDs)[11]の主要な一類に分類され、以下のように定義される。

〔17〕SDs that point to the social position (relative status or intimacy) of a participant in the CDE, relative to a deictic ground in the CSE,……
(Traugott and Dasher 2002: 227)
(SDs は CDE において参与者の社会的位置づけ(相対的地位ないし親密さ)を指標するダイクシスで、CSE における直示的基盤に対応するもの……筆者訳)
[注記] 'CDE'、'CSE'、'SDs' は Traugott and Dasher (2002)においてそれぞれ次の語の略語として用いられている。
CDE = conceptualised described event　概念化された叙述事態
CSE = conceptualised speech event　概念化された発話事態
SDs = social deixis　社会的ダイクシス

〔17〕にも示されているように言語生活をいとなむ社会の中で慣習化され共有されている運用の枠組み、および待遇差を指標する語彙とそれに対応する社会的関係にある対象のカテゴリーのリストが「概念化」され、発話の際に具体的対象に写像される。そのような社会の中で慣習化され共有された枠組みの総体を規範的運用と呼ぶことにする。
　2.3.2で言及した皮肉・揶揄、あるいは親愛などの意味は、使用される尊敬語形に固有のものではなく話し手の発話時の何らかの待遇意図といった心理的ファクターが関与して語用論的に規範的運用をずらせて、いわば応用して[12]成立したと考えられる。このようにずらしたり、応用したりすることを可能にする機構がダイクシスという言語に普遍的な表現装置の中に備わって

いる。

　すなわちダイクシスにおける無標の直示の中心は話し手であり、話し手の社会的階級であり地位であるが、その直示の中心を話し相手に移したり他に移したりすることができるという特性である。それは Traugott and Dasher (2002: 227)で、「日本語のような言語でさえ SDs は、そこで相対的な社会的地位や(非)親密さによるほんの一握りの規範的類型 canonical types が弁別される相対的に単純な体系をなしている。しかし、実際の用法において SDs は、濫用による皮肉や侮辱を含めて、表現にいろいろなニュアンスをあたえるべく活用されている」と述べられていることにつながる。

　以上、規範的運用機構と主体的運用とを区別し、社会的ダイクシスという文法的語用論的範疇を介して実際の敬語使用を説明することの有効性を確認した。

　以下では、上に述べた主体的運用について掘り下げた議論のあるブラウンとレヴィンソン(Brown, P. and Levinson, S. C.、以下 B&L と略記することがある)によるポライトネス理論について簡単に説明し、この理論が日本語の敬語を理解する上でも有効な点のあることを述べる。

　Brown and Levinson(1987)でブラウンとレヴィンソンは、言語的にも文化的にも異なる人々の、表層的には非合理的にもみえる発話のうちに、ポライトネスという普遍的な現象、合理的な言語行動の公理が認められることを具体的な言語資料にもとづいて示している。以下に B&L のポライトネス理論の枠組みをごく簡単に述べる。

　B&L は対面的な特に言葉による相互行為に照準をあて、ポライトなコミュニケーションのあり方を以下のように構成的に説明していく。
《モデル・パースンによる実践的推論》
　その説明というのは、自由意志をもった自然言語の流暢な話し手であり、「合理性」と「フェイス」という二つの特性が賦与された行為主体であるモデル・パースン(MP)を仮構し、その MP が状況に応じて、うまく意志が伝わり、かつ相手のフェイスを尊重するような言語的ストラテジーを選択していく下記(ⅰ)～(ⅵ)のような「実践的推論」practical reasoning 過程を示すことによって進められる。ここで少し用語の説明を補うと、「合理性」とは、目的からその達成手段を導く推論の実践的使用能力を意味し、「フェイス」とは、概略、妨げられたくない、何らかの点で肯定されたいという MP

に賦与された二つの欲求(前者をネガティブ・フェイス negative face、後者をポジティブ・フェイス positive face と呼ぶ)を意味する。また、基本的に「話し手」'S' と「受け手」'H' とが MP をなす(前掲書:58–62)。

MP 間では以下のことが共通認識となっている。すべての MP にとって:
(ⅰ) すべての MP はポジティブ・フェイスとネガティブ・フェイスをもった、合理的行動をとる——すなわち目的を達成するような手段を選択する——行為主体である。
(ⅱ) フェイスが他者の行為(欲求の表示も含む)によってのみ充足可能な一連の欲求から成立すると仮定すれば、お互いのフェイスを保つことはふつう二人の MP 双方の利益となる。したがって強制とかごまかしなどに訴えることなしに、S が自分のフェイスを H に保たせしめることができる限りは、S は H のフェイスを保持しようとするであろう。
(ⅲ) 行為には本質的に相手のフェイスを脅かすものがある。こうした「フェイスを脅かす行為 face-threatening acts」を以下では FTAs と呼ぶことにする。
(ⅳ) S の FTA を最大限効率的に行おうという欲求(直接的に表示する bald on record と規定する)が、H の(或いは S の)フェイスを保持しようという欲求よりいくらかでも大きくない限り、S はその FTA によるフェイス侵害を最小にしようとするであろう。
(ⅴ) 以下に示す一連のストラテジーを想定すると、ある行為が S または H のフェイスを脅かす程度が大きければ大きいほど、S はより高い数字を付した、すなわちよりポライトなストラテジーを選ぼうとするであろう。

ストラテジーの選択を決定する状況

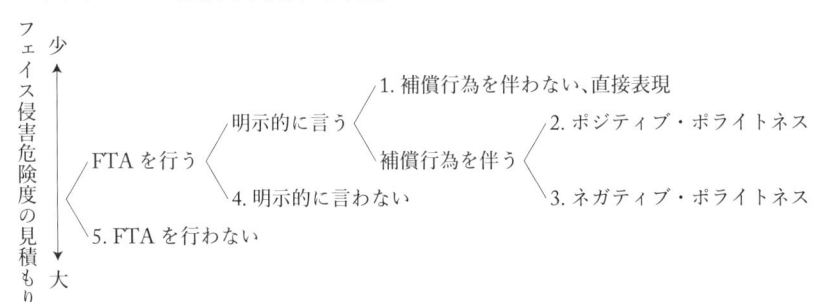

```
フェ  少 ↑
ィ                              ┌ 1. 補償行為を伴わない、直接表現
ス          ┌ 明示的に言う ┤
侵          │                   ┌ 2. ポジティブ・ポライトネス
害  ┌ FTA を行う ┤      補償行為を伴う ┤
危  │       │                   └ 3. ネガティブ・ポライトネス
険  │       └ 4. 明示的に言わない
度  │
の  └ 5. FTA を行わない
見
積
も  大 ↓
り
```

(vi) i から v はすべての MP にとって共通認識となっており、MP は必要以上にリスクの少ないストラテジーを選ぶことはないであろう。

《フェイス侵害の危険度算定の公式》
　上に示したように MP は基本的に、参与者に対するフェイス侵害のリスクの合理的な計算により FTA を最小化するストラテジーを利用する、とされるが、各々の FTA の深刻度ないし重みの算定に関して B&L は次のような公式を設けている（前掲書：76）。

$$W_x = D(S, H) + P(H, S) + R_x$$

　　上に示した公式で用いられた略語の意味は以下のとおりである。
　　　W_x：フェイス侵害行為 x がフェイスを脅かす危険度
　　　$D(S, H)$：話し手と受け手との間の社会的距離の値（対称的関係）
　　　$P(H, S)$：受け手が話し手に対して持つ力の大きさ（非対称的関係）
　　　R_x：その文化においてフェイス侵害行為 x が意味する負荷の度合い

《ネガティブ＆ポジティブ・ポライトネス・ストラテジー》
　以上のようにして算定された FTA の深刻度により話し手は意識的に、あるいは無意識的に適切なストラテジーを選ぶ。前頁 1 から 5 に示したストラテジーのうちネガティブ・ポライトネス・ストラテジーとポジティブ・ポライトネス・ストラテジーについて前掲書(pp.91-227)により下に記す。

ネガティブ・ポライトネス・ストラテジー：
　　受け手の行動の自由を妨害されたくない、意識の上で邪魔されたくないという気持ちを補償するコミュニケーションの手段。その適用結果として生成された文は社会的に「距離を置く」ために有効な形式となっている。ネガティブ・ポライトネス実現の方法は、圧力をかけない／決めつけない、受け手に強制しない、話し手は受け手の権利を侵害するつもりがないことを伝える、などに大きく分類され、最終的に 10 の下位ストラテジーに分類される。

ポジティブ・ポライトネス・ストラテジー：
> 受け手のポジティブなフェイス―欲求 face-want を指向する補償行為で、話し手が受け手の欲求を認めている、ないしは話し手が受け手に近づきたいと思っていると感じさせるコミュニケーションの手段。ポジティブ・ポライトネスの方法は大きく次の三つに分けられる。共同の基盤に立っていると主張すること、話し手と受け手は協力関係にあると伝えること、受け手の何らかの要望に応えること、である。

　本書の主題である敬語使用はネガティブ・ポライトネス・ストラテジーの「敬意を示せ」という下位ストラテジーに位置づけられる。B&L は敬意を表明することによって受け手が話し手より高い社会的地位にあるということを伝達し、そのことが潜在的な FTA の緩和に役立つと説く。また、広義「敬語」とは参与者間、あるいは参与者と伝達される事態の中で言及された人物やモノの間の相対的な社会的地位の直接的文法的なコード化だとし(前掲書：178-187)、敬語システムはストラテジーとしての言語使用の痕跡をとどめているとの見解を示している(前掲書：278)。

　一方、敬語の不使用、ないし、ため口は、滝浦(2005: 183,189)でも指摘されているように受け手との連帯を指向したポジティブ・ポライトネス・ストラテジーととらえることができる。

　B&L のポライトネス理論は以上で述べたように、敬語の使用だけでなく不使用について解釈することを可能とし、社会規範化された敬語システム成立の理解を可能にした。そればかりでなく、この理論によって示された「道具」は、序章で述べたようなイディオレクトの観察や、敬語規範の逸脱といった主体的言語行動を解釈する際に効力を発揮することが期待できそうである。本書では、必要に応じてこのようなポライトネス理論の枠組みを参照していこうと思う。

2.3.3.4　適用対象の制約

　現代日本標準語では尊敬語を適用できる対象には「敬語上のⅠ人称」の他に一定のジャンルや語彙カテゴリーに制約がある。一般に書き言葉である論文・報道文等では普通体が使用されるが、話し言葉でも尊敬語や謙譲語が使用されない場合がある。

大石(1979)では、「上・下、親・疎のみならず、対等の意識もない、すべての待遇意識から全く離れた表現のあり方を『脱待遇』と呼ぶことにする」として、話し言葉の場合でも第三者待遇において、歴史上の人物、知名人、スポーツマン・芸能人等、架空の人物、その場にいない第三者のうち特に間柄的関係にない人は一般に脱待遇で扱われるとしている。また、「…未知の人、つまり、間柄的関係がない——と話し手がとらえている——人について言うばあいは、脱待遇の扱いはあたりまえのこととして、気をつかうことはほとんどない」としている。

永田(2001: 10)にも「もっと最近の待遇表現の姿として、話し手にも聞き手にも直接関係の無い人物に対しての尊敬表現が使われなくなっていることも見逃せない状況である」との言及がある。

3. まとめ—「ハル敬語」分析の枠組み—

本章ではまず「ハル敬語」と関わる先行研究について検討し、続いて敬語関係の先行研究を参照しつつ、本書で使用する用語や概念の定義づけを行い、また現代日本標準語の敬語および尊敬語の特質に関し、統語論的観点、意味・機能の観点、語用論的観点から検討、筆者なりの整理を行った。

先行研究の問題点についてはすでにまとめたのでここでは省略する。

本書では待遇表現という用語は有標の待遇表現諸形式の他に有標の待遇表現諸形式と対立関係にある普通形式も含めて用いることにした。敬語・尊敬語の特質について要点を簡略に記す。まず、敬語は広義敬語と狭義敬語に分けられる。後者には「尊敬語」「謙譲語」「丁寧語」「丁重語」が含まれる。これらは待遇的意味を担う専用の表現であり、知的意味と待遇的意味とが複合した意味を表示し、そのような意味構造を持つことによって、他の敬語語彙、あるいは、普通形式の語と連帯して、範列的な体系を構成する語彙のグループを構成する。そして他の文法項目と異なり、基本的な待遇的意味を表すだけでなく、その待遇的意味を一定程度応用した柔軟な運用ができるという特徴をもつ。

ハルは狭義敬語の中で「尊敬語」に足場を置く助動詞である。「ハル敬語」独自の特質をそのものとして記述できる分析の枠組みを得るためには敬語ないし尊敬語の根幹をなす部分とそうでない部分の見極めが必要であろ

う。
　尊敬語の動詞述語は、一般に「話し手が話題の主語として指示する人物（まれに事物）を上位者として高める」という待遇的意味・機能を基本的にもつ語としてとらえられる。
　統語論的にみた尊敬語のふるまいとして次の二点が重要である。
① 主語という文法機能上の概念と対応する。
② 文末および従属句や連体修飾句内に出現するが従属句や連体修飾句の種類によっては出現に制約がある。
　語用論的観点から尊敬語は、菊池(1994: 96)の「敬語的人称」の枠組み、および、菊地(1994)で「敬語上のⅠ人称の人物を高めてはいけない。敬語上のⅢ人称の人物で、聞手から見て高める対象とは思われないような人物を高めるのは、聞手に対して失礼になる」のようにまとめられているような適用の規則にもとづいて適用されると考えられる。
　この結果と先行研究で示されたハル敬語の特質および先行研究の問題点とを考えあわせて、次のような「ハル敬語」記述の方法、方言敬語分析の枠組みを導き出した。
　以上を考えあわせ、ハル敬語の分析にあたっては以下のような枠組みを考えたい。
ⅰ．統語論的には、明示的であれ非明示的であれ主語とハルが付加された動詞述語との対応関係に分析の基礎を置く。
ⅱ．ハル敬語が出現する言語内的環境については実態から帰納する。
ⅲ．話題の世界の敬語動詞述語に焦点をあて、述語に対応する主語として取りあげる範疇は、ハル敬語が適用された対象のすべてとする。
ⅳ．話題の世界の敬語を、話し相手待遇と第三者待遇に分け、そのうち話し相手待遇ではマトモの相手かワキの相手か区別して検討し、対話の場や参与者の役割が敬語使用にどのような影響を与えるか確認する。
ⅴ．場面のあらたまり度という要素を勘案する。
ⅵ．身内尊敬用法や相対敬語化の程度を調べる。そのために、他人を話し相手とする場面と、身内を話し相手とする場面を設定し、身内を話題の主とした場合の敬語運用を場面間で比較検討する。分析にあたっては、話者と話題の主や話し相手との社会的関係、心理的関係、および、親族関係を確認することを前提とする。

vii. イディオレクト、すなわち、個人のもつ言語体系に注目する。個人が、ある場面で、ある人物(または事物)について言及するとき、どのような待遇表現を用いるか、ということを見ることによって、明確に体系性が把握出来ると考える。

注
1 奥村(1968)では狭義の関西弁として中近畿式方言の領域を京都から直線距離で約50kmの範囲内としている。この領域は敬語法書カハル形を代表的特徴として基準に確定されたものである。本書で近畿中央部方言という場合、おおむね奥村(1968)の中近畿式方言を指すこととする。
2 奥村(1962: 263)による京都府方言区画の下位区分で京都式とされた地域、すなわち現行行政区画で京都市の市域から旧愛宕郡・葛野郡の奥地を除いた地域で行われている方言とする。より厳密には京都旧市街内(具体的には昭和6年3月以後の新編入地域を除いた地域)かどうかということも配慮した(例えば高年層インフォーマントの言語形成地など)。
3 加藤(1973)では身内尊敬用法について、「話題の人物に対する尊敬表現として子供たち同士で〈お父さんがお帰りになった〉のように言うこと」さらに、他人に向かって自分の家族のことを話す場合も尊敬表現を用いて話すこと、のように説明している。
4 「素材待遇語」の語は宮治(1987)では「広義の素材敬語」と定義して用いられている。「素材敬語」は辻村(1963)では「表現素材に関する敬語」と定義され「上位主体語(＝敬称)」「下位主体語(＝謙称)」「美化語(＝美称)」を含めるという分類案を提示している。
5 森山(1994)ではオ〜ヤスを「丁寧融合型尊敬形式」と呼ぶことを提唱している。敬意は中井幸比古(1997: 33)ではハルより高く、ナサルやレル・ラレルより低いとされる。その出自はヤリマス→ヤス説とオ行キアス(バセ)→オ行キアス説があるが、奥村(1962)では後者の方がすぐれているようであるとしている。
6 菊地(1994: 21)では、定義中の「顧慮」という語については「『顧慮』という語は南不二男氏から借用したもので、『(何らかの評価的態度を伴って)気にかける』というほどの意である。いうまでもなく話手が顧慮し、話手の意図で使い分けるのである。…そしてこの使い分けの結果、"扱い"の違いがもたらされる——すぐあとで《待遇的意味》と述べるものが添えられる——、というわけである」と説明している。
7 渡辺(1971: 424–442)では上で示した時枝誠記の敬語論を次のように整理した上で

「話題の世界」と「話の場面」という要素を導入している。

$$
敬語 \begin{cases} 詞的敬語 \begin{cases} 話手と素材との関係の規定……（尊敬） \\ 素材と素材との関係の規定……（謙譲） \end{cases} \\ 辞的敬語—聴手への敬意の直接的表現……（丁寧） \end{cases}
$$

「話題の世界」の敬語
　「受手尊敬」の敬語：話手が話題の受手に対して抱く敬意を表す敬語
　「為手尊敬」の敬語：話手が話題の為手に対して抱く敬意を表す敬語

(渡辺 1971: 424–442)

　上記「受手尊敬」の敬語に関してはさらに「為手のへり下った行為を通じて、或いは受手と為手との身分の上下関係を通じて、話手が受手を尊敬しようとする敬語である」と説明を加えている。

　そして「為手尊敬」についても「受手尊敬と共に、話題の人物に対する話手の敬意の表現であった」が「話題の人物に対する敬語（受手尊敬・為手尊敬）は聞手に対して失礼にあたる場合はさしひかえられる」のであり、「話題の世界」の敬語であっても話し手の聞手への配慮が反映されることを指摘している。

　従来いわゆる「丁寧」の敬語（例「ございます」）を渡辺（1971: 438）では「聞手尊敬」の敬語と呼び下のように定義している。

　「聞手尊敬」の敬語：話手が話の場面の聞手に対して抱く敬意を最も直接的に表す敬語

　なお、渡辺（1971: 439–440）では、「です」「ます」の類を「嗜み」の敬語、すなわち話し手が自分の言葉の嗜みとして他人への敬意とは無関係に用いる敬語、としている。

8　南（1974）では従属句の範囲を「接続助詞（ガ、カラ、ケレド、シ、タラ、テ、ト、ナガラ、ノデ、ノニ、バ、ツツ）で終わるものか、あるいは用言（述語的部分となっている用言）の連用形で終わるものということにしておく」としている。尊敬語は接続助詞の前が定動詞となる従属節だけでなくテ形や連用中止となる連用形の中にも出現するので尊敬語が現れる環境を「節」や「句」の語で一括しにくい。したがって本書でも「従属句」の用語を用いる。

9　角田（1991: 123）では所有者敬語の自然さ、適格さは所有傾斜にも左右されるとして、身体部分＞属性＞衣類＞（親族）＞愛玩動物＞作品＞その他の所有物、という序列を示

している。角田氏は所有者敬語(日本語の尊敬語の場合)のうち「作品」「その他の所有物」では自然さは非常に低いとしている。

10 例えば時枝(1941: 473)では、このような表現の具体例として次のようなものを示している。「敬語はかく素材間乃至話手と素材との関係の認識に基くものであるからして、その把握の仕方により或は厳粛な表現ともなり、母が子に対して『お母様が讀んで上げませう』といふ様な親愛の表現ともなり、又友人に向つて『御覽にならうかね』といへば、滑稽或は皮肉の表現ともなり得るのである。」

このような記述を大石(1976)では理解困難である、としているが、以下に述べる直示の投射、視点の推移という形で解釈できると思われる。

11 Traugott and Dasher (2002: 226)では社会的ダイクシスを「話し手/書き手の直示的基盤(視点)から、ある参与者の社会的地位を、受け手/読み手やCSEにおける他の諸構成要素に関連づけて示すことにより、意味構造内にCDE、あるいは、CSEにおけるその参与者の概念化された相対的、社会的位置(上位/下位、(非)親密、ウチ対ソト等々)を直接コード化したもの」と定義している。また、主要なSDsとして〔15〕にあげた「言及対象SDs referent SDs」の類の他に、次のように定義される「受け手SDs addressee SDs」の類があるとしている。

SDs that point to social relationships or relative social positions among participants in the CSE, independently of their roles in the CDE.

(CDEにおける役割とは独立に、CSEにおける参与者間の社会的関係ないし相対的な社会的位置づけを指標する社会的ダイクシス。筆者訳)

12 近世の待遇表現体系を記述した大著である山崎(1963)では、規範的であり、基準である普通待遇表現体系の外にあるものと考えられるものに皮肉・嘲弄・洒落などの待遇表現と関係する分野があり、それらは基本的な普通待遇表現体系の「応用分野として理解されるべき性質をもつ」とし、「待遇表現体系の応用」と題した1章を設けて考察が行われている。

第 2 章　調査方法

　本章では前章で導き出した「ハル敬語」分析の枠組みに沿って実際に行った調査とその分析の方法のアウトラインを示す。臨地調査のインフォーマントに関しては調査が可能な生え抜きの京都市方言話者を基本とし、その社会的属性は調査実施時中学生以上の男女とした。調査地は旧市街を中心とし、典型的な京言葉とされる室町言葉、西陣言葉が話される地域を含めた。第 1 節で調査票による意識調査について、第 2 節で自然談話資料の採集と分析方法について述べる。

1.　調査票による面接調査

　京都市方言話者の敬語運用の大枠、ならびに京都市方言話者に特異とされる対象へのハルの使用意識を確認するために、調査票による面接調査を実施した。実施時期、インフォーマント情報については第 3 章以下の各章で記すこととし、1.1 で調査の具体的な目的、1.2 で調査項目について記す。

1.1　調査の目的
　この調査の主要な目的は以下のようである。

(a) 敬語運用の大枠をつかむ。話し相手待遇、第三者待遇でどのような敬語運用を行っているか。
(b) 尊敬語の丁寧語的使用が認められるか。
(c) 話し相手待遇で尊敬語も丁寧語も用いない相手であっても第三者待遇では尊敬語を用いるか。すなわち「第三者待遇に偏る素材待遇語の使用」が認められるか。

(d) 絶対敬語的運用、ないし身内尊敬用法が実際に行われているかを確かめる。
(e) 「動物」「お芋」その他のハルの特異な使用例が丁寧語として使用されているか否かを確かめる。具体的にはそれぞれ、話し相手が目上のような場面で使用され、話し相手が目下であるような場面では使用されてないかどうかを確かめる。
(f) 「脱待遇」の扱いが行われているか、もしくは未知の人物、間柄的関係のない人物にハルが適用されるかを確かめる。
(g) 動物やわが子への適用例について「親愛語」的な用法として使用されている可能性があるかを確かめる。
(h) オ〜ヤスなどの伝統的な形式が使われているか。

　(d)の身内尊敬用法と関連して、その運用自体が相手によって切り換えられているか。相手が他人であってもカジュアルな場面とフォーマルな場面とで切り換えられているか。相対敬語的敬語運用が行われている場合、親族、ないし姻族のどこまでが「身内」、ないし敬語上のⅠ人称ととらえられているか、を調べるために別途補足調査を実施した。

1.2 調査項目

　以下に示す項目について調査を行った。前に列挙した調査目的の符号を対応させて示す。

ⅰ. 話し相手待遇……(a)(h)
　　上・下、親・疎、身内・他人という軸に関して異なった組みあわせをもつ人物を話し相手とした場合の待遇表現形式の使い分けはどのようになっているかをくわしく調べた。なお、他人を話し相手として想定してもらう場合は京都出身・東京出身、男性・女性による違いも尋ねた。
ⅱ. 第三者待遇
　　第三者待遇で調べたのは以下の点である。
(1) 家族を話し相手として、つまり〈身内・カジュアル場面〉で、非常に目上の知人、目上の知人、友人、目下の知人、近所の子どもを話題の主語として想定した場合の待遇表現形式の使い分けはどのようになっているか。……(a)(b)(c)
(2) 第三者待遇で他人あるいは家族を相手として自分の赤ちゃんを話題の

主語とした場合、ハルを使用するか。使用しないとすればどんな形式を使用するか。……(b) (c) (e) (g)
（３） 第三者待遇で動物を話題の主語とした場合にハルを使用するか。……(e) (g)
（４） 第三者待遇で非情物を話題の主語とした場合にハルを使用するか。……(e)
話題の主語として取りあげた非情物は「太陽」「豆」「雷」「ひまわり」「電車」、および、所有傾斜上で低い序列にあるとされる所有物「作品」「普通の所有物」とし、所有物の持ち主として目上と目下の二通りの人物に分けた。
（５） 第三者待遇で未知の「間柄的関係」にない人物を話題の主語にした場合にハルを使用するか。……(f)

《補足調査Ⅰ》
　話し相手として家族(基本的には配偶者)、親友、自分の先生を想定してもらい、それぞれの場面で子、兄弟、父母(以上直系親族)、甥・姪、おじ・おば(以上傍系親族)、配偶者、義理の兄弟、義理の父母(以上姻族)、それに話し相手とは異なる親友(他人)を話題にした場合のハルの使用頻度を調べた。

2. 自然談話資料の分析

　序章で述べたように本書では自然談話資料の分析を分析方法の中心におく。

　今までの社会調査論と言えば仮説検証型調査論が主流を占めている。しかし、本書の研究対象である京都市の方言敬語を考察しようとする場合、そもそも標準語の敬語の枠組みにあてはまらないことが予想されるのであるから、既存の敬語研究によって提示された枠組みを用いて仮説を設けるのでは肝腎な点を見落とす可能性がある。実証研究においてそのような問題を解決するために筆者が必要だと考えることは、個々の事例をモデルや仮説から離れてまず文脈の中で虚心に見ること、網羅性にこだわることである。つまり、得られたデータをくまなく見て問いかけながら分析を行い、調査を進めることである。

ただし、どのようなデータを集めたら最もよく目的にかなう調査ができるか知ったり、集まったデータからは得られない情報を集めるために必要に応じて仮説を設け、調査票による面接調査を行うというように、談話調査と意識調査の両調査法の不足を有機的に補い考察を深めるよう心がけた。

談話収録時期、インフォーマント情報、談話情報については第3章以下の各章で記すこととする。以下では2.1で調査方法を、2.2で分析方法を具体的に示し、2.3では本書でとった文字化の方針を記す。

2.1 調査方法

自然談話資料による言語分析の方法上の利点として、調査票による面接調査がインフォーマントの使用意識を引き出すことしかできないのに対して、発話から言語使用の実態を直接観察することができることが挙げられる。また、敬語関係の調査では調査票による面接調査の場合、設定場面は先行研究などから得られた作業仮説にもとづいて行うので、どんな場面でも設定できる反面、調査者の想像力自体に限界がある。自然談話資料による調査の場合は、話す相手や収録場所を変えるという手段により場面のコントロールが自在にできるが、協力を得るのが難しく、意図する言語項目が意図する条件で出現することは偶然に委ねられている。その上で、この方法のなにより大きな利点と筆者が考えるのは、インフォーマントが内省できないような敬語運用の機微をとらえられるということである。

本書では、現代日本標準語の敬語では素材敬語の使用がほとんどみられないようなくだけた場面を中心に収録する。敬語に関して言えば、近畿中央部方言はかつての中央語であり、この地域で培われた敬語が現代日本標準語の敬語の土台となっている。したがって当該方言の改まった場面の敬語は現代日本標準語の敬語と連続しているようにみえる。それに対して、くだけた場面は日常の、いわば、「素顔」の方言が現れ、かつ「第三者待遇に偏る素材待遇語の使用」(宮治1987)の現場となると考え、分析の中心とした。

その他に第1章で先行研究や敬語・尊敬語の特質を検討した結果から考えて、談話資料の分析によって解明が期待できるのは以下のようなことである。

① 標準語の尊敬語としては特異なハル使用の実態はどうなのかを調べて、その適用例について文脈に即した解釈を行うことができ、「丁寧語」「美

化語」「親愛語」のようなものとして使用されているかどうかについても判断することができる。
② 上述の「第三者待遇に偏る素材待遇語の使用」や「身内尊敬用法」が行われているかどうかを直接確かめることができる。
③ 「二人称・三人称の人間の動作を表す」という場合の「人称」「人間」の内実を確かめることができる。
④ 標準語で報告されている「脱待遇」(第1章 2.3.3.4)の扱いが行われているかどうか、また、「話し手にも聞き手にも直接関係の無い人物に対しての尊敬表現が使われなくなっている」(同上)かどうかを実際に確かめることができる。
⑤ その他京都市方言敬語独自の敬語の枠組みがあるとすれば、それを探ることができる。

ⅰ. 以上を踏まえて以下のような内容で収録を行った。
〔収録した場面〕
　話し相手待遇では丁寧語や尊敬語を使用しない「くだけた場面」と「改まった場面」を設定し、前者はさらに「身内間」の場面と「他人間」の場面を設定した。また、参与者間の社会的上下関係として「同等」「上・下」の組みあわせができるようにした。
　「くだけた場面」は、親子・夫婦・姉妹・祖父と孫等身内同士や親しい友人同士を会話の参与者として選定することによって実現した。談話収録にあたっては普段のままの収録を目指して、調査者は収録の場に立ちあわず、ほとんどの場合、参与者の自宅で収録した。たいていの場合、話しているうちにテープが回っていることなど忘れてしまった、という報告を聞いている。
　「改まった場面」は初対面の人物を話し相手として選定することによって実現した。
〔収録方法〕
　談話参与者が席についているテーブルの上に録音機を設置し収録した。使用した録音機はSONYのStereo Cassette-corder(1999年以降はDigital Audio Tape-corderを併用)を使用した。

〔談話の種類と参与者数〕
　収録する談話の種類は談話の中でも一番基本的な二人以上の参与者による「会話」とした。参与者の人数は二人を基本としたが、三人以上の場合も収録した。三人以上の場合、分析が煩雑になる反面、マトモの相手とワキの相手との違いを見いだせるなどの利点もあった。
〔話者の属性〕
　収録対象話者は京都市内で言語形成期を過ごし現在も居住している生え抜き話者を基本とした。

ⅱ．談話の文字化後に次の作業を行った。
〔文字化後のインタビュー〕
　敬語の分析に必要な情報はただ文字化したスクリプトからでは得られない。収録して文字化した後、談話参加者の少なくとも一人にインタビューを行い、敬語使用に関わる言語外的要因である、話題になった人物と話者との上下、親疎関係と親族関係(身内か他人か)を尋ねるようにした。
　なお、心理的要因は発話者にとっても説明しにくい部分であり、基本的には調査者が前後の文脈などを総合的に判断して解釈した。被調査者にとって酷な質問になると思われるので特に尋ねることはしなかったが、話者の内省が得られたケースもある。
〔コーディング〕
　インタビューで得られた情報も含めて分析に関わるすべての情報を整理しコード化して入力した。

2.2　分析方法

　談話資料の分析にあたっては第1章2.3.1.1で示した「尊敬語は主語という文法機能上の概念と対応するものである」という尊敬語の統語論的特性を活用した。
　談話資料における各話者の敬語の使い分けを以下の手順で分析する。

ⅰ．単文の動詞述語、複文における主文末、および従属句内のすべての動詞述語を対象にハルの言語内的な出現環境を調べる。
ⅱ．ⅰのハルの出現環境にある動詞述語すべてについて主語を特定する。

ⅲ．ⅱで特定した主語別に適用された待遇表現形式(結果として尊敬語形式の他、丁寧語形式、普通形式等を含むことになる)の数を調べる。
ⅳ．出現した主語を範疇化する。
　1)話者との関係が特定できる具体的人物の場合は、(談話文字化後に話者へのインタビューで得られた情報にもとづき)身内か他人の別、上下、親疎に分ける。
　2)話者と間柄的関係にない人、人以外の有情物、非情物等が主語となっている場合は実態にあわせて範疇化する。「間柄的関係にない人」の語は「脱待遇」について論じられた大石(1979)で用いられた言葉である。大石(1979)によれば「脱待遇」の語を「上・下、親・疎のみならず、対等の意識もない、すべての待遇意識から全く離れた表現である」と定義し、「…未知の人、つまり、間柄的関係がない——と話し手がとらえている——人について言うばあいは、脱待遇の扱いはあたりまえのこととして、気をつかうことはほとんどない」としている。本書ではこの「間柄的関係にない人」という言葉を、実在するが上・下、親・疎のみならず、対等の意識ももてない人について言及する時に用いることがある。そのような人を範疇化する場合には「極めて疎」の範疇ということにする。逆に上・同・下、親・疎の関係のもてる人について言及する時は「間柄的関係にある人」という言葉を用いることがある。
　3) 1)、2)の範疇別に適用された待遇表現形式を集計する。
　4) 3)の集計は話し相手待遇と第三者待遇に分けて行う。談話参加者が3人以上であれば話し相手待遇の部分はマトモの相手とワキの相手とに分ける。
ⅴ．話者の待遇表現の基本的運用形態をⅳの集計結果(各個人、各範疇の形式別適用数)により推定する。
　　この推定は主語範疇のレベルでも行えるし、主語別にも行える。
ⅵ．さらに場面間、話者間等々を相互に比較し、方言敬語全体としての待遇表現の運用規則、待遇表現体系を検討する。
ⅶ．例外的な運用例が認められた場合、ⅴやⅵで明らかになった待遇表現運用規則および個々の発話の文脈から解釈する。
　　ⅰ．～ⅴ．に該当する具体的な発話例、待遇表現形式、主語の範疇、ハルの出現可能な従属句その他の言語内的環境などは年層や男性女性によって異

なりがあったので第3章以下で示すことにし、本節では分析方法の骨子のみ記すが、これらは第1章第3節に示した分析枠組みに沿ったものになっている。

2.3 自然談話文字化の方針

以下では本書がとった文字化の方針を簡単に述べる。本書のように実際の場面にあたって実際の発話を対象として多量の文字化資料を用いた敬語研究は管見のところ国立国語研究所が行った松江市における「24時間調査」（以下「松江24時間調査」と呼ぶ）以外には見当たらない。この「松江24時間調査」においても、どのような基準で分析の単位を区切るか、「文末」をどの範囲までとするか、などさまざまな検討を行っているが、本書では京都市をフィールドとして、京都市の方言敬語を考察対象とするということで文字化の方針をたてる段階から根本的な検討を行う必要があった。

収録された自然談話資料は音声資料であり、文字化するにあたっては音声情報の何を取捨選択し、音声情報以外のどんな情報を付加し、どのように記していくかということが問題になってくる。研究の主題が敬語関連の言語事象であること、研究対象とするフィールドが京都市方言地域であることをふまえ、実態を的確に反映させた資料を得ることをめざして以下のような文字化の方針を定めた。

Ｉ．表記法
ⅰ．本書で用いる発話例は基本的に「漢字仮名混じり文」とし、西洋系外来語のみ「カタカナ表記」とした。文字化の段階では音声をできるだけそのままで記録するため仮名書きとした。
ⅱ．分かち書き
　実際の発話では文末や句末で必ずしもポーズがくるというわけでもなく、聞こえる音をそのまま記すと読みにくくなるため、文節ごとの分かち書きを原則とした。
ⅲ．文節音
　基本的に音声に忠実に記した。具体的な例をあげると以下のとおりである。
　　1）　二重母音：「映画」のエイがエーとなるような場合は音声のま

ま「えー」と記す。
2) 半母音＋母音：「言う」がユーとなる場合、そのまま「ゆー」と記す
3) その他：格助詞「ヲ」や係助詞「ハ」は音声に忠実にそれぞれ「お」「わ」で記す。

II．談話関連情報
ⅰ．改行
　会話参加者のターンごとに改行する。
　　1) あいづちでは改行しない。
　　2) 応答の「はい」「うん」などは改行する。
ⅱ．発話番号等
　ターンごとに改行する各発話の冒頭には発話番号と話者記号をつける。また、多数の談話を資料として用いるので、談話ごとに談話のカテゴリーの略称、談話番号をつける。したがって各発話は談話カテゴリー、談話番号、話者記号、例文の順に記す。
ⅲ．参与者の関係表示
　本文中で発話例を示す場合、話題の人物とか参与者間の血縁関係など必要な情報があれば、話者記号に続けて(　)内に記す。また、テキストによっては(例：参与者が三人以上の場合など)発話末尾に会話参加者の会話における役割関係を表示する。例えば、話し相手待遇でAが話し手でBが話し相手ならA→Bのように記す。第三者待遇で話題の主がCならA→B【C】とする。
ⅳ．あいづち
　あいづちと認定した場合は改行せず、発話者の発話の中に(　)に入れて示す。その際あいづちを入れた話者記号もあわせて示す。
　「あいづち」の認定基準はナガノ－マドセン，ヤスコ他(1999)による「相手に対する応答の中で、質問や命令に答えたものや実質的な内容を含む発話ではなく、『聞いている』『わかった』『それからどうなった、もっと聞きたい』などの意思を表明することによって、対話を円滑に進める機能を持つ言語形式」という定義に加え、ターンの交替につながらないものとする。たとえば、同形式であっても音声的な強調を伴い、驚きなどあいづち以上の機能を果たしていると判断された場合は独立したターンとする。

Ⅲ．構文的情報
ⅰ．発話文末

　　発話文末には「。」をつけた。文末以外の従属句末や連体修飾句末は形態的に明らかとなるので何も記さなかった。ただし、中途終了発話の終了箇所には「・」を記した。中途終了発話の認定に際しては内容だけではなく、わずかな下降調イントネーションを伴うなどの音声情報も併せて判断しなければ認定が難しいからである。いいさしとなっている場合は「…」を記した。

ⅱ．疑問文

　　疑問文の文末を「？」で記すことはしない。イントネーション情報「↑」などや、構文情報「。」、疑問詞や終助詞「か」などの語彙情報、隣接ペアをなす後続の発話などの情報を総合的に判断して認定する必要がある。

Ⅳ．意味情報

　　方言形などで意味を理解するのに共通語訳が必要と考えられる場合《　》で示す。共通語訳以外の補助情報は〔　〕により示す。

Ⅴ．言語周辺情報

　　発話の理解に必要だと思われる特徴的な音声情報（イントネーション、声の大小等）、非言語情報など言語周辺的な発話状況の説明は｛　｝内に入れて示す。後者は具体的には｛笑いながら｝｛息を吸う｝｛少し間｝のようなものである。音声情報に関しては以下のような記号を用いて記す。

ⅰ．イントネーション

　　談話資料を見ると話者はイントネーションにより文末や句末で発話意図を表すことが多く、談話の流れからみても、それがターン交替、次の隣接するターンの発話内容（相づちなども含む）を決定していることが多い。したがって発話内容の理解にこれらのイントネーションの情報は不可欠だと考える。

　　大阪と東京の方言イントネーションの特徴を比較した杉藤（2001）では、前者はいわば単語アクセント言語であるのに対し、後者はイントネーション言語の傾向があると指摘している。大阪方言と同じ方言圏に属する当該方言も大阪方言と似たイントネーションの特徴をもっており単語アクセント言語の特徴をもっていると思われる。筆者の観察でも終助詞や間投

助詞として使われる「な」のような語の場合のピッチの変動も上昇調イントネーションという一つの型におさまっているわけではなく、高くつくか、低くつくかを含めたピッチの変動により意味の違いをコントロールしている可能性がある。

　以上をふまえて本書では、文末や句末の通常とは異なるイントネーション、および末尾の終助詞や間投助詞等に伴うイントネーションを｛↑｝｛↑↓｝｛→｝｛↓｝｛￣｝｛＿｝で表す。これらの記号の詳細は次のとおりである。

　　　｛↑｝：上昇調イントネーション

　　　｛↑↓｝：上昇下降調イントネーション

　　　｛→｝：平板イントネーション

　　　｛↓｝：下降調イントネーション

　　　｛￣｝：高いピッチで短く付く

　　　｛＿｝：低いピッチで短く付く

　あわせて、主要な終助詞、間投助詞等の一般的なアクセントパターンを中井幸比古（2002）『京阪系アクセント辞典』により以下に記す。

　［下では語彙、語の機能、アクセントの順に記す。なお、「順接」、「低接」の語は中井幸比古（2002: 43）によると和田實の付属語アクセントの分類を参考にしたもので、「順接」は自立語のアクセントを変えることなく、素直に付く付属語であり、「低接」は平板型（0・L0）には低く付き、それ以外には順接と同じ行動をとるものである］

　a．動詞の基本形に付く助詞

　　　ナー…感動・共感など　／1／

　　　ネー…感動・共感など。改まった場面で　／1／

　　　カ　…疑問助詞（特に有核につくとカは卓立も。またカは拍内上昇も　／順接／

　　　ワ　…告知　／低接、順接／（注：／順接／のほうが女性的のよう）

　　　デ　…告知　／低接／（注：全般にデ内部が上昇する音調も）

　b．動詞の基本形に付く助動詞

　　　ニャ、ネ、シヤ…「のだ」　／低接／

　　　ヤロー…推量　／1、低接／（体言に付くヤロ・ヤローも同様）

ⅱ．プロミネンス

　音声的な強調としてのプロミネンス（該当部分だけ高くしたり、声の大

きさを変えたりする）で必要だと思われるものは、該当する部分に傍点を付した。したがって、あいづちの項で述べたとおりあいづちと同じ語句であってもプロミネンスが置かれて、あいづち以上の積極的な機能をはたしていることが明らかに認められる場合は独立したターンを与えた上、傍点を付した。

 例：797M ：さんばんまで　おどったな｛￣｝。
   798T ：ふん。びっくりしたえ。
   799N ：へーー。

Ⅵ. その他の音声、音韻情報

ⅰ. ポーズ

 ポーズの長さは年齢差、個人差があり相対的なものであり、かつ若年層話者などはしばしば文末にポーズを置かないことが見られ、構文的位置を必ずしも反映していない。本書では発話において有意と認められるポーズを「、」で示し、ポーズの長さは特に記さなかった。一定以上の長さの休止は｛間｝として区別した。

 なお、洒落本（会話体）資料や落語関係資料の分析にあたっても第2節に示した方法を援用する。本書で直接テキストとして用いた資料は以下の資料である。

① 上方江戸時代後期成立した京都板洒落本資料
② 明治時代に京都出身の落語家によって上演された落語の速記本

 資料の詳細については第3部で述べる。他に江戸時代宝暦年間以降成立した京都市の口語を伝える文献資料、具体的には京都板ないし京都を舞台にした浄瑠璃、歌舞伎台帳、軽口、俄、噺本、心学道話や大坂板洒落本資料を参照した。また、明治から大正時代にかけての京都出身の落語家による落語音声資料も参照した。

 次の第2部と第3部では本章で示した調査方法、分析方法により具体的に言語事象を検討考察していく。

第 2 部

現代京都市方言「ハル敬語」の共時的考察

第2部では現代京都市方言「ハル敬語」の特質について自然談話資料を中心的分析材料として共時的に考察を行う。京都市方言においては、男性話者と女性話者とでは敬語運用に関して顕著な相違が認められる。したがって男性話者と女性話者とを別個に考察する。特に、ハル敬語の隆盛が指摘されている近畿中央部方言の中でも、使用頻度が特に高く、適用対象が広いとされる女性話者に注目する。女性話者については年層を分けて考察し、敬語に習熟しているとされる世代であり、かつ、活躍層である中年層女性話者に注目する。

　第3章では中年層女性話者の「ハル敬語」の特質について考察する。まず、予備的に行った調査票による面接調査により敬語運用を全般的に概観し、次に、主に自然談話資料の分析により中年層女性話者の敬語運用の基本的な枠組みとハルの基本的機能について考察し、さらに自然談話資料と調査票による面接調査を併用してハルの一回的な用法について考察する。第4章ではまず、調査票による面接調査により高年層、最高年層、および若年層女性話者の敬語運用を全般的に概観し、次に自然談話資料により高年層女性話者の「ハル敬語」の特質について考察する。第5章では自然談話資料により最高年層女性話者の敬語運用と「ハル敬語」の特質について考察する。第6章では自然談話資料により若年層の敬語運用と「ハル敬語」の特質について考察する。第7章では面接調査と自然談話資料により男性話者の敬語運用と「ハル敬語」およびヨル・トル・オルの各素材待遇語形式の特質について考察していく。

第3章　中年層女性話者の「ハル敬語」

1. はじめに

　本章では京都市方言中年層女性話者を対象として筆者の行った調査により、当該話者の敬語運用とハル敬語の特質を考察する。

　本章で中年層女性話者を最初に取り上げる理由は、これまで述べてきたように先行研究から、京都市方言女性話者が近畿中央部方言話者の中でもハルの使用頻度の高さや適用範囲の広さに関しては最先端をいく話者である、と考えられることに加えて、敬語に習熟した活躍層の世代にまず照準をあてるのがふさわしい、と考えたからである。さらに、当該方言話者が使用するハル以外の尊敬語形式との競合関係をみると、以下のような言及がみられる。

　　　ハル敬語の隆盛に比べると、京阪方言の由緒正しい敬語の代表格とも言
　　　えるオ〜ヤスやナハルの使用は中年層以下の若い世代では急速に衰えて
　　　いるようである（小池1987、岸江1990）。　　　　　　　　（宮治1992）

ハル敬語の隆盛と並行して中年層以下の世代において伝統的敬語形式オ〜ヤス等の衰退が報告されているのである（森山1994他にも言及あり）。このことから中年層話者の方言コードでは、使用される尊敬語形式はハル一形式となることが予想でき、現時点における極限的なハルの使用主体として中年層話者を取りあげる意義がある、と考えたからである。

　なお、本書では中年層とする範囲は調査開始時の1996年12月において35歳以上64歳未満の年齢層（1960年〜1933年生まれ）を指すことにする。この区分は、国勢調査などで人口統計上の年齢区分では老人を65歳以上としていることと、中等教育以降は戦後の教育を受けたこと、とを勘案して設

けた便宜的なものである。
　以下、第2節では筆者が行った中年層女性話者を対象とした意識調査の結果を提示し、第3節では同じく中年層女性話者による自然談話を収録した資料の分析と考察を行う。なお、本章の議論は辻(1999, 2000, 2001)に大幅に資料を増やして書き直したものである。

2. 調査票による面接調査

　前章1.1で述べた問題意識にもとづき調査票による面接調査を行った。

2.1 面接調査の概要

　調査は1998年〜1999年にかけて行った。インフォーマント情報を次に記す。談話を収録した話者にも、可能な限り同じ内容の調査票で面接調査を実施した。その場合、調査実施時期が期間より後になる場合もあったが、結果を示す際それらの結果も併せて示した。

2.1.1 インフォーマント情報

　面接調査のインフォーマントの詳細は表3-1のとおりである。

2.1.2 調査項目

　調査項目に関しては第2章1.2に示したとおりである。ここでは調査項目の提示は省略するが、結果を提示する際に必要に応じて調査文を示す。

2.2 面接調査結果

2.2.1 話し相手待遇表現

　話し相手として多様な関係にある人物を想定してもらい次のように尋ねた。

　　京都駅で〈Aさん〉にばったり会ったとします。その時Aさんに向かって「どこに行くのか」と尋ねるとしたら、なんと言いますか。

　想定してもらった相手は次の関係にある人物である。

第 3 章 中年層女性話者の「ハル敬語」 59

表 3-1　面接調査インフォーマント（中年層女性）

生年 西暦（昭和）	調査時 年齢	言語 形成地	現 居住地	外住歴*1	職業*2	最終学歴
1935（10）	67歳	中京区	中京区	無	管理	高校卒業
1937（12）	63歳	北区	北区	無	技術（服縫製）	中学卒業
1937（12）	63歳	東山区	北区	無	販売	高校卒業
1940（15）	59歳	左京区	左京区	無	無職（主婦）	高校卒業
1944（19）	54歳	上京区	右京区	無	専門・技術 （家庭教師）	大学卒業
1944（19）	53歳	上京区	上京区	無	無職（主婦）	専修学校卒業
1947（22）	51歳	北区	北区	無	無職（主婦）	専門学校卒業
1947（22）	50歳	北区	北区	無	専門・技術 （華道・茶道教授）	高校卒業
1948（23）	50歳	中京／ 北区	北区	無	無職（主婦）	短大卒業
1948（23）	48歳	北区	北区	無（生後6ヶ月 まで大阪市）	無職（主婦）	短大卒業
1948（23）	49歳	北区	北区	無	主婦	専門学校卒業
1949（24）	48歳	北区	北区	無	専門・技術	高校卒業
1949（24）	50歳	中京区	北区	無	サービス	高校卒業
1950（25）	50歳	中京区	右京区	無	無職（主婦）	NR
1951（26）	49歳	北区	北区	無	専門・技術 （ピアノ講師）	短大卒業
1953（28）	44歳	山科区	北区	無	専門・技術 （エレクトーン講師）	大学卒業
1958（33）	41歳	上京区	上京区	無（9ヶ月合衆国留学）	事務	大学院卒業

*1　ただし京都市市街部以外1年以上の外住歴。
*2　国勢調査の職業分類による。

　　［非常に目上］［疎・目上］［親・目上］［目上の親戚］［親しい友人の主人］
　　［親しい友人］［近所の子ども］［家族・目上］［配偶者］［家族・目下］
　調査結果を表 3-2 に示す。
　なお、調査時には話し相手として想定してもらう人物をさらに京都市方言話者と東京方言話者に分けて調査したが煩瑣になるため表 3-2 および次の表 3-3 では一括して示した。複数形式回答者のうち［親・目上］で4名が、［非常に目上］で2名が東京方言話者に対しては京都市方言話者と異なる形

表 3-2 「どこに行くか」と尋ねる場合の「行く」の部分

インフォーマント生年* 話し相手	'35 S10 =M	'37 S12	'37 S12	'40 S15	'44 S19	'47 S22 =F	'47 S22	'48 S23 =D	'48 S23 =E	'48 S23	'49 S24	'49 S24	'50 S25	'51 S26	'53 S28 =N	'58 S33
非常に目上	◎◆	■	■	▲■	■	★	■	■	■	◎	◎■★	▲	■▲	▲	◎▲★	■
疎・目上	◎◆○	#	■#	■	■	★	○	#	■	○	▲	▲	◎	#	▲	#■▲
親・目上	◆○○	◎■	○	○	■	◎★	○	■	■	○	○▲	-	■	■	◎▲	■○▲
目上の親戚	-○	φ	○-	□	○	◎★	○	◎■	■-	○	▲○	○	■○	○-	○	◎
親しい友人の主人	○	◎	◎■	○	○	◎★	○	■	□	◎▲	-	◎	○	▲	◎	◇■
親しい友人	-	◎	-	-	○	○	○	-	□	-	○	-	-○	-	○	-
近所の子ども	-	-	-	#	-	-	-	-	#	-	-	-	-	○	-	-
家族・目上	-	-	○	φ	-	-	○	-	-	○	n	-	n	○-	-	○
配偶者	-	-	-	-	-	-	-	○	-	-	-	-	-	-	-	-
家族・目下	-	-	-	-	-	-	-	-	φ-	n	-	-	-	-	-	-

[凡例]
- ★：尊敬語(レル・ラレル以外)＋丁寧語　オデカケニナリマスンデスカ・イラッシャイマスカ
- ▲：レル・ラレル＋丁寧語　イカレマスカ・イカレルンデスカ
- ◆：オ〜ヤス　オイキヤスネ・オイキヤスノ
- ◎：ハル＋丁寧語　イカハリマスンデスカ・イカハリマスノ・イカハリマスネン・イカハルノデス・イカハルンデスカ
- ■：尊敬接頭辞＋動詞連用形＋丁寧語　オデカケデスカ・オデカケドスカ
- ○：ハル　イカハンノ・イカハルノ・イカハルノン・デカケハルノ
- □：尊敬接頭語オ＋名詞　オデカケ
- －：普通体　イクノ・デカケルノ・イクノン・イクネン
- ＃：声をかけない　コンニチワ・キオツケテイッテラッシャイ・チョット・挨拶のみ含む
- ◇：「どこまで」＋丁寧語　ドコマデデスカ
- φ：「どこへ」の部分のみ　ドチラマデ・ドコヘ・イキサキワ
- n：無回答

*上段に西暦で、中段に元号(S＝昭和)で記した。下段に談話収録に参加した話者(表3-8参照)について話者記号を記した。

式(イカレマスカなど)を用いると回答していた。

ハルがどのような場面で使用されているかを見るために、表3-2よりハルの場面別使用数を数え表3-3に示す。

話し相手待遇での敬語運用に関する回答結果を見ると以下のことが指摘できる。

(a) 他人・家族とも目下の人物、および、配偶者には敬語をほぼ用いないという回答である。家族の目上には半数強が普通体を用いるという回答で

表 3-3　話し相手待遇におけるハルの使用状況

親・疎・身内の軸 上下の軸	疎	親	身内
非常に目上	3	−	−
目上	4	−	−
目上	−	11	−
目上の親戚	−	−	13
家族・目上	−	−	5
親しい友人の主人	−	10	−
配偶者	−	−	4
親しい友人	−	5	−
近所の子ども	−	1	−
家族・目下	−	−	−

数字はハルの使用数

ある。
(b) 親しい友人にはハルを用いるという回答が少数で、普通体を用いるという回答が多い。
(c) 目上の人物のうち「親・目上」「目上の親戚」「親しい友人の主人」には大体ハルを用いると回答している。
(d) 「疎・目上」「非常に目上」ではハルの使用が減り、共通語の尊敬語を用いる。この共通語形式は京都市方言話者が話し相手の場合でも使用される。声をかけないという回答は「疎・目上」で一番多かった。
(e) 目上（親戚の人物をのぞく）、および、同等でも距離のある「親しい友人の主人」に対して、大体丁寧語を付加すると回答している。
(f) レル敬語を使用するという回答は1948年生まれ以降の年層に集中している。表には示せなかったが「親・目上」で多く出現したレル敬語は東京方言話者を話し相手として想定した場合に回答されている。

結果から以下のことが言えよう。
（1）　話し相手待遇で使用されるハルは敬度がそれほど高くない尊敬語といえる。非常に目上であったり、疎であったりする人物にはハル以外の尊敬語形式が用いられる。

（2）丁寧語形式デス・マスが、現代日本標準語の丁寧語と同じく、聞き手に対して丁寧に述べる標識、として用いられる。
（3）家庭内敬語はそれほど用いられていない。
（4）丁寧融合型尊敬形式オ〜ヤスはこの世代では（質問の発話行為に関しては）衰退し、ハルや他の尊敬語形式に丁寧形式が付加された形への交替がほぼ完了している。なお、〈ふだん親しい人に「まあ、ゆっくり食べてください」という時どう言うか〉を尋ねた質問に相手が目上であれば「タベテオクレヤス」というという回答が5名中1名に（1935年生まれ話者）みられた。丁寧に命令する場合ではこの形式が中年層でも高い年齢層の話者に残っているようである。この点についてはさらに確かめる必要がある。
（5）レル敬語は「疎」の対象に用いられる傾向にあり、くだけた場面では用いられず、待遇価の高い形式と認識されているようである。
（6）下位場面では方言敬語の世界が展開されるが、上位場面では共通語と同じ形式の敬語を用いる個人が多いことから、方言敬語と共通語の敬語が下位場面から上位場面まで二本立てとなっておらず、上位場面では両者が混然とした状態にある。共通語の敬語のほとんどは上方で発達し、中央語の敬語に組み込まれたという経緯もあるので、レル敬語以外は外から取り入れたという感覚は少ないかもしれない。

2.2.2 第三者待遇表現

以下では、第三者待遇における基本的な運用状況と、先行研究で指摘された特異なハルの使用例について確認するために行った調査の結果を示す。

2.2.2.1 家族を相手にした場合の使い分け

話し相手待遇で尊敬語も丁寧語も使用しないことが予想される家族（配偶者ないし弟妹）を相手にして、近所の子どもから非常に目上の人物までを話題に想定してもらって、敬語の使い分けを尋ねた。調査文は下に記す。回答の結果は表3-4の通りであった。

> 家で御主人／ご家族から、次の人物（A）が旅行に出かけた、という話を聞いたとします。その時「Aさんはどこへ行ったのか」とその人の行

表 3–4　家族に「Ａはどこに行ったのか」と尋ねる場合の「行った」の部分

インフォーマント 生年*1 話題の人物	'35 S10 =M	'37 S12	'37 S12	'40 S15	'44 S19 =A	'44 S19	'47 S22 =F	'47 S22	'48 S23 =D	'48 S23 =E	'48 S23	'49 S24	'49 S24	'50 S25	'51 S26	'53 S28 =N	'58 S33
A=非常に目上の人	○*2	○	○	○	○	○	◎	○	○	○	○	○	○	○	○	○	○
A=目上の知人	○	○	○	○	○	○	◎	◎	○	○	○	○	○	○	○	○	○
A=友人	○	○	○	○	○	○	○	○	○	○	○	○	○	○	○	○	○
A=目下の知人	○	○	○	○	○	○	○	○	○	○	○	○	○	○	○	○	○
A=近所の子ども	○	○	○	○	○	○	○	○	○	○	○	○	○	－	－	○	○

［凡例］　◎：イカハリマシタ　　○：イカハッタ　　－：イッタ

*1　上段に西暦で、中段に元号(S=昭和)で記した。下段に談話収録に参加した話者について話者記号を記した。

*2　ただしイカハッタンデスネンという回答であった。

く先を尋ねるとしたら、ふつうどのように言いますか。

　二人のインフォーマントだけが近所の子どもに普通体を使用するという回答だったが、他は回答のすべてがハルを使用する、というものだった。結果から以下のことが言えよう。

（１）　話し相手待遇で普通体を使用する相手に対して、第三者待遇で話題の人物にはハルを使用する、という回答から、宮治(1987)で指摘された「第三者待遇に偏る素材待遇語の使用」の一端が裏付けられた。この場合のハルは、話し相手に直接用いられないので、聞き手に対して丁寧に述べる「丁寧語」の用法、とは言えない。

（２）　少数の回答を除き、話題によって敬語を使い分けるという運用が行われていない。他人が話題の場合、目下の知人や近所の子どもも含めて、上下にかかわらず一律にハルを使用する、という回答を考えると第三者待遇ではハルに「敬意の軽い尊敬語」の機能があるとは言いにくい。

2.2.2.2　〈自分の赤ちゃん〉を話題にした場合

　現代日本標準語の相対敬語的な敬語運用の原則に立てば、他人を相手にして身内の人物への敬語使用は控えられる。まして目下への適用は尊敬語自体の運用からも外れる。しかし、先行研究では京都市方言では赤ちゃんにもハルで待遇することがある、と報告されている。調査では、四通りの話し相手

表3-5 自分の赤ちゃんの「〜が笑った」と尋ねる場合の「笑った」の部分

インフォーマント 生年* 話し相手	S10 =M	S12	S15	S19 =A	S19	S22 =F	S22	S23 =D	S23 =E	S23	S24	S24	S25	S28 =N	S33
目上の知人	×	×	×	○	×	×	×	×	×	×	×	×	×	×	×
親しい友人	×	×	×	○	×	×	×	×	×	×	×	×	×	×	×
近所の子ども	×	×	×	○	×	×	×	×	×	×	×	×	×	×	×
家族	×	×	×	○	×	×	×	○	×	×	×	×	×	×	×

[凡例] ○：ハル使用　　　×：ハル不使用

* 上段に元号(S=昭和)で記した。下段に談話収録に参加した話者について話者記号を記した。

を想定してもらって、目の前で自分の赤ちゃんが可愛らしい笑顔を見せて笑ったとき「〜が笑った」の「笑った」の部分をどう言うか尋ねた。具体的な調査文は下の通りである。茶化すのではなく「可愛い」という意味で(プラス評価で)ハルを使うか尋ねている。

　　自分の赤ちゃんを乳母車にのせて散歩していると、知人に出会いました。そこで、立ち話が始まりました。ちょうどその時、赤ちゃんが可愛らしい笑顔をみせて笑いました。「〜〔=赤ちゃんの名前〕が笑った」と言うとき、どのように言いますか。

　この文脈でハルを使用すると回答したインフォーマントは「可愛いという気持ち、尊い存在という気持ちで使う」と内省している。ただし、「使用する」という回答は二人だけであった。

　「使用しない」と回答したインフォーマント(1935年生まれ)は「息子が〜言わはった」「〜しはんねん。かなんやろ《かなわないでしょ》」というような時使う、と内省している。同じく客観的に冷静に言うとき「わろて《笑って》はるわ」「〜てはってかなんわ」などと言い、「普通体」で言うときの方が感情移入している、と内省している。また、自分の子には使わないが、よその子だったら普通にハルを使うと内省したインフォーマント(1950年生まれ、1953年生まれ)もあった。少なくとも他人が話し相手の場合、身内の赤ちゃんのことをストレートに誉めたり、可愛いと思う気持ちから発した「親愛語」的な用法として安易にハルは使用されないことが確かめられた。また、わが子に言及して使うハルには、他人事のように言う「隔て」の機能が

優先するのではないかという予測が立つ。

2.2.2.3　動物や非情物を話題にした場合
　先行研究では人間以外のさまざまな対象に対するハルの適用例が指摘されているので、それらを実際に使うかどうか尋ねた。

〈話し相手のペット〉
　話し相手に「あなたの飼い犬ないし飼い猫はどうしているか」と尋ねるときどう言うか、という設問を設けたがハルを使用するという回答はなかった。

〈思わぬ遭遇―猿―〉
　この項目の調査文は下の通りである。

　　家で知人と雑談をしているとき、ガラス戸の外を猿が通りかかりました。「あっ、猿が通った」と言うときどのように言いますか。

　意外なものを見て驚いたようなとき、どういうか尋ねた項目である。女性話者は「人」が話題の主語の場合ハルを用いることが予想できたので、あえて動物を対象とした場合でもハルを使用するか尋ねてみた。14名中1名だけが言うと回答した。そのインフォーマントは「びっくりしたような時言う」と内省しているので、仮説どおりの回答であるが、大多数は「ハルを使用しない」と回答しているのでさらに検討が必要である。

〈非情物―太陽―〉
　京都市方言では太陽のことを言う時「さん」をつけて「お日さん」ということが普通である。そのような対象にハルを用いるか尋ねた項目である。調査文は下の通りである。

　　久しぶりに晴れた日に歩いていると知人に出会いました。そこで「やっと日が出ましたね」と挨拶するとき、どのように言いますか。

14名中4名が目上の知人に対して「お日さんがやっと出てきはりましたな

あ」のようにハルを用いると回答している。友人に2名、目下に1名、近所の子どもに対しては1名が使用すると回答した。自然物崇拝の名残をとどめる用法だと思われるが、ハルを使用すると回答した1名は年配の人に使用する、と内省しており、相手へのアコモデーションとして使用される場合もあると思われる。

〈非情物—自然現象・電車など—〉

自然現象、食物、植物、乗り物、および、所有傾斜において序列が低く、現代日本標準語では不自然とされる所有物についてハル使用の有無を調べた。具体的に話題の主語として尋ねた項目は「豆」「雨」「雷」「ひまわり」「電車」それに「先生の絵」「先生の車」「花子ちゃん(目下)の絵」「花子ちゃんの自転車」である。提示した文と結果を表3-6に示す。

ほとんどハルを使用すると回答した2名は室町言葉を話す地区の出身者である。そのうち1935年(昭和10年)生まれのインフォーマントは次のように内省している。「いやー。雨がよー《よく》降った(て)はるわー」とよく言う、「雷が鳴ってはるわー」、「あ、きれーなヒマワリが咲いてはる」、と言う。汽車でも電車でも来た時に「いや、来はった。来はった」と二へん(＝二回：筆者注)言う。

表3-6 非情物を話題とした場合のハルの使用状況

話し相手 \ インフォーマント 生年(S=昭和)	S10=M	S12	S15	S19=A	S19	S22=F	S22	S23=D	S23=E	S23	S24	S24	S25	S28=N	S33
豆がふっくら煮えた(炊けた)	△	△	×	△	△	△	○	×	×	×	△	×	○	○	×
雨がやんだ(あがった)	○	×	×	×	×	×	×	○	×	×	△	×	×	×	○
雷が鳴っている	○	×	○	○	×	○	×	×	×	×	△	×	×	○	×
ひまわりが咲いた	○	×	×	○	×	○	×	×	×	×	△	×	×	○	×
電車が来た	○	×*1	×*2	×	○	×	×	×	×	×	×	×	×	△	×
先生の絵が入選した	○	○	○	○	○	○	×	×	×	×	×	×	×	?	×
先生の車が電柱に当たった	○	○	○	○	○	○*3	×	×	×	×	×	×	×	×	×
花子ちゃん(目下)の絵が入選した	○	○	○	○	○	○	×	×	×	×	×	×	×	?	×
花子ちゃんの自転車が車に当たった	○	○	○	○	○	×	?	×	×	×	○	×	×	×	×

［凡例］ ○：ハルを使用する　△：聞いたことがある　×：ハルを使用しない
　　　　?：わからない。言うかもしれない
*1　タクシーや御神輿なら可。
*2　使っていたがこの頃言わない。
*3　「先生の自転車が電柱に当たった」でもO.K.

表 3–6 の結果から以下のことが言える。

（1） 「豆」「雨」「雷」「ひまわり」のうち、「雷」に使用するという回答が最も多く、「ひまわり」ではごく少ない。「ひまわり」で使用すると回答したインフォーマントは前述のとおり室町言葉の話者である。これらは自然現象などに対して敬虔な気持ちを表明する尊敬語の古い姿を残した用法ではないかと思うが、「雷」を除いては廃れつつある。「雷」に対して使う場合も、「子どもに対してなら使う」というコメントがあり、自然物崇拝とは違う解釈ができる場合もあるかもしれない。

（2） 「電車」の用法は(1)とは異なる解釈ができそうである。筆者は戦争中「京都に来た時 B26（戦闘機）が来はった。来はった」というのを聞いて驚いた、という他府県出身者による内省を聞いたことがある。少なくともこの用法は話者と話題の主語との関係把握は関与せず、したがって素材敬語、尊敬語とはかけ離れた、現場性の高い表現だと考えられる。

（3） 「所有者敬語」に関する設問への回答はほとんどのインフォーマントが「使用する」と回答しており、所有傾斜という観点から見れば、ハルは現代日本標準語の尊敬語よりゆるく広く適用されていると言える。

2.2.2.4　未知の面識のない人物を話題とした場合

現代日本標準語の尊敬語は基本的に話者と「間柄的関係」[1]が成立している既知の人間を対象に適用されるとされる。当該方言でもそうだろうか。ここでは全く面識のない人物、つまり、間柄的関係にない人が話題にあがった時で、かつ、構文的環境としては連体修飾句内でハルが出現しえるか尋ねた。

表 3–7　未知の面識のない人物を話題にした場合のハルの使用状況

インフォーマント 生年(S=昭和) 提示文	S19 =M	S10	S12	S15	S19 =A	S22 =F	S22	S23 =D	S23	S24	S25	S28 =N	S33
「隣に引っ越して来る人の名は知らない」の 「引っ越して来る人」はどう言うか	○	○	○*	○	○	○	○	○	○	○	○	○	○

[凡例]　○：ハルを使用する　　○*：「来はる人」「来やはる人」どちらも言う

このような場合全員がハルを使用すると回答しており、京都市方言では「引っ越して来はる人」「お隣に来はる人」は全く自然なようである。未知の間柄的関係がない人でもハルを使用するという意識は現代日本標準語の待遇表現使用意識とは異なっていると言える。

2.3 本節のまとめと問題のありか

本節では、前章であげた問題意識にもとづき計画した調査票による面接調査により、中年層女性の敬語運用のあらましを考察した。少ない標本数で一般化は慎まなければならないが、得られた回答の範囲でまとめると以下のようなことが言える。

第一に、話し相手待遇で用いられるハルは先行研究で指摘されているように敬意の軽い尊敬語の用法が行われていることが裏付けられた。話し相手待遇に関する限り尊敬語としての機能により使われていると考えられる。

第二に、話し相手待遇のこのような運用と話し相手待遇で丁寧語もハルも使用しないような家族を話し相手とした場合の第三者待遇で、目上、目下にかかわらず、下は近所の子どもにまで、さらには「間柄的関係」のない人物にまでハルを適用する、という調査結果とを突きあわせると、宮治(1987)で指摘された「第三者待遇に偏る素材待遇語の使用」が中年層女性話者にもあてはまりそうだということがわかった。このように運用されるハルは「敬意の軽い尊敬語」であるとも「丁寧語」であるとも「美化語」であるとも解釈しにくい。

第三に、話し相手待遇では多くのインフォーマントは自分の実の父親や配偶者(夫)に敬語を用いない、と回答している。そうすると絶対敬語的運用、身内尊敬用法という場合の最初の前提が崩れることになる。

最後に、現代日本標準語の敬語では用いられないような様々な対象に広くハルが用いられていることが調査により裏付けられた。

その一方で、特に第三者待遇で使われるハルについて面接調査だけでは明らかにできなかったこともある。主なものを列挙すると以下のとおりである。

① くだけた場面において、第三者待遇でほとんどの人物を話題にして一律に用いられるハルの機能は何か。
　　宮治(1988, 1992他)で第三者待遇の場合にほぼ限定される形で用いら

れる素材待遇語の性格について「関係把握の表現」としてとらえることを提唱している。京都市方言中年層女性話者の場合、確かに話し相手待遇で敬語を使わない相手に対して終助詞を使い分けることはあるが、第三者待遇では一律にそれらの人物にもハルを適用する。そうなると待遇される人物との間柄やその人物に対する認識・評価を言語化し、つまりは区別することにはならなくなる。また、目下の人物にもごく普通に適用されるということは尊敬語として使われているとも考えにくい。

② 父親や配偶者には話し相手待遇では尊敬語を使用しない傾向にあるとすると、それらの人を話題にして使われるハルは実際どのような文脈で用いられ、どんな機能をもっているのか。
③ ハルの実際の適用対象はどこまで広がっているのか。
④ 赤ちゃん、動物、非情物、面識のない人に使用されるハルの機能は何か。

宮治(1992)では、方言の敬語は共通語の敬語と比較・対照する形でその特徴を記述される場合が多いが、「共通語の敬語は、話し相手や第三者に対する敬意を表すとともに、あらたまりの気持ちを表したり、相手を隔て遠ざけたり、自己の品格を保持する機能を有すると言われるが、地域社会のくつろいだ場面において用いられる方言の敬語の中には、こうした共通語の敬語の機能とは質的に異なる機能を有するものがある」とし、両者に本質的な違いがある、と指摘、「方言の敬語に対する理解を深めるためには共通語の敬語との機能的な違いを明らかにすることが必要不可欠である」と述べている。

ではどのようにしたら、上記①〜④の問いに答え、方言敬語独自の機能を明らかにすることができるだろうか。

以下では、その問いに答えるための一つの試みとして、自然談話資料を用いてハルの機能を検討する。

3. 自然談話資料による調査

3.1 方言敬語独自の機能解明のために

本節では、面接調査で十分解明できなかった京都市方言の「ハル敬語」を含めた待遇表現の独自な運用の枠組みや意味・機能を、当該方言中年層女性話者の実際の発話に即して明らかにすることを目指す。考察の焦点とするの

は、先行研究でも、また前節で行った考察からも特徴があることがわかった日常のくだけた場面(以下では《カジュアル場面》と記すこともある)における敬語運用、特に第三者待遇で使われる「ハル敬語」である。

　前章でも述べたように京都市の方言敬語は低いスタイルから高いスタイルまで標準語の敬語と全く違う体系として構成されているわけではない。例えば非常に目上の人物に標準語と同じ敬語語彙を用いている個人もいれば、方言語彙であるハルを用いている個人もいる。フォーマルな場面の敬語は方言と標準語と混然として見分けがつかないような状況である。他方、カジュアル場面では京都市方言独自の方言敬語の世界が展開される。本研究ではカジュアルな場面の談話の収録に力を入れたのだが、それは方言敬語が全開となる場面を確かにとらえて方言敬語記述の土台としたい、という意図による。

　ただし、自然談話では、現れる話題や言語項目は偶然性に委ねられ、目的とするデータが集められないことも起こる。本章ではこのような偶然性を補うために、調査票による面接調査も併用した。具体的には、絶対敬語的運用、ないし、身内尊敬用法がどの程度行われているか調べるための親族を対象とした敬語運用を問う調査と、ハルの尊敬語用法から逸脱した用法の使用意識を問う調査である。

3.2　調査概要
3.2.1　インフォーマント情報
　収録した談話に参加した話者のうち、本節で直接の考察対象とする中年層女性話者のインフォーマント情報を表3-8に、それ以外の参加者の情報を表3-9および表3-10に示す。

　3.2.2で談話情報について説明する際に詳述するが表3-8、表3-9で《カジュアル場面》としたのは本節で考察の中心とする場面である。表3-10で《フォーマル場面》としたのはハルに丁寧語の機能があるかなどを検証するために、《カジュアル場面》の考察を補完する目的で設定した場面である。

　《フォーマル場面》のインフォーマント(=話者)は、上記表3-8《カジュアル場面》に記した話者Dと話者Mの2名であり、表3-8にあるとおりなので詳細は省略する。

　京都市全体は2004年8月1日現在で146万5339人を擁する大都市であり、その都市で話される方言全体をとらえるのは容易なことではなく、個人

表 3-8　中年層女性話者《カジュアル場面》

話者	生年	居住歴*	職業	参加した談話	続柄、関係
A	1944	上京区→左京区→右京区	主婦(家庭教師)	Ⅰa、Ⅰb、Ⅰc	Bの姉、SCの娘
B	1946	上京区→中京区	主婦(家庭教師)	Ⅰa、Ⅰc	Aの妹、SCの娘
I	1948	北区	主婦	Ⅱ	IMの妻、IJの母
D	1948	中京区→北区	主婦	Ⅲa、Ⅲb、Ⅳa、Ⅳb	Eの高校からの友人
E	1948	大阪市(6ヶ月まで)→北区	主婦	Ⅳa、Ⅳb	Dの高校からの友人
F	1947	北区	主婦	Ⅴ	Kの友人
K	1949	上京区→北区	事務	Ⅴ	Fの友人
M	1935	下京区	主婦(自営)	Ⅵ	Rの叔母、Nのコーラス仲間
N	1953	山科区→北区	主婦(技術)	Ⅵ	M、Rのコーラス仲間
R	1951	東山区→右京区→山科区	主婦	Ⅵ	Mの姪、Nのコーラス仲間
J	1945	下京区→大阪→下京区	自営	Ⅶ	Hの友人
H	1947	下京区→伏見区→上京区	無職(元教師)	Ⅶ	Jの友人

* 言語形成期を過ごした場所には下線を付した。
　なお、続柄、関係欄の SC、IM、IJ については表 3-9 を参照。
　話者名の表示法は次の原則による。中年層女性は 1 文字とし、高年層女性は 'S' を個別記号の前に付し、若年層話者は個別記号の後に 'J' を付し、男性話者は個別記号の後に 'M' を付した。同一家族の場合は個別記号を同じとし、たとえば中年層女性話者 'I' の夫は 'IM' というように記した。

表 3-9　中年層女性以外の話者《カジュアル場面》

話者	生年	居住歴	職業	参加した談話	続柄、関係
SC	1919	上京区	主婦	Ⅰb、Ⅰc	A、Bの母
IM	1944	中京区→北区	管理	Ⅱ	Iの夫
IJ	1983	北区	中学生	Ⅱ	Iの娘
DJ1	1978	北区	高校生(Ⅳa 収録時)　販売(Ⅲa 収録時)	Ⅲa、Ⅳb	Dの娘
DJ2	1983	北区	中学生(Ⅳb 収録時)　大学生(Ⅲb 収録時)	Ⅲb、Ⅳb	Dの娘
EM	1949	北区	管理	Ⅳb	Eの夫
EJ	1979	北区	高校生	Ⅳb	Eの娘
FM	1948	上京区→北区	製造販売	Ⅴ	Fの夫、K、O、OM、PMの友人
OM	1939	北区	無職	Ⅴ	F、FM、K、PMの友人、Oの夫
O	1941	島根県→北区	主婦	Ⅴ	F、FM、K、PMの友人、OMの妻
PM	1949	上京区→東京都→右京区	管理	Ⅴ	F、FM、K、O、OMの友人

表 3-10　中年層女性以外の話者《フォーマル場面》

話者	生年	居住歴	職業	参加した談話	続柄、関係
XF	1943	石川県→東京都→北区	専門	Ⅷ、Ⅸ	初対面

の集められる資料にはおのずから限界がある。資料を集めるにあたっては談話収録を行う話者として旧市街を中心とした全区の出身者をできるだけ網羅するようにし、かつ、典型的な京都市方言が話されるとされる地域[2]出身者を含めるように配慮した。考察対象とした話者の多くは室町言葉が話される室町通りの御池から松原を中心とした地域(話者 M、J、D)や、西陣言葉が話される上京区の西陣地域(話者 K)、御所周辺を中心とした地域(話者 A、B)、西本願寺門前(話者 H)などの旧市街地で言語形成期を過ごしている。

表 3-8 に示した話者のうち E、J 以外の話者には外住歴はない。E は生後 6 ヶ月から現在まで京都市在住である。J は 22 年あまり大阪での外住歴があるが、言語形成期を経て成人するまで鉾町で過ごしいわゆる室町言葉の話者であること、大阪在住の際も謡曲の稽古などで京都市内への行き来が続いていたことから考察対象とする話者に加えた。

3.2.2 談話情報

《カジュアル場面》の談話情報を表 3-11 に、《フォーマル場面》の談話情報を表 3-12 に示す。前述のようにいずれの場面も調査者は同席せず、参与者に自由に話してもらった。

《カジュアル場面》とした Ⅰ～Ⅶ の資料を集めるにあたっては、できるだけカジュアルな談話の収録をめざした。Ⅴ の談話を除きすべて談話に参加した話者一人以上の自宅で収録を行った。談話Ⅴは PM の旅館での慣例となっているお花見の席での談話である。

話者間の関係は身内間(Ⅰ、Ⅱ、Ⅲ、Ⅵ)、他人間(Ⅳ、Ⅴ、Ⅵ、Ⅶ)を含み、身内、他人ともに上、同、下の関係にある話者との会話が含まれている。特に(Ⅰ、Ⅱ、Ⅲ)は近親者間の談話である。どの談話も話し相手待遇では普通体基調の談話であった。

《フォーマル場面》はハルに丁寧語の機能があるかなどを検証するために行ったもので、話し相手には初対面であるだけでなくできるだけ社会的距離のある人物を選んだ。以下の記述に際して談話の話者間の構成を明示する必要のある場合には《姉妹》《初対面》あるいは《対母》《対友人》のように記す。

調査方法、および分析方法については第 2 章 2. で説明したのでここでは省略する。

表 3-11　談話情報《カジュアル場面》

談話記号	参与話者	話者間の関係*1	収録時間	談話の展開	収録年月	収録場所*2	他の談話参与者
Ia	A–B	姉妹	20分	同量の発話	1999/3	上京区	
Ib	A–SC	娘と母親	23分	同量の発話	1999/3	上京区	
Ic	A–B–SC	姉妹とその母親	37分	同量の発話	1999/3	上京区	
II	I(–IM–IJ)	夫婦と娘	40分	Iが主導	1999/7	北区	
IIIa	D–DJ1	母親と娘	25分	同量の発話	2004/8	北区	
IIIb	D–DJ2	母親と娘	15分	同量の発話	2004/8	北区	
IVa	D–E	親しい友人間	30分	同量の発話	1999/3	北区	
IVb	D–E	親しい友人とその家族間	30分	同量の発話	1996/12	北区	DL1、DJ2、EM、EJ
V	F–K	親しい友人間	40分	同量の発話	1999/4	右京区	FM、O、OM、PM
VI	M–R–N	叔母と姪と親しい友人間	40分	同量の発話	2003/3	下京区	
VII	J–H	親しい友人間	40分	同量の発話	2003/3	下京区	

*1　この列下の下線部は当該談話における分析対象話者の立場。
*2　談話収録はV以外、すべて談話参与者の自宅で行われた。談話VはPMの経営する旅館内で行われた。

表 3-12　談話情報《フォーマル場面》

談話記号	参与話者	話者間の関係	収録時間	談話の展開	収録年月	収録場所
VIII	D–XF	初対面	40	XFが質問してDが答える	2004/8	北区
IX	M–XF	初対面	40	XFが質問してMが答える	2003/3	下京区

談話収録場所は談話VIIIが調査者の自宅、談話IXが話者Mの自宅である。

3.3　中年層女性話者の敬語使用実態概観

3.3.1　ハルの文法的特徴

　本書の目的である社会言語学的な議論に入る前にまず談話資料に現れた限りのハルの文法的特徴を以下に整理しておきたい。

3.3.1.1　活用

　本書では、現代京都市方言の「ハル敬語」を扱う第2部に限り「ハル敬語」としてハル形とヤハル形とを一括して扱う。藤原(1978: 419)に大阪府下のハルについて「土地人の脳中では、『ハル・ヤハル』はほとんど「ハ

ル」ことばと言いうるものになっているかもしれない」という記述がある。京都市でも現在では似た状況にあるという前提で話を進める。
① ハル形、ヤハル形ともに基本的に五段活用をする。すなわち学校文法でいう未然形はア段；行カハラヘン／来ヤハラヘン、連用形はイ段ないし促音便形；行カハリマス／来ヤハリマス・行カハッタ／来ヤハッタ、終止連体形はウ段；行カハル／来ヤハル、已然形はエ段；行カハレバ／来ヤハレバのように活用する。なお、行カハランのように否定「ん」が続く例はなかった。
② 意向形、命令形[3]は中年層女性では出現しなかった。例えば「行こうと行くまいと」のような形の前項にハルがついた例は出てこなかった。

3.3.1.2 承接関係
① ハルは五段動詞の未然形(ア段)につく。例)行カハル
それ以外の活用をする動詞、すなわち上一段、下一段、サ変、カ変動詞では連用形につく。例)見ハル、開ケハル、シハル、来ハル
② ヤハルは活用の種類にかかわらず動詞の連用形(イ段)につく。五段動詞につくケースはなかった。例)居ヤハル、シヤハル、来ヤハル
なおヤハルに上接する動詞は次のとおりであった。
　　する・電話してくる・居る
③ テ形につく場合、ハルはユーテ《言って》ハルのように〜テハルとなることが多いが、ごくまれに〜タハルとなることもある。例)入ッタハル、折ッタハル、取ッタハル
ヤハルはすべて〜テヤハルとなる。〜テイハル、〜テイヤハルとはならない。「居る」に関しては標準語では「居ている」とはならないが資料にはイテハルも出現した。
④ 使役助動詞はハルの前にくる。例)見せハル
⑤ 受身レル・ラレルの後にハルは後接する。例)まわされハル、見られハル
⑥ レル(可能・受身・自発)はハルに後接しない。また五段活用はするが可能動詞形もつくらない。「出来て」の後にハルは後接する。例)出来てハル
なお、「よー《よく》＋動詞＋ん《ない》」でつくる不可能表現にもハル

が付加された例がなく、「よーわからん」のような形で実現している。

3.3.1.3 ハルが生起する言語内的環境
　中年層女性話者の談話資料全体を見渡してハルが生起する言語内的環境について整理すると以下の通りであった。発話例はすべて話し相手待遇で敬語を用いないくだけた場面から採った。
　(以下、談話の発話例は例文番号、談話番号、発話番号、話者記号、発話の順に記す。
　話し相手等を明示する場合は、発話末にAが話し手でBが話し相手ならA→Bのように記し、話題の主語を【　】内に記す。
　焦点部分の動詞述語にハルが付加されている場合は実線下線、普通形式の場合は波線下線を付す。その動詞述語の主語には波線下線を付す。問題とする箇所を示す必要がある場合は「→」を付す。
　発話の理解に必要と思われる情報は〔　〕内に記す。共通語訳は《　》内に記す。固有名詞(人名)は＊＊、施設名は＃＃のように記す。
　文末は「。」、接続助詞等で終わる中途終了発話は「・」を、いいさしとなっている箇所には「…」記す。
　文中の一定の長さのポーズは「、」、上昇調イントネーションは{↑}、下降調イントネーションは{↓}、上昇下降調イントネーションは{↑↓}、高いピッチで短く付く場合は{ ̄}、低いピッチで短く付く場合は{＿}で示す。)

Ⅰ．ハルが一例も出現しなかった環境
ⅰ．以下に示す従属句内
1) 南(1974, 1993)の従属句の分類によればA類の従属句内(状態副詞的用法)、B類「ずに」および方言形「んと」のつくる従属句内

[3-1]
→Ⅳa326E：視察お、やっぱ　そら、してもらわんと・　えーとこ　ばっか
　　　　　　し　見んと・　　　　　　　　　　　　　　E→D【上に立つ政治家】

2) B類「たら」「と」「ても」の抽象的、一般的な人物を想定した仮定条件節

内及び帰結部

[3-2]
→IVb383E：そやけど　もう、　もう、　あれなー {↕}、あのー、　自分の中
　　　　　　で　よっぽど　もりあがらへんかったら、その　ほら、推薦の
　　　　　　人わ　もー、ルンルンに　なってはるやろー {↑}。
　　　　　　　　　　　　　　　　　　E→D【推薦受験をしない受験生】

[3-3]
→IVa389D：……専門家〔髪を扱う専門家＝美容師〕が　見ると、　わかん
　　　　　　やな {￣}。　　　　　　　　　　　　　　D→E【美容師】

[3-4]
→IVb011D：なん、内定しててもー、　わからへんしなあ {↕}、　きょーび
　　　　　　《今日日》のことやし・　　D→E【就職が内定した大学生】

ⅱ．非限定的、一般的な内容の連体修飾句内、すなわち南（1993: 143–147）
　　で描叙段階以前の基礎段階にあるとされているような内容の句内

[3-5]
→IVa214E：絵、　あの、　えー《絵》　描く　人にわ、え、いー　（D：あ
　　　　　　そー）〈風景かなー {→} とか…　　　E→D【画家一般】

ⅲ．方言形の当為表現「ん（と）ならん」の前

[3-6]
→IVa442E：痴呆が　あるさかいにー、その、あれー、個室に　行かんなら
　　　　　　んのか {↑}　　　　　　　　　　　E→D【Dのいとこの姑】

Ⅱ．文末以外の従属句内等でハルが生起した言語内的環境の概要は次のとお
　　りである。
　ⅰ．以下に記す従属句内
　　南（1974, 1993）の従属句の分類で言えばＣ類の「から」「けれど」「し」
「〜て₄（テ形のうち提題のハや陳述副詞などを句内に含むもの）」、Ｂ類「〜

て₂(継起・並列)」「たら」「〜て₃(原因・理由)」「のに」の内部。および、条件をつくる「ても」で終わるの内部。

　B類従属句「〜て₂」「たら」「〜て₃」「のに」および「ても」の内部に現れた場合についてのみ発話例を以下に記す。

[3-7]
　Ⅰa268B ：……で、ずーっと　そのあと、なんとか　紀行　ゆーので、(A：ふん)
→　　　　　豊岡の　話お　<u>してはって</u>、最後に(A：あ)　いつも　ゆわはるやろ{↑}、あれ。　　B→A【NHKのアナウンサー】

[3-8]
→Ⅳb274E ：仕事　<u>してはったら</u>　そーなるわなー{↑↓}。
　　　　　　　　　　　　　　　　　　　　　　　　E→D【Dの夫】

[3-9]
　Ⅳb520D ：{少し間}　***〔苗字〕さんの　***〔名前〕ちゃんに、バッタリ　おーて《会って》、むこーから　おばちゃん　ゆーてくれはって、(E：はー)
→　　　　　も、<u>かわってはって</u>、全然　わからへんかって。
　　　　　　　　　　　　　　　　　　　　　　　D→E【共通の友人の娘】

[3-10]
→Ⅳb509D ：うん　うん、ふーん　ほんで、今の話が、(E：うん)　よーできてはん<u>のに</u>、違うほー　まわされたんやて{↑}。
　　　　　　　　　　　　　　　　　　　　　　　D→E【推薦受験の高校生】

[3-11]
→Ⅵ090N ：で、おばーちゃんわ　その、若い人が　<u>来はっても</u>　そーゆーてはったん{↑}。　　　　　N→M【友人Mの母】

ⅱ．連体修飾句内

[3-12]
　Ⅰc036A ：太った人か{↓}。{笑い}
　Ⅰc037SC ：太った人。

→Ⅰc038A ：あの、大工のー、奥さんに　ならはった人か{↑}。
　　　　　　　　　　　　　　　　　　　　A→SC【女優】

ⅲ．形式名詞「の(ん)」(体言化)、「だけ」(限定)、「わけ」(強調)、「よう」(様態)の前、時間的範囲を示す副助詞「まで」、接尾語「しな」(連用形接続)の前

[3-13]
→Ⅵ736R ：あ　知らんのやー　と　おもて《思って》。　で、　歌詞ー、カードお　書いてくれてはるのが　あって、　知りませんて　ゆーてる。　　　　　R→M【ボランティア先の職員】
[3-14]
→Ⅳa445D ：も、どっこも、引き取れへんて、ゆわはったんお、もー、またそれお　ちょっと　頼み倒して、(E：うん)　ほんで　手術してもらって・　　D→E【いとこの姑の入院打診先の病院】
[3-15]
→Ⅳa455D ：近かったら　えーけどもなー{↑}・　でも　まー、家に　いやはらへんだけ、楽やろけど・　(E：うん)　もー、叫びたおして、もー、大変やったみたい　一時。
　　　　　　　　　　　　　　　　　　　　　　　D→E【いとこの姑】
[3-16]
　Ⅰa294B ：…あの、あたしらが　マリンランドに　行ってる間わ、ま、じっと　待ってはんのやろ{↑}、あそこで。
　Ⅰa295A ：待ってはんのやなー{↕}。
→Ⅰa296B ：そやさかい、ただ　別に　走りはるわけ、違うわけやからなー{↕}・　　　　　B→A【バス旅行をした時のバス運転手】
[3-17]
→Ⅵ757M ：ほんで、ちっさい時に、覚えたからー、かなー{↕}・　もーだーれも　知らはらへんよーなん、(N：うん)のー…
　　　　　　　　　　　　　　　　M→N【自分以外の人(全否定)】
[3-18]
　Ⅶ025H ：あたし、そんなことも　知らんかったんや。(J：うん)　だか

第3章　中年層女性話者の「ハル敬語」　79

→　　　　　ら、4月　いっぱいまで　することにして、(J：うん)　＊＊
　　　　　＊〔苗字〕つぁんわ　ちゃんと　その、炭お　おこして、(J：
　　　　　うん)　お釜に、お湯お(J：ふん)おこして、お湯沸かしてくれ
　　　　　はるまで、(J：うん　うん　うん)　してくれはんのや。
　　　　　　　　　　　　　　　　　　　　　H→J【Hの友人】
[3-19]
→VI094M　：……ほんで、帰らはりしなわ、おあいそなしでしてーて　ゆわ
　　　　　はんの｛＿｝。　　　　　　　M→N【若い訪問客】

iv．語彙その他
　レル敬語や「お／ご～になる」形出現の制約とされる「くれる」、俗語的
な響きを持つ語や意味的によくない内容(菊地 1994: 134–135)の語、受身
「れる・られる」、「もらう」、「～ていない」、接尾語「～がる」にもつくこと
ができる。

[3-20]
　IVa358E：タオル　石鹸わ、と、シャンプーわ　(D：うん)　とりあえず
→　　　　　ついてて、(D：うん)　で、タオルわ　取り替えてくれはん
　　　　　のよね｛￣｝。　　　　　　E→D【スペインで泊ったホテル】
[3-21]
→IVa439D：病院で、こけはんねん。　も、ぼけてはるしな・
　　　　　　　　　　　　　　　　　　　　　D→E【いとこの姑】
[3-22]
→IVa197D：あ、そーか。　ひっかからはった人わ、もー、(31に続く)
[3-23]
→　　　　　それっこそ、トランクの　中の　中まで、なー｛↑↓｝、見られ
　　　　　はるやろけどなー｛↑↓｝。　(E：なー｛↑↓｝)　も、雰囲気で
　　　　　わかんのやわ｛＿｝。　「善良な　市民で　あらせられます」
　　　　　が。｛笑い｝　　　　　D→E【税関でひっかかった人】
[3-24]
→IVa443D：いえ。　いえ。　にゅ　あの、手術してもらわはったからや
　　　　　｛↑｝。　　　　　　　　　　　D→E【いとこの姑】

[3-25]
→Ⅰa073A：並んではらへんかった {↑}。
　Ⅰa074B：うん。　もー、おひなさんで、売り尽くさはったんかも…
　　　　　　　　　　A→B【＃＃＃〔菓子屋名〕の買い物客】
[3-26]
→Ⅲb018D：あー。　あー。　そーか {↓}。　あっ。　外人さん　そしたら　開けたがらはるんや。
　　　　　　　D→DJ2【DJ2のアルバイト先の店に来た外国人買い物客】

　資料を見る限りでは、文末にハルが現れる場合には上に挙げた従属句、連体修飾句内および、接続助詞で文が終わる中途終了発話内に高い確率でハルが現れている。
　念のため生え抜きの京都市方言話者に南(1993: 74–120)で挙げられているA類〜C類従属句を含む例文を作り、文法性判断をしてもらったところ、A類の従属句内(具体的には「ながら」〈平行継続〉、「つつ」、連用形反復のつくる従属句内)でハルは使いにくいという回答を得た。なお、共通語「ないで」に近い意味をもつ方言形「んと」のつく従属句内や当為表現「〜ん(と)ならん」の前にハルがくるかどうかは判断にゆれが見られた。
　以上から、ハルは言語内的条件(構文上の位置や主語の抽象度など)による一定の制約があるものの、くだけた場面においてさえ現代日本標準語における「尊敬語」より広い範囲の環境で生起していると言えよう[4]。

◇　引用に関わる表現
　「人」を主語とする場合に関しては以下のようであった。
　ⅰ．「と思う」の補文内でハルは言語外的条件が揃っていれば出現することが多いが、すべての場合そうだとは言い切れない。
　ⅱ．伝聞の「そうだ」の前では基本的にハルは出現する。

3.3.2　集計結果
　3.3.1で検討した結果をふまえて、全談話を対象としてハルが生起する言語内的環境にあると考えられるすべての動詞述語について第2章2.2ⅰ〜ⅶに示した方法により分類集計した結果を「話し相手待遇」と「第三者待遇」

の待遇別に分けて表3–13、表3–14に示した。表3–13に示したのはくだけた場面の談話の実態であり、本節での考察の中心とするものである。表3–14はそれらの使用実態と比較するため行った初対面の相手との談話の集計結果である。

なお、談話Ⅵでは参与者間で話者Mは目上と認識されているので話者N（Mの年下の友人）、話者T（Mの姪）とは別に集計した。

また、引用句内および電話の相手に用いた動詞述語は集計から除外した。

引用句内を集計対象から外した理由は、敬語は社会的ダイクシス social deixis とも言われるように本質的に言語の直示体系、すなわち話者を基準点として構造化された表現の一翼をなすものであり(Brown, P. and Levinson, S. C. 1987: 179 他)、引用句内はその基準点が話者以外にずれることになるからである。実際の発話では引用句は直接引用句から間接性の強い句まで連続的であり、「引用句」をどこまでの範囲とするか定めるのは難しい点がある。本書では上の3.3.1.3で示した発話の実態も検討した上で、直接引用句内(言語活動動詞「言う」「話す」などに導かれる引用文)の他、思考動詞「思う」の補文内(発話例［3–27］［3–28］)、聞き返しの「〜(ん)やて《〜(の)だって》」が続く(発話例［3–29］)引用句内までを集計対象から省いた。

[3–27]
→Ⅵ016N ：だから　子どもさん　25 ーぐらい　なってはる　と　思うから…

[3–28]
　Ⅶ319H ：うーん。(T：ふーん)　だけど、あの、えー、百人て、けっ
→　　　　　こー　来はんのやなーと、(T：うん　うん　うん)　思てん
　　　　　　けどね {￣}・　うーん。　　H→J【同窓会に集まる人数】

［3–28］の例は「と思う」の内部で広い範囲でハルが使用されていることがわかり、後で示す意識調査の結果からも心内発話でハルを使用するという回答がほとんどなので、集計対象に入れるのも一つの立場だと思うが、過去形になったときどうするか等、判断に迷うケースも多く除外することにした。

次は聞き返しの例である。

[3-29]
　　IVb509D：うん　うん、ふーん　ほんで、今の話が、(E：うん)
→　　　　　　　　　よー　<u>できてはん</u>のに、違うほー　<u>まわされたんやて</u>｛↑｝。

　また、発話例［3-30］のような補文化標識として使われる「ゆーて(=「言って」の音便長呼形)」も集計から外した。

[3-30]
　　VI346M：ほーんな「女わー、なんで　そんなー、長い　長い　電話
→　　　　　　　　すんのやー」<u>ゆーて</u>、ゆーてはる。

　聞き返し以外の「んやて《のだって》」の補文内の動詞述語は集計の対象とした。
　伝聞の「〜そうだ」の補文内、および引用文として直接対応する発言がなく終助詞化して心的態度を表す「〜(っ)て」に前接する動詞述語［3-31］は集計に加えた。

[3-31]
　　Ｉb027SC　　：また、なんて言うたやろ。へへへへ　大分　肥えた。
→　Ｉb028A　　：<u>肥えてへんて</u>。

　表3-13に示した集計結果はくだけた場面《カジュアル場面》における敬語運用の枠組みを解明する基本的な材料として、また、本章での中心テーマである現代京都市方言女性話者の「ハル敬語」の特質を考察する出発点として位置づけられるものである。
　なお、本書では尊敬語動詞や尊敬辞あるいは他の素材待遇語が付加されていない動詞述語を「普通形式」とよび、文体の観点から丁寧体と対立する「普通体」の語と区別する。
　続いて《フォーマル場面》の集計結果を表3-14に示す。この結果は特にハルの丁寧語としての機能の存否を検討する材料となる。

第 3 章　中年層女性話者の「ハル敬語」　83

表 3-13　待遇別談話別中年層女性話者の敬語の使い分け《カジュアル場面》

談話番号と参与者構成*	話者	形態	第三者待遇 不特定 一般論	範疇一般	団体・機関	虚構上の人物	範疇個人	全面否定	特定 疎 極めて疎	上同	下	特定 親 上同	下	身内・上	身内・同	身内・下	小計	話し相手待遇 ワキの相手 親 上同	下	身内・上	身内・同	身内・下	マトモの相手 親 上同	下	身内・上	身内・同	身内・下	小計	総計
Ⅰa 姉妹	A&B	ハル		1	2	9	5	1	5		11	2			5	7		1	49												49
		φ			3							1			29	3	1	1	38								7		7	45
		計		1	2	12	5	1	5		11	3			34	10	1	2	87								7		7	94
Ⅰb 娘と母	A	ハル				1					3								4											4
		φ									1							13	14			18							18	32
		計				1					1	3						13	18			18							18	36
Ⅰc 姉妹と母	A&B	ハル		1	2		4		2	4	3	1		8	1	1		1	28			1				1			2	30
		φ	1			1			2				1	3		8	15	1	31			2	1			25	6		34	65
		計	1	1	2	1	5		4	4	3	1	1	9	4	1	8	16	59			3	1			26	6		36	95
Ⅱ 妻と夫娘	I	ハル				5		1	1	5	5	1		4					22							1	1		2	23
		φ				3					2	2						18	25			2				26	3		31	56
		計				8		1	1	7	7	1		4				18	47			2				27	3		32	79
Ⅲa 母と娘	D	ハル	1			3		1		3	3			4					15											15
		φ		2		4						1	1						8								7		7	15
		計	1	2		7		1		3	3	1	1	4					23								7		7	30
Ⅲb 母と娘	D	ハル				4		1			6			4					15											15
		φ				2					1	1							4								55	55	59
		計				6		1			7	1		4					19								55	55	74
Ⅳa 友人間	D&E	ハル	1	7		7			2	5		6	3	15	12	9			68			2							2	70
		φ		5		6				2			1	4	8	6	3		45			11							11	56
		計	1	12	1	13			2	7		7	3	19	20	15	13		113			13							13	126
Ⅳb 友人と家族間	D&E	ハル		1	2	5			6	2	3	1	9		14	2			46		2					1			3	49
		φ				2							1	9	3	8			13		3		4		8	5			12	32	45
		計		1	2	7			6	2	4	1	9	17		10			59		5		9		5				12	35	94
Ⅴ 友人間	F&K	ハル	1			2			1	1	4	1							13	1									2	15
		φ	1	1		2					4				4	1	3		16	1						27			28	44
		計	2	1		4			1	1	8	1			4	1	3		29	2						28			30	59
Ⅵ 叔母、姪と友人	M・R の叔母	ハル	3	3		6		1	1	4	4	9	9		21	16	1	9	90		1		1				4		6	96
		φ			2						1	2		9	12	1	8		36				3				4		7	43
		ヨル																	1											1
		計	3	3	5	6		1	1	5	4	10	11		30	28	2	18	127		1		1			3		8	13	140
	N・友	ハル		4		1				11	1	1	6	2					28	3					5	1			9	37
		φ								1	2			2		4		2	12							3	1			4	16
		計		4		1				12	3	1	8	3		2		4	40	3					8	2			13	53
	R・M の姪	ハル	2	3	1	3			2	7	3	2	2	1	17				44		10				3				13	57
		φ		3	1	6							1	5	4				20		4				5	11			20	40
		計	2	6	2	9			2	7	1	3	2	2	22	4			64		14				5	14			33	97
Ⅶ 友人間	J&H	ハル			9	18		3	31	23	2	3	7	15	1				112			2							2	114
		φ				5		1	4	3		2	8	2	12	5			42			11							11	53
		計			9	23		4	35	26	2	5	15	17	13	5			154			13							13	167

［凡例］　形態欄のφ：普通形式
　　　　表内の数字は使用数
＊　集計した話者の立場を示す箇所に下線を付した。

3.3.3 敬語運用の実態

3.3.3.1 全体的運用

集計結果は全体的に見ると以下のことが指摘できる。

(a) 《カジュアル場面》について示した表3-13で出現した敬語(待遇表現)形式はほぼハル(ヤハルを含む)と普通形式の二形式である。京都市の女性の間にヤルが勢力を広げているとの指摘(中井精一 1992)もあるが、今回の資料にはヤルは出現しなかった。

(b) 《カジュアル場面》に関して待遇別に比較すると「話し相手待遇」、特に

表3-14 待遇別談話別中年層女性話者の敬語の使い分け《フォーマル場面》

談話番号と参与者構成*1	話者	形態*2	対象 不特定 範疇一般	対象 不特定 団体・機関	対象 不特定 虚構上の人物	第三者待遇 全面否定	第三者待遇 特定 疎 極めて疎	第三者待遇 特定 疎 上	第三者待遇 特定 疎 同	第三者待遇 特定 疎 下	第三者待遇 特定 親 上	第三者待遇 特定 親 同	第三者待遇 特定 親 下	第三者待遇 特定 親 身内・上	第三者待遇 特定 親 身内・同	第三者待遇 特定 親 身内・下	小計	話し相手待遇 疎 上	話し相手待遇 疎 同	小計	総計
VIII 初対面	D	尊敬語+丁寧語				1								1			1				1
		尊敬語+α				2						1					3	1		1	4
		ラレル+丁寧語初対面				1								1			2				2
		ラレル+α				8	1		1		2	2		3			17	2		2	19
		ハル+丁寧語				2			1		1			1			5				5
		ハル+α		1		1					1	6		2	2		13	1		1	14
		ハル						1									1				1
		φ+丁寧語				2						2	11				15				15
		φ+α	3	2	7						5	9	7				33				33
		φ									1	1					2				2
		計	3	3	23	2	3	15			19	21		92	4		4	96
IX 初対面	M	ハル+丁寧語			4						3	3					10				10
		ハル+α	4			3					3	4	1		1		19				19
		ハル										1					1				1
		φ+丁寧語									15	19		18			52				52
		φ+α	1		2	1					28	17		28	1		77				77
		φ									1				1		2				2
		計	5		9	1	3			7	47	41		48	161				161

*1 集計した話者のそれぞれの談話における立場を示す箇所に下線を付した。
*2 形態欄の凡例
    尊敬語:オ~ニナル、(オ~)ナサル、いらっしゃる、を一括する
    φ:普通形式
    α:発話文末がテ形となっているか、接続助詞で終わる中途終了発話か、言い差しのいずれかである場合
表中の数字は使用数

「マトモの相手」では普通形式が主に使われ、「第三者待遇」では「身内」を除くとほとんどの談話（Ⅰa以外）でハルの使用数が普通形式のそれを上回っている。

最も気の置けない談話だと考えられる娘との談話（Ⅲa、Ⅲb）でも第三者待遇でハルが多用される傾向に変わりはない。

(c) 《カジュアル場面》のうち「第三者待遇」の「身内」で普通形式の使用が身内以外を主語とした場合より多いというはっきりした傾向が見える。

(d) 《カジュアル場面》と《フォーマル場面》を比較すると、後者では普通体をとる発話はもとよりハルだけで言い切る例もごく少ない。ほとんどの場合、丁寧語マスが直接付加されるか、間接的に文末か接続助詞の前に丁寧語デス・マスが付加されるか、中途終了発話、あるいはいいさしで終わっている。

(e) 《カジュアル場面》と同じく《フォーマル場面》でも「第三者待遇」において「身内」が主語の場合は普通形式（表3–13では「φ＋丁寧語」「φ＋α」「φ」）の使用が顕著である。

上記より以下のことが言えよう。

（1） (a)および(b)より宮治(1987)で指摘された「第三者待遇に偏る素材待遇語の使用」が実際の発話からも裏付けられたことになる。なお、資料を見る限り身内の目上に対して直接ハルを用いていないので、この限りでは家庭内敬語の使用は微弱だと言えよう。

（2） 《カジュアル場面》における第三者待遇で用いられる有標の素材待遇語がハル一形式となっているところが京都市方言中年層女性話者の敬語運用上の特色であり、ハル以外にヨルを用いる男性話者とも、ヤルも用いる大阪方言女性話者とも、多数の素材待遇語を用いる滋賀県各地の方言話者とも異なる点である。また、この特色をどのように説明できるか考えることが本章の重要な課題となる。

（3） (c)および(e)からフォーマルな場面はもとよりカジュアルな場面においても「身内」へのハルの使用が控えられていることがうかがわれる。詳細に見ると「身内」の中でも話者との血縁関係の濃さなどによりハルの使用率に差が認められた。この点については後の3.3.3.2

で詳しく検討するが、少なくとも絶対敬語的運用とは言えない様相を示していると言える。
（4）　(d)よりハルは現代日本標準語でいう丁寧語と同じ機能をもっているとは言い難い。丁寧語の機能は標準語と同じデス・マスが担っているものと思われる。

なお、表3-13、表3-14の対象欄では「親疎」の軸の上位に「特定」「不特定」の軸を立てている。これは資料を見ると、第三者待遇でハルが適用されている対象は、通常、尊敬語や素材待遇語の選択に関与するとされる話し手との《上・下》、《親・疎》の関係が規定できるような実在の人物を超えて広がっていたことによる。実在の人物とは、個別的・具体的な「限定性を有する」人物であり、表3-13、表3-14では「特定」とした範疇に入る。表では資料に現れた実態にもとづき、対象欄に「限定性が希薄な」対象を入れる「不特定」の範疇を設けた。

以下、表3-13の集計結果にもとづき方言敬語の基幹的使用場面である《カジュアル場面》における待遇表現適用対象を「特定」の範疇（「極めて疎」を除く）と「不特定」の範疇に分けて詳しく考察する。前者については3.3.3.2で、後者については3.3.3.3で、話し相手待遇における運用の詳細については3.3.3.4で発話例を示しながら順次考察していく。

3.3.3.2　間柄的関係での運用

第三者待遇で「特定」とした範疇は「極めて疎」を除くと話者との間柄的関係が成立する実在する人物で構成されている。ハルの使用に関しては①上下親疎により顕著な違いが認められない。②身内の人物を話題にする場合と他人を話題にする場合とで顕著な違いが認められる。以下、それぞれについて詳しく述べる。

①　一律的なハルの適用

「特定」の範疇では「身内」の関係にある場合を除いて上下、親疎にかかわらず主にハルが使用されていることが分かる。

[3-32]
→IVa393D：うん。＊＊〔名前〕ちゃん、〔パーマを〕あてて《かけて》は<u>ん</u>の｛↓｝、今。　　　　　　D→E【Eの娘 EJ（収録時15歳）】

[3-33]
→ IVa172E：……パスポートお　こー、出し、出すだけ　出したら、（D：うん）開ける前に、サイナラー　て　｛笑いながら｝<u>ゆわはん</u>のや、もー。　　　　　　　　　　　　E→D【税関職員】

　例外的に談話Ⅰa《姉妹》の話者AとBが「親・下」で普通形式を多用しているが、話題の主語が［教え子］であったり（29例中14例）、発話例［3-34］のように文末、発話末でハルを使用するというケースが多いためであった。また、談話Ⅵや《フォーマル場面》談話Ⅸの話者Mは自分の店の住み込みの従業員（中学卒業以降）やアルバイト学生にはハルを用いていない。教え子や、昔風に言えば徒弟という属性の場合家族に準じる扱いとなることも多いと思われる。

[3-34]
　Ⅰa101A　：まず、早朝バイトで、パン屋さん、<u>行ってる</u>やろ｛↑｝。
　　　　　　　（B：はー）で、こっち　＊＊＊〔店名〕…（B：うわーっ）
　　　　　　　あと、嵐山　<u>帰ってきて</u>、して、
→　　　　　　で　よ、夜、焼き肉屋さん　<u>行ってはる</u>。｛笑い｝
　　　　　　　　　　　　　　　　　　　　　　　　A→B【年下の友人の娘】

　一般に、下位の人物や不特定の人を主語として一文内に動詞述語が続く場合、このように普通形式が繰り返された後文末でハルを使うという運用が認められる。

[3-35]
　IVb187E：……で、あの、バスな｛￣｝、（D：ふん　ふん　ふん　ふん）
　　　　　　往復バスでな｛￣｝、（D：ふん）<u>行ってな</u>｛￣｝、｛笑いながら｝　そんで、<u>帰って</u>、（D：ふん）あさー　6時半
→　　　　　に　家　<u>帰ってきて</u>、（D：ふん）ほんで、バイトに<u>行かはった</u>

んやて。　　　　　　　　　　　　　E→D【近所の友人の娘】

　他方、上位の人物が主語となる場合、南(1974, 1993)によるB類従属句内に至るまで現れる動詞述語に高い率でハルが付加される。

[3-36]
→IVb045E：ちゃ、　寝たきりに　ならはって、　1年　もたはった　ゆーひとも、｛息を吸う｝　あれやったけど、3年　ちゅう　のも〈また　あれやな｛ ̄｝。　3年て…

E→D【知り合いの老人】

　このように文末を見れば目上、目下にかかわらず他人にはハルをつけて待遇するのが一般的であるが、文中の従属句や連体修飾句内では上下関係により多少の調整が行われている。一般に尊敬語は文末以外では気ままに用いられると考えられがちだが、話し手は無意識のうちにも待遇的な計算のもとに周到に待遇表現を使い分けていることがうかがわれる。

② 身内を対象とする運用

　話題の主が話者と「身内」の関係にある場合、普通形式の使用が多くなる。「身内・上」では親族間の談話と友人間の談話で若干様相が異なる。友人間の談話ではハルの使用は少ないが、親族間の談話（Ⅰ、Ⅵ）ではハルの使用が増える。

　前節3.3.3.1で、第三者待遇では身内が話題の主語となっている場合と、他人が話題の主語となっている場合ではハルの使用頻度に差があり、身内が話題の場合ハルの使用が少ないことを述べた。表3-15に談話に出現した身内に対する敬語の使い分けを話者との続柄別で示す。比較のために「親しい友人」に対する使い分けの状況もあわせて示す。

　表3-15を見ると以下のことがわかる。

(a) 表3-15で近親者（父母・姉・夫・弟・息子・娘・孫）には目上、目下を問わず普通形式が基調となっている。ただし、話し相手が身内の人物の場面では目上の近親者にハルを使用する。談話ⅠaではAとBの実の母親、談話Ⅵでは実の母親、Tの義理の祖母にハルが使用されてい

第 3 章　中年層女性話者の「ハル敬語」　89

表 3-15　身内と親しい友人を対象とした敬語の使い分け
〈第三者待遇・カジュアル場面〉

談話番号	話者	話し相手	形態	姉の姑	いとこの姑	義理の祖母	祖父	父	母	姑	叔父	叔母の義弟	姉	義兄	夫	いとこ	いとこの夫	嫁の母	弟	義弟	息子	娘	甥	いとこの子	叔母の孫	姉の孫	親しい友人
Ⅰa	A	妹B	ハル						3															1			3
			φ						0															0			0
	B	姉A	ハル						4			0												0			
			φ						3			1												1			
Ⅰb	A	母SC	ハル															0							0		
			φ															2							11		
Ⅰc	A	妹Bと母SC	ハル							1								0							0		
			φ							0								1							5		
	B	姉Aと母SC	ハル									0										1				0	
			φ									8										1				8	
Ⅱ	I	夫IM	ハル															0	0								
			φ															4	14								
Ⅳa	D	友人E	ハル	2	8			1					1	7	1							0					
			φ	0	2			1					3	2	0							9					
	E	友人D	ハル					1					0									0					1
			φ					5					1									4					0
Ⅳb	D	友人E他	ハル										2														1
			φ										8														0
	E	友人D他	ハル																								5
			φ																								0
Ⅴ	F	友人K他	ハル						0										0	0							
			φ						1										1	2							
	K	友人F他	ハル				0																				1
			φ				4																				1
Ⅵ	M	姪Rと友人N	ハル		1	6				1	3	4		2		2			1			5				22	
			φ		0	0				1	3	9		0		0			0			7				7	
			ヨル		0	0				0	0	0		0		0			0			1				1	
	N	友人MとR	ハル			0													0							1	
			φ			4													2							1	
	R	叔母と友人N	ハル		8		1	2	5	1			0									0			4		
			φ		1		4	0	0	0			1									3			1		
Ⅶ	J	友人H	ハル				1			0																	
			φ				4			2																	
	H	友人J	ハル	0		0											0									3	2
			φ			3	1										5										2

［凡例］　形態欄のφ：普通形式
　　　　表内の数字は使用数

る。
(b) いとこや姑のような義理の関係などになるとハルの使用が増える。

(c) 同等や目下の近親者でもハルを使用する場合がある。
(d) 話し相手待遇では普通形式を使用するはずの親しい友人について言及する場合ほとんどハルを使用する。親族の場合とは一線を画していると思われる。

なお、普通形式を基調として待遇する近親者にハルを適用した発話例があり、その中には尊敬語の意味・機能により解釈しにくい例が多く認められる。この点に関しては改めて 3.5.1 で述べる。

比較のため《フォーマル場面》について表 3–16 に示す。

表 3–16 身内と親しい友人を対象とした敬語の使い分け
〈第三者待遇・フォーマル場面〉

談話番号	話者	話し相手	対象＼形態	先々代	親戚	祖父	祖母	両親(他)	父	母	義母	叔父	姉	夫	嫁	息子	孫	親しい友人
Ⅷ	D	初対面 XF	尊敬語		1	0			0			0	0					0
			レル		4	0	0	0	0			0	0					0
			ハル		3	0	0	0	0			0	2					3
			φ		1	1		3	5			1	18					0
Ⅸ	M	初対面 XF	ハル	3		0		0	0				2	1	0	0	3
			φ	3		1		2	6	3			21	6	40	1	0

[凡例] 形態欄の φ：普通形式
表内の数字は使用数

表 3–15 と表 3–16 で、近親者目上の敬語運用を比較すると《フォーマル場面》でよりハルの使用が控えられ、普通形式を用いていることがわかる。

以上から身内を対象とした敬語運用について以下のことが言えよう。
（1）上の結果は絶対敬語的運用が行われていることを否定するものである。より規範意識が強く反映されるはずの《フォーマル場面》で「敬語上のⅠ人称（話し手の身内）の人物を高めてはいけない」（菊地 1994：96）という相対敬語的運用が行われていることになる。
（2）身内同士の談話では共通の目上の人物にハルが頻繁に用いられることがある。例えば談話Ⅰaで話者AとBは母親であるSCを話題にしてハルを用いているが、SCが話し相手となる談話では普通形式を用いている。この場合も厳密な意味で絶対敬語的運用とは言い難い。
（3）敬語運用上どこまでを「身内」ととらえるかについては実の親、夫、

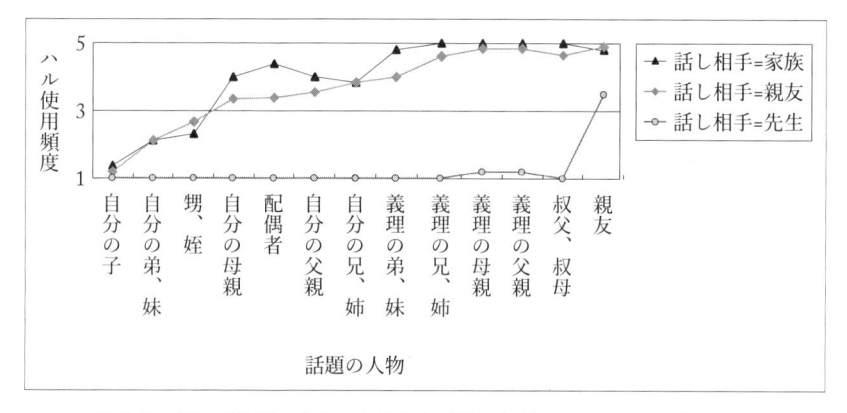

図3-1 第三者待遇で身内の人物および親友を話題にした場合の敬語運用

兄弟、子、孫などの直近の血族や姻族と、それより離れた義父母などの間に大きな断層があると思われる。身内への使用制限が行われる親族の範囲はかなり狭い。ただ、談話資料だけでは「身内」に関して網羅的に使用実態を把握するのは難しい。この点を補うために行った調査票を用いた面接調査による補足調査の結果を図3-1に示す。

◇ 身内の人物および親友を対象とした敬語運用意識―補足調査Ⅰより―

調査は1998年から1999年にかけて行った。

インフォーマントは京都市に居住する外住歴9ヶ月以下の1934年～1958年生まれまでの計11名である。

調査方法と数量化の方法は以下の通りである。

① 話し相手として家族(基本的には配偶者)、親友、自分の先生を想定してもらった。それぞれ、《ウチ―カジュアル》場面、《ソト―カジュアル》場面、《ソト―フォーマル》場面と仮に名づける。

それぞれの場面で子、兄弟、父母(以上直系親族)、甥・姪、おじ・おば(以上傍系親族)、配偶者、義理の兄弟、義理の父母(以上姻族)、それに話し相手とは異なる親友を話題にした場合のハルの使用頻度を調べた。

② 使用頻度は、いつも使う＝5、よく使う＝4、半分くらい使う＝3、たまに使う＝2、使わない＝1と区分し、数値化して11人分の平均値を出しグラフにした。二者択一式で尋ねなかったのは談話資料の分析結果から

中間的な回答が出る可能性も予測出来たからである。

以下場面ごとに結果と解釈を述べる。

ⅰ．先生を話し相手として想定した《ソト―フォーマル》場面

　身内の人物としてあげたすべての属性に対しほぼ普通形式を使用するという回答であり、中年層では現代日本標準語の敬語上のⅠ人称に対する尊敬語の使用制限(菊地1994: 97)と同じ規範が浸透していることが認められる。

　ただし、親友を話題にした場合、話し相手が目上の先生であってもハルを使用するという回答が多数を占めている。このような運用は「敬語上のⅢ人称の人物で、聞き手から見て高める対象とは思われないような人物を高めるのは、聞き手に対して失礼になる」という標準語の尊敬語適用のルール(菊地1994: 104)違反となる。回答の結果は上下関係より身内か他人かの関係が優先的に表示されていることとなり、京都市方言独自の運用意識が認められる。

ⅱ．親友を話し相手として想定した《ソト―カジュアル》場面

　比較的なだらかな上昇曲線となっており、フォーマルな場面とは大きく様相が異なる。実の親や配偶者に対する使用頻度は半数をわずかに越え、実の親と義理の親とでは使用頻度に明らかな差があることが認められる。身内の上位者に対する使用意識はこの場面では、《ソト―フォーマル》場面より敬語上のⅠ人称に対する使用制限が鈍化し、談話資料の結果より高くなっている。この場面と《ウチ―カジュアル》場面では、わずかながら自分の子に対して使用することがあるという回答がみられた。この結果からは実の親や配偶者にハルを使用するという(＝身内尊敬的な)規範があるとはっきり言いきれない。

　話し相手待遇ではハルは使用しないと予想される親友を話題にする場合には、どんなに親しくてもほぼ全員がハルを使用するという結果となっている。親疎関係より身内か他人かということが敬語形式の選択に関与していること、さらには談話の場を構成する話し相手(二人称)であるか、第三者待遇として扱われる人物(三人称)であるかが関与していることがうかがえる。身内の人物と親友との扱いの差は、中村真有美(1998)の指摘する「他人であることを示す機能」という側面があることを裏付ける。

ⅲ．家族を話し相手として想定した《ウチ―カジュアル》場面

　家族が相手の場面では、年齢的な上下関係と、実の関係・義理の関係の違いにより使用頻度に差がある。話し相手待遇では使用しないという変則的なかたちではあるが家庭内での敬語使用が認められる。この点も、家庭内敬語が微弱になったとされる現代日本標準語の敬語使用の状況（大石 1981）と異なる。《ソト》の場面と同じく親友を話題にする場合ハルを使用する。

　表 3–15、表 3–16、および図 3–1 の結果をあわせて考えると、従来のような、待遇表現に関して場面を設定して、敬語形式の使用を二者択一的に問う調査では京都市方言話者の敬語運用を的確にとらえられないことがわかる。

　直近の身内に関しては普通形式の使用を基本としている。しかし、上下にかかわらず少数ハルの使用が認められた。それらの発話例は尊敬語用法としては解釈しにくい。詳しくは後（3.5.1）で述べるが、例えば、父親にハルを使用するという報告があった場合、話し相手は誰か、父親とは実の父か舅か、尊敬語の用法か、そうでないか、いろいろな状況が考えられることに注意して解釈しなければならない。

3.3.3.3　第三者待遇「不特定」および「極めて疎」の範疇

　3.3.3.1 で述べたように第三者待遇でハルが適用されている対象は、資料を見ると、通常尊敬語や素材待遇語の選択に関与するとされる話し手との上下関係や親疎関係が規定できるような実在の人物を超えて広がっていた。資料に現れた実態にもとづき、表 3–13、表 3–14 では対象欄に「限定性が希薄な」対象を入れる「不特定」の範疇をたて、さらに下位分類した。これらの範疇は具体的な現実世界の個人から一般的な抽象的な人へと限定性が薄れていく尺度の途中に位置すると考えられる。それぞれ固有性、数、具象性、人間性、有生（性）、極性などの特性において異なりがあり、現代日本標準語では普通尊敬語の適用が考えられないものである。

　また、資料では実在する人物でも間柄的関係が成立せず上下、親疎の関係が規定できない対象にもハルが適用されていたので「特定」の下位範疇に「極めて疎」の範疇を立てた。

　次頁では下位分類した各範疇について説明する。

一般論

　世間一般に、あるいは世間の人は「〜と言う」というような場合の「言う」主体を明示せず、ちょうど英語の

　　　They say (that) 〜．People say (that) 〜．

などの不定代名詞用法による表現の主動詞にあたる「言う」の部分にハルが付加されることがよく起こる。このような用法を分類する枠を「一般論」とした。用いられる動詞は「言う」のみである。

[3–37]
　Ⅵ125M：やっぱりー、京都の人わ、なんか　ゆーてはることと　しはる
→　　　　　ことが　違う　とか {￣}、（N＆T：うん）あのー、ゆわはるやろ {↑}。

[3–38]
　Ⅳa463D：まー、ぼける　人も、あのー、家の　人の　責任半分て、
→　　　　　よー　ゆわはるけど・

範疇一般

　いわゆる総称的用法で「神戸の人」「田舎の人」等を主語として述べる場合も動詞にハルが付加されることがある。

[3–39]
→Ⅴ656M：神戸。（R：そやな {￣}）　神戸わ　そー　ゆわはる。
　　　　　　　　　　　　　　　　　　　　叔母M→姪R【神戸の人】
[3–40]
→Ⅰc229B：も　田舎(=田舎の人)わ　のんびりしてはんの　ちゃう {↑}。
　　　　　　　　　　　　　　　　　　　　娘B→母SC【田舎の人】
[3–41]
→Ⅳa422E：うん。（春になったら）　皆さん、元気にならはる。
　　　　　　　　　　　　　　　　　　　　　　　E→D【人間皆】

団体・機関

　京都市あるいは京都市教育委員会、会社、学校、商店など二人以上で運営

され、組織されている団体、機関、経営体など抽象化された主体が話題の主語となる場合にもハルは付加されている。

[3-42]
→Ⅰc395A ：うーん　じょーずに、考えてはるわ｛＿｝。
　　　　　　　　　　　　　　　　　　　娘A→母SC【＃＃＃＃ホテル】

[3-43]
→Ⅶ250J ：うん。(小学校の校舎を)つぶさ《解体し》はったけどねー
　　　　　｛↑↓｝・　　　　　　　　　J→H【京都市】《対友人》

[3-44]
→Ⅶ270J ：うん。全部　なくなってー、全部が　＃＃＃＃(小学校名)
　　　　　に、(H：あー　そーか)　統合されはったんちがう｛↑｝。
　　　　　……
　　　　　　　　　　J→H【＃＃＃＃小学校に統合された全小学校】《対友人》

[3-45]
→Ⅵ282R ：で　また　それ用の(M：うん　うん)開発お　しはったわけ
　　　　　｛↓｝。　　　　　　　　　　　　　R→M【製薬会社】

[3-46]
→Ⅶ029H ：いちばん　今　有名で、はやってはる　お菓子屋さんや。
　　　　　　　　　　　　　　　　　H→J【＃＃＃＃〔菓子屋〕】《対友人》

上の［3-44］の使用例からわかるとおり受身文にもハルは出現する。また、［3-46］のように、現象を表す自動詞にも付加される。

虚構上あるいは歴史上の人物

　ドラマの登場人物や歴史上の人物を話題の主語としてハルは使用される。

[3-47]〔NHKで上映中の大河ドラマを話題にしている〕
　　Ⅰa332B ：りくさんが、そこ　出身や。
　　　333A ：あっ、あ、ほんとに｛↑｝。
→　　334B ：そこから、(A：へーー)　赤穂え、お嫁に　来はった。
　　　　　　　　　　　　　　妹B→姉A【大石蔵之助の妻りく】

［3-47］の場合話者Bは同じ談話内で「りく」を話題にして8例中7例ハルを使用している。

なお、次は《カジュアル場面》ではなく《フォーマル場面》においてではあるが、ドラマの話しの中で観念上の存在である「神様」にハルを使用している用例である。この発話例も「人」の範疇さえ超えているが「神様」という属性に適用された例といえるだろう。

［3-48］
　　Ⅷ230D：……放送された　中では　こー、(XF：うん)　墜落されても
　　　　　　その、(XF：うん)　幸せの女神と　ゆーかね｛↑｝、(XF：
→　　　　　うん)そーゆー、人が　微笑んで、こー、神様が　ついては、
　　　　　　るとゆーのかね｛↑｝　なんか　そーゆー、見えない　こー、
　　　　　　大きさて　ゆーのかなー｛→｝、(XF：えー、えー)　なんか
　　　　　　そーゆーなんお　すごい　いつも　感じるんですよねー
　　　　　　｛↑↓｝。……　　　　　　　　　D→XF【神様】《初対面》

範疇個人
　実在する人の場合でも不特定の人を話題にしたり、人数を話題にしたりして、「特定」とするには限定性が少なく、総称的用法に至っていない場合にもハルは出現した。

［3-49］
→Ⅰa072B：今日も　あんまり、やっぱ、並んではらへん。
→　073A：並んではらへんかった｛↑｝。　　妹B⇔姉A【菓子屋の客】

全面否定
　明示的否定辞といわゆる否定極性項目を伴っている文でハルが使用された2例を示す。

［3-50］

Ⅰa257A：{笑い}　すごかったなー{↑↓}。あの、最悪の　状態の　時に
　　　　　　　行ったやん。
→　　 258B：そー。　そー。（海岸には）人っ子一人、いやはらへんで
　　　　　　　{￣}、帰りしな。
　　　　　　　　　　　妹B→姉A【観光に行った先の海岸にいた人（全否定）】
[3-51]
　　Ⅵ757M：ほんで、ちっさい時に、（京都の童謡を）　覚えたからー、か
　　　　　　　なー{↑↓}。
→　　　　　　もー　だーれも　知らはらへんよーなん、（N：うん）　のー。
　　　　　　　　　　　　　　　　　　　　M→N【自分以外の人（全否定）】

極めて疎

　さらに「特定」の範疇に入れたが、実在の人物であっても全く面識がなく、間柄的関係が成立しないほど疎の関係にあり、上下関係が規定できない人物を対象にハルが適用されたケースがある。これらは「極めて疎」の範疇に分類して示した。「極めて疎」に分類した人物の例として芸能人、姿が画面に出てこないアナウンサー等がある。

[3-52]
　　Ⅰb088A　：（子供の）世話してはんの{↑}、その人わ。
→　　 089SC：世話してはるよ{↑}、きつー　世話してはるわ{＿}。{間}
　　　　　　　ま、会社員でわ、これが　でけんのやろな{￣}、も　疲れ
　　　　　　　切ってしもて。　　　　　娘A→母SC【ダンサー／芸能人】
[3-53]
　　Ⅰa264B：エヌエッチケイ《NHK》の　あのー、元禄繚乱の、最後で
→　　　　　　ゆわはったやろ{↑}。　妹B→姉A【NHKのアナウンサー】
[3-54]
→　Ⅰc112B：この頃　ほら、テレビ、あのー、漫画みたいなん、書いてはる
　　　　　　　やん、京都新聞で。　四人、おんなの子がいて…（SC：はー
　　　　　　　はー）{笑いながら}毎日　ひっくりかえってる。
　　　　　　　　　　　　　　　　　　　　　　娘B→母SC【漫画家】

表 3-17 「不特定範疇」および「極めて疎」で出現したハルの具体例

一般論	・あの、ストレートに、(N:うーん)あの とったら あかん ゆーて、あー ゆーてはるけど ・こー 思てはんのと 違うやろかと 思わな あかんとか ゆーて ゆわはるけど・干渉、し過ぎひん {半疑問}。(N:うーん)(M:そー そー そー そー)そんなん よー ゆわはるやん。
範疇一般	【大阪の人】ゆわはんな。／ゆわはる。／使わはるけど 【神戸の人】ゆわはらへん。／ゆわはる。 【男の人】ゆわはらへんなー{↑}。／ゆーてはる。／ゆわはるけど
団体・機関	【製薬会社】やってくれてはんの。／してはる。
範疇個人	【客】上がらはるときに／帰らはりしなわ 【大人の人】してくれはるんや 【ダンス仲間】ゆーてはんの。／集まってはって…／集まってはんのや
極めて疎	【テレビに出演している体操インストラクター】(猫背をなくす体操を)してはったで。

表中の【　】内は話題の主語

　上記以外の具体的な事例の一部を表 3-17 にあげる。

　表 3-13、上記適用例、表 3-17 より、京都市中年層女性話者においては、「極めて疎」の範疇に属する人物はもとより、「一般論」においても高い確率でハルを使用し、人の姿の見えにくい組織や経営体を主語として意志性の低い動詞や受身形にもハルの使用が広がっているという実態を示した。

　大石(1979)では、前述のように「脱待遇」の表現を「上・下、親・疎のみならず、対等の意識もない、すべての待遇意識から全く離れた表現」と規定し、話し言葉の場合でも第三者待遇において、歴史上の人物、知名人、スポーツマン・芸能人等、架空の人物、その場にいない第三者のうち特に間柄的関係にない人は一般に脱待遇で扱われるとしている。

　当該方言の談話においては現代日本標準語では「脱待遇」の扱いをするとされるような対象にも高い確率でハルは適用されていることを確認しておく。

3.3.3.4　話し相手待遇における敬語の使い分け

　表 3-13 を見ると《カジュアル場面》話し相手待遇で話者が直接言葉をかわす「マトモの相手」に対しては基本的に相手の上下にかかわらず、また身内・他人にかかわらず普通形式が基調となっていることがわかる。例外は「親・目上」の人物が相手である談話Ⅵにおける話者 N のみである。

しかし、「ワキの相手」に言及する場合を「マトモの相手」に言及する場合と比較すると若干異なりが認められる。「ワキの相手」に対してはハルの使用率が上がってくる。

ワキの相手に対する待遇を顕著に表していると思われる発話例を示す。

〔3-55〕
→IVb376E ：＊＊ちゃん　昼、　資料館　行ってたん｛↑｝。（E→DJ1）
　　377DJ1：うん。　資料館　行ってきたん。
　　378EM ：＊＊ちゃん　受験生｛↑｝。
　　379D　：そーなんや。　受験生なんや。
→　380E　：受験生やし、　勉強してはったんやて｛ ̄｝、　資料館で。
　　　　　　　　　　　　　　　　　　　　（E→EM【ワキDJ1】）
　　381EM：受験生やー。　もー、真っ最中や。

376Eの発話は高校生であるDJ1に直接に向けられたものであり普通形式（破線下線部）が使われている。それに続く話者Eの夫に話しかけられた発話380Eでは、DJ1を話題にして（＝ワキの相手として）ハル（実線下線部）が使用されている。「ワキの相手」を話題にする発話は談話の状況から「話し相手待遇」と「第三者待遇」のちょうど中間に位置するとも言える。話者Eは同じ談話でDJ1を「マトモの相手」として普通形式で3例、ワキの相手としてハル1例、普通形式1例、《友人同士》の談話では第三者待遇でハルを2例使用している。

これらのことから同一人物に対する待遇別のハル使用の序列は〔18〕のようになるであろう。

〔18〕話し相手待遇（マトモの相手）＜話し相手待遇（ワキの相手）＜第三者待遇

このような運用は丁寧語や尊敬語の運用とは異なったものであり、また尊敬語で高められるのは二人称者つまり話し相手である場合が多い（菊地1994: 94-95他）とされる現代日本標準語の敬語運用状況とも異なったものである。

なお、話し相手待遇で普通形式が基調である中でハルを使用する少数の例がある。

[3-56]
　Ⅱ154IM：あした　聞かな　わからへん。
→　155I　：<u>聞いてへんの</u>｛↑｝。
　156IM：うん。
　157I　：違うやん。　22日　前から　ゆーてるやん。　なんで　わからへんの｛↑｝。
　158IM：なんで　わからへんか｛↑｝。
→　159I　：<u>ゆーてはらへんの</u>｛↓｝。
　160IM：＃＃＃＃くんに　聞かな　わからへん。　名簿にわ　載ってへんやん。　　　　　　　　　　　　　　　　　妻Ⅰ→夫IM

　この発話例の話者Ⅰは同じ質問を繰り返し、二度目の質問でハルを使用している。同じ談話中夫には26例普通形式、1例ハルを使用しているという状況から考えると、159Iでのハルの使用は普通形式を夫には適用するという通常の枠組みをシフトさせることによって質問の発話行為を前面に出すという語用論的な効果が認められる使用例として解釈できる。

　次の2例も質問の焦点化といった効果があると思われる。

[3-57]
→Ⅶ351H　：あ、そーー｛→｝。　あ、＃＃＃＃〔高校名〕<u>行かはったん</u>｛↓｝。　　　　　　　　　　　　　　　　　H→J《友人同士》
[3-58]
→Ⅶ022J　：えっ｛↑｝。そしたら、自分で　炭やら　<u>おこしとかはんの</u>｛↑｝。　　　　　　　　　　　　　　　　　J→H《友人同士》

　このような尊敬語の用法は標準語にはみられない用法である。ハルを用いることによって質問の発話行為であることを強く打ち出す用法という意味で仮に《質問強調》のハルと呼ぶことにしよう。

他にもハルの特徴的な使用例があるがそれについては 3.5.2 で改めて考察する。

3.3.3.5　第三者待遇における普通形式使用の実態

ここまでハルがどのような場合使用されるかを中心に考察してきたが、話し相手待遇で普通体を用いるカジュアルな談話における第三者待遇で、普通形式が選択されるのはどのような属性を対象とした場合なのか以下にまとめてみる(表 3–13 参照)。

① 身内の下位にある人物
[3–59]
→Ⅴ880F ：そんな 言い方やったら、**〔名前〕ちゃんが するわ。
　　　　　　　　　　　　　　　　　　　　　　F→OM【娘】《友人同士》

② 話し相手が他人で、身内の上位、および、同位にある人物を話題にする場合
[3–60]
　Ⅳa473D：うん。 ｛少し間｝ その 病院とかわ 行ってはらへんのか ｛↓｝、今わ。
→　474E：<u>行ってるよ</u>｛↑｝。　　　　　　D→E【母親】《友人同士》

[3–61]
　Ⅳa194E：ふん。(D：ふーん) で、<u>お父さん</u>が、自分の パスポート
→　　　　　だ、ちらっと <u>見せたらー</u>、(D：うん) わたしら、後ろがわ
　　　　　　に、立ってて、(D：うん　うん)〔税関職員が〕ほな、家族で
　　　　　　すねー｛↑↓｝、 みたいな 感じで(D：うん)<u>聞いてはって</u>、
　　　　　　(D：うん　うん) そのまま、ツーッ
　　　　　　　　　　　　　　　　　　　　　　E→D【夫】《友人同士》

なお、この制約はフォーマルな場面でより顕著に認められる。

③ 親・下にあたる人物のうち、話し手の教え子や住み込み従業員である場合
[3–62]
→Ⅰa124B：面接に 行きたい、<u>ゆーてた</u>。 あっ、前 <u>来た</u>時｛↑｝…

102　第2部　現代京都市方言「ハル敬語」の共時的考察

　　　　　　　　　　　　　　　　　　　妹B→姉A【Bの教え子】
④　親・下の人物が対象で文末以外の句が普通形式となる運用をする場合
　　［3-34］［3-35］例文略
⑤　疎・下にあたる人物のうちほとんどつきあいのない幼児
［3-63］
　　Ⅱ318I　：…で、この前　遊びに　来てた子が　＊＊＊〔名前〕ちゃん
→　　　　　や。「＊＊＊〔名前〕ちゃん」、て　ゆーてたもん　あの子が。
　　　　　　　　　　　　　妻Ⅰ→夫Ⅰ【最近近所に引っ越してきた幼児】

⑥　「不特定・ある範疇に属する人」としたうち抽象度がより高く一般的に
　　言う場合
［3-64］
→　Ⅰc418A：{笑い}…そら　も、男の人の　食べんのと　違うって。
　　　　　　　　　　　　　　　　　　妹娘B→母SC【男の人一般】

　　ただし、話者によってはこのような場合でもハルを用いることもあり、このようなケースで普通形式の使用は半数以下であった。百パーセント普通形式が用いられたのはさらに抽象度の高い3.3.1.3のⅠ.ⅱ.で集計対象から外した「えー《絵を》　描く人」のようなケースであった。

　　以上、普通体が基本的に選択される対象は、実在する人に関しては、一体感をもてるほど話し手に心理的に近いか、逆に心理的に大きな隔たりのある人物である。実在しない人に関しては、抽象的で一般的な人というごく限られた範囲である。中年層女性話者が間柄的関係にある人物に言及して普通形式を用いる場合、一般にニュートラルではない何らかの意味がそこにあると解釈される。（調査中にインフォーマントから実在する人が話題にされているとき、ハルがついていないことをついていないと感じる、という内省を得ている。）

3.4　基本的な運用の枠組み
　　前節で待遇別、下位範疇別に分析した結果によれば、くだけた場面でのハルのふるまいは「主語を上位者として高める」（菊地 1994: 92）という尊敬語

の機能によっては説明のつかないものである。辻(2001)ではくだけた場面での敬語運用の基本的な枠組みを以下のようにまとめた。本書で行った考察の結果もこのまとめが裏付けられたと考える。

〔19〕くだけた場面における基本的敬語運用
 Ⅰ．ハルと普通形式[5]の二形式が二項対立的に使い分けられる。
 Ⅱ．話し相手待遇として普通体・普通形式が使われる場面でも、話題の人には基本的に人の如何にかかわらず一律にハルが適用される。その適用対象は三人称の「人」のほぼ全体に及ぶ。
 Ⅲ．普通形式は話し手とごく近い関係にある人か、心理的に極めて疎遠な人、ごく抽象的で非限定的な「人」といった非常に限られた範囲で適用される。
 Ⅳ．身内でない人(他人)を話し相手とする場合、敬語上のⅠ人称(話し手の直近の身内である尊属・卑属・夫等)には原則的にハルを使用しない。
 Ⅴ．ハルは話題の主語を対象として適用される素材待遇語であるが、その主語が話し相手であるか否かによりハルの適用が決まるという点で相手敬語の側面をもつ。

〔20〕ハルの中心的意味・機能—三人称指標機能—
 ハルをつけて言及することによって対象となる話題の主語が談話の場を構成している話し手や話し相手と対峙する三人称として少し隔て、同時に話し手と何らかの関わりをもつ「人」であることを指標として示す。

〔20〕の「人」の範囲は実在する個別の人より広く「人」と「人以外」との境界はファジーであり、不特定・非個別的な人を取り込んで領域を広げつつある。

話題の主語について言及する際ハルを付加することにより、話し手(一人称)は話し相手(二人称)といわば融合的視点[6]に立っていることを示す、と解釈できる。

以上から第三者待遇におけるハル及び普通形式使用の関係を図示すると図

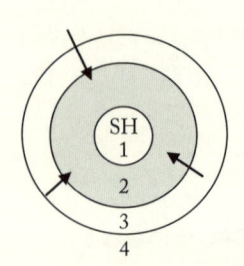

104　第 2 部　現代京都市方言「ハル敬語」の共時的考察

○ 内：ハル使用領域
○ 内：普通形式使用領域
← ：普通形式使用領域からのハルの取り込み

領域 1：話し手(S)や聞き手(H)が融合した世界（近親者含む）
領域 2：基本的にハルが適用される三人称の「人」の世界
領域 3：話し手と無関係であるか抽象的・観念的な人の世界
領域 4：「人」以外の世界
なお、聞き手(H)の語を概略話し相手と同じ意味で用いる

図 3-2　話題の世界(第三者待遇)《カジュアル場面》におけるハルと普通体の運用の概念

3-2 のようになろう。

　図 3-2 のような一人称・二人称を三人称と対立させるという把握の仕方は、二人称と三人称は共通の敬語表現として「自他の区別が敬語ないし日本人の人間関係の把握の原型」(石坂1957)とされる現代日本標準語の敬語とは異なったものであると言えよう。

　なお、本書で三人称指標という場合の「三人称」という用語は、「わたし」・「あなた」すなわち一・二人称とそれ以外を対立させ後者を指すという点では欧米語の「三人称」と一致するが、[＋human]、[－close relative]、[＋relation] などの意味素性をもつという点で欧米語とは若干違うことを付言しておく。

　上記〔19〕〔20〕が京都市方言の待遇表現体系内の女性語・くだけ場面・第三者待遇を構成し、〔20〕でハルの中心的な意味・機能としたものはハルのプロトタイプ的意味と言い換えられよう。ただし、現実の発話におけるハルの適用例には〔19〕〔20〕に示した枠組みで説明しきれないものも少数ながら存在する。尊敬語の意味・機能をもつ用法はいうまでもなく、〔20〕から派生した用法も認められた。このような派生的用法は尊敬語としては特異なハルの使用例を一部説明するものである。

　そのような派生的用法(動物への使用例も含む)の実態を詳しく見ることによりハルの特質がよりはっきりしてくるものと思われる。次節(3.5)では表 3-13、表 3-14 で少数例として現れたハルの適用例について考察していくことにする。

3.5 話者の心的態度を反映した現場依存的なハルの用法
3.5.1 近親者に対する用法の考察

前節の表3–15、表3–16で、第三者待遇における身内に対する敬語の使い分けについて示し、身内が話題の主語となっている場合と、他人が話題の主語となっている場合ではハルの使用頻度に差があり、身内が話題の場合の中でも近親者の場合ハルの使用が特に少ないことを述べた。表3–18、表3–19

表3–18　近親者を対象とした敬語の使い分け
〈第三者待遇・カジュアル場面〉

談話番号	話者	話し相手	対象／形態	父	母	夫	息子	娘	孫
I-1	A	妹B	ハル		3				
			φ		0				
	B	姉A	ハル		4				
			φ		3				
I-2	A	母SC	ハル				0	0	
			φ				2	11	
I-3	A	妹Bと母SC	ハル				0	0	
			φ				1	5	
	B	姉Aと母SC	ハル			0			
			φ			8			
II	I	夫IM	ハル				0	0	
			φ				4	14	

談話番号	話者	話し相手	対象／形態	父	母	姉	夫	息子	娘	孫
IVa	D	友人E	ハル		1		1		0	
			φ		1		3		9	
	E	友人D	ハル		1		0		0	
			φ		5		1		4	
IVb	D	友人E他	ハル		2					
			φ		8					
	E	友人D他	ハル							
			φ							
V	F	友人K他	ハル				0	0	0	
			φ				1	1	2	
	K	友人F他	ハル		0					
			φ		4					
VI	M	姪と友人N	ハル	1	6	1	4			5
			φ	0	0	1	9			7
			ヨル							1
	N	友人MとR	ハル		0			0		
			φ		4			2		
	R	叔母と友人N	ハル		1					
			φ		4					
VII	J	友人H	ハル		1	0				
			φ		4	2				
	H	友人J	ハル		0					
			φ		1					

[凡例]　形態欄のφ：普通形式
　　　　表内の数字は使用数

表3–19　近親者を対象とした敬語の使い分け
〈第三者待遇・フォーマル場面〉

談話番号	話者	話し相手	対象／形態	父	母	姉	夫	息子	孫
VIII	D	初対面XF	ハル	0	0	0	2		
			φ	3	5	1	18		
IX	M	初対面XF	ハル	0	0		2	0	0
			φ	6	3		21	40	1

に近親者に関してのみ改めて示す。表3-18は《カジュアル場面》、表3-19は《フォーマル場面》である。

　普通体を基調として待遇する近親者にハルを適用した発話例には尊敬語の意味・機能により解釈しにくい例が多く認められる。以下「母親」「夫」「孫」に対するハルの適用例をとりあげ考察を試みる。

◇　「母親」を対象としたハルの適用例
[3-65]
　　Ⅳa469D：行き届き過ぎや｛_｝。　ちょっと、手放さんといかん。｛笑い｝あたしら、両方、親、大丈夫や｛_｝。　｛笑いながら｝
→　　　　　（E：｛笑い｝）　必死で　がんばってはるし・
　　　　　　　　　　　　　　　　　　　　　　　　D→友人E【母親】

[3-66]
　　Ⅶ574J：その　＊＊＊＊＊〔苗字〕さんと、（H：うん）うちの　母わー、（H：うん）あの　###〔高校名・略称〕で　一緒やねん。

　中略
　　582J：うん。　だからー、（H：うん）あーっと　そー。　そー。（H：うーん）　お医者さんでー、（H：うん）だから　今でも　＊＊＊＊＊〔苗字〕さん　＊＊＊＊＊〔苗字〕さん　ゆーてるわ｛_｝。

　中略
　　594J：うん。（H：あー　そーか｛↑｝）　#####〔苗字〕さん
→　　　　　#####〔苗字〕さん　ゆーてはるわ。J→友人H【母親】

　両例とも話し相手は他人で、普通形式を基調に使用している中でのハルの使用例である。発話例[3-65]は嫁が姑によく尽くした結果として姑が認知症になった事例を引きつつ自分の親は過保護にしてはいけないという話に続いて、母親を話題にして「必死で頑張っている」と言う際に用いられた例である。笑いをともなっているので尊敬の念をともなって誉めたというより、茶化して言っているといったニュアンスが感じられる。標準語でも揶揄・皮肉の意味を込めて尊敬語を使用する場合があるが、このような使用例

は揶揄、皮肉などより効果は穏やかである。このような用法を仮に《対象化》のハルということにしよう。[3-66]の場合は茶化すほどではないが若干強調のニュアンスを込めて話を締めくくっている。

◇「夫」を対象としたハルの適用例
[3-67]
 Ⅲb260D：うん。　あれも　結構　おいしいなー{↑↓}。　既製品。<u>パパさん</u>　既製品　きらいやけど…
  261E：{笑い}
  262D：待たしてでも、　ごはん　つくらんならん。
  263E：ほんとに{↑}。
→ 264D：ふん。（E：ふーん）　なんじ《何時》でも　<u>待ってはる</u>。
            D→友人E【夫】

[3-67]では、通常は夫を話題の主語とする時普通形式を用いている話者Dが、「何時でも」というとりたて詞とともに普通形式からシフトしてハルを用いることによって、「（既製品がきらいで）ご飯ができるのを何時でも待っている」という夫の態度を茶化すようにして語っている。この例は明示的ではないが話者の評価的態度を暗に示している例だと考えられる。
 同じ話者には上記のようなカジュアルな場面だけでなくフォーマルな場面でも夫を話題にした類似の表現がある。

[3-68]
 Ⅷ190D：うん。　フライ　天ぷら　じょーずやし、ほんで　主人の　里に　帰れば、自分が　<u>料理してるみたいですねー</u>{↑↓}。（XF：はー）　家でわ　一切　<u>しませんけどね</u>{↑}・
  191XF：ふーん。　点数　稼いで{↑}…{笑い}
→ 192D：{笑い}　そう。　そう。　むこーの　おかーさんに　点数　<u>稼いではるんですわ</u>{_}。（XF：{笑い}）{笑い}　まー、<u>下宿生活してましたからねー</u>{↑↓}、（XFはい）あの、いざとなれば、{笑いながら}　死ぬことわないと　思います。
           D→XF【夫】《初対面》

また話者Mもカジュアル場面とフォーマル場面の両方で以下のようにハルを使用している。

[3-69]
　VI319M　：おんなじよーに…（N：あーー）わたしー、が〔風邪を〕引いて　おんなじよーに〔夫も〕引いたんやけど…（N：うん）ほんで、どてーんと　して…
　　320N　：あ、しんどかったんやろねー｛↕｝。
　　321M　：ほんで、なんや、テキ　食べたり　なんやら　して、（N：ふん）でいちんち《一日》で　なおさはった。〔風邪が〕なおったわー｛→｝。
→
　　　　　　　　　　　　　　　　　　　　　　　M→友人N【夫】

[3-70]
　IX194XF：あー。　台所に、はいるのわ、男のやることじゃない　ってゆー…
　　195M　：えー、そー、(XF：ねっ｛↑｝)　どっちかと　ゆえば、そそっちです。　(XF：ふーん)昭和　ひと桁の　男ですからねー｛↕｝・　(XF：えー)あのー、ぜんぜん、お茶も　沸かせません。　｛笑い｝
　　196XF：あー　あー。はー。はー、はー、はー。それでー　済んでたんですよね｛↑｝。
　　197M　：そーなんです。　でも　この頃　ちょっと、申し訳ないなーみたいな、(XF：ふーん)顔　しはる時　あります。｛笑い｝
→
　　　　　　　　　　　　　　　　　　　　　M→XF【夫】《初対面》

　これらの例も《対象化》のハルと呼ぶことにする。

◇　「孫」を対象にしたハルの適用例
　身内の目下には普通、ハルは使用されない。その中で話者Mは割合ハルを使用している。

[3-71]
→　VI690M　：なんか　ま、〔孫は頭が〕回らはんねん、すごい。（N：へー）

　　　　　　あのー、いちばん　ちっさい　3歳でも　いちばん　ちっさ
　　　　　　い、(N：幼稚園{↑}。幼稚園{↑}。)　組やねん。　幼稚
→　　　　　園の、こばなちゃん、ぐみ。　そやのに　しきってはんね
　　　　　　ん。　　　　　　　　　　　　　　　M→姪R&友人N【孫】

　話者Mは事実をただ述べるような場合は［3-72］のように普通体を使用する。

［3-72］
　VI702M　：「わたしわ　音程が　えーのや」て。ほんで、あの　新しい
→　　　　　　　歌歌うやろ{↑}。　ほな　一生懸命、覚えー　おもて
　　　　　　　《思っての音便長呼形》　も、こーして　聞いてるわ{_}。
　　　　　　　　　　　　　　　　　　　M→姪R&友人N【孫】

　また、軽卑語とされる「ヨル」の親愛語用法と等価のようにみえるハルの適用例もあった。

［3-73］
　VI718M　：{「田舎のバス」を歌っている}♪ぼろぼろで　♪まーどわ〉
　　　　　　　♪閉まらない。♪それでも　♪お客さん　♪我慢お　♪して
　　　　　　　いるよ。♪それーわ　♪わーたしが　{笑いながら}　♪美人
→　　　　　　だかーらー。　(N&R：{笑い})　みんな　こーして、や
→　　　　　　りよんねん。　(N&R：{笑い})曲がりますー、右えーて、
　　　　　　　みんな　ガーしはんねん。　曲がりますー、左えー。
　　　　　　　わーっ。　　　　　　　　　M→姪R&友人N【二人の孫】

　［3-71］［3-73］ともに「可愛い」といった何らかのニュートラルではない感情が込められているように聞こえる。特に［3-71］は単に「可愛い」というだけでなく、「すごい」という程度を強調する副詞や終助詞化した「ネン《のだ》」とともに特記事項として事態を前景化し、おしゃまな孫の話を聞き手に面白く取り立てて持ち出す、冗談めかして言って話を盛り上げる、という話者の気持ちが伝わってくる。

孫(幼稚園年少組)自身が使うハルに関して、Mは談話VIにおいて以下のようにコメントし、それに話し相手のNも同調している。

[3-74]
VI676M ：あのー　うちの、む、あの　孫が、「なんやら　してはんねん」て、わりに　困ったときな｛￣｝…
677N ：あ、困ったとき　ゆーね｛￣｝。　うん　うん　うん
678M ：はあ。　うん。　うん。「もー　あんなこと　ゆわはんのや。　かなわんわー｛↑｝」とか　な｛￣｝、(N：あー　そー　そー　そー　そー)　そーゆー、時に…
679N ：それ　ゆーよねー｛↑↓｝。

　上のコメントおよび近親者へのハルを使用した発話例は前(3.4)図3-3で示した概念図で言えば身内の本来の領域1から少し外の2の領域に押し出す(シフトさせる)ことによって表現しようとする事態を際立たせるといった用法として解釈できるのではないだろうか。この用法は発話の現場で一回的、臨時的にシフトするのであるから、極めて現場依存的な話者の心的態度を反映したものとなる。ただ、どのような意味を持たせて際立たせているか、心的態度を反映させているか、という点についてはある程度の幅があり、話し相手の解釈に委ねるといった「明晰性」の乏しい言い方となる。

3.5.2　話し相手待遇における用法
　今回収録した親しい人物を話し相手とする談話では話し相手待遇では丁寧語も尊敬語も普通使用されないが、まれにハルを使用することがある。そのような発話例にも尊敬語としての解釈はしにくいケースがあった。

◇　話し相手が母親の例
[3-75]
Ⅰc235A ：いや、十一時からて、ゆーてたよ｛＿｝、おかーさん。
236SC ：あ、十一時までに、入ってもーたら　えーんや、とか　ゆーてはったけどな｛￣｝。「までに」、「過ぎ」でわ｛笑いながら｝ないねん。

第 3 章　中年層女性話者の「ハル敬語」　111

　　　中略
→　238A　：うーん　いや　確か、十一時から　始まるて　ゆーてはった
　　　　　　よー｛↑｝。　　　　　　　　　　　　　　　娘A→母親SC

　[3-75] 238A の発話で出現したハルは 235A の発話と同じ内容を繰り返した上で、断定の調子を強める効果があると思われる。このような用法を仮に《断定強調》のハルと呼ぶことにしよう。

◇　話し相手が友人の例
[3-76]
　　IVb349D　：でも　＊＊＊〔名前〕さん　あんた　その髪型　すっごい
　　　　　　　　よー　似合うえ｛ ̄｝。
　　350E　　：そーお｛↑｝。
　　351D　　：なー｛↑↓｝。　一番　ええな｛ ̄｝、今までで。
　　352DJ1　：すごい　いー。
　　353D　　：抜群よ｛↓｝。
　　354E　　：ほんとに｛↓｝。
　　355D　　：うーん。　女優みたいや。
　　356E　　：｛笑い｝。　飲んで、飲んで、とか　言わな｛ ̄｝。｛笑い｝
　　中略
→　361D　　：すごー、ほんと　よー　似合わはる。　D→E《友人同士》

　この発話例 361D のハルはやはり「髪型がよく似合う」という主張を強めると同時に賞賛の気持ちが感じられる。話者D自身は念押しの気持ちで言ったと内省している。この用法も《断定強調》のハルに含めて良いだろう。
　次の [3-77] は「とっているなんて知らなかった」にあたるような、取り立ての効果が感じられる。

[3-77]
　　IVa381D：なー｛↑↓｝。　なんか　こー　こー　なって、きれいに　なっ
　　　　　　てたんやろなー｛↑↓｝、きっと。（E：うん）　もー、忘れて
→　　　　　　るもんなー｛↑↓｝。　そんなん（テープを）、とってはるち　第

一　知らんかったしな{￣}。　……　　D→E《友人同士》

　発話例[3–78]のVI865Mは普段は普通体で待遇する姪に叔母が冗談めかして話題を導入する時に、[3–79]は改めて質問する時にハルを使用している例である。

[3–78]
　VI865M：そんなん　あの、　骨折するよーなん　かなんけどな{￣}。
　　　　　（R：骨折{↑}）
→　　　　　{笑い}なんや　しはったんやな{￣}、誰や。
　VI866R：誰も　してはらへんえ{￣}、　そんなこと。
　VI867N：誰やったかなー{↑↓}。
→VI868M：しはったやーん。　捻挫かいな　しはったなー{↑↓}。
　　　　　　　　　　　　　　　　　　　　　　叔母M→姪R
[3–79]
→VI875M：アキレス腱{↑}、切らはったん{↓}。　　叔母M→姪R

　話し相手待遇においてふだんハルを用いない相手に少数出現するハルは概略「強調用法」と言ってよいもので、述べ立ての時に用いられると、話題の取り立て、焦点化、前景化、念押し、客観評価といった効果があり、質問の時に用いられると聞き手の答えを強く要求するという効果があると思われる。

3.5.3　動物に対する用法の考察

　京都市方言のハルが尊敬語から逸脱している具体例として動物へのハルの使用が度々報告されている。第1章1.のハル関連の先行研究の紹介で示したように「隣の猫が魚を盗んでいかはった（島田1966)」「子どもに『わんわん（犬）が来ヤハッタ』…などという（堀井1988)」などがある。また、岸江(1998)では、ハルが赤ちゃん・子猫・お猿さん・小犬・猫の順によく用いられ、犬・どら猫・野良犬には用いられることがないという調査結果を一つの論拠として、ハルには対者敬語(丁寧語)的用法というより、「素材に対して、かわいいと思う気持ち、親しみを表す形式」としての親愛語的傾向があるのではないかという解釈がほどこされている。しかし、島田(1966)の用

例は隣の猫の飼い主に配慮しているのか(島田1966では丁寧語と解釈している)、猫が可愛くて仕方ないのか、猫の行為に困惑した気持ちを伝えているのか、前後の文脈抜きには解釈が難しい。堀井(1988)の用例は「子どもに」という注釈に力点がおかれているのだろうか。岸江(1998)の解釈は素材敬語としての属性による固定的な用法なのか、臨時的な用法なのかわかりにくい。実際はどうなのだろうか。

今回収録した談話には話者が動物に言及した例があり、さらには動物に直接話しかけたりするケースもあった。「対象」の範疇として「第三者待遇」の「不特定」、「特定」の「疎」「親」、「話し相手待遇」の「ワキの相手・親」「マトモの相手・親」に分類されるもので、具体的な属性は「日本の犬」「穴子の稚魚」「麻薬犬一般」「空港の税関にいた麻薬犬」「飼い犬」「準飼い猫」「飼い猫」に及んだ。すべて普通形式で待遇されていた。

収録した談話全体で動物にハルが用いられた例は話者Dの娘(収録時21歳)が用いた次の1例のみであった。

[3–80]
→Ⅲb149DJ2 ： どーしよーかなー｛↑｝。　なんか　ハナちゃん〔準飼い猫の名前〕座ってはるし・
　　150D　　： ハナちゃん、　ちょっと　退いてあげてよ。
　　　　　　　　　　　　　　　　　娘DJ2→母D《母娘》【準飼い猫】

談話Ⅲbは DJ2 が母の D のそばで翌日出かけるクラブ合宿のために、旅行かばんを広げて、持っていく衣類を選びながら詰め込んでいる場面である。[3–80]の発話はちょうどその最中に猫のハナちゃんがそのかばんの上に座って動かないという状況で発せられた。可愛がっているハナちゃんへの言及の中に困惑の気持ちが入っていると思われる。

抽象的に言う場合は抽象的に言うなりに、可愛いペットはペットなりに基本的には普通形式が用いられること、確かに実際動物にハルが使用されること、の二点が確認できた。

犬の飼い主のなかにはもっと頻繁に動物を対象としてハルを使用する話者もいる。以下では、そのような話者と一緒に犬の散歩に同行し、収録した、動物へのハルの使用が多数見られる談話により、動物へのハルの適用の枠組

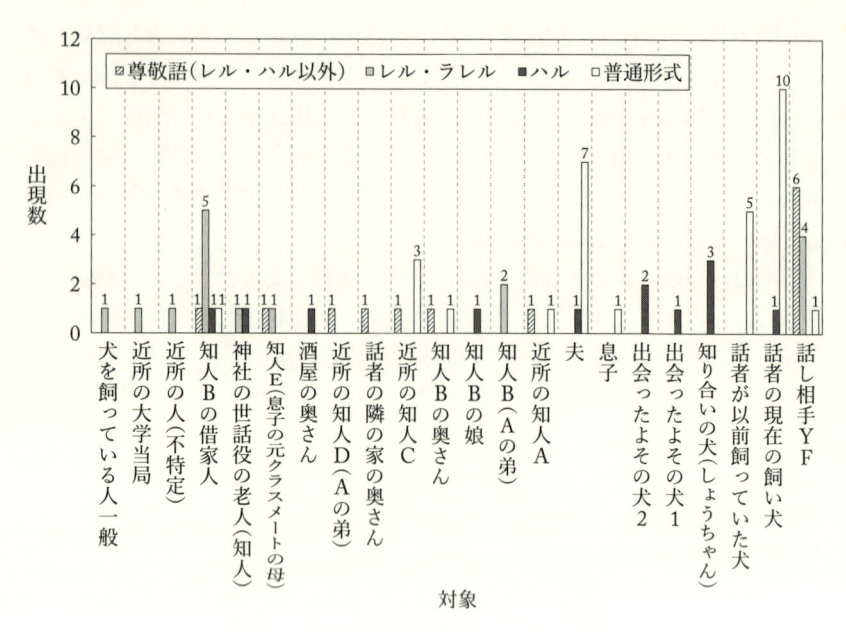

114　第 2 部　現代京都市方言「ハル敬語」の共時的考察

図 3-3　話者 G の敬語運用〈犬の散歩場面〉

みを見ていきたい。(図 3-3 参照)
　調査は 1998 年 1 月に行った。収録時間は 25 分、話者 G は中京区で言語形成期を過ごし、収録時北区在住で 1934 年(昭和 9 年)生まれである。話し相手の筆者 YF とは近所の知り合いである。会話は丁寧体基調で進められたが、図では丁寧体については捨象してある。
　図 3-3 をみると、よその犬にはほとんどハルが使われている。その 1 例をあげる。

[3-81]
→散歩 228G　　：＊＊ちゃん　いはるよ。ねね〔飼い犬の名〕。ねっ。
　　　229YF　：ほんとだ。
→　　230G　　：しょーちゃん〔通りがかりの家で飼っている犬の名〕いてはる。しょーちゃん　って。それ。こんにちわ。
　　　231YF　：まあ、仲良しなんだー。
　　　232G　　：こんにちわ。こんにちわって。{犬の鳴き声ワンワン、ワ

→　　　　　　　ンワン} ほらほら、怒ら<u>はった</u>。{笑} ごめんねー。{ワン
　　　　　　　ワンワン、ワンワン}
　　　　　　　　　G→自分の飼い犬【知り合いの犬、しょうちゃん】

　[3-81]の話者Gの発話は実質上自分の飼い犬に話しかけられており、そのような場合でもよその犬を話題にしてハルを使用している。ここには前で述べた親しい人物を話し相手として「人」を話題の主語とした場合のハルの運用との並行性が認められる。また、普通体の発話の中でハルが使用されていることから「丁寧語」としての用法ではないことも確認できる。
　一方、話者Gは散歩中筆者に主に話しかけており、その場合[3-82]のように丁寧体を基調としているが、自分の飼い犬(小犬)を話題の主語とする時は、普通形式の使用を原則としている。話者Gの自分の飼い犬に対するハルの運用も大局的には人間に対する運用に準じたものであり、ちょうど夫に対する運用と平行していて近親者扱いといっていいものである。

[3-82]
→散歩 031G　：あれね {¯} (YF：えー)　もー　いるときはね {¯}、
→　　　　　　(YF：はい　はい) ユメが　いたんですよ。(YF：はー)
　　　　　　　それ、お宮さんのねー(↑)、(YF：はー　はー)　役してるときに、(YF：はい　はい、はい　はい)　それ、(YF：はい　はい)　ずーっと　(YF：そーだ)八ヶ月間　<u>病気し</u>
→　　　　　　<u>てた</u>でしょ {↑}。
　　　032YF　：ねー {↑↓}、うーん、　あ時ね {↑}、{G：えー) ちょうど、(G：そー)　重なって、気の毒に…
→　　033G　　：それが　ちょーど　三月二十日に、(YF：はー)　死んで、
　　　　　　　(YFはいはい)　ちょうど　役が　終わると　同時にー、
→　　　　　　(YF：はい)　死にましたでしょ {↑}。
　　　　　　　　　　G→調査者YF【以前飼っていた飼い犬】

　その中で1例だけハルの使用例が見られる。

[3-83]
→散歩142G　：ちょっと　ご用　しはるみたい。
　散歩143YF　：どうぞ。うん。どうぞ。どうぞ。ゆっくり…｛笑い｝
　散歩144G　：もー、ほんまに、手の　いるーひとですねん。(YF：はーあーあー)行ったり来たり、(YF：ふんふんふん)行ったり来たりで・　はいっ、もう、いいでしょ｛↑｝。ねっ｛↑｝。
　　　　　　　　　　　　　　　　　　　　G→調査者YF【飼い犬】

　Gは通常の運用の枠組みとしては飼い犬にたいしては身内扱いをし、丁寧体基調の談話の場合でも普通形式を用いている。しかし、[3-83]ではその飼い犬が途中で用足しをしたので身内扱いを一時的にやめ、通常の枠組みを臨時的にシフトして飼い犬にハルを適用することによって語用論的に飼い犬の行為(目の前の事態)を間接化し、いわばオブラートに包むようにして述べられた発話と解釈できる。この例を仮に《間接化》のハルと名づけよう。属性によってではなく何らかの臨時的な待遇意図が働いてハルが使用された例である。ただし、これは聞き手への配慮は感じられるが、話者の気持ちが犬から離れたものではないし、逆に飼い犬(この犬は子犬である)が可愛いという気持ちの直接的発現によるものでもない。この発話に限って言えば「素材に対して、かわいいと思う気持ち、親しみ」よりは聞き手への配慮に比重が置かれていると考えられる。「間接化」はネガティブ・ポライトネス・ストラテジーとしては普遍的なものである。ただし、[3-83]の例は「聞き手への配慮」といってもこの用法が成立するメカニズムを考えると単純に丁寧語とすることはできない。あくまでも臨時的な尊敬語の語用論的拡張用法だと考えられる。

　本節ではまずは収録した自然談話資料に動物を対象として適用されたハルが現れたことを確認できた。また、その実際の適用例を検討すると、3.5.1で述べた母親や夫等への用法との共通性が確認できたと言えよう。

　なお、この話者Gは関心のない猫にはハルを使わないと内省しているところから、人間並みにハルで待遇する範囲と限界を決めるという意味で親愛感が作用するということは否めないかもしれない。

3.5.4 ハルの基本的用法からの拡張—補足調査Ⅱを中心に—

これまでの考察、とくに 3.5.1 から 3.5.3 までで示したさまざまな用法、および 1997 年に行った予備調査における聞き取りを参考に、京都市方言話者に特徴的でハルの基本的用法から外れた臨時的な用法（派生的拡張用法）を表す例文を作り、それらの使用意識を尋ねる調査票を用いた面接調査を実施した。調査ではあわせて、心内発話でのハル使用の有無も尋ねた。その結果を表 3–20 に示す。

調査時期は 1998 年 4 月から、2003 年 3 月までで、他の調査と同じく談話調査の話者にも可能な限り実施した。

表 3–20 ハルの派生的拡張用法と心内発話でのハルの使用意識
―補足調査Ⅱ結果―

例文	インフォーマント生年(昭和)*	9 =G	10 =M	12	12	15	19 =A	22 =F	23	23 =D	23 =E	24	24	25	25	28 =N	33	34
a	(心の中で)あの人道捜してはんのやろか	○	○	NR	○	○	○	○	○	○	○	○	○	○	○	○	○	NR
b	(前の車のドライバーのことを)いやー、缶ほかさはった	○	○	○	○	○	×	○	○	○	○	○	○	○	○	○	○	○
c	こんなとこにゴミほかさはる人がいはるしかなんわ	○	○	○	○	○	×	○	○	○	○	○	○	○	○	○	○	○
d	あの人いけず《いじわる》ばっかし言わはるしかなんわ	○	○	○	○	○	○	○	○	△	△	○	○	○	○	○	○	○
e	このお人形さんほんま上品なお顔してはる	○	○	○	○	○	×	○	○	○	○	△	○	○	○	○	○	×
f	(下の子どもに)おねえちゃん先お風呂はいらはるえ。はよおはいり	△	×	○	NR	○	×	○	○	○	○	○	n	○	○	○	○	○
g	(話し相手とする時ハルを使わない親友に)火事いったとき一番にかけつけてきてくれはったでしょ、いまでもわすれへん	○	×	×	○	○	×	○	○	○	○	○	○	○	×	×	×	△
h	うちの主人底なしに飲みはる	○	○	×	○	×	×	○	○	○	×	×	○	×	○	○	n	△
i	(子どもに)雷さん鳴ってはるえ	×	○	×	○	×	×	○	○	○	×	×	○	×	○	○	○	○
j	可哀想に、あの子はぐれはったんやろか	○	○	○	○	○	×	○	○	×	×	×	○	×	○	○	○	○
k	うちの子いくらでも食べはる	○	○	○	○	○	○	○	○	○	○	○	○	○	○	○	○	○
l	(話し相手とする時ハルを使わない親友に)ほんまその髪型よう似合わはる	△	×	○	○	○	×	○	○	○	○	○	○	○	×	×	×	×
m	(1歳すぎた身内の子のことを)いやー、上手にしゃべらはる	○	×	NR	○	○	×	○	○	×	×	×	×	×	△	○	×	NR

［凡例］　○：使用する　　△：たまに使用　　×：使用しない　　n：回答不能
　　　　　NR：回答なし

* 上段に生年を、下段に談話収録に参加した話者について話者記号を記した。

インフォーマントは 3.3.3.2 に示した補助調査 I とほぼ同じ京都市に居住する外住歴 9 ヶ月以下の 1934 年～1959 年生まれまでの計 17 名である。

表 3–20 より以下のことが言える。

I．心内発話

心内発話は有効回答すべてが使用するという結果であった。現代日本標準語の「丁寧語」は「聞手に対して丁寧に述べる」(菊地 1994: 294) という機能をもち、「聞手がいるときに限って使われる」(菊地 1994: 292) という制約をもつとされる。結果からはハルには現代日本標準語と同じ意味での「丁寧語」としての性格がないことがわかる。

II．発話時の話者の心的態度を表す用法

ハルの派生的拡張用法については使用するという回答の多い順に並べた。例文は基本的枠組みとしてはハルを用いない対象に発話時の話者の心的態度を反映させて用いるような用法を示している。以下、それぞれの例文と結果について若干の説明を行う。

ⅰ．マイナス評価をともなう場合

使用するという回答が最も多かった(b)(c)(d)は何らかのマイナス評価を伴ったり、非難の感情を伴ったりして使われる用法である。これらは主語が「人」であるから基本的運用の基準でもハルを用いるといえば言えるが、例えば(b)では顔の見えない人物が主語になっており話者との関係からは「極めて疎」に分類されるような対象であり、(c)では話者は「ゴミを捨てる」という行為をした人が誰かわからないので、上下親疎の関係を全く規定できない誰かが対象となっている。このような用法を《マイナス評価／悪感情》のハルと呼ぶことにしよう。

ⅱ．擬人化による用法

次に多かったのは非情物で、無生物でもある「人形」を対象として使われる用法(e)で、仏像やマリア像などにも敷延されるであろう。「人」の姿をとったものは感情移入しやすいのかもしれない。本章で分析対象とした談話には現れなかったが、談話IVaの前段に実際次のような使用例があった。尊

敬語から派生した用法だと考えられる。

[3-84]
1D ：{Eが行ったスペイン旅行のアルバムを見ながら} で、こー、入り口のとこに　これ　誰か　こー、せいじゃ《聖者》さんと　ゆーのか…
2E ：せ、せいじん《聖人》、な、(D：うん)　なん聖人みたいなな{↑}…
→ 3D ：ダーッて　いはんのやなー{↑↓}。　　　　　D→E【聖人像】
[3-85]
E ：このー、あのー、祭壇　てゆーか　あれの　一番　上の所に、(E：うん)　あの　真→っ黒い顔した　マリアさん、が　キリストさん
→ 　　抱いてはる像があってー…　　　　　　　E→D【マリア像】

　ただ、仏像のような信仰の対象となるものを話題として尊敬語を用いる場合は「主語を高める」という尊敬語の機能からも解釈しやすく、たとえば「鎌倉や御仏なれど釈迦牟尼は美男におはす夏木立かな」(明治37年7月与謝野晶子歌集『恋ごろも』所収)とあるようにまだ一般的な言い方である。しかし「人形(の顔)」について述べる時にプラスの評価を伴っているとしても例えば現代日本標準語で「このお人形は上品な顔をしていらっしゃる」というように尊敬語を用いることは一般的な言い方ではない。このような用法を《擬人化》のハルということにしよう。人間と姿が似ていると認識されるものを対象として拡張的に使用された独特の用法だと考えられる。

ⅲ．親愛の感情をともない話し相手へ視点を移動させる用法
　身内の下位にあたる自分の子どもにハルを適用するという(f)も使用するという回答が多かった。この文の適用のしくみを解釈すると次のようになろう。ハルおよび尊敬語を含む素材敬語は本来、話者の位置に視点(ないし参照点 reference point)を置いて使い分けられる「自己中心語」でありダイクシス表現とみることができる。しかし、その視点の置き方は話し手の主観に依存したものであり(近藤1986)、視点を本来の位置から動かすことによって語用論的にハルを通常使用しない対象に適用することができる。言い換えると、鈴木孝夫(1973)の親族名称の「虚構的用法の第二種」(1973: 162)の動詞

版ともいうべき用法である。鈴木孝夫(1973)の言葉を借りると「自己中心語の原点」を話し相手に移し、相手の「立場に自分の立場を同一化」することによって成り立つ表現といえる。

　本来ある自分の立場を離れて下の子に自分を同一化し、その下の子の姉を高めてハルを用いるというこの用法を《親愛感情と視点同一化》のハルと呼ぶことにしよう。尊敬語の対象を「高める」という機能そのままに語用論的に拡張した用法であると同時に子に対する親愛の感情に支えられていると解釈される。

　雷に対してハルが適用されている(i)の例文も(f)と似た用法と考えられる。使用するとした回答者は2.2.2.3の表3-6で「雷」に使用するとした回答者とほぼ重なっているが、表3-6で使用しないと回答し、(i)で使用すると回答した者が2名いた。このような拡張的運用は当該方言話者には一般的な運用のようである。

ⅳ. 感謝や賞賛の発話行為にともなう用法

　次に多かった(g)は感謝の表明にともなって普段普通体で話す相手にハルを使用するという事例である。この例文に関してはインフォーマントの一人が「ハルを使うと距離が出るので本当に親しい相手には使わない」と内省している。この用法のしくみを解釈すると、「少し隔てる」というハルの機能を応用して発言内容を客観化したり、通常の運用の枠組みを外すことによって強調の効果を出しているものと考えられる。仮にこの用法を《プラス評価／好感情》のハルと呼ぶことにしよう。

　この例文および例文(l)では話者がプラスに評価したり、良い感情をもっていることを客観化し、強調していると考えられる。同情の気持ちがはいった(j)も似た用法だと考えられる。なお、例文(l)は自然談話資料に実際出現した発話例［3-74］からとった文であるが調査で質問してみると使用するという回答はかなり低かった。内省しにくい例文だったかもしれない。

　また、このような用法は身内には用いにくいようである。使用するという回答が一番低かった例文(m)の結果は近親者にはプラスの評価を手放しではしにくい、という一種のたしなみの感覚と、ハルを使うと距離感が出ることによると考えられる。

ⅴ. 困惑を表したり、つきはなしたニュアンスをともなう用法

　(h)および(k)はⅰ.ほどには強くないが困惑の感情などを含んで冗談めか

して言ったり、つきはなして言う言い方である。この言い方は堀井(1988)で示された「この子ヨー泣かハリマッシャロ」という言い方、3.5.1で述べた《対象化》のハルに通じる。感情の方向は異なるが、iv.で示したハルの「少し隔てる」という機能から派生した用法だと考えられる。

　プラス評価—マイナス評価、ないし好感情—悪感情という軸上にある異なった評価・感情が一つのハルという形式によって指標されていることがうかがえる。これらの用法はその場その場の一回的な心の動きによって用いられる何らかの評価・感情を表す用法として「評価・感情暗示用法」と一括して呼ぶことにしよう。「暗示」としたのは評価・感情の中身に関しては非明示的であり、解釈は聞き手に委ねられる形をとるからである。その評価・感情の中身の解釈は当該方言話者には容易だが、他方言話者には難しいこともある。

　この「評価・感情暗示用法」は、ハルを使用するにあたって社会的ファクターを何らかの形で前提とする他の用法に比べて、社会的ファクターを基礎とする待遇表現としての枠組みからはるかに独立した用法である。その一方で、対象を高く評価するとか、好ましく思うとかの評価・感情が形式にじかに焼き付けられたかっこうで使用される現場性が高い表現である。そう考えると「評価・感情暗示用法」による表現はモダリティ表現の意味・機能に近づいていると考えられる。モダリティ表現の定義は研究者によって異なるが、例えばPalmer(2001)では次のように定義している。

　　Modality is concerned with the status of the proposition that describes the event.
　　　　　　　　　　　　　　　　　　　　　　　　　　(Palmer2001: 1)

　また、次のようにPropositional modality（命題のモダリティ）とEvent modality（事態のモダリティ）という基本的な区別を設けそれぞれについて次のように説明している。

　　Propositional modality：Epistemic modality and evidential modality are concerned with the speaker's attitude to the truth-value or factual status of the proposition.
　　　　　　　　　　　　　　　　　　　　　　　　　　(Palmer2001: 8)

Event modality：By contrast, deontic and dynamic modality refer to events that are actualized, events that have not taken place but are merely potential. 　　　　　　　　　(Palmer2001: 8)

　上に示した Palmer の定義のステータス status をどの範囲でとらえるかにもよるが、「評価・感情暗示用法」による表現は Propositional modality（命題のモダリティ）の周辺部に置いてよいのではないかと筆者は考えている。
　日本語のモダリティ研究において「評価のモダリティ」（日本語記述文法研究会編 2003: 91–132）「価値判断のモダリティ」（益岡 1991: 53–4）というカテゴリーが立てられることがある。このカテゴリーに入れられるのは当為表現の類であり、こちらは Palmer の区別によれば Event modality のカテゴリーに含まれる表現である。同じ「評価」が関わっているけれどもここで問題にしているハルの用法とは一線を画するものであろう。
　また、この用法の場合、話題の主語は非情物であってもよい。筆者は注射しようとするがうまく針が血管に入らないという状況で「（血管が）逃げていかはる」と言うと聞いたことがある。また、このうちマイナス方向の評価・感情を表す用法は軽卑語の「ヨル」の用法とも近い。当該方言男性話者の場合、通常軽卑語や卑罵語が受け持つ意味領域だと思われる。

［3-86］
　V315M　：もー、　あったこーなったし　えーわー｛↑｝、おもて《思って》、（R：ふーん）
→　　　　　おもて《思って》たんやわ｛＿｝。　ほんなら、きよった。
　316R　：きよった。｛笑い｝誰が　きよったんやて。
→　317M　：｛笑い｝風邪が　きよった。ほんで、パパ　引いてな｛￣｝、…
　　　　　　　　　　　　　　　　　　　　　　M→姪R【風邪】

　なお、［3-86］V315M は話者 M が実際ヨルを用いた発話である。その発言を話者 R が聞きとがめている。京都市方言女性話者の感覚としてはヨルを使わないのが建前になっていることがうかがわれる。

3.5.5 本節のまとめ

　本節では地域社会で慣習化され規範化された運用の基本的な枠組みとは独立して、あるいはその枠組みをあえて外してハルを適用することにより、表現効果をもたらす現場性の高い表現を取りあげ検討した。日本標準語の尊敬語でも軽蔑、皮肉、親愛などの心理的ファクターである「特殊な待遇意図」にもとづく用法があることは指摘されているが(大石 1976、菊地 1994 他)[7]、当該方言では本節で示したような表現が非常に活発に使用されており、表す意味・機能も多い。前節 3.5.4 ではそのようなハルの用法にいくつかのラベルを貼って示した。列挙すると以下のようなものがある。

《親愛感情と視点同一化》のハル
《擬人化》のハル
《間接化》のハル
《質問強調》のハル
《断定強調》のハル
《対象化》のハル
《マイナス評価／悪感情》のハル
《プラス評価／好感情》のハル

　このうち、前節 3.5.4 で《マイナス評価／悪感情》のハルと《プラス評価／好感情》のハルはそのふるまいが似ていることから一括して「評価・感情暗示用法」と呼ぶことにしようと述べた。

　《質問強調》のハルと《断定強調》のハルも強調の意味を帯びていて、ハルのもつ枠組みをずらす(シフトさせる)ことによってその効果が生じるという点も同じなので「強調用法」と呼ぶことにする。

　《対象化》のハルは「評価・感情暗示用法」と「強調用法」の両方の側面をもつと言えるだろう。

　残りの《間接化》のハルを「間接化」用法、《擬人化》のハルを「擬人化用法」、《親愛感情と視点同一化》のハルを「親愛用法」と呼ぶとすると最初にあげた用法ほど社会的ファクターによる制約から離れ、心理的なファクターがより前面に出た用法である。特に「評価・感情暗示用法」は社会的ファクターによる制約から解かれ、素材敬語の枠組みを離れて一人歩きを始めた主体的なモーダルとも言える用法である。

　次に、さらに現場依存性が高い用法に関わる一つの内省を記しておく。

[3-85]
VI671N ：こないだの　調査の時に、(M：うん)＊＊＊はん　ほら、窓の外お　(M：うん)猿が　走っていったら、(M：うん)(R：{笑い})走らはるて　ゆーて　ゆ、(M：うん　うん　うん)ゆーてはったけど、ゆー{↑}？。
672M ：うん。　うん。　うん。
673N ：あー、ほんまー{↑↓}。　ゆー{↑}。
674M ：なんか、汽車が　きはったーとか、(N：あー)びっくりした、よーなときー、いやー　雨が　降ってはるー、とか、／あのー　ゆーよ。
675N ：あー、すごいなと〉思って。　そこまでわ　あたしー、ゆわへんなー　おもて《思って》。　(R：そやろな{￣})あ　動物園で　親子の　猿　見たら、「あー、おっぱい　あげてはる」、とかわ　言いそーやけど、(R：うん　うん　うん)こ、ただ　歩いていったら、{笑い}きっと　言わへんなー{↑↓}(R：{笑い})と　{笑いながら}思うわ{＿}。

《叔母・姪・友人》

[3-85]で取りあげられている用法は心理的ファクターに比重が置かれた段階から、さらに現場性が高くなり、社会的ファクターとのつながりが全く断たれた段階にあると言えよう。上で挙げた五つの派生的用法に加えてこのような用法を暫定的に「発見・驚きの表明」としておく。ただし今回集めた談話資料からはその確実な使用例が認められなかったので、その用法の確認は今後の課題である。

本節で考察した話者の心的態度を反映したハルの様々な用法も含め、多岐にわたる意味・機能は相互にどのような関係にあるのだろうか。次の図3-4にハルの拡張された意味、機能の全体像を考えられる派生過程も加味して示す。

図3-4について説明を補足すると、尊敬語用法は話し相手待遇の用法と第三者待遇の用法の一部に該当する。三人称指標用法は第三者待遇におけるプロトタイプ的な用法であり尊敬語と比べ「上げ」「あらたまり」の要素が

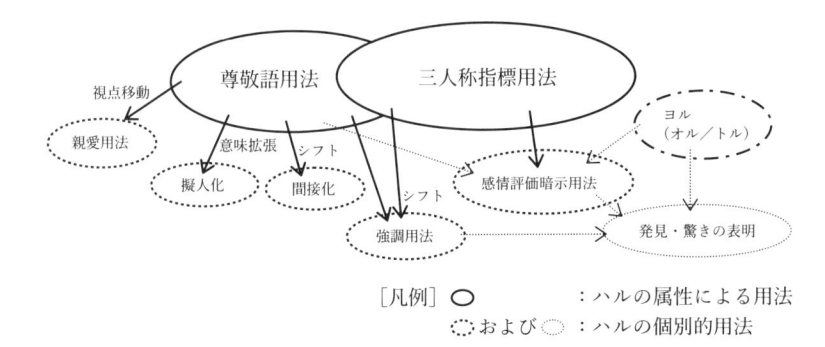

図 3-4 ハルの拡張された意味機能の概念図

希薄になり「少し隔てる」という機能をもっている。
　これら二つの核ないし中心的意味・機能から派生した、ハルの意味集合の周辺部に位置すると考えられるいくつかの用法がある。この用法では基本的な運用の枠組みにおいてはハルの適用対象とはならない話題の主語が、枠組みを臨時的にシフトさせることによって(あるいは視点の移動によって)ハルの適用対象になる。
　そのうち親愛用法、間接化、擬人化の用法は尊敬語から派生した拡張用法と考えられる。
　感情評価暗示用法は「上げる」の意味特性が希薄で、主に三人称指標の「少し隔てる」という意味特性から派生したものと考えられる。
　強調用法は基本的な運用の枠組みを外し、臨時的にハルを使用する(あるいは使用しない)ことによって語用論的に強調の効果を生じさせる用法として解釈可能であり、尊敬語、三人称指標のどちらの用法からも派生すると考えられる。しかし「強調」の意味そのものは三人称指標や尊敬語の意味特性を失い派生用法のなかではより周辺的なものである。
　さらに周辺的な用法として「発見・驚きの表明」がある。

　本節で考察してきた話し手が話題の人(動物・植物)に言及する際、その属性に応じた規範的な運用によらないで、主体的に選択してハルを適用する用法がハルの適用範囲と意味領域を広げていると考えられる。このような用法によるハルの適用対象の拡張の様子を図 3-5 に示す。

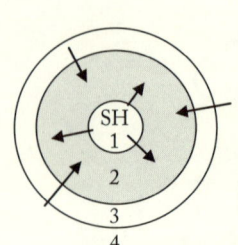

○ 内：ハル使用領域
○ 内：普通形式使用領域
← ：普通形式使用領域からのハルの取り込み

領域1：話し手(S)や聞き手(H)が融合した世界(近親者含む)
領域2：基本的にハルが適用される三人称の「人」の世界
領域3：話し手と無関係であるか抽象的・観念的な人の世界
領域4：「人」以外の世界
なお、聞き手(H)の語を概略話し相手と同じ意味で用いる

図3-5　派生的用法によるハルの適用対象の拡張

　1の領域から2のハルの領域への取り込みは身内の人物や話し相手に言及して個別的にハルを付加する用法、4の領域からの取り込みは動物や非情物にハルを付加して言及する用法にあたる。取り込む対象の範囲は標準語の尊敬語の適用対象より広い。
　このような用法は、結果的に方言コードにおいてくつろいだ生き生きとした会話を展開する装置となろう。京阪の方言話者に特有の変わったことを見聞きした時にそれを面白おかしく伝えるという発話にも役立つ用法である。なお逆に2のハル使用領域から3の普通形式使用領域への取り込みと考えられる用法もありえる。
　上記の用法では男性に比べて女性の方が適用対象とする範囲が広く、それが先行研究で指摘されている使用範囲、使用頻度の差として現れているものと思われる。

4.　まとめ―第三者待遇における尊敬語機能の変容―

　本章で行った京都市方言女性話者の「ハル敬語」の考察は、少数の談話資料によるケーススタディーにもとづいたものであり、過度の一般化は慎まなければならないし、一般化するためには今後さらなる検証作業が必要なことはいうまでもない。しかし、話し手と話し相手とを統制した多数の場面で展開された自然談話を中心的資料として用いた敬語研究は初めての試みであり、そのような資料を分析したからこそ引き出しえた結果もある。
　本節では女性話者の「ハル敬語」の全体的枠組みを示し、まとめとしたい。

ここまで検討してきたことを総合して京都市方言話者(女性)の第三者待遇・くだけた場面における待遇表現の全体的運用、および、ハルの全体的意味・機能を〔21〕〔22〕にまとめて示す。

　〔21〕くだけた場面における敬語運用
　　Ⅰ．ハルと普通形式の二形式が二項対立的に使い分けられる。
　　Ⅱ．話し相手待遇として普通体・普通形式が使われる場面でも、話題の人には基本的に人の如何にかかわらず一律にハルが適用される。その適用対象は三人称の「人」のほぼ全体に及ぶ。
　　Ⅲ．普通形式は話し手とごく近い関係にある人か、心理的に極めて疎遠な人、ごく抽象的で非限定的な「人」といった非常に限られた範囲で適用される。
　　Ⅳ．身内でない人(他人)を話し相手とする場合、敬語上のⅠ人称(菊地1994: 96)、具体的には話し手の直近の身内である尊属・卑属・夫等には原則的にハルを使用しない。
　　Ⅴ．ハルは話題の主語を対象として適用される素材待遇語であるが、その主語が話し相手であるか否かによりハルの適用が決まるという点で相手敬語の側面をもつ。
　　Ⅵ．Ⅱ．〜Ⅳ．の基本的運用の枠組みを離れ、話し手の発話時の心的態度を反映し、何らかの待遇意図により、主体的に用いられる臨時的用法があり、高い頻度で活用されている。なお、この個別的用法は話し相手待遇でも用いられる。

　〔22〕ハルの全体的意味・機能
　　ハルをつけて言及することによって対象となる話題の主語が談話の場を構成している話し手や話し相手と対峙する三人称として少し隔て、同時に話し手と何らかの関わりをもつ「人」であることを指標として示す「三人称指標機能」を主に、主語を上げる「尊敬語機能」を従に構成される中核的機能、および「感情評価暗示」「親愛」「間接化」「擬人化」の派生的機能、「強調」「発見・驚き表示」の周辺的機能をもつ。

以上から、ハルは素材待遇語の性格を保持しており、運用にあたって話し手、話し相手、話題の主の三者の関係が必ず顧慮されるという点で丁寧語・美化語とは決定的に異なると言える。
　ハルの意味構造自体は大変複雑なものである。京都市方言で尊敬語としては特異な「父親」「犬」「猫」「赤ちゃん」「おみこし」その他を対象としたハルの使用は 3.5 で考察した用法で一部説明できよう。しかし現実にはある人、ないし、物を対象としたハルの使用は一義的に決まるのではない。例えば「おみこし」をハルで待遇したとしても崇敬の念から発した尊敬語的な意味で用いられることもあるだろうし、今の今来た、という意味で用いられることもある。「雷さんが鳴らはった」と言うとき、自然物崇拝として用いられることも、幼児を怖がらせないようにやさしく言うこともあれば擬人化された雷を頭に描いて言うこともある。「赤ちゃん」に純真で尊い存在という気持ちでハルを用いることもあれば、「赤ちゃんがたった今笑った」という意味が入っていることもある。発話に現れたハルの適用例は文脈抜きには適切に解釈できないものである。
　3.4〔19〕に示した基本的運用は社会規範化してはいるが、流動性をもち、さらに、〔21〕で示した適用対象をかなり自由に広げられる派生的運用の枠組みが加わっている。実際、京都市方言女性話者は派生的用法を大いに活用して主体的な「ハル敬語」の運用を行い、ハルの適用対象を広げ、使用頻度を増していると考えられる。
　また、くだけた場面で、「ハルと普通形式の二形式が二項対立的に使い分けられる」という状況は「人」と「人以外」を二分することにもなり、二者択一を迫られることにより「人」の指す範囲を押し広げる圧力がかかるのではないかと考えられる。そのような状況の下で筆者は中年層話者において人を主語とした場合、動詞にハルが付加された方が意味的に無標、普通形式の方が有標と認識されるような、いわば飽和点に達したと考えている。だが果たして中年層なのか、また、若年層は中年層の敬語運用を引き継いでいるのか、この点を確かめるため、次章以下では高年層と若年層の女性話者の敬語運用の実態を概観したい。
　現代京都市方言の共時態におけるもう一方の担い手である男性話者の用いる「ハル敬語」は女性話者のそれと異なるのであろうか。また、男性が使用する素材待遇語のヨル、オル・トルの意味機能がハルの用法に影響を与えて

いる可能性があり、その点も確かめる必要がある。男性の「ハル敬語」の記述をその次の章で行いたい。また、図3–4で示したハルの意味・機能の変容過程は通時的考察による検証が必要である。それについては本書第3部でも取りあげることとしたい。

注

1 大石(1979)では「脱待遇」とは「上・下、親・疎のみならず、対等の意識もない、すべての待遇意識から全く離れた表現である」と定義し、「…未知の人、つまり、間柄的関係がない──と話し手がとらえている──人について言うばあいは、脱待遇の扱いはあたりまえのこととして、気をつかうことはほとんどない」としている。(前章2. 3. 3. 4 参照)

2 堀井(1988: 9)では「京都のことばを位相的に二分するならば、庶民が使う『町衆のことば』と、京都御所を中心とした『御所ことば』とがある。典型的な町衆の京ことばが話されるのは、上京・中京を中心とする地域であり、その中には、室町の問屋のことば、西陣織の職人ことば、祇園を中心とする花街の芸妓・舞妓のことばが含まれる」としている。「ハル敬語」の担い手は庶民であり、本書ではそのような庶民が使う町衆のことばに焦点をあてる。

3 楳垣(1974)では「どうぞおあがりクダサイ。」という尊敬語の表現を京都方言にあてはめて、敬意の高い方から順に並べると、1 オあがりヤシト(－)クレヤス。2 オあがりヤス。3 オあがりナハイ。4 オあがりヤハイ。5 あがっт(－)クレヤス。6 あがりナハイ。7 あがらハレ。8 あがりヨシ。9 あがっт(－)クレ。10 あがっテ。のようになる、としている。さらにまた、待遇表現全体をみると 11 あがリ。(連用形命令法)12 あがレ。13 あがリヤガレ。14 あがリクサレ。15 あがリサラセ。と続き、あがリーナ。リンカ。リンカイナなどと発展するのである、としている。注目に値するのは一般にハルには尊敬語はないとされているが、「7 あがらハレ」のようにハルの命令形が挙げられていることである。ハルの命令形に関してやはり楳垣(1946: 191–192)にハルの「假定形、命令形は殆ど使はないが、命令形は男子の親しい間柄でそーしやハレ(さう爲たまへ)と使ふことがある。以上の例で明らかなやうに、四段へは未然形に直接するが、他の段の動詞へは「や」を介して連る」としている。

4 現代日本標準語の敬語の生起する文末以外の言語内的環境について先行研究により概観すると、南(1974: 116, 273–277、1993: 87–88)では、尊敬語は A 類の連用形反復の句、および B 類「のに」で終わる句を除く A、B、C 類の従属句の要素になりえる

としている。さらに社会言語学的観点からみると、第三者敬語の対者敬語的使用（井上史雄 1981、大石 1983: 37, 51, 64 他）と指摘される標準語の運用では、本節で主に考察対象とするようなくだけた場面において尊敬語自体が使用されないことになる。
5 辻(2001)では「普通体」の語を用いたが、文体ではなく形式を指す場合、丁寧語デス・マスと区別する意味で素材待遇語が用いられていない動詞述語を「普通形式」と呼ぶ。
6 正保(1981)では、現場指示における「対立型」「融合型」の別を以下のように説明している。

[対立型] 話し手が聞き手を心理的に疎遠な存在とみなすような状況下で話者が意識の場において、ある話材を「自分」のなわばりにあると認定すれば、「コ」が使用され、「聞き手」のなわばりに属すると認定すれば「ソ」が使用される。心理的な場は「私」と「あなた」によって二分される分極的な構造をなし、「コ」「ソ」が前面に現れる。

[融合型] 話し手が心理的に聞き手を自分に身近な存在としてとらえるような場合には話し手は、聞き手を自分の領域にひき入れて考えるという状況が生じ、心理的な場は「私」と「あなた」のなわばりが重なり合った「われわれ」意識の成り立つ場となる。融合型では「コ」「ア」が前面に現れる。

この説明で融合した視点という場合、この「融合型」における現実世界のとらえ方と共通するものがあると考える。
7 菊地(1994: 50, 51)では、待遇表現使用に関係する心理的ファクター「A 待遇意図」の下位分類として「その他、特殊な待遇意図」の項を設け、次のように述べている。（第1章2.1 図1–1 参照）

なお、時には、〈皮肉な表現／意地悪な表現／ふざけた表現……など、何らかの感情・色彩をこめた表現をしよう〉という意図が働いて待遇表現が選択される場合もある。

大石(1983: 22)でも「軽蔑・皮肉などの効果は、敬譲の表現というはたらきの逆用だといえよう」と述べている。

第4章　高年層女性話者の「ハル敬語」

1. はじめに

　本章および第5章、第6章では前章で考察した中年層女性話者の前後の世代である高年層および若年層女性話者の「ハル敬語」および敬語運用について考察し、前章で明らかにした中年層女性話者の「ハル敬語」の枠組みや特質との異同を確認する。あわせて実時間ではなく見かけ時間においてではあるが京都市方言敬語がどのような変化過程をたどっているか、「ハル敬語」の意味機能がどのように変質してきたか、について検討する。そうすることによってはじめて京都市方言女性話者の共時態における方言敬語の全体像を把握し、従来先行研究でいわれてきたハルの特異な使用例の一部を説明することができると考える。

　上記のようなもくろみをもって本章では、まず、高年層女性話者について考察する。高年層話者の分析にあたっては、前章で行った中年層話者を分析した観点すべてについて検討することとする。すなわち、絶対敬語的用法が認められるか、自然物崇拝にもとづく尊敬語の使用が認められるか、上下親疎にかかわらず一律にハルが使用されているか、不特定の「人」を主語としてハルが使用されているか、前章で挙げたハルの派生的用法がどの程度現れるか、ハルが生起する言語内的、言語外的条件は何かについて分析する。とくに高年層であれば他人が話し相手でも家族の目上を話題の主語として絶対敬語的運用によりハルを用いるとか、素材敬語はあくまで尊敬語の用法として用いるとかの可能性が考えられるのでその点に十分留意して検討する。

　高年層とした範囲は前章で考察した中年層より高い年齢層、すなわち1932年(昭和7年)以前生まれの年齢層とする。調査を行うことができた高年層話者には明治生まれ、すなわち1912年以前生まれの話者も含まれる。

結果を先取りしていうと、明治生まれの話者の回答や発話には使用言語形式、敬語運用、あるいは丁寧融合型尊敬形式「お～やす」の用法等において大正2年(1912年)生まれ以降の他の高年層話者と若干異なりが認められた[1]。それらを総合的見地から勘案して、高年層話者を、さらに、明治年間生まれの話者と、大正元年以降生まれの年齢層とに分け、前者を最高年層話者として区別することにする。

調査方法は前章と同じく自然談話資料を用いてイディオレクトを分析する調査を主体とするが調査票による面接調査も必要に応じて併用した。以下では2.で調査票による意識調査の結果を示す。この意識調査に関しては、インフォーマントの年齢による回答の違いを示すため最高年層、高年層、若年層のインフォーマントついて一括して提示することとする。3.では分析対象を高年層話者に限定し、場面を方言ベースの会話が展開されるくだけた場面にしぼり、分析方法としては自然談話資料の分析を主体にして、面接調査で足りないところを補いながらハルを含む方言敬語の実態を検討する。

2. 調査票による面接調査

2.1 面接調査の概要

中年層以外の女性話者の敬語運用とハル敬語の使用実態の概要を把握するために2001年1月から4月にかけて調査票による面接調査を行った。ただし1924年生まれと1932年生まれの2名のインフォーマントのみ1997年に中年層の調査と同時期に行った。以下では調査の概要を高年層と最高年層、若年層について一括して示す。

2.1.1 インフォーマント情報

面接調査のインフォーマントの属性の詳細は以下のとおりである。

インフォーマントの属性に関してはちょうど義務教育の年数が順次引き上げられた時代にあたっているので学歴には大きなばらつきがある。1909年、1923年(=SV)、1924年、1925年生まれのインフォーマントは室町言葉(69頁、および第3章注2参照)が話される地域で言語形成期を過ごしている。おおむね旧市街地で生育しているが、1913年生まれのインフォーマントは大正7年に上京区(当時)に編入された近郊農村出身である。

表 4-1　面接調査インフォーマント(最高年層・高年層・若年層女性)

生年西暦 (元号)*1	調査時 年齢	言語 形成地	現居 住地	外住歴*2	職業*3	最終学歴
1909(M42)	92歳	下京区	上京区	無	無職(主婦)	女学校4年
1910(M43)	90歳	中京区	北区	無	無職(主婦)	女学校中退
1913(T2)	87歳	北区	北区	無	無職(主婦)	義務教育
1920(T9)	80歳	北区	北区	無	無職(主婦)	小学校卒業 (＋お針の学校)
1923(T12)	78歳	北区	北区	無	専門・管理(茶道・華道教授)	高等女学校卒業
1923(T12)	78歳	中京区	中京区	無	無職(主婦)	高等女学校卒業
1924(T13)	73歳*4	中京区	北区	無	無職(主婦)	高校卒業程度
1925(T14)	76歳	中京区	東山区	無	無職(主婦)	女学校3年
1929(S4)	72歳	上京区	北区	無	技術(調理)	女学校5年
1932(S7)	65歳*4	北区	北区	無	無職(主婦)	高校卒業程度
1979(S54)	22歳	北区	北区	無	販売・サービス	高校卒業

*1　元号はそれぞれM＝明治、T＝大正、S＝昭和である。
*2　ただし現在の京都市市街部以外1年以上の外住歴。
*3　国勢調査の職業分類による。
*4　他のインフォーマントと異なり1997年に調査を行ったのでその時の年齢である。

2.1.2　調査項目

　調査項目に関しては第2章1.2に示したとおりである。ここでは調査項目の提示は省略するが、結果を提示する際に必要に応じて調査文を示す。

2.2　面接調査結果―高年層(最高年層・若年層含む)女性―

　以下、2.1による面接調査の結果を示すが、高年層話者の調査結果に加えて、最高年層2名および若年層1名の結果もあわせて示す。

2.2.1　話し相手待遇表現

　話し相手待遇で上・下、親・疎、身内・他人を軸とした使い分けがあるかどうか調べた項目の結果は表4-2のとおりである。「家族・目上」としては父親等を想定してもらった。

　結果から以下のことが指摘できる。

表4-2 「どこに行くのか」と尋ねる場合の「行く」の部分

インフォーマント生年*1	最高年層		高年層							若年層
	1909	1910	1920	1923	1923	1924	1925	1929	1932	1979
話し相手	M42	M43 =SQ	T9	T12	T12 =SV	T13	T14	S4	S7	S54
非常に目上	◆*2	◆/★	★★	◆/★	★	◆#	★	★	n	★
疎・目上	#	■	■	◎/★	▲◎	n	★	#	n	◎
親・目上	◆*2	◆/★	★■	◎/★	▲◎	□	◎	■◎	n	◎
目上の親戚	−	◎◆	n	○	−	n	▲	−	n	−
親しい友人の主人	#	◎	◎	◎	▲	−	◇	■◎	n	n
親しい友人	−	−	−	−(○)	−	φ−	−	○	φ	−
近所の子ども	−	−	−	−	−	−	−	−	−	−
家族・目上	◆*2	○	−	(○)◎	−	(○)*3	−	#	○	n
配偶者	◆*2	◇	◇	◇	−	(○)*3	#	n	○	n
家族・目下	−	−	−	−	−	−	−	−	n	n

[凡例]　★：尊敬語(レル・ラレル以外)＋丁寧語　　オイキニナルンデスカ・イラッシャイマス(カ)・オイデニナリマスカ・オデカケニナリマスカ

　　　　▲：レル・ラレル＋丁寧語　　　　　　　　ユカレルンデスカ・イカレマス(カ)

　　　　◆：オ〜ヤス(＋丁寧語)　　　　　　　　オイキヤスンドス・オイキヤンノドス*2・オコシヤス

　　　　◎：ハル＋丁寧語　　　　　　　　　　　イカハリマスノ・イカハリマスネ・イカハリマスカ・イカハルンデス(カ)・イカハンノデスカ

　　　　■：尊敬接辞＋動詞連用形＋丁寧語　　　オデカケデスカ・オイキドスカ・オイキデスカ

　　　　○：ハル　　　　　　　　　　　　　　　イカハルノ・イカハンノ・イカハル

　　　　□：尊敬接辞＋動詞連用形　　　　　　　オデカケ

　　　　◇：丁寧語のみ　　　　　　　　　　　　イキマスカ

　　　　−：普通体(尊敬語も丁寧語を使用しない)　イクノ・イクノエ・イクンエ・イクノヤ・イクネ・イクン・イクエ・イクノン

　　　　#：声をかけない(おじぎのみ、ゴブサタシテマス・オミヤゲコーテキテ・ツレテッテ含む)

　　　　φ：「どこへ」の部分のみ　　　　　　　ドチラエ(ドコイキ含む)

　　　　n：無回答(該当者無し他)

　　　　／：複数回答で京都出身者を話し相手として想定した場合と関東出身者を話し相手とで回答が別れた場合、「／」の左項に京都出身者を、右項に東京出身者を話し相手として想定した場合の回答を記した。

*1　上段に西暦で、中段に元号(M＝明治、T＝大正、S＝昭和)で記した。下段に談話収録に参加した話者について話者記号を記した。

*2　オイキヤンノドスと回答された。オイキヤスノドスのヤの次の「ス」が訛って撥音になった形か。

*3　ハルをつけたりつけなかったりする。おだてる時つける。

Ⅰ．高年層
(a) 目下の人物には身内の場合も他人の場合も敬語(尊敬語および丁寧語)を用いないという回答である。
(b) 親しい友人にはほとんど普通体・普通形式を用いるという回答である。
(c) ハルを用いるという回答は「親・目上」「親しい友人の主人」で多い。その場合、丁寧語を伴っている。「疎・目上」「親・目上」で普通はレル敬語を用いるが、おばあちゃんが相手の場合優しく言いたいのでハルを用いるという回答もあった。
(d) 丁寧語のつかないハルを使う相手は「親しい友人」「家族の目上」「配偶者」だが、その場合でもハルと普通体、普通形式との複数回答であったり、「ハルをつけたりつけなかったりする。おだてる時つける」というコメントがついたりしている。
(e) 「非常に目上」「疎・目上」では共通語の尊敬語形式(もっともこれらはほぼすべて上方由来の在来の形式であり、共通語の尊敬語形式と同じだというにすぎない)に丁寧語が付加された形式の回答が多いが、方言形オ〜ヤス(＋丁寧語)の回答も1924年以前生まれのインフォーマントに見られる。「非常に目上」でハルを使用するという回答はない。
(f) レル敬語は京都市方言話者が話し相手の場合でも使うという回答だった。

以上を解釈すると以下のことが言える。
（1） 中年層話者の場合と同じく話し相手待遇においてハルは敬意があまり高くない尊敬語と言える。ハルを使用するという回答は全体的に中年層話者より低く、丁寧融合型尊敬形式オ〜ヤスは高年層話者の中でも高い年代でよく使用されている。
（2） 丁寧語は上位場面で使用されていることから、聞き手に対して丁寧に述べる標識として使用されていると考えられる。
（3） 方言敬語形式を上位場面でも使用している個人もあり、明確に方言敬語形式が下位場面に追いやられているという状況ではない。

Ⅱ．最高年層
　両話者ともにオ〜ヤスをかなりの場面で使用すると回答している。特に最高齢の1909年生まれのインフォーマントは「お行きやんのどす」を「家

族・目上」「配偶者」にも使用すると回答している。また、「非常に目上」「親・目上」にも同じ形式を使用すると回答している。結局このインフォーマントの話し相手待遇で使用する有標の敬語形式は「オ～ヤス」一形式ということになる。もっとも話し相手待遇といっても「質問」というFTAs[2] (Brown, P. and Levinson, S. C. 1987)にもなりかねない発話行為に限ってというべきであろう。1910年生まれの話者は父親にはハルを用い、目上の親戚や親しい友人の主人には「ハル＋丁寧語」を用いるとしている。

　オ～ヤスとハルを比較すると前者の方が待遇価値が高く、ハルは身内に使い易い形式といえるだろう。

　最高年層と高年層とでは使用形式および運用面で明らかな異なりがある。

Ⅱ．若年層

　若年層のインフォーマントの回答をみると、目下の相手、同等の相手、目下目上にかかわらず家族には普通体・普通形式が用いられる、ハルは丁寧語を伴って「疎・目上」「親・目上」「目上の親戚」に用いられる、レル・ラレル以外の尊敬語に丁寧語がつく形は「非常に目上」の相手に用いられるという三点が指摘できる。

　この回答からハルは高年層と同じく話し相手待遇で尊敬語として使われていること、家族に直接敬語は使われていないことがうかがえる。

2.2.2　第三者待遇表現

2.2.2.1　家族を相手にした場合の使い分け

　家族(基本的に尊敬語も丁寧語も話し相手待遇では使用しない配偶者、ないし弟妹を想定してもらった)を話し相手とした場合の第三者待遇における対象(話題の主語)による敬語の使い分けを尋ねた。話題の主語として想定してもらった人物は「非常に目上の人」「目上の人」「友人」「目下の知人」「近所の子ども」である。結果は表4-3のとおりであった。

　中年層話者の結果と同じく最高年層、高年層、若年層の全年層で高年層の一名を除いてすべての対象にハルを使用するという回答だった。

　なお、最高齢のインフォーマントで、オイキヤシタンドスも使用すると回答され、高年層インフォーマントの1名が近所の子どもにはイッタを用いると回答している。

表 4–3　家族に「A はどこに行ったのか」と尋ねる場合の「行った」の部分

インフォーマント　生年* 　　　　話題の人物	1909 M42	1910 M43 =SQ	1913 T2	1920 T9	1923 T12	1923 T12 =SV	1924 T13	1925 T14	1929 S4	1932 S7	1979 S54
A＝非常に目上の人	○(◆)	○	◎	○	○	○	○	○	○	○	○
A＝目上の知人	○	○	◎	○	○	○	○	○	○	○	○
A＝友人	○	○	◎	○	○	○	○	○	○	○	○
A＝目下の知人	○	○	◎	○	○	○	○	○	○	○	○
A＝近所の子ども	○	－○	○	○	○	○	○	－	○	○	○

［凡例］　◆：オイキヤシタンドス　　◎：イカハッタンデスカ　　○：イカハッタ
　　　　－：イッタ

＊　上段に西暦で、中段に元号（M＝明治、T＝大正、S＝昭和）で記した。下段に談話収録に参加した話者について話者記号を記した。

　くだけた場面でも第三者待遇になると、東京をはじめ東日本のように普通体・普通形式を用いるのではなく、ハルを使用する、とすべての年代のインフォーマントで意識されていることが確認できた。素材待遇語がハル一形式という姿をとってではあるが、「第三者待遇に偏る素材待遇語の使用」という敬語運用上の特質が共時態のすべての女性話者に浸透していることがうかがえる。

　また、この結果を見る限り、第三者待遇においては、ハルは「敬意の軽い尊敬語」の機能をもつだけ解釈することはできない。尊敬語の機能が「主語を高める」（菊地 1994）ことにあるとして、下位の関係にある人物にもハルを使用すると回答されているからである。

2.2.2.2　〈自分の赤ちゃん〉〈太陽〉を話題にした場合

　表 4–4 に「自分の赤ちゃん」と「太陽」を話題とした場合のハルの使用意識を尋ねた結果を示す。

　「自分の赤ちゃん」についてみると、インフォーマント全員が「使用しない」という回答であった。高年層、最高年層ともに中年層以上に自分の赤ちゃんにはプラスの評価という文脈でハルは使用しない、という結果から、「わきまえ」の意識が強いこと、ひいてはハルを尊敬語として意識しているとの予測ができる。

　「太陽」の調査項目では回答が分かれた。中年層話者の場合と異なり目上だから使うという意識はあまりないようである。逆に 1923 年生まれのイン

表 4-4 「(自分の赤ちゃん)~が笑った」と尋ねる場合の「笑った」の部分
「やっとお日さんが出てきたなあ」の「出てきた」の部分

話題	話し相手	1909 M42	1910 M43 =SQ	1923 T12	1923 T12 =SV	1924 T13	1925 T14	1929 S4	1932 S7	1979 S54
話題：自分の赤ちゃん	目上の知人	×	×	×	×	×	×	n	×	×
	親しい友人	×	×	×	×	×	×	n	×	×
	近所の子ども	×	×	×	×	×	×	n	×	×
	家族	×	×	×	×	×	×	n	×	×
話題：お日さん	目上の知人（京都）	×	○	×*2	×	×(○)	×	○	×	×
	目上の知人（東京）	×	○	×*2	×	×	×	○	×	×
	親しい友人	×	○	×*2	○	×	×	○	×	×
	近所の子ども	×	○	×*2	○	×	×	○	×	×

［凡例］ ○：ハルを使用する ×：ハルを使用しない n：無回答
*1 上段に西暦で、中段に元号（M＝明治、T＝大正、S＝昭和）で記した。下段に談話収録に参加した話者について話者記号を記した。
*2 「きれいなお月さんがでてはるよ」なら可。

フォーマントは「大人には使わないが教育的配慮から子どもが相手の時使う」と回答している。「太陽」のような対象に敬語を用いる場合、太陽への崇敬の念からストレートに用いるというより、自然の恵みを強く実感するとか、子どもに対して親愛用法として用いる、あるいは月の美しさを愛でるとかいう文脈で使う、といった派生的拡張用法として使用されるというのが実態のようである。

2.2.2.3 動物や非情物を話題にした場合
〈思わぬ遭遇—猿—〉
　家で知人と雑談をしているとき、ガラス戸の外を猿が通りかかったのを見て、「あっ。猿が通らはった」と言うことがあるか、という質問に対して高年層、若年層とも全員が言わないと回答した。
　高年層インフォーマントに動物には使わないが他人には「敬語ではなく驚いて使う可能性はある」、「（犬が着せてもらっている着衣を見て）『いやあポケットまでつけてはる』と驚きの意味で使う人があるかもしれない」という内省があった。

〈非情物―自然現象・電車など―〉

自然現象、食物、植物、乗り物、および所有物(作品、普通の所有物)を話題にした場合のハルの使用状況を調べた。具体的に話題の主語として尋ねた項目は「豆」「雨」「雷」「ひまわり」「電車」、それに「先生の絵」「先生の車」「花子ちゃん(目下)の絵」「花子ちゃんの自転車」である。結果を表4-5に示す。

「所有物」を別にすれば、「豆」「雷」で高年層インフォーマントのうち2名使用するという回答があった他はほぼ使用しないという回答だった。「豆」に「聞いたことがある」という回答があるということはもっと上の世代が使用していたということだろうか。「電車」にいたっては全員が使用しないと回答した。その際、3名に「御神輿」だったら使用するという内省があったことが注目される。この場合は神聖なものに対する尊敬語としての使用にとどまっていると解釈できる。

「所有物」に関しては「作品」で全員、「普通の所有物」で2名を除く全員が使用すると回答している。所有傾斜の上で、「作品」「普通の所有物」という、標準語では自然さが非常に低いとされる序列にある対象にも、広くハルが適用される、という点で中年層の結果とほぼ同じ結果となった。「使用

表4-5　非情物を話題とした場合のハルの使用状況

インフォーマント生年[*1] 提示文	1909 M42	1910 M43 =SQ	1913 T2	1920 T9	1923 T12	1923 T12 =SV	1924 T13	1925 T14	1929 S4	1932 S7	1979 S54
豆がふっくら煮えた(炊けた)	×	×	△	×	○	△	×	△	○	×	×
雨がやんだ(あがった)	×	×	×	×	×	×	×	×	○	×	×
雷が鳴っている	×	×	×	×	×	×	×	○	○	×	×
ひまわりが咲いた	×	×	×	×	×	×	×	×	○	×	×
電車が来た	×	×[*3]	×	×[*2]	×	×[*3]	×	×[*3]	×[*3]	×	?
先生の絵が入選した	○	○	○	○	○	○	○	○	○	○	○
先生の車が電柱に当たった	×	○	○	○	○	×	○	○	○	○	○
花子ちゃん(目下)の絵が入選した	○	○	○	○	○	○	○	○	○	○	○
花子ちゃんの自転車が車に当たった	○	○	○	○	○	×	○	○	○	○	○

[凡例]　○：ハルを使用する　△：聞いたことがある　×：ハルを使用しない
　　　　？：わからない。言うかもしれない

[*1] 上段に西暦で、中段に元号(M=明治、T=大正、S=昭和)で記した。下段に談話収録に参加した話者について話者記号を記した。
[*2] ただし、母親が「御神輿さん来はった」と言っていた、と内省。
[*3] ただし、「御神輿さん来はった」「御神輿さんが通らはる」なら可、と内省。

しない」という回答のあった2名の所有者敬語使用の判断は、持ち主の属性の上下によるというより、所有傾斜の序列上の位置による（具体的には「普通の所有物」は許容度が低く、「作品」は許容できる）ものとみられる。

2.2.2.4 未知の面識のない人物を話題にした場合

全く面識のない人物を話題の主語とした場合どのように言うか尋ねた項目の回答を表4-6に示す。

上に示したとおりこの設問に対して中年層の結果と同じく回答者全員がハルを使用するという回答だった。現代日本標準語に一般的な未知の間柄的関係がない相手には脱待遇の扱いをする、という待遇表現使用意識（大石1979）とは異なった意識がすべての年層の女性に定着していることになる。

表4-6 面識のない人物を話題にした場合のハルの使用状況

提示文 \ インフォーマント生年	1910 M43 =SQ	1923 T12 =SQ	1923 T12 =SV	1924 T13	1925 T14	1929 S4	1932 S7	1979 S54
「隣に引っ越して来る人の名は知らない」の「引っ越して来る人」	○	○	○	○	○	○	○	○

［凡例］ ○：ハルを使用する

2.3 本節のまとめ

本節では中年層以外の話者を対象に行った調査票による面接調査の結果を駆け足ではあるが考察した。その結果明らかになった話者の敬語使用意識について中年層話者と比較しつつ要約すると以下のとおりである。

① 話し相手待遇で用いられるハルは、高年層においては、中年層より適用範囲が狭まるものの、敬意の軽い尊敬語の用法として解釈できる。高年層、若年層とも、家族にはほぼ普通体、普通形式で待遇するという回答であったが、高年層インフォーマントでは家族の目上や配偶者にハルを使用するかどうかに関して話者間で、また話者の内省にゆれが認められた。最高齢のインフォーマントはオ〜ヤスを配偶者にも（1名は家族の目上にも）使用するという回答であった。また、年齢が高くなるほど、家族間でも敬語を使用する傾向にあると思われる。

② 話し相手待遇で、方言敬語以外の尊敬語共通語形は上位場面で使用される。その一方で、高年層では、丁寧融合型尊敬形式オ〜ヤスを上位場面

中心に中年層より多く使用するという回答となっており、そのことがハルの適用範囲を狭める原因となっている可能性がある。オ〜ヤスの使用年齢は高年層から昭和一桁生まれぐらいの年層までにわたっていると思われる。
③ 高年層、若年層とも第三者待遇で家族(話し相手待遇で尊敬語を使用しない同等か目下の人物)が相手の際も一律にハルを使用する(丁寧語不使用)という回答で、この点では中年層と同じ結果となった。①と③を考え合わせると「第三者待遇に偏る素材待遇語の使用」は高年層でも浸透していると思われる。
④ 第三者待遇《カジュアル場面》で高年層、若年層とも「面識のない人物」や、非情物である「作品」「所有物」を主語としてほぼハルを使用すると回答している点も中年層の調査結果と同じである。
⑤ ③、④より全体として第三者待遇では、現代日本標準語の尊敬語よりハルの適用範囲が広いと思われる。
⑥ 1909 年、1910 年の明治末年生まれの最高年層のインフォーマントの回答は、話し相手待遇で「家族・目上」(「配偶者」)に待遇価の高い形式を使用すると回答している点で、他のインフォーマントと身内への敬語運用の仕方が異なる。この年代と大正生まれの年代との間に敬語運用上の断層がある可能性がある。

以上確認した上で、くだけた場面《カジュアル場面》で、高年層において、どのような敬語運用の枠組みがあり、社会的関係や人間関係、また属性の上で、ハルの適用範囲はどこまで広がっているか、ハルの派生的用法が行われているか、ハルの意味・機能はどのようなものか、さらに明らかにするために次節で自然談話資料の分析を行う。

3. 自然談話資料による調査—高年層女性—

本節では、前節末に示したように《カジュアル場面》に焦点をあて、ハルをはじめとする方言敬語の全体的な枠組みを把握するために自然談話資料を用いて高年層女性話者の分析を行う。自然談話資料はカジュアルな談話が得られるよう話者の組み合わせを設定した。そのようにして得られた資料から

場面ごと話者ごとの具体的対象への敬語の使い分けを網羅的に調べ、その話者の敬語運用の基軸を見いだし、さらにその基軸を参照しつつ具体的なハルや他の待遇表現の適用例を解釈する。それにより、帰納的に高年層話者の敬語運用のすべてを組み込んだ枠組みの全体像を解明していく。

3.1 高年層女性話者談話の調査概要
3.1.1 話者情報

分析対象とする談話に参加した高年層女性話者の属性を表4-7に示す。続いてその談話に参加した、高年層女性話者以外の話者の属性を表4-8に示す。

表4-7の話者のうちSCは京都御所の近隣、SV、ST、SSは室町言葉が話される地域出身(SVは出身・在住)の話者である。高年層話者に関しては面接調査を行った際、敬語運用に京都市中心部か近郊農村部か、などの地域差が大きく反映されることがわかったので、まずは古くからの市街地で伝統的な京言葉が話される地域の話者の談話を収録するという方針をとった。

表4-7 高年層女性話者《カジュアル場面》

話者	生年*	居住歴	職業	参加した談話	続柄、関係
SC	1919(T8)	上京区	主婦	Ⅰb、Ⅰc	A、Bの母
SV	1923(T12)	中京区→北区(1-5歳)→中京区	主婦	Ⅹ	SVMの妻
ST	1915(T4)	中京区→草津市(60歳より)	主婦	ⅩⅠ	SQの妹
SS	1921(T10)	下京区→北区	主婦(元銀行員)	ⅩⅡ	SQの友人

* 西暦で記した。(　)内は元号でT＝大正

表4-8 高年層女性話者以外の談話参加話者《カジュアル場面》

話者	生年	居住歴*1	職業*2	参加した談話	続柄、関係
A	1944	<u>上京区→左京区</u>→右京区	主婦(家庭教師)	Ⅰb、Ⅰc	SCの娘、Bの姉
B	1946	<u>上京区→中京区</u>	主婦(家庭教師)	Ⅰc	SCの娘、Aの妹
SVM	1922	<u>下京区→中京区</u>	無職	Ⅹ	SVの夫
SQ	1910	<u>中京区</u>→北区	主婦	ⅩⅠ、ⅩⅡ	STの姉、SSの友人
Q	1953	<u>北区</u>	小学校教員	ⅩⅠ	SQの息子の妻

*1 言語形成期を過ごした場所には下線を付した。
*2 談話収録時の職業を記した。

3.1.2 談話情報

分析対象とする談話の内容は表4-9のとおりである。

収録した談話は親子間(対娘)、夫婦間、姉妹間という身内間の一番基本的でくだけた会話が行われると予想できる場面、および、くだけた会話が行われると予想できる約60年のつきあいのある友人間の談話である。実際話し相手待遇で基本的には普通体ベースの会話が展開された。その中で夫婦間の談話Xにおいて話者SVは意識調査では夫に普通体、普通形式を用いると回答しているが、実際の発話を見ると、話し相手待遇で丁寧語デス・マスをわずかながら使用し、ハルと普通形式の使用頻度が同程度となっていた。その用法の説明と解釈は改めて行う。

自然談話資料を用いた調査の方法は第2章2.に示した通りなのでここでは省略する。

表4-9 談話情報《カジュアル場面》

談話記号	参与話者[*1]	話者間の関係[*2]	収録時間	談話の展開	収録年月	収録場所[*3]
Ib	A(54)–SC(78)	娘と母親	23分	同量の発話	1999/3	上京区
Ic	A(54)–B(51)–SC(78)	姉妹とその母親	37分	同量の発話	1999/3	上京区
X	SV(78)–SVM(79)	夫婦	30分	同量の発話	2001/4	中京区
XI	SQ(90)–ST(85)	姉妹	23分	同量の発話	2001/4	北区
XII	SQ(89)–SS(85)〔–Q(45)〕	友人〔とSQの息子の妻〕	90分	同量の発話	2000/8	北区

[*1] ( )内は談話収録時年齢。
[*2] この列下の下線部は当該談話における分析対象話者の立場。
[*3] 談話収録はすべて談話参与者の自宅で行われた。

3.2 高年層女性話者の敬語使用実態

3.2.1 文法的特徴

3.2.1.1 活用および承接関係

活用および承接関係に関しては中年層とほぼ同じ結果が出たが、ハルの未然形に否定辞「ん」が続くケースがあったことが異なっている点である。

[4–1]

　　XⅡ1187SS ：そやろ{↑}。　うちの　おじーさんわ　丁寧なん。(SQ:

→ うん）朝 はよー《早く》 起きてー、それまでに ま
　　た、お勤めも しはらんならんやん。 そやろ{↑}。
　　そやさかい あさね{ ̄}、朝寝坊してたら 怒られんな
　　らん。……　　　　　　　　　　　　SS → SQ【父】

3.2.1.2 ハルの生起する言語内的環境

　資料の限りではハルの生起する言語内的環境はおおむね中年層と同じだった。中年層話者と比較して異なりがみられたのは、上述したように高年層話者の中でも高い年齢の話者で、方言形の当為表現「～んならん」の「～」の箇所にハルを用いている場合があったことである。以下に簡略に概況を示す。

Ⅰ．ハルが出現しなかった環境は次の通りである。
ⅰ．以下に示す従属句内
　1) 南(1974, 1993)の従属句の分類において A 類の従属句内（状態副詞的用法）。
　2) B 類「たら」「と」「ても」の抽象的、一般的な人物を想定した仮定条件節内及び帰結部（例文略）。
ⅱ．非限定的、一般的な内容の連体修飾句内、すなわち南(1993: 143–147)で描叙段階以前の基礎段階にあるとされているような内容の句内（例文略）

Ⅱ．文末以外の従属句などでハルが生起した言語内的環境は以下のとおりである。
ⅰ．中年層話者の場合と同じく南(1974, 1993)の C 類従属句内と B 類「～て$_2$(継起・並列)」「たら」「～て$_3$(原因・理由)」「のに」の内部。高年層では、譲歩をつくる接続助詞「たって」で終わる句の内部にも現れ、「～へんだら《～なかったら》」(動詞＋否定形＋接続助詞「たら」の連鎖)、例示の並列を表す「たり」の前でも出現した。「たって」「たら」「のに」「へんだら」「たり」で終わる従属句についてのみ発話例を以下に記す。「～へんだら」は中年層であれば「～へんかったら」となるところである。

[4–2]
→X241SV：よーす 聞かはったって、あたし 痛みもこんなんで、
　　　　　う、自分のー、痛み 感じられへんから わからへん、説明す
→　　　　んのに。 おとーさんも 行かはったら、そら 先生のとこ
→　　　　行かはったらいーけど・　　　　　　　　SV→夫 SVM

[4–3]
→XⅡ1628SS：つい、おじーさんわ、どない 悪いことて、何にも して
　　　　　はらへんのに・ なー{↑↓}。 もー、しょーて ゆう
　　　　　気ーもなれへんのや。 兄が あかんのや。 兄が、な
　　　　　{￣}…　　　　　　　　　　　　　　　SS→SQ【父】

[4–4]
→X239SV：うん。 おとーさん、行かはらへんだら《なかったら》、しょー
　　　　　がないんちがいますか{↑}。 　　　　　SV→夫 SVM

[4–5]
　XⅠ190ST：んなもん、ゆーてくれはらへん。な もん もー これ
→　　　　わ、＊＊＊＊レントゲン 写さはったり 写真 こーなー
　　　　　{↑↓}、(SQ：うん)あのー、＊並べて・
　　　　　　　　　　　　　　　　　　　　　　　ST→SQ【医師】

　B類従属句相当の方言形「〜んと〔≒〜ないで〕」のつくる従属句内について資料を見ると、高年層でも中年層と同じく、文末でハルが使用されていても、[4–6]のようにほとんどの場合ハルが使用されていなかった。しかし、高年層のうち最高齢の話者SQ(1910年生まれ)と話者SS(1921年生まれ)は使用している([4–7])。[4–7]では自分の身内である父親を話題の主語とする当為表現「〜んならん」の内部でハルが現れたケースである。「しはらんと……」とか「しはらんならん」のような言い方については前章3.3.1で述べたように文法性判断をしてもらうとそのような言い方ができるか迷う中年層話者もおり、年齢が下がるにつれて許容度が下がる傾向にある可能性がある。

[4-6]
→ X124SV ：そやから、もー、陸上の人〔娘が出た高校の陸上部員；不特定〕あそこ　走らんと　嵯峨の方　行ってはんのやろな{↑}。　　　　SV→SVM【娘が出た高校の陸上部員；不特定】

[4-7]（=4-1再掲）
→ XⅡ1187SS ：そやろ{↑}。　うちの　おじーさんわ　丁寧なん。(SQ：うん)　朝　はよー《早く》起きてー、それまでに　また、お勤めも　しはらんならんやん。　そやろ{↑}。そやさかい　あさね{ ̄}、朝寝坊してたら　怒られんならん。……　　　　　　　　　　　　　　SS→SQ【父】

ⅱ．連体修飾句内(例文略)

ⅲ．形式名詞「の(ん)」(体言化)、「わけ」(強調)、「よう」(様態)、「とき」の前など。「わけ」、「よう」、「とき」の前に出現した例を記す。

[4-8]
→ XⅡ0080SS ：もー、そーゆーなとこ　行かはんのや。　施設とか、え入れはるわけや。家でな{ ̄}、年寄り　面倒みるち、そんなん　なくなったわ{_}。
　　　　　　　　　　　　　SS→SQ【高齢の老人のいる家族】

[4-9]
→ XⅡ1187SS ：……　そやさかい　あさね{ ̄}、朝寝坊してたら　怒られんならん。(SQ：ふんふん)お布団、まくって、バーッと、な{ ̄}。{笑い}ま、だんだん　年　いってからそんなんしはらんよーになったけどな{ ̄}・(SQ：ふんふん)朝はよー　起きんな、怒られんならん。
　　　　　　　　　　　　　　　　　　SS→SQ【父】

[4-10]
→ XⅡ1080SS ：いつでも　喜んで　喜んで　なー{↕}・で　また　先生が　生きてはる時わ　喜んではったなー{↕}。
　　　　　　　　　　　　　　　　　SS→SQ【SQの夫】

iv．語彙その他も中年層話者の場合と同様である。（例文略）
　「～てくれる」「～がる」につく例のみ発話例を示す。

［4–11］
　Ｘ301SV：一時。　それまで、ねー｛↑↓｝。　あの　そーゆーて　電話し
→　　　　　　たら、診てくれはるかもしれへんよ｛↑｝、痛くなった　ゆー
　　　　　　　たら。　　　　　　　SV→SVM【通院している病院の先生】

［4–12］
　Ｉb237SC：……で、もー　か、あんな人でも、あのー、＊＊＊＊〔人
→　　　　　　名〕も　ゆーてへんのや｛⁻｝。　ふん。　ゆーたら、行き
　　　　　　　たがらはんのやけど　行けへんに　決まってんのやもん。ふ
　　　　　　　ん。　　　　　　　　　　　　　　SC→A【SCの友人】

　なお、上に挙げた構文的位置とは異なる次元の問題であるが、「Aさんは年いかはって《一定の年齢に達して》」のようにいわゆる二重主語構文で直接的な主語が人の属性となっているような場合もハルが用いられる。

［4–13］
→ⅩⅡ1433SS　：ほんで、それを　一生懸命、年　いかはって、（SQ：う
　　　　　　　ん）そこの　お寺に　ならはったやろ｛↑｝。　えらいさ
　　　　　　　んに　ならはったけども、まだ、自分でも、ほんま　一
　　　　　　　生懸命　その、ぼんさんお、育てはったんや、（SQ：
　　　　　　　ふーん）お金、出して・　　　SS→SQ【僧侶の年齢】

　高年層話者の集計にあたっては上の調査結果をふまえてⅡ．の言語内的環境にある動詞述語のみを集計した。したがって中年層話者の調査では集計対象としなかった「～んとならん」の「～」部に現れた動詞述語も集計対象に含めた。

3.2.2　集計結果と考察—高年層女性—
　3.2.1で検討した結果をふまえてハルが生起する言語内的環境にあると考えられるすべての動詞述語について、第2章2.2に示した方法により、「話

し相手待遇」と「第三者待遇」という待遇別に分けて、高年層について集計した結果は表4-10のとおりである。

対象欄に関しては「マトモの相手」で「親・上」の相手と「ワキの相手」を欠いているが次の点が確認できる。

(a) 使用待遇表現形式はほぼハルと普通形式となっている。他にわずかではあるが尊敬語や丁寧語が混ざっている状況である。尊敬語の1例は「おっしゃる〔言う〕」であった。

(b) 話し相手待遇「マトモの相手」に関していえば話者SVは配偶者(夫)を「上位」ととらえており、ハルと普通形式の使用度数が拮抗している。また丁寧語を使用することがある。その他の話者は話し相手が身内・他人、同位・下位であるにかかわらず基本的に普通形式を用いている。

(c) 第三者待遇では「特定」の範疇で身内以外の人が対象の場合、親疎、上下にかかわらずハルが使用されている。ハルの使用数は「親・下」を除いて大体の場合、普通形式を上回っている。

(d) 身内が話し相手の場合、第三者待遇で「身内・上」の人物を話題の主語としてハルが多く使用され、普通形式の使用数を上回る。他人が話し相手でも第三者待遇で「身内・上」や「身内・同」の人物を話題の主語とした場合、かなりハルが使用される。第三者待遇で「身内・下」の人物を話題の主語とした場合は話者STを除いてほぼ普通形式を用いている。

(e) 「不特定」の全範疇で、ハルは高い頻度で用いられている。

以上のうち(b)(d)を除く(a)(c)(e)は中年層話者とほぼ似た結果である。簡単に解釈をまとめると以下のことが言える。

(1) 使用待遇表現形式は中年層とほぼ同じようにハルと普通形式の二項対立となっているが、丁寧語や尊敬語がまれに使用されている点が異なる。

(2) 身内で上位の人物を話し相手にしたり、他人を話し相手として第三者待遇で身内で上位の人物を話題にした場合の運用が中年層話者と若干異なり、身内尊敬用法、ないし絶対敬語的運用がある程度行われている可能性がある。

(3) 話し相手待遇で他人が同位とはいえ年長の相手であっても普通形式

表 4-10　待遇別、談話別高年層女性話者の敬語の使い分け

談話番号と参与者構成*1	話者	形態*2	不特定 一般論	範疇一般	団体・機関	範疇個人	全面否定	極めて疎	上	同	下	動物	上	同	下	動物	身内・上	身内・同	身内・下	小計	同	下	身内・上	身内・同	身内・下	小計	総計
Ⅰb 娘と母	SC	尊敬語											1							1							1
		ハル				1	2						15						1	19							19
		φ		1			1												29	31							31
		計		1		1	3						16						30	51							51
Ⅰc 姉妹と母	SC	ハル	1		1	3	1	1	7		2		4	2					3	25							25
		φ		2		1			1	2				1	3				12	22					11	11	33
		計	1	2	1	4	1	2	9		2		5	5					15	47					11	11	58
ⅩⅢ 夫婦	SV	ハル+丁寧語							1		1								2			2			2	4
		ハル		2	2	8		5		4			1	9					31			11			11	42
		φ		1	1					1			2						5	10			12			12	22
		計		3	3	8		6		6			3	9				5	43			25			25	68
ⅩⅠ 姉妹	ST	ハル		6		1		1	16	1	1		18			5	1	11	61							61
		φ	1	2			1				3		5			3		8	23			2			2	25
		ヨル									2							2							2
		計	1	8		1		2	16	1	6		23			8	1	19	86			2			2	88
ⅩⅡ 友人同士	SS	ハル		2	5	15	3		4	1	2		30	1	1		54	2	4	124	4					4	128
		φ			4	3							11	3	1	4	102	3	22	153	11	15				26	179
		ヨル・トル													2				2							2
		計		2	9	18	3		4	1	2		41	4	2	6	156	5	26	279	11	19				30	309

*1　集計した話者の立場を示す箇所に下線を付した。
*2　形態欄の凡例
　　　尊敬語：具体的には語彙的尊敬語（おっしゃる）
　　　φ：普通形式
表中の数字は使用数

が用いられているということから、中年層と同じく話し相手待遇では上下関係より親密感を出すことが優先される。親密感を表すにはハルではなく普通体、普通形式が選択される。ひるがえって言うとハルを用いると距離感が出てしまうと思われる。

（4）　中年層と同じく第三者待遇では上下親疎にかかわらずハルが使用され、「第三者待遇に偏る素材待遇語の使用」（宮治1987）が行われている。

（5）　中年層と同じく「一般論」に至るまで「不特定」の範疇でも高頻度

でハルが使用されている。
　以下では上にあげたポイントを中心として発話例を示しながら高年層話者の運用の実態をさらに詳しく考察する。

3.2.2.1　一律的なハルの適用

　実在する具体的な人物(他人)を話題にする場合、親疎、上下にかかわらずハルは使用される。次は法事を頼む僧侶(「疎・上」)を対象として使用された話者SCの発話例［4–14］と、友人の息子(「親・下」)を対象として使用された発話例［4–15］である。

［4–14］
→Ｉc221SC ：じゅーじ《十時》頃から、<u>おがまはんのやろ、</u>大体わ。
　　　　　　　　　　　　　　　　　　　　　　　母SC→娘A【僧侶】

［4–15］
→Ｉc080SC ：そや、＊＊＊＊〔苗字〕さんの　も、息子やでな｛¯｝。
　　　　　　あそこ、<u>離れてはんねんな</u>｛¯｝、息子が。……
　　　　　　　　　　　　　　　　　　　　母SC→娘A【友人の息子】

　ただし、子どもに対しては普通形式を用いるようである(発話例［4–16］)。

［4–16］
→Ｉc099SC ：そや。　そや。　そや。　そや。　よー《よく》<u>来た</u>。
→　　　　　　(A：はー)どっこでも　長袖の　コート　<u>着てー</u>・
　　　　　　　　　　　　　　　　　　　　母SC→娘A【友人の孫】

　また、「身内・下」にはほとんど普通形式を用いる。

3.2.2.2　第三者待遇に偏る素材待遇語の使用

　話し相手待遇では「身内・目下」の中でも最もくだけた場面となると考えられる娘を相手とした場面で娘を普通体・普通形式で待遇するのに対して、第三者待遇では身内を除くとハルの使用度数が圧倒的に普通形式を上回る結

果となっている。配偶者を話し相手とした談話Xで話者SVの使用するハルと普通形式の二形式の出現数はほぼ同数であるが、それでも第三者待遇ではハルの出現数が普通形式の三倍以上となっている。以上から高年層女性においても「第三者待遇に偏る素材待遇語の使用」(宮治1987)が行われていると言ってよいであろう。

3.2.2.3 身内を対象とする敬語運用

表4–10で示した身内への敬語の使い分けをさらに具体的に表4–11に示す。表4–11では身内と対照させるために話し相手待遇では普通体、普通形式を用いると考えられる親友についても示した。

普通体が多く使われるなか、甥、姉の嫁、兄嫁など少し離れた関係にある人物の他、近親者では夫にハルが多く使用されている。親友を話題にする場合ハルが基調になっているので、親しい関係であっても他人である親友と身内とでは扱いに差があるといえよう。

他人を話し相手にした唯一の談話である談話XIIを見ると、話者SSは身内の目上である父親を話題にする場合、普通形式を多く用いているが([4–17])、ハルもかなり使用しており、ハルと普通形式が入り混じっているような場合もある([4–18])。また、何らかの心的態度が反映されているよう

表4–11 高年層話者の身内と友人を対象とした敬語の使い分け
〈第三者待遇・カジュアル場面〉

談話番号	話者	話し相手	対象＼形態	ひ孫	孫の嫁	孫	娘	息子	息子(複数)	姉の息子の嫁	いとこの娘	甥1	甥2	いとこ	兄	兄嫁	夫	父	親友
Ib	SC	娘A	ハル	1		0													
			φ	21		8													
Ic	SC	娘A&B	ハル	0	1	2													
			φ	8	0	4													
X	SV	夫SVM	ハル					0											
			φ					5											
XI	ST	姉SQ	ハル					1	0	5		5	0			5			17
			φ					2	1	4		0	1			3			5
XII	SS	友人SQ	ハル							0	0	4	2	7	2			45	
			φ							6	4	12	3	34	2			64	

に見える場合もある（[4–19]）。

[4–17]
→ⅩⅡ1058SS ：あんとき　一生懸命なー {↑↓}、育ててくれたしなー {↑↓}、(SQ：うん) あたし。もー、かんしゃー してんねん、おじーさん。　なー {↑↓}。

　　　　　　　　　　　　　　　SS→SQ【父親】《友人同士》

[4–18]
　ⅩⅡ0312SQ ：自然と　ろーすい《老衰》で　逝かはったんやさかい・
　　0313SS ：そやそや。　お医者さん、ひとつも　(SQ：{笑い}) ひ
→　　　　　　とつも　お金　払わんと　死なはったわ {_}。
　　0314SQ ：そのくせ、お医者さん　よー、心付け　してはったよ {¯}。
→　0315SS ：うん、してはった。　あの、いつもの　お医者さんわ、えー、かかってたなー {↑↓}、　むかしからの人が　(SQ：なー {↑↓}) 死なはった。
　　0316SQ ：そない　たいびょー　しはって　なんや…
→　0317SS ：それで、ふじ、＊＊＊＊〔医者の苗字〕さんに　変わったんや。　(SQ：はー) そやけど、それから　びょーき
→　　　　　　ひとつも　しはらへんのや。

　　　　　　　　　　　　　　　SS→SQ【父親】《友人同士》

[4–19]
→ⅩⅡ1249SS ：うちの　おじーさん　なんでも　買うの　いやがらはるやろ {↑}。　　　　　　SS→SQ【父親】《友人同士》

　話者STは姉を話し相手にして夫を話題の主語とする場合は、ハルを基調とした運用を行っている。このことは [4–21] では同じ発話の同じような言語内的環境で、普通形式からハルに変更されていることからも裏付けられる。そもそも話者STは夫を目上としてとらえている。

[4–20]
→ⅩⅠ154ST ：前もなー {↑↓}、おとーさんが、あのー　電気椅子　乗って

→ 　　　　　はるときな{↑}、電気椅子　あの、車に　乗ってはったや
　　　　　　ろ{↑}。そんとき　ついて　歩いてたやろ{↑}。
　　　　　　　　　　　　　　　　　　　ST→SQ【夫】《姉妹》

[4-21]
→ XⅠ234ST：いや。それわ、うちの　おとーさんが、腸　切る時に　日参
→ 　　　　　してくれはったんや。　腸、切ってはっときにな{↑}…
　　　　　　　　　　　　　　　　　　　ST→SQ【夫】《姉妹》

　以上を中年層と対照させてまとめると以下のことが言える。
（1）　他人を話し相手にした会話で、「身内・上」の人物を話題の主語としてハルが使用されたり普通形式が使用されたりしており、ハルを使用したケースがすべて派生的用法というわけではないので、相対敬語的運用が行われているとは言えない。しかし、一方で普通形式もかなり使用されているので、絶対敬語的運用が貫徹しているとも言えない。中年層よりは中途半端な状況である。
（2）　身内同士の会話で、「身内・上」の人物を話題の主語としてハルが使用される状況は中年層と同じである。
（3）　血縁関係や姻族関係が遠くなるほどハルが使用される状況は中年層と同じである。
（4）　親しい関係であっても他人である親友と身内では扱いに差がある点も中年層と同じである、といえよう。
（5）　「身内・下」などで普通体、普通形式を基調とする中でもわずかではあるがハルを使用する例がみられる。それらのケースをみると前章で検討した派生の用法にふくめて良いと考えられる。その具体的な発話例の提示と解釈は3.2.3で行う。

　上で検討した第三者待遇における身内に対する敬語運用状況の実態調査を補うため敬語使用意識を尋ねる面接調査を中年層と同じ方法で行った結果を表4-12に示す。表4-12では最高年層の結果もあわせて示す。
　調査の結果を見ると中年層について調査した結果（図3-1：第3章3.3.3.2）と若干違っていることがわかる。
　まず、中年層では先生が話し相手の場合、身内の目上にハルを使用すると

表4-12 身内の人物および親友を話題にした場合の敬語運用―補足調査Ⅰ―

インフォーマント生年 (調査時年齢)	対象 話し相手	自分の子	自分の弟妹	甥、姪	自分の兄姉	配偶者	自分の母親	自分の父親	義理の弟妹	義理の兄姉	義理の母親	義理の父親	叔父、叔母	親友
1909(92歳)	家族	―	n	n	n	○	○	○	n	○	○	○	○	○
	親友	―	n	n	n	○	○	―	n	○	△	○	○	○
	先生	―	n	n	n	○	○	○	n	○	○	○	○	―
1910(90歳) =SQ	家族	―	n	―	○	○	○	○	n	○	○	○	○	○
	親友	―	n	―	○	○	○	○	n	○	○	○	○	○
	先生	―	n	―	○	○	○	○	n	○	○	○	○	―
1923(78歳)	家族	―	―	―	―	○	○	○	―	○	○	○	○	―
	親友	―	―	―	―	○	―	―	―	○	○	○	○	―
	先生	―	―	―	―	○	○	○	―	○	○	○	○	―
1923(78歳) =SV	家族	―	―	―	―	―	―	―	―	―	―	―	―	―
	親友	―	―	―	―	―	―	―	―	―	―	―	―	―
	先生	―	―	―	―	―	―	―	―	―	―	―	―	―
1925(76歳)	家族	―	○	―	n	―	○	―	n	―	○	―	○	―
	親友	―	○	―	n	―	○	―	n	―	○	―	○	―
	先生	―	○	―	n	―	○	―	n	―	○	―	○	―
1929(72歳)	家族	n	n	○	○	n	n	n	n	n	n	n	○	○
	親友	n	n	○	○	n	―	―	n	n	n	n	○	○
	先生	n	n	○	○	n	n	n	n	n	n	n	○	○

[凡例] ○:いつもハルを使用　△:時々使用　―:不使用　n:無回答(該当者無し)

いう回答は皆無だったのに対し、高年層では使用するという回答が認められる。

1910年生まれのインフォーマント(=SQ)は絶対敬語的運用を行っている。残りのインフォーマントのうち家族と親友で全く同じ運用を行うと回答したインフォーマントが1名、親友に対して母親を話題にするときハルを使用しないと回答したインフォーマントが1名、父親にも使用しないと回答したインフォーマント1名、配偶者にも使用しないと回答したインフォーマント1名であった。身内に対する敬語運用は最高年層である1910年生まれのインフォーマント(=SQ)のような運用を一つの極として相対敬語化の方向に変化しているが中年層の運用よりは絶対敬語的な運用を行っていることがうかがわれる。

その他前述した(2)(3)(4)の点では談話資料による分析結果同様中年層と似た結果となった。

3.2.2.4 「不特定」および「極めて疎」の範疇
　「第三者待遇に偏る素材待遇語の使用」が行われる要因の一つは未知の間柄的関係にない人物や、限定性の希薄な「不特定」の範疇に属する人を対象としてもハルが用いられていることにあると思われる。以下にその実例を挙げる。なお、普通体、普通形式も出現した場合にはハルの使用例とともに普通形式の使用例も列挙する。

一般論
[4–22]
　　Ⅰⅽ452SC　：{間}　う、うーん。　一日に　一回わ　酢を　食べ　てー、
→　　　　　　　　ゆわはんな　{￣}。
[4–23]
　　ⅩⅠ216ST　：……　あたし、ほれ、骨ぶとや　思ーてたん、自分が。
　　　　　　　　（SQ：うん　うん）そやのに　骨粗しょーしょー　言われたさかいなー　{↑↓}、も、かくんときてなー　{↑↓}、もー、帰るのも　{笑いながら}元気あらへんのや。やまいわ　気の、
→　　　　　　　　気から、てゆーやろ　{↑}。　やっぱりなー　{↑↓}、そんでにー…

範疇一般
　この範疇に入れた［4–24］の使用例は「うわさ」を主語とするものなので、「一般論」との境界に位置づけられるケースかもしれない。
[4–24]
→ⅩⅠ66SV：電動や　ち　ゆーてはったよ　{↑}。　（SVM：うーん）　行ったことないし知らんけどねー　{↑↓}。　（SVM：とにかく）　う
→　　　　　　　　わさに　聞くとそー　ゆわはんのや。……
　　　　　　　　　　　　　　　　　　SV→夫 SVM【うわさ】
[4–25]
　　ⅩⅠ025ST：けど　今の、　今なー　{↑↓}、嫁さんで　そんなこと　する人

→   いはらへんえ｛↑｝。   ST→姉 SQ【嫁一般】
［4-26］
→ⅩⅠ118ST：いや、細いてゆーたかて、癌になるやんかいな｛￣｝。ほん
           なもん…   ST→姉 SQ【やせている人一般】

団体・機関
［4-27］
   Ⅰc397A ：あれで 採算 あってんやろかー｛↑｝。 薄利、多売やな
           ｛￣｝。
    398SC ：うん。
    399B ：千五百円ぐらいやし・
→   400SC ：最低の 線で いかはったんやな｛￣｝。
    401A ：うん。千五百円 ゆーたら もー、ケ、ケーキセットに
           ちょっと なんか、(B：うん) ついたー、ぐらいやなー
           ｛↑↓｝。｛間｝下の ケーキセットが、千円やろ｛↑｝。
                              母 SC→娘 A＆B【ホテル】
［4-28］
→Ⅹ257SV ：夕方まで しん、りょー〔診療〕してはんの ちがう｛↑｝。
    258SVM：や、尋ねてみたら えーんやけど・
→   259SV ：だって ＊＊＊＊病院かて お昼から 診、察してはるよ
           ｛↑｝。   SV→夫 SVM【病院】

「最低の線でいく」の主体の姿はみえにくいが、「診療する」の動作主は医師だとわかる。しかし、［4-28］の発話例では病院全体のシステムを問題としている箇所である。

［4-29］
→ⅩⅡ1582SS ：つぶれた。 おーきー おーきー呉服屋さんやったんやけ
            どな｛￣｝・ 五条の、＃＃＃＃＃＃＃〔通り名〕。
                                    SS→SQ【呉服屋】

［4-29］のような場合でも中年層では複数の話者がハルを使用していた。

範疇個人

[4-30]（=[4-6]）
　Ⅹ124SV：そやから、もー、陸上の人〔娘が出た高校の陸上部員；不特
→　　　　　定〕あそこ　走らんと　嵯峨の方　行ってはんのやろな{↑}。
　　　　　　　　　　妻SV→夫SVM【娘が出た高校の陸上部員；不特定】
　ⅩⅡ0057SQ：三十代がね{￣}、にじゅーしちはちで〔子どもを〕産ん
　　　　　　　でね{￣}…　そやさかいね{￣}、あの、子どもから
　　　　　　　見たら、そー　見えんのやね{￣}。　うーん。
　0058SS：な、あたしらみたいな　もん、{笑いながら}化けもん
→　　　　　（物）みたいに　見えるんやろなー{↑↓}。
　　　　　　　　　　　　　　　　　SS→SQ【平成生まれの子】

話者達よりずっと年齢の低い集団を話題としてもハルが使用されることもあり、普通形式が使用されることもある。

全面否定

[4-31]
→Ⅰc080SC：……やっぱ、あんな　山の　上の方までな{￣}、だーれも
　　　　　　行かはらへんわ{＿}。　不便な　とこやなー{↑↓}。……
　　　　　　SC→娘A＆B【山の上の方にある友人宅を訪ねる人；全否定】
[4-32]
→ⅩⅡ0350SS：うちー、だーれも　ゆーて来はらへんわ{＿}。　そやか
　　　　　　ら、ねー{↑}、　あのー、堪忍してくれてはんのやわ
　　　　　　{＿}。
　　　　　　　　SS→SQ【輪番制の町内の当番を頼みに来る人；全否定】

「全面否定」とした範疇は「範疇個人」に含めても良いのかもしれない。しかし、ハルと否定辞「〜へん」との相性は良いようであり、そのことを確かめるためにも一応分けて表示しておく。

極めて疎
[4-33]
→X010SV：なんか　沢山　賞お　もらはったね｛↑｝、あれで。（SVM：
　　　　　　うん）あのー、ほら、あの人も、おん、女優さん、あの人も、
→　　　　　　もらはったよ｛↑｝、あれで。

妻SV→夫SVM【「雨あがり」を作った映画監督、その作品に出演した女優】

[4-34]
→X191SV：…そこえ　イチローが　活躍しはるし、佐々木も　ひょーばん
→　　　　　　えーし、そいから　新庄が　活躍してるし、（SVM：これ）
　　　　　　御機嫌ちがいますか｛↑｝。

　　　　　　　　　　　　　　　妻SV→夫SVM【イチロー；野球選手】

　表4-10にもどってみると「一般論」と「団体・機関」ではハルと普通形式の使用が拮抗し、「範疇一般」「範疇個人」ではハルの使用が普通形式より多く、「全面否定」と「極めて疎」ではハルが優勢という状況である。
　以上から、高年層では中年層同様「不特定」および「特定」の「極めて疎」の範疇に含まれる「人」を話題の主語として活発にハルが使用されていることがわかった。
　その一方で「団体・機関」が主語で自動詞であったり、抽象的ではあっても年齢の低い子どもが主語となっている場合にハルを用いない事例があることはハルが尊敬語として意識されている度合いが強いからだと解釈できる。

3.2.2.5　話し相手待遇における敬語の使い分け

　話し相手待遇では、相手が家族であれ、他人であれ、年長者であれ、年少者であれ、この年層では基本的に普通体、普通形式が使用される。
　次に発話時80歳の話者SSが9歳年上の話者SQ、および32歳年下のQとの発話例を示す。他人の相手でも親しければ年齢の上下にかかわらず普通体、普通形式を使用する例である。

[4-35]
　　ⅩⅡ0028SQ：あそこまで　行かんな　電話　あらへん。　そーか
　　　　　　　　もー、大宮通りの　派出所　行かんとね｛ ̄｝。

→ⅩⅡ0029SS　：はー　はー。　いつも　うっとこ《私の所〔の電話〕》　つ
　　　　　　　　こて《使って》くれた。　　　　　　SS→SQ《友人》
［4-36］
　ⅩⅡ0116Q　：＊＊＊＊〔SSの苗字〕さん　ちょっと、　もー　あと
　　　　　　　　じゅ、15分ぐらいで　出来るで、　ちょっと　待って。
→ⅩⅡ0117SS　：何して　くれてんの｛↑｝。
　ⅩⅡ0118Q　：そやから、　オムライス　て。　SS→Q《友人の息子の嫁》

　その中で話者SVは夫であるSVMにハルを結構頻繁に使用しさらには丁寧語も2例使用している。意識調査においては本人自身が夫には話し相手待遇で普通体を用いると回答している。SVが丁寧語を使用している発話［4-37］［4-38］を下に記す。

［4-37］
→Ⅹ247SV：行かはりますか｛↑｝、ほなら、車で。　　　SV→夫SVM
［4-38］
→Ⅹ313SV：で、今日わ、椅子に　座ってはりますか｛↑｝　ほしたら。
　　　　　　　　　　　　　　　　　　　　　　　　　SV→夫SVM

　［4-37］［4-38］はあれこれ議論した末に、最終的に相手の意向を尋ねる発話にハルに丁寧語が付加されて現れたケースである。これらの発話例は中年層話者Aが普段普通体、普通形式で待遇している母親にハルを用いて詰問調で尋ねた発話例［3-56］159Iで《質問強調》のハルとした用法に似ているが、丁寧語が付加されている点が異なる。
　話者SVは類似した統語的環境で夫に対してハルを使ったり（［4-39］）、使わなかったり（［4-40］）、どちらも使ったりしている（［4-41］）。

［4-39］
→Ⅹ239SV：うん。　おとーさん、行かはらへんだら、　しょーがないんち
　　　　　　がいますか｛↑｝。　　　　　　　　　　SV→夫SVM
［4-40］
→Ⅹ271SV：ん　そ、　でもー、　＃＃＃＃病院、　みてもらいに行っても

しょーがないのちがう {↑}。別に 変わったことないんでしょ {↑}。 (SVM：{咳}) お薬が 切れ、てる、ちゅーだけで…　　　　　　　　　　　　　　　　　　SV→夫SVM

[4-41]
→X191SV：　よる、昼わ　野球、見てはったら、も、全然 {笑いながら}
→　　　　　痛みなんて　感じひんのちがう {↑}。{笑い} (SVM：うん)
　　　　　　特に、 あの、 衛星放送の {笑いながら} イチローやら、あ
→　　　　　の、佐々木やらの　見てたら、(SVM：{咳}) 痛み 忘れて
→　　　　　しもてはるのちがうの {↑}。……　　　　　　　SV→夫SVM

　これらの運用からみるとSVの場合は夫を対象としてはハルを使用するか否かでゆれがあると言えるが、文末の動詞述語だけを見るとどちらかというとハルが多く使用されている。そのような待遇をする相手に丁寧語を動員することは普段の待遇レベルを一段階上げることになる。したがって［4-37］［4-38］は「間接化」のストラテジーを用いて相手への配慮を示すと同時に、質問に対する回答を強く促す効果を出している例と解釈できる。強調用法と間接化用法とのつながり、さらには尊敬用法とのつながりを感じさせる例である。
　以上、3.2.3.1 から 3.2.3.5 において高年層の基本的敬語運用について記した。配偶者を話し相手とした話し相手待遇や「身内・目上」を話題にした敬語運用以外では中年層の敬語運用と大きく変わらないことを示した。

3.2.3　話者の心的態度を反映した現場依存的なハルの用法
　次に 3.2.3.1 から 3.2.3.5 に示した基本的な運用の枠組みを外した発話例を示し考察する。まず話題の主語となる属性ごとに現場依存的な発話例を見ていく。
◇　父親を対象としたハルの適用例、普通形式の適用例
　3.2.2.3 で述べたとおり話者 SS は父親に対しては使用する形式にゆれがある。その中で待遇表現形式の選択に一定の傾向性が認められるケースがある。

[4-42]（=[4-19]）
→ⅩⅡ1249SS ：うちの　おじーさん　なんでも　買うの　<u>いやがらはるやろ</u>{↑}。　　　　　　　　　　SS→SQ【父親】

[4-43]
　ⅩⅡ1401SS ：上等の　お魚屋さん。(SQ：あー)　もー、そこで　あん
→　　　　　　　　　た　一番　えー　お造り　<u>こーて《買って》きはんのえ</u>
　　　　　　　　　{￣}。(SQ：うん)　お造り　こーて《買って》、猫に　み
→　　　　　　　　　な　<u>やらはんのや</u>。　　　　　　　　SS→SQ【父親】

　自分の父親が大変吝嗇家だった話をしたり([4-42])、猫を人一倍可愛がっていた話をしている時([4-43])はハルが使用される。これらの発話例には話者SSの父親への複雑な思い、評価、感情が背景にあると考えられる。特に[4-43]には「強調用法」と「感情評価暗示用法」のニュアンスを感じる。普通形式を用いるとそういったものが伝わらなくなる。

[4-44]（=[4-17]）
→ⅩⅡ1058SS ：あんとき　一生懸命なー{↑↓}、<u>育ててくれたしなー</u>
　　　　　　　　　{↑↓}、(SQ：うん)　あたし。もー、かんしゃー　してん
　　　　　　　　　ねん、おじーさん。　なー{↑↓}。　　SS→SQ【父親】

　逆に「〜してくれる」という表現の場合、18例中15例までが普通体、普通形式となっている。「感謝」などの感情を表す場合、ハルを使用すると距離感がでてかえって他人行儀になってしまうと考えられる。

◇　話し相手待遇で普通体、普通形式を基調にしている友人の息子の嫁にハルを用いる場合
　こちらは上の[4-44]とは反対の事例である。話者SSは友人の息子の嫁であるQに話し相手待遇で[4-45]のように普通体、普通形式を用いる。

[4-45]
→ⅩⅡ0906SS ：これ、<u>スープしたの</u>{↑}。　卵　<u>スープしたの</u>{↑}　これ。　　　　　　　　　　　　　　　　　　　　SS→Q

その中で［4-46］のように「してくれる」と共起して感謝の念を直接Qに伝えたり、「上手に」という言葉をともなって誉めたりする時にハルを使用している。

［4-46］

　　ⅩⅡ0875SS　：ふーん｛↑｝。　そやけど、ここえ　来て　こないして　ごっそー《御馳走》になる　ゆーのも、ちょっと　こー　不思議な　縁やな｛ ̄｝。　へー、（SQ：｛笑い｝）あんたとこ。いや、あたし…

　　　　0876SQ　：いや、ママさん、いはる、いやはるさかいや。　あたし　やったら　ぜんぜん　でけへん。

　　　　0877Q　：｛笑い｝

　　　　0878SS　：も、腰が　いとーて　でけへん。ママさんが　いはる…

→　　0879SS　：そやけど、こないして、してくれはる人が　ある　てゆーのわ　不思議やなー｛↑↓｝。（Q：えー）　えっ｛↑｝。

　　　　　　　　　　　　　　　　　　　　　　　　　　　　SS → Q

［4-47］

　　ⅩⅡ0998SQ　：まあ　ゆっくり　食べとおくれやす。

　　　　0999SS　：はー、食べる　食べる。おいしーわー　｛→｝。

　　　　1000Q　：じゃ、ま、そー　ゆーてもーたら・

→　　1001SS　：上手に　しはんな｛ ̄｝、ちょとー。

　　　　1002SQ　：うん｛↑｝。

→　　1003SS　：上手に　しはんなー　｛↑↓｝。

　　　　1004Q　：いやいや。　　　　　　　　　　　　SS → Q

　尊敬語の「主語を上げる」という機能はプラスの評価と結びつきやすいと考えられる。

◇「身内・下」の孫やひ孫にハルが使用された例

　表4-11に示したとおり中年層話者と同じく高年層話者も「身内・下」にあたる近親者に言及する場合、基本的には普通形式を使用する。談話Ⅰbお

よびⅠcでは「身内・下」にあたる属性の内訳は孫とひ孫それに孫の嫁となっている。そのような対象に話者SCはハルを4回使用している。ひ孫と孫に使用した例をそれぞれ示す。

[4-48]
 Ⅰb009SC ：家の前か{↓}。　いやー、喜んで・{笑い}こら　こーた《買った》んやな{￣}。
 010A ：うん。　ほら、こんだけ　雪が　積もってんのえ{￣}。
→ 011SC ：あっ、<u>おじょーずしてはんの</u>。これ　大分　坂や。
 012A ：はー{↕}。
 013SC ：あっ　しやーっ   母SC→娘A【ひ孫】

[4-49]
→ Ⅰc039SC ：やっぱ、うまいこと　<u>しはるな</u>{￣}。　＊＊＊〔孫の名前〕大好きやろ{↑}、そんな、リサイクルが。　あのー、寮　入った時に（A：あー　はー　はー）自転車おなー{↕}、ひろて《拾って》、修理したもん。{笑い}
              母SC→娘A＆B【孫】

[4-48]はSCが娘のAと一緒に孫がひ孫を映したビデオを見ている時、ひ孫の可愛らしい動作に思わず画面のひ孫に語りかけるようにして発せられた発話に現れたハルの使用例である。親愛の感情、「あっ」という間投詞と共起して「発見・驚きの表明」と親愛の感情とが入り混ざったケースだと考えられる。

[4-49]は普段は普通形式を適用する孫にハルが適用された例で「うまいこと」という評価を表す言葉とともに生起し、感心の念といったものが感じられる。プラス方向の「感情評価暗示用法」と分類できる例だと考える。

◇　ハルと普通体を主として使用する兄にハルが使用された例
　次の[4-50]は他人を話し相手とするとき主として普通体を使用する兄に（表4-11参照）、マイナスの感情を込めて使用された例だと考えられる。次に続く「わたしわ、もー　関係ないし…」という発話も話者SSと兄との心理的隔たりを感じさせる。

[4–50]
　　ⅩⅡ1608SS　：いや　もー、あの　すまんかったなー{↑↓}の　一言なんや。(SQ：はー)　ほいで、なー{↑↓}、あの　これわ
→　　　　　　　　わたしが　しましたて　ゆう顔わ　新聞に　しはった。
　　　　　　　　ほな、わたしわ、もー　関係ないし…
　　　　　　　　　　　　　　　　　　　　　　SS→SQ【兄】《友人間》

◇　普段、第三者待遇でハルを適用する友人に尊敬語を用いた例
　高年層話者は第三者待遇で友人にはハルを適用する(表4–11、表4–12参照)。次の発話は話者SCがそのような友人にハルから尊敬語にシフトさせて「おっしゃる」を使用したケースと考えられる。「強調」の効果といささかの「皮肉」のニュアンスが感じられる。

[4–51]
　　Ⅰb131SC　：ほんと、「いやー　わたしも　呼ばれますよ{＿}。(A：{笑い})　なー{↑↓}＊＊　みんなの＊＊　食べまっせー、あた
→　　　　　　　　しも。」て、おっしゃるけど「あんた　無理してなー{↑↓}、いー《胃》が　悪なったら　かなんもん{↑}」、ちゅーてな{￣}。「ううん、あたしわ、食べます。(A：あほんと)　あたしも、たべ」…
　　Ⅰb132A　　：あ、ほんまに{↑}。
　　Ⅰb133SC　：うん。(A：{笑い})「ほな、そー　しよ」やて。
　　　　　　　　　　　　　　　　　　　　　　SC→娘A【友人】

◇　「自分の骨」を話題の主語としてハルを適用した例
[4–52]
　　ⅩⅡ186ST　：ぎっくり腰、＊＊〔甥の名前〕ちゃん　ぎっくり腰に　ならはったしな{↑}、それと　おんなじやなー{↑↓}、思て・そしたら、ぎっくり腰やったら、腰だけ、なにするちゅーのやろ{↑}。そやのに、上まで　きてなー{↑↓}・もー、首も　ここわ、これわ、おかしなって、ここ、おとーさん　こ

の ここの 血栓が、けっきょく、もー、(SQ：あー)つまったんやさかいなー {↑↓}・ (SQ：うん)ほんで、なったら かなんなー て 思て、で、月曜日 診療所 行ったんや。で、内科やさかいなー {↑↓}、レントゲン 撮らはったんや。 そして、ほしたら、<u>骨が</u> なんや、〈こーゆーふー
→ に ギザギザ に <u>なってはるの</u>。 ST→SQ【自分の骨】

　上に挙げた［4-50］［4-51］［4-52］では非難、皮肉、困惑、落胆といったマイナス方向の感情や評価がハル、ないし語彙的尊敬語動詞によって担われていると考えられる。尊敬語の動詞や助動詞にはもともとこのような派生的用法があり、その一貫としてハルも用いられたと考えられる。
　敬語に習熟している高年層話者の場合、「感情評価暗示用法」にハル以外の尊敬語や丁寧語も用いている例が認められることから、本節で取り上げたハルの派生的用法に関してはだいたい尊敬語用法からの派生の範囲で解釈できる。

◇　動物にヨルを使用した例
　前述した「感情評価暗示用法」と類似した用法として基本的に普通形式を用いる動物に何らかの評価・感情をともなってヨルが適用されたケースがあった。なお、同じ内容を語った次の発話ではテオルが用いられている。

［4-53］
　ⅩⅡ1401SS　：上等の お魚やさん。 (SQ：あー) もー、そこで あんた 一番 えー お造り こーて《買って》きはんのえ {￣}。(SQ：うん) お造り こーて、猫に みな やらはんのや。
　　　1402SQ　：あれ 自分 食べはるの ちごたん {↑}。
　　　1403SS　：食べへんねん。 食べはったこと ないわ。食べよー おもて《思って》なー {↑↓}、(SQ：はー)こー いって、
→　　　　　　　　こーきたらな {￣}、<u>猫がな</u> {￣}、{笑いながら}<u>見よる</u>
　　　　　　　　<u>ねん</u>。 ほしたら むこー 見たらな {￣}、もー、やりとってかなん、自分。 あんなもん お造りなー {↑↓}、

なんで あんな はよー、あ＊＊＊＊＊＊ろ。 たべ、食べるために こーて《買って》きてはんねん。 ほして、猫が ほしーて ゆーんや。

中略

→ 1413SS ：それがね、食べよーと おもはったん。{笑い} 猫がね {￣}、見ておんねん。 ほして、猫が 見てたらな {￣}、(SQ：{笑い}) もー 喉を とーらへんらしーわ {＿}。それが、ほし、やりとーてな {＿}・ もー ほんま、{笑い} おーきー おーきー なってたやろー {↑}。 ね {￣} 一番 大事に 大事に してはったさかい、まーまー えーことも できたんや。 苦しまんと、もー ながびょー、病み、病みもせんと・ ほんで あたし そー 思うわ {＿}。そやろ {↑}。　　　　SS→SQ【猫】

以上、話者の心的態度を反映した現場依存的なハルの拡張用法が高年層にも認められることを示した。また、[4-51] のようなハルから尊敬語へのシフトは中年層話者には見られなかったシフトだが、この発話における尊敬語の用い方は敬語にもともと備わっている「特殊な待遇意図」(菊地 1994: 50)を表す用法の範囲で解釈できると思われる。敬語を使い慣れている京都市方言話者にとってこのような運用は珍しくないであろうし、このような運用が肥大化して前章で示したハルの「派生的拡張用法」につながっていったという側面もあると思われる。

補足調査Ⅱの結果〈ハルの派生的拡張用法と心内発話での使用意識〉

次にハルの派生的拡張用法と心内発話の使用意識を高年層方言話者にも尋ねた(＝補足調査Ⅱ；2001 年実施)。その結果を表 4-13 に示す。表 4-13 では若年層 1 名への調査結果もあわせて示す。

調査結果は以下のようにまとめられる。
Ⅰ．心内発話
　心内発話(a)については中年層同様全員がハルを使用すると回答した。この結果からもハルは丁寧語とは異なるふるまいをすると言える。

Ⅱ. 発話時の話者の心的態度を表す用法
(a) マイナスの評価や困惑などの感情を伴う用法(b)(c)(d)についてはほぼ全員が使用すると回答した。
(b) さらに人形を擬人化してほめて言う用法(e)、感謝(g)、同情(j)を表す用法については全員が使用すると回答した。これら(e)(g)(j)については中年層と比べても高い結果となっている。このようなプラスの評価・感情を込めた用法は尊敬語の「主語を高める」機能とのつながりが認められる。
(c) 自分の子や身内にハルを使うことは、高年層、特にその中でも高い年層

表4–13 ハルの派生的拡張用法と心内発話での使用意識―補足調査Ⅱ―

例文	インフォーマント生年[1]	1909 M42	1910 M43 =SQ	1920 T9	1923 T12	1923 T12 =SV	1925 T14	1929 S4	1979 S54
a	(心の中で)あの人道捜してはんのやろか	○	○	○	○	○	○	○	○
b	(前の車のドライバーのことを)いやー、缶ほかさはった	○	○	×	○	○	○	○	○/ヨ[4]
c	こんなとこにゴミほかさはる人がいはるしかなんわ	×	○	○	○	○	○	○	○/ヨ[4]
d	あの人いけず《いじわる》ばっかし言わはるしかなんわ	○	○	○	○	○	○	○	○/ヨ[4]
e	このお人形さんほんま上品なお顔してはる	○	○	○	○	○	○	○	×
f	(下の子どもに)おねえちゃん先お風呂はいらはるえ。はよおはいり	○	○	△	○	○	○	n	n
g	(話し相手とする時ハルを使わない親友に)火事いったとき一番にかけつけてきてくれはったでしょ、いまでもわすれへん	○	○	○	○	○	○	○	×
h	うちの主人底なしに飲まはる	○	○[2]	×	×	○[2]	○	○	n
i	(子どもに)雷さん鳴ってはるえ	×	×	×	×	×	○	n	n
j	可哀想に、あの子はぐれはったんやろか	○	○	○	○	○	○	○	×
k	うちの子いくらでも食べはる	×	×	×	×	×	○	○	×
l	(話し相手とする時ハルを使わない親友に)ほんまその髪型よう似合わはる	×	○	○	○	×	×	○	×
m	(1歳すぎた身内の子のことを)いやー、上手にしゃべらはる	×	○	×	○	×	×[3]	○	×

[凡例] ○：使用する　△：時たま使用　×：使用しない　n：回答不能
ヨ：ヨルも使用する

[1] 上段に西暦で、中段に元号(M＝明治、T＝大正、S＝昭和)で記した。下段に談話収録に参加した話者について話者記号を記した。
[2] 息子や親友が話し相手で夫を話題にする時にはいつもハルを使用する。
[3] 自分の孫には不可。甥や姪なら可。
[4] ヨルは汚い言葉なので使わないように言われているが、怒っている時など使ってしまう。

のインフォーマントには抵抗があるようである。(k)(m)
(d) プラス評価を客観化し、あるいは強調する用法(l)、雷を主語とする親愛法(i)、夫を主語とした揶揄的な用法(h)を使用すると回答したインフォーマントは少ない。

結果から以下のことが言える。
(1) 高年層話者の場合、全体に中年層話者の場合より尊敬語的色彩が強いと言える。
(2) 高年層話者ではマイナスの評価や困惑などの感情を伴う用法でも、男性のように軽卑語などを用いずに、ハルを用いるという規範がほぼ確立されていると考えられる。
(3) 若年層の回答者は1名で全く一般化できないが、心内発話(a)と、マイナスの評価や困惑などの感情を伴う用法(b)(c)(d)のみ使用するという回答であり、そのうち(b)(c)(d)はついヨルを用いるという回答であった。あえて高年層と比較すると高年層に認められたような尊敬語的色彩は認められない。むしろ軽卑語をハルに置き換えているという状況である。

本節で検討した高年層話者の心的態度を反映した現場依存的なハルの用法にも中年層と比較して尊敬語的色彩が認められることを示した。

4. 本章のまとめ

本章では、まず若年層と高年層女性話者さらには最高齢話者のハルを含む敬語の使用意識を尋ねた結果を提示、考察した。次に、くだけた場面における高年層話者の敬語運用の実態を自然談話資料により考察し、高年層話者の敬語運用とハル敬語の枠組みについて考えた。その結果以下のことがわかった。
① 高年層話者はくだけた場面で基本的には中年層と同じくハルと普通形式とを用いるが、臨時的に丁寧語やハル以外の尊敬語形式も使用する。
② 話し相手待遇では基本的に普通体を用いる。質問などの発話行為の効果を高めるためにハルを用いることがある。
③ 第三者待遇では上下親疎にかかわらず、また極めて疎の関係にある人物にも基本的にハルを適用する。

④ 第三者待遇で、目上の近親者を対象として他人が話し相手の場合でもハルが用いられることがあり、絶対敬語的運用と相対敬語的運用のあいだでゆれがみられる。
⑤ 第三者待遇で「不特定」の各範疇でハルの使用率は高い。
⑥ 上記①〜⑤に示した基本的な運用を離れて、臨時的にハルを使用することがあるが、尊敬語用法の派生用法として解釈できる例が多い。
⑦ 派生的用法ではハル以外の尊敬語が使用されることもある。
⑧ ハルの生起する言語内的環境として、「〜んと〔≒〜ないで〕」の前に現れることがある。

　総体的に言って高年層話者の敬語運用においても「第三者待遇に偏る素材待遇語の使用」(宮治1987)という特質は認められた。また中年層話者と比較して絶対敬語的運用の行われている程度は高い。高年層女性話者は敬語に習熟した使い手であり、ハルの使用例全般に尊敬語的色彩は強いということが言える。

注

1　先行研究では森山(1994)において、京都市方言話者による丁寧融合型尊敬形式「お〜やす」の使用実態が記されている。そこでは1920年(大正9年)生まれ以上のインフォーマントでは尊敬語として第三者を主語にした言い方を使用すること、対者的な用法で聞き手を主語とした言い方をするインフォーマントおよび命令用法を用いるインフォーマントの生年の下限が1950年(昭和25年)となっていることが指摘されている。「お〜やす」の機能の縮小過程は徐々に進行していっており、大正時代前半から中頃生まれの話者はちょうど最初の転換点に位置するものと考えられる。
2　Brown, P. and Levinson, S. C. (1987)では、行為には本質的にフェイスを脅かすものがあるとし、そのような「フェイスを脅かす行為 face-threatening acts」をFTAsと略称している。ここで質問した相手の行く先を尋ねるという行為は相手のプライバシーに踏込むおそれのある行為であり、FTAsに含まれるという見方もできる。

第 5 章　自然談話からみた最高年層女性話者の「ハル敬語」

1. はじめに

　本章では前章で高年層に行ったのと同じく《カジュアル場面》に焦点をあて、自然談話資料を主な分析材料として明治生まれの最高年齢層の京都市方言女性話者の「ハル敬語」について考察する。

　前章において高年層女性話者では中年層女性話者と比較して違いの見られる点として、絶対敬語的運用を行う傾向にあること、「ハル敬語」の用法としては尊敬語機能として解釈できる用法が優勢であることなどを指摘した。他方、両者の共通点として、命令形は別として、使用される素材敬語形式が基本的にはハルと普通形式であること、「第三者待遇に偏る素材待遇語の使用」(宮治1987)が認められること、「一般論」を含めた「不特定」の範疇でも高頻度でハルが使用されていることを示した。

　では、高年層より上の最高年層ではどうであろうか。高年層で中年層との間の差異がさらに広がっているだろうか。もし広がっているとしたら中年層女性話者の「ハル敬語」の用法や敬語運用上の特質を明確にし、その解釈の助けとなる。最高年層女性話者の敬語行動を分析するために得られた資料は1910年(明治43年)生まれで室町言葉が話される地域出身の話者による二談話の文字化資料である。資料は量的には多くないが話者のイディオレクトを網羅的、かつ詳細に検討することによって面接調査では得られない確かな知見が得られるのではないかと考える。

2. 最高年層女性話者談話の調査概要

2.1 話者情報

分析対象とする談話に参加した最高年層女性話者の属性を表 5-1 に示す。談話に参加した最高年層女性話者以外の高年層話者の属性もあわせて表 5-1 に示す。

2.2 談話情報

分析対象とする談話は表 5-2 のとおりである。

収録した談話は、姉妹間という身内同士の気の置けない会話が行われると予想できる場面(談話ⅩⅠ)と、60 年くらいの長いつきあいのある友人との談話(談話ⅩⅡ)である。どちらも《カジュアル場面》である。

表 5-1 最高年年層女性話者《カジュアル場面》

	話者	生年[1]	居住歴[2]	職業	参加した談話	続柄、関係
最高年層	SQ	1910 (M43)	中京区→北区	主婦	ⅩⅠ、ⅩⅡ	ST の姉、SS の友人
高年層	ST	1915 (T4)	中京区→草津市 (60 歳より)	主婦	ⅩⅠ	SQ の妹
高年層	SS	1921 (T10)	北区	主婦 (元銀行員)	ⅩⅡ	SQ の友人

[1] 西暦で記した。( )内は元号で M = 明治、T = 大正
[2] 言語形成期を過ごした場所には下線を付した。

表 5-2 談話情報《カジュアル場面》

談話記号	参与話者[1]	話者間の関係[2]	収録時間	談話の展開	収録年月	収録場所[3]
ⅩⅠ	SQ(90)–ST(85)	姉妹	23 分	同量の発話	2001/4	北区
ⅩⅡ	SQ(89)–SS(85) 〔–Q(45)〕	友人 〔と SQ の嫁〕	90 分	同量の発話	2000/8	北区

[1] ( )内は談話収録時年齢。
[2] この列下の下線部は当該談話における分析対象話者の立場。
[3] 談話収録はすべて談話参与者の自宅で行われた。

2.3　調査方法
　自然談話資料を用いた調査の方法は第 2 章 2. に示した通りなのでここでは省略する。

3.　最高年層女性話者の敬語使用実態
3.1　ハルの文法的特徴
3.1.1　活用
　活用に関しては高年層とほぼ同じ結果が出たが、一つだけ最高年層で他の年層と異なる点としてヤハル形で命令形が現れたことが注目される（発話例［5–1］）。

［5–1］
　　ⅩⅡ0659SQ　：も、　＊＊＊〔SS の名前〕さん　そんな、一人やさかい、
　　　　　　　　　　別に　せいて　帰らんならんこと　おへんやんか｛ ̄｝。
　　　　　　　　　　どっか　行かはる｛↑｝、とこ　あんの｛↑｝。
　　　　0660SS　：うん。　どっこ　どっこも。
→　　　0661SQ　：あ　そんなんやったら　もー　ゆっくり　しやはれ。
　　　　0662SS　：い、行って　行かんでも　どこ…
→　　　0663SQ　：ほな、ゆっくり　しやすなさー｛→｝。
　　　　　　　　　　　　　　　　　　　　　　　　SQ → SS《友人同士》

　［5–1］では尊敬接頭語オのつかない「〜しやす」がヤハルの命令形ヤハレと同じ相手に使用されている。「〜しやす」とヤハレの待遇価値に違いは認められない。

3.1.2　承接関係
　活用および承接関係に関しては中年層とほぼ同じ結果が出たが、次のことが指摘できる。
①　高年層と同じくハルの未然形に否定辞「ん」が続くケースがあった。

[5-2]
→ⅩⅡ1740SQ ：いや　おぶったん〔お仏壇〕やら　みとかはらんと　もったいないもん。あんな、(SS：あー　そーや) えー《良い》お仏壇　こーて《買って》はんのに・　ほとけさんのな…
SQ→SS【SSの後継ぎ】《友人同士》

② 出現したヤハル形は「居やはる」「しやはる」「してきやはる」で、前接した動詞は上一段動詞「居る」、サ変動詞「する」、カ変(補助)動詞「してくる」のみであり、五段動詞が前接する例はなかった。
③ 1例だがヤハルに尊敬接頭辞「お」がつく例があった。話し相手を誉めているという文脈で現れ、「賞賛」の気持ちをハルよりさらに一段階強く表しているように見える。

[5-3]
ⅩⅡ0581SQ ：えっ{↑}。　そんなもん、家や。　だん＊＊でも、洗う。　二階の　ざ、ざぶとんでも　洗う　ち　ゆってはった。　(SS：{笑い})　ま、よー　洗わはったわ{＿}。
→　　　　　　　　　　よー、おしやはったな{￣}。　もー…　　　SQ→SS

3.1.3　ハルが生起する言語内的環境
　分析対象とする自然談話資料に現れた範囲でハルの生起する言語内的環境の概略を以下に示す。
Ⅰ．ハルが出現しなかった環境は次の通りである。
ⅰ．以下に示す従属句内
　1)南(1974, 1993)の従属句の分類においてA類の従属句内(状態副詞的用法)。
　2)B類「たら」「と」の抽象的、一般的な人物を想定した仮定条件節内及び帰結部。

[5-4]
→ⅩⅡ0260SQ ：そやけど、血圧わ　みてもらわんと、こわい。　SQ→SS

[5-5]
　ⅩⅡ0057SQ：三十代がね{￣}、にじゅーしちはちで産んでね{￣}…そやさかいね{￣}、あの、子どもから　見たら、そー見えんのやね{￣}。うーん。……　　　　　　SQ→SS

　[5-4]は話し相手のSSが最近医者に健康診断をしてもらっていないと述べた発話に続く発話であり、「血圧だけは医者にみてもらわないとこわい」という命題が一般にあてはまるということを述べている。たとえば「血圧はみてもらわはらんとこわいやんか」のように言った場合は上記の命題は話し相手だけにあてはまるものとして述べているように感じられる。
　また、[5-5]で「子どもから見はったら……」とするとその事態はすでに確定した事態を述べているように感じられる。[5-5]ではあくまで一般的な感想を述べている箇所である。
　結局、実際の発話においては文法的な判断と意味論的な判断とが高い次元で統合されているものと考える。

ⅱ．非限定的、一般的な内容の連体修飾句内、すなわち南(1993: 143–147)で描叙段階以前の基礎段階にあるとされているような内容の句内(例文略)

Ⅱ．文末以外の従属句などでハルが生起した言語内的環境は以下の通りである。
ⅰ．中年層話者の場合と同じく南(1974)でC類従属句内とB類「～て$_2$(継起・並列)」「たら」「～て$_3$(原因・理由)」「のに」の内部
(例文略)

ⅱ．連体修飾句内(例文略)

ⅲ．形式名詞「の(ん)」(体言化)、「だけ」(限定)、「わけ」(強調)、「よう」(様態)、「ぐらい」「とおり」(変わらない様子)の前など。
　最高年層の資料では中年層の資料には現れなかった「んと」、「んならん」の前にハルが現れたことはすでに述べた。「だけ」、「ぐらい」、「と

おり」の前に出現した例を記す。

[5-6]
→ⅩⅡ1855SQ ：あのー、してもらわはっただけのこと　してきはったさかい、えらいわ｛_｝。　　　　　　　　　　　SQ→SS

[5-7]
　ⅩⅠ231SQ　：あのー、なんしろ、くぎぬっさん〔釘抜き地蔵〕え、校長さん*たり、先生に　なってくれはるよー、校長なります
→　　　　　　　よーに、ゆーて、おがまはったぐらいや。ねー｛↑↓｝。
　　　　　　　　そやろ｛↑｝。　　　　　　　　SQ→ST【STの友人】

[5-8]
→ⅩⅡ1192SQ ：そやけど、おじーさんが　ちゃんと　してはったとーり
　　　　　　　してたら、えらいえらいわ｛_｝。　SQ→ST【STの父】

　3.1.1 [5-1]に示したとおり「ヤハル」の形式であるが命令形も現れた。しかし、命令形は中年層・高年層との整合性をもたせるためと、他の活用形より高いレベルの形式を使うことが一般的な活用形であり、待遇表現上の位置づけが異なると考えられるため別途集計することとした。
　命令形の形式別内訳は話し相手が話者SSの場合、テ形命令3、ヤハレ1、ヤス1、オ〜ヤス（「〜とくれやす」のような融合形含む）5で、嫁である話者Qが話し相手の場合、テ形命令1であった。オ〜ヤスの使用例を下に挙げる。

[5-9]
→ⅩⅡ0996SQ ：ケチャップ　かけとくれやす、〈よかったら。
　　　　0997SS ：もー、もーもー〉、もー　あんまり　よーけー、よー　かけん。
→　　　　0998SQ ：まあ　ゆっくり　食べとおくれやす。　　　　SQ→ST

[5-10]
→ⅩⅡ1037SQ ：そんなん　言わんと　また　来とくれやすな｛ ̄｝。
　　　　　　　　　　　　　　　　　　　　　　　　SQ→ST

[5-11]
→ⅩⅡ1159SQ ：こんなんで　よかったら　あんた　おいでやす。

```
     1160SS ：あー　いやいや　もー。
→    1161SQ ：おいでやす、　また。
     1162SS ：いやいや　おーきに　ありがとー。ありがとー。
```
SQ→SS

　以上から前記Ⅱ．の環境にあり、かつ前記Ⅰ．と引用文内の環境にある場合を除外したすべての動詞述語が本章の考察対象となる。

3.2　集計結果と考察—最高年層女性《カジュアル場面》—

　3.1で検討した結果をふまえてハルが生起する言語内的環境にあると考えられるすべての動詞述語について第2章2.2に示した方法により分類集計した結果を「話し相手待遇」、および「第三者待遇」の待遇別に分けて表5–3に示した。参考のため高年層話者の集計結果も一緒に提示する。

　表5–3から話者SQの待遇表現運用上の特徴をまとめると以下のようになる。

(a) 使用されている待遇表現形式は、妹が話し相手の談話ⅩⅠでは、ハルと普通形式の2種類、友人が話し相手の談話ⅩⅡでは、6種類（ただし、命令形を除く）で、その内訳はナハル・オ～ヤハル・尊敬語・ハル・普通形式、それに丁寧語である。

(b) 話し相手待遇で普通体、普通形式しか使用しない談話ⅩⅠ（妹が話し相手）でも第三者待遇ではハルの使用が普通体、普通形式を大きく上回る。

(c) 友人を話し相手とする談話ⅩⅡでは話し相手待遇における使用形式は普通形式がハルをわずかに上回る程度だった。第三者待遇ではハルの使用数が普通形式のそれの三倍弱となっており談話ⅩⅠ同様普通形式を大きく上回る。

(d) 第三者待遇「特定」の範疇ではおおむね親疎、上下にかかわらずハルを使用している。

(e) 第三者待遇で「身内・上」の範疇の人物が話題の主語の場合、話し相手が身内であっても、他人であってもハルを多用する。

(f) 第三者待遇「不特定」の範疇では、「団体・機関」を除いてハルの使用数は普通形式より多いか同数となっている。「団体・機関」ではハル1

178 第2部 現代京都市方言「ハル敬語」の共時的考察

表5-3 待遇別、談話別最高年層女性話者の敬語の使い分け

与者構成*1と参	談話番号	話者	形態*2	第三者待遇 不特定 一般論	範疇一般	団体・機関	範疇個人	全面否定	特定 疎 極めて疎	上	同	下	動物	特定 親 上	同	下	動物	身内・上	身内・同	身内・下	小計	話し相手待遇 ワキの相手 親 身内・下	マトモの相手 同	下	親 身内・上	身内・同	身内・下	小計	総計
XI 姉妹	SQ 姉		ハル		2				2	11	7	2						2	5	14	45								45
			φ		1					1	3									18	23			7				7	30
			計		3				2	11	8	5						2	5	32	68			7				7	75
	ST 妹 参考		ハル		6		1		1	16	1	1			18			5	1	11	61								61
			φ	1	2					1		3			5			3		8	23				2			2	25
			ヨル												2						2								2
			計	1	8		1		2	16	1	6			23			8	1	19	86				2			2	88
XII 友人同士	SQ		ナハル																					1				1	1
			オ〜ヤハル																					1				1	1
			尊敬語+ハル									1									1								1
			ハル+丁寧語				1			1	1									3	1							1	4
			ハル	2	4	1	13		2	6	30	17		62			15				152	20	50				1	71	223
			φ+丁寧語		3		1					1	1							6	1		6					7	13
			φ	1	7	2	8		2	6	3	7	14		5	3	3	61	8	58				2	68	129
			計	3	14	3	23		2	9	37	20	8	78			20	3	3	223	30	116				3	149	372
	SS 参考		ハル		2	5	15	3		4	1	2		30	1	1		54	2	4	124			4				4	128
			φ			4	3							11	3	1	4	102	3	22	153		11	15				26	179
			ヨル・トル											2				2											2
			計		2	9	18	3		4	1	2		41	4	2	6	156	5	26	279		11	19				30	309

*1 集計した話者の立場を示す箇所に下線を付した。
*2 形態欄の凡例
　　尊敬語：具体的には語彙的尊敬語(いらっしゃる)
　　φ：普通形式
表中の数字は使用数

例に対し普通形式2例という使用状況であり、この下位範疇の出現総数自体少ない。

以上のうち中年層話者および高年層話者と同じ結果となったのは(b)と(d)くらいである。

簡単に解釈をまとめると以下のことが言える。
（1） 使用待遇表現形式は身内の妹を話し相手にした場合と友人を話し相手

第5章　自然談話からみた最高年層女性話者の「ハル敬語」　179

とした場合とで異なりが見られる。妹を話し相手とした場合、ハルと普通形式の二項対立となっており中年層と変わらないが、相手が他人の友人となると、ハルをはじめいろいろな敬語形式を用いている点が中年層や高年層の話者と異なる。
（2）他人を話し相手として、第三者待遇で、身内の上位の人物を話題にした場合の敬語運用は、ほぼ絶対敬語的運用となっている。
（3）話し相手が他人の場合、年少の相手であっても話し相手待遇でハルと普通形式が同数程度用いられているということから、中年層や高年層とは異なり、話し相手待遇では相手への配慮を敬語形式を用いることで表していると思われる。
（4）中年層や高年層と同じく、第三者待遇では、上下、親疎にかかわらずハルが使用され、面と向かって話す場合よりも、第三者として話題にする場合に素材待遇語が多用されるという運用上の特徴が認められる。
（5）中年層や高年層と同じく、「一般論」に至るまで「不特定」の範疇でも高頻度でハルが使用されているが、「団体・機関」の範疇では該当例自体が少ないので断言はできないが、ハルの使用は低調だと思われる。
　以下では、上で述べた要点について具体例を示しながら詳しく考察する。

3.2.1　一律的なハルの適用
　「特定」の範疇の人物が話題の主語となっている場合、身内を除くと元総理大臣にも（発話例［5-12］）、近所の出入りの魚屋にも（発話例［5-13］）ハルを使用するというように上下、親疎にかかわらずハルは使用される。

［5-12］
→ＸⅡ0202SQ　：小渕さん　入院してはった　順天堂の　お医者はんとこ
　　　　　　　　そこお　出はったんやてね｛￣｝。（SS：ふーん）自分
　　　　　　　　で　ゆーてはんのやて。　　SQ→SS【小渕元総理大臣】
［5-13］
　ＸⅡ1092SS　：ふん。　いつも　どこ　買いに　行ってたん｛↑｝。
　　　1093SQ　：裏の　あんた　との　＃＃＃＃〔魚屋店名〕の…
　　　1094SS　：＃＃＃＃〔魚屋店名〕さん。　あー　そーか。
→　　1095SQ　：あこから、持ってきてくれはんの｛＿｝。

SQ → SS【出入りの魚屋】

以上は話題の主語が他人の場合であるが、身内の場合は扱いが異なる。詳しくは 3.2.3 で述べる。

3.2.2 第三者待遇に偏る素材待遇語の使用

最高年層話者の待遇表現の使用実態から、話し相手待遇でハルより普通形式を多用すること、第三者待遇「特定」(身内を除く)の範疇で上下、親疎にかかわらずハルが使用されること、「不特定」の範疇でハルが多く使用されることがわかった。この結果から、最高年層にあってもハルをはじめとする素材待遇語が話し相手待遇より第三者待遇で多用されていることが確認できる。

ただし、話し相手待遇で友人にも一定程度ハルを用いるという結果から、最高年層では、素材待遇語が第三者待遇に偏る度合いが中年層や高年層より低いとも言える。

3.2.3 身内に対する敬語運用

身内に対する敬語運用の詳細を表 5–4 に示す。
以下、具体的な人物について発話例を示しながら考察する。

◇ 夫を対象とした敬語の使い分け

話し相手が友人であれ、妹であれ、夫にはハルを適用し、絶対敬語的な運

表 5–4 最高年層話者の身内を対象とした敬語の使い分け
〈第三者待遇・カジュアル場面〉

談話番号	話者	話し相手	対象＼形態	息子1	息子2	嫁	妹	妹の主人	夫	母
ⅩⅠ	SQ	妹 ST	ハル	4	0	10		5	2	
			φ	3	5	10		0	0	
ⅩⅡ	SQ	友人 SS	ハル		0		0		12	3
			φ		3		3		1	4

［凡例］　形態欄の φ：普通形式
表内の数字は使用数

用が認められる。これは話者 SQ の意識調査の結果(表 4-12)からも裏付けられる。

[5-14]
　ⅩⅡ0830SQ　：いや、＊＊＊＊〔SS 苗字〕さんの、あの、おじーさんに
→　　　　　　　　わ　もー、(Q：うん)　もー、なんでも、しゃべらはっさ
　　　　　　　　　かい・　　　　　　　　　　　　　SQ→SS【夫】
[5-15]
→ⅩⅠ127SQ　：栄養　摂れん。ほして、骨と皮にならはる。(ST：ふー
→　　　　　　　　ん、ふーん)それでも、風呂え　はいりたい　ち　ゆわは
　　　　　　　　　るさかい、風呂　わかしてあげたら…　　SQ→ST【夫】
[5-16]
　ⅩⅡ0004SQ　：「もー　近所で　＊＊＊〔苗字の一部〕、あの、＊＊＊＊
　　　　　　　　　〔苗字〕さんだけやね{＿}、お話　でけん(出来る)のわ」
→　　　　　　　　ち　ゆーてたよ{↑}。　　　　　　SQ→SS【夫】

　普通形式を用いた唯一の例である[5-16]は談話の冒頭部の発話に現れたもので話し相手への配慮が強く意識されたとも考えられる。

◇　母親を対象とした敬語の使い分け
　友人を話し相手として母親を話題の主語とする場合は、ハルと普通体を混用し、普通体の使用が若干多い。同じような環境でハルも普通形式も用いられている。親族名称「(うちの)母」には普通形式が、親族名称「(うちの)おかーさん」にはハルが共起している。普通形式の使用は「母」と呼ぶこと(あるいは意識)に起因しているのか、心理的距離の近さに起因しているのか不明である。

[5-17]
　ⅩⅡ1859SQ　：女の子で　よー　してきやはった、て、うちの母が　よー
→　　　　　　　　ゆーてたわ{＿}。　　　　　　　　SQ→SS【姑】
[5-18]
→ⅩⅡ0591SQ　：よー、動かはる　娘はんどすなー{↑}　て、ゆーてはっ

　　　　　　　　たわ{＿}、うちの　おかーさんな{￣}。

　　　　　　　　　　　　　　　　　　　　　　SQ→SS【姑】

◇　妹を対象とした敬語の使い分け
　　妹に言及する場合は普通形式を用いる。

[5-19]
→ⅩⅡ0294SQ：そー。そー。そー。　うちの　妹も　そー　ゆーてた。
　　　　　　　　ほ、「ほしいもん　あったら、自分で　買いに行く。」

　　　　　　　　　　　　　　　　　　　　　　SQ→SS【妹】

◇　息子を対象とした敬語の使い分け
　　別に住んでいる長男と同居している次男とでは扱いが異なる。長男には《姉妹》間の談話ⅩⅠでハルを多く使用している。文中では普通形式が多いが文末ではほとんどハルが現れた。[5-20]は文脈や副詞「よー《よく》」などの副詞の共起から考えて《プラス評価》の要素も入っている可能性がある。
　　次男には普通形式を用いている([5-22])。

[5-20]
→ⅩⅠ141SQ：そやけど、よー　や、やめはった。すぽーって　やめはった
　　　　　　　で。
　　142ST：うん　ううん。
　　143SQ：＊＊＊〔長男の嫁の名前〕はんに　ゆわれたか　しらんけ
→　　　　　ど・　なんや、〔タバコを〕　すぽっと　やめはった。

　　　　　　　　　　　　　　　　　　　　　SQ→妹ST【長男】
[5-21]
　　ⅩⅠ097SQ：……そしたら　そいたら、＊＊＊〔長男の名前〕ちゃんが、
　　　　　　　　玄関え、ぱーんと、おーきな　トランクの　車のついたんお
→　　　　　　持って来たから、あ、＊＊＊〔長男の名前〕ちゃん　いま
　　　　　　　帰って来たん{↑}。ほな　ちょっと　ガス屋さん＊が　来
　　　　　　　てるさかい　ちょっと　見てーな、ちょっと、20分ほど
　　　　　　　の　あいだやさかいに　ちょっと＊＊てーな、ち　ゆーて

　　　　　　見てもーたんや。　　　　　　　　SQ→妹 ST【長男】
［5-22］
　ⅩⅠ1049SQ：そやけど　若いから、なー{↑↓}・　息子、やっぱり、そ
→　　　　　　　ない、ゆーてな・　　　　　　　SQ→妹 ST【次男】

　3.2であげた表5-3および、表5-4さらに上で示した発話例から最高年層話者の身内に対する敬語運用についてまとめると以下のことが言える。
（1）他人を話し相手にした談話で夫を話題の主語とした場合、絶対敬語的運用が行われている。母親を話題の主語とした場合、絶対敬語的運用はそれほど徹底していない。ただし、第4章3.2.2.3の表4-12に示した親族に関する意識調査の結果では、話者SQは母親には友人が話し相手の場合でもハルを使用すると答えており、意識と実際の運用とでずれがみられる。
（2）身内同士の会話で「身内・上」の人物を話題の主語としてハルが使用される状況は中年層と同じである。
（3）妹を話し相手にした談話で、また話し相手待遇で「身内・下」の関係にある嫁にも普通体・普通形式を基調とする中でも割合ハルを使用している。それらのハルの使用例をみると第3章で検討した派生的用法に含めて良いと考えられる。その具体的な発話例の提示と解釈は3.3で行う。
　全体に中年層、高年層話者と比較して絶対敬語的運用を行っていると言える。

3.2.4　「不特定」および「極めて疎」の範疇
　「不特定」および「特定」の範疇の下位範疇として立てた「極めて疎」の対象に関しては、中年層や高年層と同様にハルは高い確率で適用されている。
　以下に具体的な適用例を示す。必要に応じて普通形式の適用例も示す。

一般論
　「一般論」の範疇に含めた全発話例を示す。

[5–23]
→ⅩⅡ1495SQ ：ほーやんで、　みな　上から、あた、当たり前や　ゆわは
　　　　　　　　るさかいに・　当たり前か　なんか、しらんけども、
　　　　　　　　(SS：うん　うん)　やっぱり　弟が　先　逝く時もある。
　　　　　　　　　　　　　　　　　　　　　　　　　SQ→SS《友人同士》

[5–24]
→ⅩⅡ1286SQ ：まー　そーそー。　お金わ　かわる　って　ゆーさかいな
　　　　　　　　{￣}。　　　　　　　　　　　　　SQ→SS《友人同士》

範疇一般

[5–25]
→ⅩⅡ0482SQ ：そー　言わはるね　{￣}、一人の人わ　{＿}。も、すぐ　夜
　　　　　　　　になってくるて。　　　　　　　　SQ→SS【独身者】

[5–26]
　ⅩⅡ0932SQ ：なんでも　そんなもんや、あんた　こ、今日びの子ども
→　　　　　　　わ。(SS：うーん)そーやって　理屈　言うさかいなー
　　　　　　　　{↑↓}。　　　　　　　　　　　　SQ→SS【現代の子ども】

　あるグループについて一般的に言う場合でもそのグループが子どものような場合は普通形式が選択される。

団体・機関

[5–27]
→ⅩⅡ0105SQ ：なんで、あんな　おそば　一軒しかないー、の　やめはる
　　　　　　　　んですやろ。　　　　　　　　　　SQ→SS【そば屋】

[5–28]
　ⅩⅡ0103SQ ：おうちの　隣の、あの、洋服屋はんも　そー。(SS：あー)
　　　　　　　　ね　{￣}。　(SS：うん)　下手でー、だって　よー　あの
→　　　　　　　そば屋さんも　よー　はやって《繁盛して》いたやんか、
　　　　　　　　むかし。　　　　　　　　　　　　SQ→SS【そば屋】

　同じ「そば屋」を話題にしていてもその経営者の姿が直接イメージしやす

い他動詞の場合はハルを使用し、イメージしにくい自動詞の場合は普通形式が用いられている。中年層話者では後者のような場合でもハルが用いられていたという点でこの範疇に関しては使用状況が異なると思われる。

範疇個人
[5–29]
→ⅩⅡ0349SQ ：あのー、80代で、で、〔町内会の役を〕しはる人もあり、
→　　　　　 80代で　もー、でけへんて　ゆー人もある。　（SS：うーん）　うちわ　飛ばしてはるけども・（SS：うん）うちわ、若手が　いやはるさかい、ちゅーて、（SS：うーん）せんならんことに　なったの。　ほしたら、おじぞーさん、あんた、せんならんやん、（SS：うん）　配りもんしたり、なんかしてなー｛↑↓｝。
　　　　　　　　　　　　　　　　　　　SQ→SS【80代の人】

[5–30]
　ⅩⅡ0457SS ：そやけど、　えー、　えー　お嫁さんやなー｛↑↓｝。
→　　0458SQ ：みんなが、そー　ゆーてくれはる。　　SQ→SS【皆】

[5–31]
→ⅩⅡ1107SQ ：で　こっちわ、か、賀茂から、曲がりに来るしな｛￣｝。
　　　　　　　　　　　　　　　 SQ→SS【賀茂の野菜売り；不特定】

「範疇一般」と「範疇個人」との間には実際ははっきりした境界があるというわけではなく連続していると考えている。[5–29][5–30]のような例は両者の中間ともいえよう。不特定であってもいくらか具体性のでてくる「範疇個人」の場合、ハルが用いられる頻度が高くなっている。ただ、属性によっては[5–31]のように普通形式が用いられている。

全面否定
[5–32]
→ⅩⅡ0122SQ ：＊＊＊〔SSの名前〕さん　誰も　待ってはらへんやん。ちょっとも　肥えはらへんねんわ｛＿｝、あんた。
　　　　　　　　　　　　　　　SQ→SS【SSを待っている人：全否定】

極めて疎
[5-33]
→　　ⅩⅠ267SQ　：で　むこーらへんで、むこーらへんでね｛↑｝、ひったく
　　　　　　　　　りに　あわはったんや。
　　　　　　　SQ→妹ST【新聞記事に載っていたひったくりにあった人】

　新聞記事に載っていたひったくりの被害者のような全く面識のない人物が話題の主語になる場合もすべてハルが使用されている。
　以上から最高年層話者では「団体・機関」を除くと「不特定」と「特定」の「極めて疎」の範疇で高い頻度でハルが使用されていることが確認できた。この状況は他人が話し相手の場合も妹が話し相手の場合も変わらない。「団体・機関」の範疇が「人」と認識される度合いは中年層より低いと考えられる。「範疇一般」で年齢が低いグループなどや、「範疇個人」では野菜売りのような属性にハルが使用されないなど、ハルの運用に尊敬語的特徴が認められる。

3.2.5　話し相手待遇における敬語の使い分け

　身内の妹を話し相手とした場合は普通形式のみが用いられ、中年層と変わらない。しかし、他人の友人が話し相手の場合状況は異なる。
　話者SQは自分でも話し相手が友人SSの場合では、[5-34] 0911SQの発話のように「兄弟みたいにしゃべっている」、[5-34] 0915SQ「するか」のように普通体・普通形式を使用すると内省している。確かに、実際に普通体も用いており（[5-35]）、普通形式が基本だが、[5-36]の発話のようにハルを少なからず使用している。他人が話し相手になると敬語が混ざってしまうようである。

[5-34]
　　ⅩⅡ0911SQ　：上手に　ちょっとも言わんと　おんなじよーにしゃべって
　　　　　　　　　きょーだいみたいに　しゃべってるさかい・
　　　0912SS　：そーそー。
　　　0913SQ　：これが　えーんや　て、ゆーてはんの。
　　　0914Q　　：それでいーの、それで。｛間｝よそゆきの言葉で　｛笑いな

第5章　自然談話からみた最高年層女性話者の「ハル敬語」　187

```
                    がら} しゃべったらあかんて。
        0915SQ  ：＊＊＊〔名前〕さん、こーわ　こー　おしやすか、て、
                    ゆーてへん。こ　するか｛↑｝　ち　ゆーて・｛笑い｝
                                              SQ→SS《友人同士》
```

[5-35]
```
→ XⅡ0137SQ ：ミシン二台も　持って。　二階と　下と。　｛笑い｝　それ
→                 も　自分で　こーて《買って》・　なー｛↑↓｝。　ちょっと
→                 も　親に　こーてもらわんと《買ってもらわないで》　自
                   分で　こーて《買って》・　　　SQ→SS《友人同士》
```

[5-36]
```
    XⅡ1169SQ ：また　じゃ　あのー、お盆わ　あのー、若芽やら　たいた
→                 ん、荒布か　炊いたん　しはったん｛↑｝。
        1170SS  ：あー　あー。　したした。　　SQ→SS《友人同士》
```

　「身内・下」の関係にある息子の嫁が話し相手の場合もハルが使用されることがある。

　嫁がマトモの相手の時は2例普通形式、1例ハルを使用し、後者は「〜してくれる」と共起しており、普通形式を基調としていると思われる。

[5-37]
```
    XⅡ0689Q  ：スープ。
        0690SQ ：はー｛↑｝。
        0691Q  ：かぼちゃの…
        0692SQ ：かぼちゃの　スープ｛↑｝。
        0693Q  ：うん。
→      0694SQ ：｛長い間｝　かぼちゃわ、あのー、裏ごし　したの｛↑｝。
                                              SQ→嫁Q
```

[5-38]
```
→ XⅡ1774SQ ：ママさん、かまへんよ。お遣いに行くんやったら　行って
                 や。〈かまへんよ｛_｝。　　　　　SQ→嫁Q
```

[5-39]
```
    XⅡ0683Q  ：もー　いれとかなあかんな｛ ̄｝、　お布団。
```

→ⅩⅡ0684SQ ：何　してくれはったんえ｛↑｝。　　　　　　SQ→嫁Q

　嫁がワキの聞き手となった場合はハルの使用数が普通形式の倍ぐらいになっている。ハルが使用された箇所をみると発話例［5-40］のように嫁に感謝したり誉めたり、あるいは発話例［5-41］1147SQのように事態を取り立て話を盛り上げている場合が多かった。

［5-40］
　　ⅩⅡ0875SS ：ふーん｛↑｝。　そやけど、ここえ　来て　こないしてごっそーになる　ゆーのも、ちょっと　こー　不思議な縁やな｛￣｝。　へー、(SQ：｛笑い｝)　あんたとこ。いや、あたし…
→　　0876SQ ：いや、ママさん、いはる、いやはるさかいや。　あたしやったら　ぜんぜん　でけへん。
　　　　　　　　　　　　　　　　　　SQ→友人SS【嫁Q；ワキの相手】

［5-41］
　　ⅩⅡ0036SQ ：ほしたら　うちの　ママさんが　ね｛￣｝、(SS：うん)「学校え　来たら、(SS：うん)　先生お　おかーさんと　思てくれ」て、一年生　はいったとき、一年生の子どもに
→　　　　　　　　ゆーたんやて。
　　　　中略
→　　0047SQ ：「おかーさんて　ゆーてくれ」て…「おかーさんと違う、おばーさんや」て、びっくりしてはった。｛笑い｝　今の子わ　もー。　　　SQ→友人SS【嫁Q；ワキの相手】

3.2.6　話者の心的態度を反映した現場依存的なハルの用法

　3.2.1～3.2.5で記してきた運用が基本的な運用だとすると、その基本的運用を外れた例外的な運用例が少数ながら認められる。

◇　第三者待遇で普通形式とハルを混用する嫁にハルを使用した例
　3.2.3で述べたように話者SQは嫁にはハルと普通形式どちらも用いる。その中で［5-42］の発話は息子の嫁が障子張りに健闘中に起こした小さな

失敗談を笑いながら話す中でハルが使われており、何らかの評価的な感情が暗示されている。《対象化》《マイナス評価》の機能が考えられる。

［5–43］
→ⅩⅠ074SQ ：そやけど　ほねお…〔障子の〕骨　{笑いながら} <u>とらはった</u>けど、骨わ　折れたけど、あたしら、なにも　ゆわへんのや。も、折れた　とも　なんにも　ゆわへんのや。も、知らん顔して…　　　　　　SQ→妹ST【次男の嫁】

◇　話し相手の友人に賞賛の気持ちを込めてハル、さらにはナハルを使用した例
　次の［5–43］は話し相手のある行動について述べる際、普通形式からハルに、ハルからナハルに一続きの発話の中でシフトが起きている例である。ハル以外の尊敬の助動詞もこのシフトに関わっていることから、このようなシフトは敬語の一般的な用法として考えられる。このようなハルの用法は尊敬語本来の「話題の主語を高める」機能から派生して、プラス方向に向かう「感情評価暗示用法」の源だと考えられる。［5–44］も同様のケースである。

［5–43］
　　ⅩⅡ0153SQ ：よー、そやけど、家　<u>直しといたねー</u>{↑↓}。
　　　0154SS ：えっ{↑}。
　　　0155SQ ：もー　しんどいでしょ{↑}、あれ、あんなんわ{＿}。
　　　0156SS ：もー、直すとこない。
　　　0157SQ ：もー、直すとこ　あらへんやろけど・　も、あの　二階から、みな、とー《戸》から、(SS：あー、そやそや)　み
→　　　　　　　な　<u>変えはって</u>、〈なー{↑↓}・
　　　0158SS ：なー。〉
→　　0159SQ ：しんどいのやろー、と思う。それ　よー　<u>しなはった</u>。
　　　　　　　　　　　　　　　　　　　　　SQ→SS《友人同士》
［5–44］
　　ⅩⅡ0581SQ ：えっ{↑}。　そんなもん、家や。　だん＊＊でも、洗う。
→　　　　　　　二階の　ざ、座布団でも　洗うち　<u>ゆってはった</u>。(SS：

→　　　　　　　　{笑い}）ま、よー　洗わはったわ {_}。　よー、おしや
　　　　　　　　はったな {¯}。　もー…　　　　SQ→SS《友人同士》

　上記の［5-43］［5-44］の発話例で話者SQがハルとナハル、ないし、
(お)〜ヤハルをセットで用いていることも興味深い。

◇　質問するときに出現するハル
　話者SQの友人に対する発話で、質問する時もハルがよく使用される。前
章でも述べたように質問という発話行為は何らかのFTAを伴う行為であ
り、普通形式よりハルが選択されやすいと思われる。《質問強調》のハルと
してよいだろう。話者SQの場合、友人との会話では友人への配慮が連帯感
より優先されると考えられる。

［5-45］
→ⅩⅡ0518SQ：何時頃に　起きはんの {↑}、朝。
　　0519SS：朝か {¯}。もーー　そやな {¯}、5時半か　6時。
　　0520SQ：えっ {↑}。　そんなに　起きてんの {↑}。
　　0521SS：うん。　　　　　　　　　　SQ→SS《友人同士》

◇　友人に質問する際、普通体から丁寧体にシフトする
　話し相手に普通体・普通形式で質問したが、要領を得ない答えが返ってき
たので、再度質問する際、丁寧語が現れた例があった。これは丁寧語のもつ
距離感を利用した用法だと考えられる。

［5-46］
　　ⅩⅡ0282SQ：ちょっと　ふらふらするのも、起きても {↓}。
　　　0283SS：うん　うん。
　　　0284SQ：しんどかったら、寝たら　なおる {↑}。
　　　0285SS：あ、　いっぺん、あー、そや。　今日、これー、これお
　　　　　　　ついでに、いっぺん　行ってこなあかんわ {_}。　あそ
　　　　　　　この…
　　　0286SQ：そして　あのー…

```
    0287SS ：あそこの　お医者さんに、最期　みてもらおー　思て・
           {笑い}
→   0288SQ ：ふらふら　しーしまへんか{↑}。　SQ→SS《友人同士》
```

◇　話者自身に自嘲気味にハルを適用した例

　集計には入っていないが話者自身にハルを適用した例があった。これは自嘲のニュアンスが感じられる。このような表現は年齢の高い話者に多く用いられるように見える。《対象化》のハルと言っていいだろう。

[5-47]
```
→ⅩⅡ1782SQ ：居候　いはるさかい・　うちが　ここに　いはるさかい・
```

◇　実在する人物に臨時的に普通体、普通形式が使用された例

　次の[5-48]は妹と仲の良い友人がひったくりにあったという話の中で、そのひったくりを話題の主語として普通体、普通形式が使用されたケースであり、話者はその次のターンで同じひったくりにハルで待遇している。実在の人(他人)に対してはハルで待遇しているのが一般的な運用となっている際に、普通形式を用いるとその対象となる人物を大きくつきはなす効果が得られる。

[5-48]
```
    ⅩⅠ286ST ：……　で、お参りやさかいなー{↑↓}、二三千円しか　は
                  いってへんのや。あのー、***〔苗字〕はんの　とられ
                  はったんわ…
→   287SQ  ：〔そのひったくりが〕ぱーんと　取るの{↑}。
    288ST  ：とっていきよった　って。
    289SQ  ：〔そのひったくりが自転車に〕乗ってはんでしょ{↑}。
                                      SQ→ST【ひったくり】
```

　以上、最高年層話者による基本的な敬語運用によっては解釈できない臨時的、現場依存的な待遇表現形式のさまざまな適用例をみてきたが、高年層話者と同じくこれらの用法は敬語の用法の延長上にある派生的用法によるものとして解釈できるケースが多いことを示した。

4. 本章のまとめ

　本章で考察した最高年層女性話者のくだけた場面における敬語運用は概略以下のようなものになろう。

① 基本的な運用の枠組みの中でハルと普通形式とハル以外の敬語形式、特に丁寧融合型尊敬形式オ〜ヤスを使用する。
② 話し相手待遇では妹のような相手には基本的に普通体を用いるが、他人である友人にはハルや他の諸敬語形式を文脈により使い分けて使用している。話し相手が身内と他人とでは扱いに差があると思われる。
③ 第三者待遇では実在する人であれば、子供や話者の身内で同等以下の人物以外は、極めて疎の関係にある人物も含めて一律にハルが適用される。
④ 第三者待遇で他人が話し相手の場合でも（話し相手の如何にかかわらず）敬語上のⅠ人称である話し手の直近の身内で目上の人物にもハルが適用され、絶対敬語的運用がみられる。
⑤ 第三者待遇の「不特定」の範疇に含まれる人を対象とする場合でもハルが適用されることが多い。ただし、「団体・機関」の範疇では動詞の他動性が低くなるなどの場合、ハルの使用は制限される傾向にある。
⑥ 普通体は心理的に大きな距離があったり、ごく低い年齢で抽象的で非限定的な「人」といった限られた範囲で適用される。
⑦ 上記①〜⑥に示した基本的な運用を離れて、臨時的にハルを使用することがあるが、尊敬語用法の派生用法として解釈できる例が多い。
⑧ 派生的用法ではハル以外の尊敬語（ナハル、オ〜ヤハル）や丁寧語が使用されることもある。
⑨ ハルの生起する言語内的環境として、「〜んと〔≒〜ないで〕」の前に現れることがある。

　上記①から⑨について中年層話者、および高年層話者の結果を比較すると、上下、親疎に関わらないハルの適用、および不特定の「人」を対象としたハルの適用範囲の拡大、という点で三者は共通している。しかし、聞き手に対する敬語運用と配慮のあり方、絶対敬語的運用の残存の程度、という点で最高年層話者は相違が顕著であり、ハルに関して言えば高年層の場合以上に尊敬語的色彩が濃いと言える。

第6章　自然談話からみた
　　　　若年層女性話者の「ハル敬語」

1. はじめに

　ここまで中年層女性話者から始まって高年層女性話者、最高年層女性話者の京都市方言敬語の運用と「ハル敬語」の特質について考察してきた。それらに関しては各年層間で類似点と相違点があることが確かめられた。特に、中年層話者において、敬語運用と「ハル敬語」の意味・機能は、現代日本標準語の敬語運用、尊敬語のそれぞれと顕著な異なりをみせている、というのが筆者の立場である。本章では、このような中年層の敬語運用と「ハル敬語」の特質を次の世代である若年層話者が引き継いでいるか、について主に自然談話資料を分析することにより考察していく。

　具体的な分析の観点は、前章までと同じく、《カジュアル場面》において、総体的にどのような待遇表現形式が用いられているか、基本的な運用の枠組みとして話し相手待遇では普通体、普通形式を用いているか、第三者待遇では目上だけでなく同等や目下の対象にもハルが使用されているか、不特定の範疇にある対象にもハルは使用されているか、その結果として「第三者待遇に偏る素材待遇語の使用」(宮治1987)が行われているか、基本的なハルの意味・機能はどんなものか、臨時的派生的なハルの用法はあるのか、その際の意味・機能は何か、といったことである。

　当該方言地域では言葉を覚え始めた幼児の会話にもハルは出現する。若年層話者の「ハル敬語」は話者自身の言語上の成長過程という側面から見ればその延長上に位置し、中年層話者のそれへと続く。敬語の習得は一般には社会構造や社会関係を認識し、自分の属する集団の敬語の規範を理解した上ではじめて可能になるものであり、習得するまでには一定の時間がかかるものである。では、幼児や社会経験のあまりない若年層話者の用いる「ハル敬

語」はどんな合理化過程を経たものだろうか。若年層話者の用いる「ハル敬語」と中年層話者の用いる「ハル敬語」とは何が同じで何が違うのだろうか。これらのことを明らかにすることができれば、京都市方言女性話者の「ハル敬語」の今後の動向を探る上で助けになると考える。

2. 若年層女性話者談話の調査概要

2.1 話者情報

分析対象とする談話に参加した若年層女性話者の属性を表6–1に示す。続けてその談話に参加した若年層女性話者以外の話者の属性を表6–2に示す。

表6–1 若年層女性話者《カジュアル場面》

	話者	生年[1]	居住歴[2]	職業[3]	参加した談話	続柄、関係
若年層	IJ	1983(S58)	北区	中学生	II	Iの娘
	DJ1	1978(S53)	北区	販売	IIIa	Dの娘
	DJ2	1983(S58)	北区	大学生	IIIb	Dの娘

[1] 西暦で記した。( )内は元号でS＝昭和
[2] 言語形成期を過ごした場所には下線を付した。
[3] 談話収録時の職業を記した。

表6–2 若年層女性話者以外の談話参加話者《カジュアル場面》

話者	生年	居住歴[1]	職業[2]	参加した談話	続柄、関係
I	1948	北区	主婦	II	IJの母、IMの妻
IM	1944	中京区→北区	管理	II	IJの父、Iの夫
D	1948	中京区→北区	主婦	IIIa、IIIb	DJ1、DL2の母

[1] 言語形成期を過ごした場所には下線を付した。
[2] 談話収録時の職業を記した。

2.2 談話情報

分析対象とする談話は表6–3のとおりである。

収録した談話は、親子間という一番基本的でくだけた会話が行われると予想できる場面であり、若年層の話者は実際、母親や父親に話し相手待遇では普通体を使用している。

第 6 章　自然談話からみた若年層女性話者の「ハル敬語」　195

表 6-3　談話情報《カジュアル場面》

談話記号	参与話者*1	話者間の関係*2	収録時間	談話の展開	収録年月	収録場所*3
II	I(50)–IM(54)–IJ(13)	夫婦と娘	40 分	I が主導	1999/7	北区
IIIa	D(56)–DJ1(25)	母親と娘	25 分	同量の発話	2004/8	北区
IIIb	D(56)–DJ2(21)	母親と娘	15 分	同量の発話	2004/8	北区

*1 （ ）内は談話収録時年齢。
*2 この列下の下線部は当該談話における分析対象話者の立場。
*3 談話収録はすべて談話参与者の自宅で行われた。

2.3　調査方法

自然談話資料を用いた調査の方法は第 2 章 2. に示した通りなのでここでは省略する。

3.　若年層女性話者の敬語使用実態

ハルの文法的特徴のうち活用と承接関係に関しては、中年層の場合と違いが特に認められなかったので説明は省略する。

3.1　ハルの生起する言語内的環境

分析対象とする自然談話資料を見る限りハルの生起する言語内的環境は若年層話者においては中年層と顕著な異なりはなかった。以下にその概略を示す。

Ⅰ．ハルが出現しなかった環境は次の通りである。
　以下に示す従属句内
　1) 南(1974, 1993)の従属句の分類において A 類の従属句内(状態副詞的用法)(例文略)
　2) 南(1974, 1993)B 類接続助詞「たら」で終わる抽象的、一般的な人物を想定した仮定条件節内及び帰結部(例文略)

Ⅱ．文末以外の従属句などでハルが生起した言語内的環境は以下の通りである。

ⅰ．中年層話者の場合と同じくＣ類従属句内とＢ類「〜て₂(継起・並列)」「たら」の内部(例文略)
ⅱ．連体修飾句内
［6–1］
→Ⅲb023DJ2：うん。　でも、こー　〔扇子を両手に持たないで振って〕　開けはる人も　いはるけど・
　024D　　：うわっ。　つぶれるやん。　そんなことしたら・
　　　　　　　　　　　　　　　　　　　DJ2→D【外国人買い物客】

ⅲ．形式名詞「の(ん)」(体言化)(例文略)

　以上はすべて中年層話者で列挙したハルが生起した言語内的環境に含まれるものである。

3.2　集計結果と考察—若年層女性《カジュアル場面》—

　3.1で検討したハルが生起する言語内的環境にあると考えられるすべての動詞述語について第2章2.2に示した方法により分類集計した。集計した

表6–4　待遇別談話別若年層女性話者の敬語の使い分け《カジュアル場面》

談話番号と参与者構成*1	話者	対象／形態*2	第三者待遇 不特定 範疇一般	第三者待遇 不特定 団体・機関	第三者待遇 不特定 範疇個人	第三者待遇 特定 疎 極めて疎	第三者待遇 特定 疎 上	第三者待遇 特定 疎 下	第三者待遇 特定 親 上	第三者待遇 特定 親 同	第三者待遇 特定 親 下	第三者待遇 特定 動物(ペット)	小計	話し相手待遇 ワキ 親 動物(ペット)	話し相手待遇 マトモの相手 親 動物(ペット)	話し相手待遇 マトモの相手 親 身内・上	小計	総計
Ⅱ 妻と夫 娘	IJ	ハル	2				1						3					3
		φ			1	1	1					13	16		2	8	10	26
		計	2		1	2	1					13	19		2	8	10	29
Ⅲa 母と娘	DJ1	ハル							1	6	3		10					10
		φ	2	3						3	2		10	1	1	4	6	16
		計	2	3					1	9	5		20	1	1	4	6	26
Ⅲb 母と娘	DJ2	ハル			5				4	4	1		15				1	16
		φ		1	3								4	1	2	1	4	8
		計		1	8	1			4	4	1		19	2	2	1	5	24

*1　集計した話者の立場を示す箇所に下線を付した。
*2　形態欄の凡例　　φ：普通形式　　　　　表中の数字は使用数

結果を表 6-4 に示す。対象欄には動物（ペット）も含めた。これは話者全員が談話中に動物にも呼びかけていること、DJ2 が 1 回動物（ペット＝準飼い猫）にハルを使用していることによる。

　対象欄に関していえば、話し相手は話者にとって身内で上位の家族に限られており、第三者待遇でもすべての範疇の人物が話題に上がったというわけではないが、この範囲でも、いくつかの点が確認できる。
(a) 使用待遇表現形式はハルと普通体の二形式である。
(b) 話し相手待遇で「身内・上」にあたる両親には敬語を用いない。
(c) 第三者待遇では親疎、上下にかかわらずハルは使用される。第三者待遇でのハルの使用数は「動物」を対象とした場合を除くとすべての談話で普通形式以上か同数となっている。
(d) 「不特定」および「特定」で「極めて疎」の範疇の対象を話題の主語とした場合でもハルは使用される。
(e) 上述のとおり「話し相手待遇」で「動物」をワキの相手とした場合にハルが使用されている。

　以上のうち (a) ～ (d) は中年層話者と同様の結果である。以下、第 3 章で中年層話者の敬語運用上の特質を考察する際に取りあげた主要な観点にあわせて資料に現れた具体的な発話例を示しながら若年層話者の運用の詳細を考察していく。

3.2.1　一律的なハルの適用
　実在する具体的な他人を話題にする場合、上述のとおり上下、親疎にかかわらずハルは使用される。DJ2 がアルバイト先の上司である店員にハルを使用した例［6-2］と、後輩の部員に使用した例［6-3］を挙げる。

［6-2］
→Ⅲb017DJ2：あのー、ぞー　こー　両手で　開けてくださいよ　って　<u>ゆわはん</u>の。
　018D　　：あー。　あー。　そーか｛↓｝。　あっ。外人さん　そしたら開けたがらはるんや。
　　　　　　　　　　　　　　　　　　　　娘 DJ2 →母 D【アルバイト先の店員】

[6-3]
→Ⅲb141DJ2：うーうん。　<u>一回生</u>　持ってはらへんから、(D：あーそーか)　あたしらしか　持ってへんけどー、(D：うん)　でも　一応、パジャマみたいな　感じで　みんな　持ってくるんやし・
　　　　　　　　　　　　　　　娘DJ2→母D【後輩のスキー部員】

ただし、IJは近所に引っ越してきたつきあいのない子(幼稚園児)に母親Iと同じく普通体で待遇している。

[6-4]
→Ⅱ309IJ　：｛笑いながら｝コケコッコー　って　ゆった。
　　　　　　　　　　　　　　　　　　　　　娘IJ→母I【近所の子】

少なくとも若年層話者でも目下にもハルを用いるという運用は引き継がれていると思われる。

3.2.2　第三者待遇に偏る素材待遇語の使用

　若年層話者にとって、「身内・目上」にあたるとはいえ両親や母親を話し相手とする談話の場合は、最もくだけた場面となると考えられる。その談話において、話し相手待遇で両親や母親に普通体、普通形式を用いる(発話例[6-5][6-6])。一方、第三者待遇では「人」を話題の主語とする場合、ハルの使用が普通体と同じか、上回る結果となっている。このことから若年層でも中年層と同じく「第三者待遇に偏る素材待遇語の使用」(宮治1987)が行われていることが確かめられた。

[6-5]
→Ⅱ238IJ　：あん　唐辛子　食べへんの｛↓｝。
　　239IM：うん｛↑｝。　　　　　　　　　　　　　IJ→父IM
[6-6]
→Ⅲa010DJ1：大津の　花火大会とか　ゆってた｛↑｝　それ。
　　011D　：そーや。　大津の　花火大会。　……　　　DJ1→母D

3.2.3 「不特定」および「極めて疎」の範疇

　第三者待遇では、話者にとって未知の、間柄的関係が成立しないような、「不特定」および「極めて疎」の範疇にある「人」にもハルが適用されているという点も中年層話者と同様である。以下にその実例を示す。

範疇一般
［6-7］
→ⅠⅠ285IJ　：<u>舞妓さん</u>　絶対　そーどすかー、<u>ゆわはんねん</u>。
　 286I 　：そーどすえー｛→｝や。
　 287IJ ：どすえーか｛↓｝。　……　　　　　　　娘IJ→母Ⅰ【舞妓一般】

範疇個人
［6-8］
　　Ⅲb018D　：あー。　あー。　そーか｛↓｝。　あっ。　外人さん　そしたら　開けたがらはるんや。
→　019DJ2　：うん。　そーゆーもんや　と　<u>おもーて《思って》はんの</u>｛＿｝。
　　020D　：あ、扇子を　そーして　開けるもんやと、おもーて《思って》はんの｛↓｝。
　　021DJ2：そー。　斜めに　開けるぞー、が　わからへんから、（D：
→　　　　　うん）ふっ、<u>ふらはんの</u>。
　　022D　：ふるって　開けそーにならはるから、店員さんが、（DJ2：うん）ちょっと　それわ　具合悪いですよと、（DJ2：うんうん）見に来はるんやな｛↑｝。　えー。　ほんな、わからはる｛↑｝。
→　023DJ2：うん。　でも、こー　<u>開けはる</u>人も　<u>いはる</u>けど・
　　　　　　　　　　　　　　　娘DJ2→母D【外国人買い物客；不特定】

　なお、「団体・機関」とした範疇で出現した例は普通形式が用いられているが、例えば発話例［6-9］のように話題の主語（［6-9］では「無添加のお総菜屋」）の「主語性」といったものが希薄で、事態の起こっている「場」を表していると解釈できるケースであった。資料が少なくて中年層話者のよう

にこの範疇の対象にも、若年層話者がハルを使用しているかどうかについてははっきりと言えない。その検証は今後の課題としたい。

[6-9]
　　Ⅲa060DJ1：だめかな {￣}、無添加のさー {↑↓}、無添加のー、あの　お
　　　　　　　　総菜屋さんとかにー {↑↓}、（D：うん）　行ってー、（D：う
　　　　　　　　ん）　ほんで　なんか、野菜の、　なんか、こ　温野菜の　サ
→　　　　　　　ラダとか　そーゆーやつが　（D：あ、買うの {↑}）　<u>売っ
　　　　　　　　てるのやんかー</u> {↑↓}。　（D：そーなん）　そーゆーの　買っ
　　　　　　　　たりわ　するけど・　（D：ふーん）　＊＊＊＊＊
　　　　　　　　　　　　　　　　　　　　娘DJ1→母D【無添加のお総菜屋さん】

以上、くだけた場面における若年層女性の基本的な敬語運用の枠組みは第3章[19]で示した中年層女性の枠組みをほぼ継承しているものと思われる。

3.2.4　話者の心的態度を反映した現場依存的なハルの用法
　3.2.1から3.2.3に示した基本的な運用の枠組みを外した派生的用法と解釈できる発話例は第3章で触れた、動物（準飼い猫）にハルが用いられた1例である。話者DJ2はマトモの相手で2回、ワキの相手で1回準飼い猫に普通体を用いているところをみると基本的には普通体で待遇しているものと考えられる（[6-10]）。

[6-10]
　　Ⅲb034D　：＊＊〔DJ2の愛称〕ちゃん、ハナちゃん〔準飼い猫の名前〕
　　　　　　　　も　海　行くんやて {↑}。
→　　035DJ2：かばん　<u>はいるん</u> {↑}。　　　　　　　娘DJ2→準飼い猫
[6-11] (＝[3-78])
→Ⅲb149DJ2：どーしよーかなー {↑}。　なんか　<u>ハナちゃん</u>〔準飼い猫
　　　　　　　の名前〕<u>座ってはるし</u>・　　　　娘DJ2→母D【準飼い猫】
　　　150D　：ハナちゃん、ちょっと　<u>退いてあげてよ</u>。

第3章3.4.3（発話例[3-80]）ですでに述べたとおり、談話Ⅲbは DJ2 が

母のDのそばで、翌日出かけるクラブ合宿のために、旅行かばんを広げて、持っていく衣類を選びながら詰め込んでいる場面で発せられた。[6–11]149DJ2で用いられたハルはハルの派生的用法のうち「感情評価暗示用法」とした使い方に近いものと思われる。

またこのような発話例から若年層話者においてもハルの派生的用法が用いられていることが裏付けられる。ただし第4章3.2.3、「表4–13　ハルの派生的拡張用法と心内発話での使用意識―補足調査Ⅱ―」に示したように派生的用法の使用は用法によっては尊敬語に通じる用法において特に低調となっている可能性もある。一方軽卑語ヨルなどに通じる用法はヨルをハルに置き換えることによっても積極的に使用されていく可能性がある。

したがって若年層話者においては中年層の敬語運用、ハルの表す意味・機能の一部を引き継いでいると考えられる。

4.　本章のまとめ

本章では若年層のくだけた場面における敬語運用とハルの特質を使用意識と会話における使用実態の両側面から考察した。その結果以下のことがわかった。

① 基本的な運用としてはハルと普通形式の2形式を使用する。
② 話し相手待遇では基本的に普通体を用いる。
③ 第三者待遇では上下、親疎にかかわらず人には基本的にハルを適用する。
④ 第三者待遇で「不特定」の「人」の各範疇でハルを使用することがある。
⑤ 臨時的に話し手の心的態度を表すハルの派生的用法を用いるが、男性話者であればヨルによって代替されるような箇所でハルを用いる傾向にある。尊敬語から派生された「特殊な待遇意図」にもとづくような用法はあまり盛んに用いられない。このような用法の使用は敬語の習熟度とも関係があると思われる。「ヨルは汚い言葉なので使わないように言われているが、怒っている時など使ってしまう」という内省に象徴されるように規範的な敬語使用がこの年代では十分身についていないことも考えられる。

その一方でヨルによって代替されるような箇所での使用や③④に挙げた運用は幼児期から習得されている可能性がある。前章でも示した中年層話者に

よる内省をもう一度下に示す。

[6-12]
VI676M ：あのー　うちの、む、あの　孫が、「なんやら　してはんねん」　て、わりに　困ったときな{ ̄}…
677N ：あ、困ったとき　ゆーね{ ̄}。　うん　うん　うん
678M ：はあ。うん。うん。　「もー　あんなこと　ゆわはんのや。かなわんわー{↑}」とか　な{ ̄}、(N：あー　そー　そー　そー　そー)　そーゆー、時に…

当該方言地域では言葉を話すようになったばかりの幼児でも［6-12］のように実際ハルを使用しているが、大人のような社会関係に理解が及ばない幼児が使用するハルは、この内省で述べられているように尊敬語の機能を担っているとは考えにくい。幼児にとって第三者にだけ使うヨルのように、ハルを使用する際も、直接の話し相手とそれ以外の第三者とを分節して、後者に言及する場合にハルを用いるということはより容易なことだとも考えられる。本章で考察した若年層のハル敬語の運用はそのような幼児と中年層との間の過渡的な状態を表しているのではないだろうか。

5. 女性話者の敬語運用とハル敬語の世代間比較

第3章から第6章にかけて検討した京都市方言・女性話者の若年層から最高年層までの敬語運用およびハルの用法の主要な特徴を示すと表6-5のようになる。

表6-5の記号表示に少し補足を加えると、「基本的運用の枠組み：全体」最高齢話者の「△」は、話し相手が妹のような近親者の場合の使用形式はほぼハルと普通形式の二形式となるが、親しくても他人となると多数の形式を使用する、という意味である。高年層話者の「○」は家族が相手でも場合によってハルと普通形式の他に丁寧語も使用するという意味で記している。

「派生的用法：質問強調」の最高齢話者と高年層話者の「○」は、ハルだけでなく丁寧語なども動員してその効果を発現させているという意味である。

第6章　自然談話からみた若年層女性話者の「ハル敬語」　203

表6-5　敬語運用の世代間比較

運用状況と用法			年代層	最高齢(明治末生まれ)	高年層	中年層	若年層
基本的運用の枠組み	全体		使用形式がハルと普通形式(丁寧語不使用)の二形式	△	○	◎	◎
	話し相手待遇		普通体、普通形式使用	△	○	◎	◎
			近親者(目上)への普通体、普通形式の使用	△	○	◎	◎
			近親者(配偶者)への普通体、普通形式の使用	△	○	◎	n
	第三者待遇	特定範疇	上下親疎に関わらないハルの使用(他人の場合)	◎	◎	◎	○
			近親者(目上)へのハル不使用(他人が話し相手の場合)*	△	△	◎	△
			近親者(配偶者)へのハル不使用(他人が話し相手の場合)*	△	○	◎	n
			極めて疎へのハルの使用	◎	◎	◎	○
		不特定範疇	一般論の主節でのハルの使用	○	○	◎	○
			一般的な「人」を対象としたハルの使用	○	○	◎	○
			団体・機関を対象としたハルの使用	○	○	◎	○
			範疇個人を対象としたハルの使用	○	○	◎	◎
			全面否定の文でのハルの使用	◎	◎	◎	
派生的用法*	間接化			◎	◎	◎	
	親愛			○	○	◎	×
	擬人化			◎	◎	○	×
	強調(断定強調)			△	○	○	×
	強調(質問強調)			○	○	◎	×
	感情評価暗示用法(プラス評価)			◎	○	○	×
	感情評価暗示用法(マイナス評価)			○	○	◎	◎/ヨル
	発見・驚きの表明			◎	◎	○	

［凡例］　◎：よく使用する(不使用と書いてある項目では「使用しない」と読みかえる)
　　　　　○：使用する(不使用と書いてある項目では「あまり使用しない」と読みかえる)
　　　　　△：時たま使用する　　×：使用しない　　n：回答不能　　ヨル：ヨルも使用する
＊　自然談話資料の分析の他に補足調査の結果を加味した。

表6-5に示した女性話者のくだけた場面(方言場面)における敬語運用の枠組みやハルの意味・機能の変化を改めて言葉でまとめると以下のように要約できるだろう。

① 「基本的運用の枠組み」としては、年齢が下がるにしたがって多形式使

用からハルと普通形式の二形式使用へと変化している。
② 「話し相手待遇」では、相手によっては敬語もまじえていたのが、年齢が下がるにしたがい、両親や配偶者を含むどんな相手にも、一律に普通体・普通形式を使用するのが一般的になる。
③ 「第三者待遇：特定範疇」では基本的運用の枠組みとして、最高齢話者から若年層まで、話し相手に敬語を用いないような場合でも、近親者を除いて話題の第三者には一律にハルを用いている。
④ その近親者(配偶者を含む目上)に関しては、最高齢話者から中年層になるにしたがい他人を相手に話す場面ではハルを使用しなくなり、普通体・普通形式を使用する個人がふえる。
⑤ 「第三者待遇：不特定範疇」では年齢が下がるにしたがい抽象度が高い「人」に言及してハルが適用されるようになる。
⑥ 年齢が下がるにしたがいハルの派生的用法に関しては尊敬語の枠組みを語用論的に応用したと解釈される用法から、「尊敬語」との関連を感じさせない用法の使用へと広がっている。

　以上を敬語運用の枠組みやハル敬語の意味・機能の時間的変化として解釈し直すと、④からは絶対敬語的運用の特徴が薄まり、①②③⑤からはハルの意味・機能として尊敬語的色彩が薄まり、「三人称指標」的な特徴が増してきていることがわかる。若年層の運用等については他人を話し相手にした場合に第三者待遇において近親者で目上の人物を対象にしてハルを使用するか、など一部明らかにできなかった項目があるが、中年層の運用の枠組みを引き継いでおり、また、派生的用法に関してはヨルと代替可能な意味領域でハルを使用しているとみられる。ただし、この年代では敬語運用に関してはまだ「自立」していない傾向にあり、今後の推移を見守る必要がある。一つだけ言えることはヨルの意味領域をハルが代替して受け持つことになるとハルの適用対象は非情物主語に至るまで際限なく適用対象が広がる可能性があるということであり、現に筆者もそのような用例を多数耳にしている。いずれにしろこの派生的用法、特にマイナス方向の感情評価を指標する用法は尊敬語機能の逆用(大石1987)からの派生と、ハルの「三人称指標」的な「(話し手と話し相手から)少し隔てる」機能からの派生と、男性話者が使用するヨル系の素材待遇語の干渉といった現象が相互に浸透しあって適用範囲を拡大しているものと思われる。

ではハルとヨルの語感を比べるとどのような違いがあるだろうか。インフォーマントの発言として記したようにハルには使用すると少し距離感が出るという語感がありそうである。一方、ヨルは「親愛の意を多少含んでいる」「第三者の行為を、話者が自分に関係があると見ている」(中井幸比古 1997: 36)といった語感があるとされる。このような違いのあるハルとヨルの交渉はどのように考えればよいだろうか。

　本章までは女性話者について見てきたが、共時態で同じ地域言語を女性話者と二分するもう一方の主体である男性話者はどのような敬語形式を用い、どのような敬語運用を行っているのだろうか。ハルの担う意味・機能は男性話者と女性話者で異なるのだろうか。男性話者はヨルの使用者でもあるが、男性話者の使用するヨルの用法はこれまでの考察でハルのマイナス方向への感情評価暗示用法とした用法とどこが同じで、どこが異なるのだろうか。以上の点を明らかにすることによってはじめて京都市方言の「ハル敬語」の全貌がつかめることになる。次章ではこのような問題意識をもって京都市方言・男性話者の「ハル敬語」について考察したい。

第7章　男性話者の敬語運用と「ハル敬語」

1. はじめに

　前章まで京都市方言・女性話者の敬語運用と「ハル敬語」の特質について考察してきたが、本章では男性話者の敬語運用と男性話者の使用するハルおよびハル以外の素材待遇語の特質を明らかにすることを目的とする。現代京都市方言では現代日本標準語と比べ、男性と女性間で日常的に使用する基本的な素材待遇語(助動詞)語彙や数に違いがあることが特徴的である。素材待遇語(助動詞)の使用語彙の異なりは京都市方言だけでなく近畿中央部の大阪市方言等にも認められる傾向でもある。当該方言におけるこのような素材待遇語(助動詞)の語彙や数の違いは、男性話者によるハルの適用対象の範囲と女性話者の適用対象の範囲との異なりを生じ、ひいては敬語運用そのものの違いをもたらす。したがって京都市方言の「ハル敬語」の特質を論じるためには男性・女性両話者の「ハル敬語」を別途考察したうえで比較対照するという手続きを踏むのが最善の方法だと考える。Coates(1986: 40)他によると、今日では世界の諸言語には性別による好みを反映した sex-preferential 言語的差異と比較して、性別による相互排除的な sex-exclusive 言語的差異はまれにしかみられないとされる。当該地域方言では男女の使用素材待遇語(助動詞)の分化という形で社会慣習化されているという事実は、そうした文脈からも注目されて良いと考える。

　現代京都市方言のハル以外の素材待遇語形式については先行研究で連用形接続のヨルやトルのような男性によく使われる形式のあることが指摘されている。奥村(1962)では「軽い卑蔑的な語としてのヨルが、京都市はじめ、府下に、ある程度広く使用され」ており「―アイツイツデモ悪イコトシヨル。この形が、男性的な用語であることはいうまでもない」と指摘してい

る。また、継続態を表すには雨が降ッテルの形を用いるが、降ットル形が「京都市でもある程度使用される。テル・トル併用地域では、トルが男性語的性格をもっている」と指摘している。上で男性話者の使用するハル以外の素材待遇語としたのはこのヨルとトル、それにイルと対立する存在動詞オルである。男性話者はハルと普通形式にこれらの男性語的性格をもつとされる形式を用いてどのような敬語運用を行っているのだろうか。その際「ハル敬語」の意味・機能は女性話者の場合とどのような類似点や相違点があるのだろうか。ハル以外の形式の基本的な意味・機能はどのようなものだろうか。

また、第3章から第6章で女性話者のハルについて考察した際、ハルの派生的用法のうちマイナス方向の「感情評価暗示用法」とした用法がヨルのもつ用法と重なる可能性があることを指摘した。若年層のインフォーマントは「感情評価暗示用法」の使用意識について尋ねた際、怒っている時はついヨルを使ってしまうのだけれど、親からハルを使うようにたしなめられると内省していることからすると、女性話者によってはヨルをハルに置き換えてそのような心的態度を表そうとすることも大いにありえる。ではヨルの主たる使い手の男性話者はどのような意味・機能をヨルに担わせているのだろうか。男性話者の場合もハルにマイナス方向の「感情評価暗示用法」があるのだろうか。ヨルとハルは意味領域や機能に関して何らかの影響関係にあるのだろうか。そのような疑問に答えるためにも男性話者のハル・ヨル等の素材待遇語の用法や運用について考察する必要がある。

なお、本章での分析の主眼は資料に現れた範囲で、あくまで待遇的観点から男性話者がどのような敬語運用を行い、使用する諸待遇表現形式、とりわけハルはどのような意味・機能をもっているか、について明らかにすることにある。ヨル・トル・オルに関してはアスペクト的観点からも検討しなければならないが、それは待遇的観点からの考察に必要な範囲にとどめる。

本章でもこれまで同様、主として自然談話資料を用いた分析方法により考察を行い、必要に応じて調査票による面接調査を補う。

2. ヨル・トル・オルに関する先行研究

京都市方言・男性話者の敬語運用を考察する際してはハルだけでなくヨル・トル・オルの卑語あるいは軽卑語とされる形式について理解することが

不可欠となる。「ハル敬語」に関しても多数の先行研究があったが、近畿中央部方言のヨル・トル・オルに関しても、これらがもともとアスペクト形式として成立した形式であったこと、近畿中央部方言がかつては中央語の地位にあったことなどの理由により多大の先行研究の蓄積がある。本節ではこれらの形式がどのような待遇的意味・機能をもち、どのような表現性をもっているかについて、先行研究で述べられていることの概略を記し、そこから本章の考察の際の留意点を探ることとする。

　まず、アスペクト形式であり、待遇的に中立的であったオルが卑語性を帯びるようになった時期は十世紀後半に遡るということである。金水(1983)では「本来非状態的な動詞に、ある種の述語末成分を付加するなどして、これを状態性に転換する場合もある。転換後の述語を、もとの述語の状態化形式と呼ぼう。そして、そのような機能を持つ成分を、状態化辞と呼ぼう」と定義した上で、上代資料では、ヲリがキルの唯一の状態化形式として働いていたと見られるが、平安時代の仮名散文資料では970年代後半成立の『蜻蛉日記』以降「ヲリに主語下位待遇の意味が確認できるようになる」としている。オルの軽卑語としての用法は非常に古くからあったことになる。オルやオルから派生した形式がアスペクト表現形式から卑語性を帯びるようになる経緯に関しても活発な議論が行われてきた（金水1983、柳田1990、井上文子1993、中井精一2001他）。しかし、その問題は本書の考察範囲を越えているので、本節ではそのような議論に関する紹介は省き、現代京都市方言のヨル・トル・オルの特質について触れられている先行研究を中心に見ていくこととする。

　現代京都市方言のオル・トル・ヨルの用法に関わる先行研究の議論には上述した奥村(1962)の他に以下のようなものがある。
① 京都市方言のヨルについて述べられているもの
楳垣(1946: 178–179)：じょーずにかきヨル（上手に書く）
　　　　　　はよきヨッタ（早く來た）
　　　　(中略)即ちこの「よる」は相手動作主に對し輕蔑の意を含めて云ふ場合に限る。
　　　　この「よる」が「て」を介して動詞の連用形に連る場合もある。
　　　　　　なんやかいてヨル（何か書いてゐる）

きんのきてヨッタ(きのふ來てゐた)

高橋(1974)：「『よみよる』は、……京阪語、とくに京都弁では、アスペクト性はなく、男がくだけた場面でつかう、「よみあがる」に似た下むきの待遇表現である」「これはもともと目上でない人と動物の動作につかうものであるが、最近のわかい人のあいだでは、目上・目下の区別なく、さらに有情・非情の区別なく、ただ、三人称の動作表示のためにつかう傾向がでていて、

　　・日がてってよる。
　　・こんなとこに百円札がありよった。

のような文までとびだすありさまである」

井之口・堀井(1992: 256)：《助動》「第三者の動作を軽く侮っていう男性語。『いやなやつがいヨッタ』。卑語。イヨル・シヨル・イ(言)イヨル・イ(行)キヨルなど動詞連用形に付ける。促拗音化して、イ(行)ッキョルのようにもいう」

中井幸比古(1997: 36)：「『ヨル』は、一・二人称主語の場合は使われず、第三者の動作を表す場合に用いられる。楳垣編(1962a)(筆者注：楳垣実編『近畿方言の総合的研究』)がいうように、多少見下げた表現として使われるが、軽蔑と呼んでは多少オーバーで、親愛の意を多少含んでいる。……なお、非情の物の動作について、『雨フリヨル・降ッテヨル』と使うと、親愛の意味はなく、不利益・迷惑・不快などを表すだけのようである。ともあれ、『ヨル』は『ハル』とは逆に、第三者の行為を、話者が自分に関係あると見ている」

岸江(1998)：京阪方言で従来、マイナス待遇の軽卑語とみなされてきたヨルは、京都ではそれに加えて男性親愛形式と呼ぶべき用法があり、ハル(本来の素材敬語用法の他に親愛語的用法がある)とともに親愛語の体系を形成しているとしている。

② ヨル、オル、トルの違いについて述べられたもの

井上文子(1993)では京都府南部を含む関西中央部方言で分布がみられる「〜ヨル」、「〜トル」、人の存在を表す動詞「オル」の諸形式を待遇的な意味の違いによって「〜ヨル」を卑語、「オル」および「〜トル」を軽卑語とい

うように区別し、各形式について以下のように説明している。
〈～ヨル〉
大阪では、
　　　メシ　クイヨル　　（仕事もしないくせに）
　　　　　　　　　　　飯（ばっかり）食ってやがる
などのように「～ヨル」を卑罵的な意味で使用する。この場合の「～ヨル」のような下向きの程度の強いものを、以下本稿では"卑語"と呼ぶことにする。
〈オル〉
「イル」が待遇的に中立な意味での人の存在を表すのに対して、「オル」は人の存在を表しつつ、心情的でぞんざいな言い方として捉えられている。
〈～トル〉
「～テル」が待遇的に中立なアスペクトを表すのに対して、「～トル」はアスペクト表現の進行態・結果態を表しつつ、心情的でぞんざいな言い方として捉えられている。
　ただし、これらの「オル」・「～トル」は上の「～ヨル」ほど卑罵的ではなく、下向きの程度が軽いという意味で、以下本稿では"軽卑語"と呼ぶことにする。　　　　　　　　　　　　　　　　　　　（井上文子1993）

③　オル系「ヨル」「トル」とハルあるいはアル系助動詞との違いについて述べたもの
　中井(2002b)では畿内型待遇表現法に関して、社会的上下に対応して「ハル(上)→アル系→オル系(下)」を用いるという運用のルールに加えて、これらの使用に際して話題の第三者に対する話し手の認識や評価、感情などが関与していることを主張し、次のように述べている。

　　近畿地方中央部(＝畿内)では、感情の入れ込みいかんによって、人物やモノなどに対して社会的に定まった上下軸の評価よりも、待遇表現形式を決定する場合には、話し手の評価・感情が優先される。そして選択される形式は、その評価・感情がプラスの場合は、ハルあるいはアル系助動詞を使用し、評価・感情がマイナスの場合はオル系「ヨル」「トル」

を使用するという特質があり、これは、雨などの有情物以外の場合でも運用が可能なのである。　　　　　　　　　　　　　　（中井精一2002b）

また、素材敬語形式を伴わない形式、すなわちゼロ形式は発話者が上下・親疎・好悪などの判断を留保し、自己の評価や判断を加えていないことを示し、発話者がその事実に対して極めて高い客観性をもって対応していることを意味している、としている。

　上記の中井精一(2002b)では感情・評価性を上下関係などの待遇性とは切り離して扱っているのに対し、西尾(2003)では待遇表現形式の「待遇性」のなかに「感情・評価性」を含めて考えるという立場に立ち、アンケート調査により卑語形式「ヨル」の表現性を「関係性待遇」と「感情性待遇」の両面から検討し次のように結論づけている。

- a. ヨルは下向きの関係性を表す関係卑語としての性格を持っている。しかし、マイナスの関係性を表すためにヨルの使用は義務的ではない。
- b. 同時に、ヨルは下向きの感情性を表す感情卑語としての性格も持っている。ヨルが関係卑語になるか、感情卑語になるかは話し手の事態把握によって変わる。
- c. 「驚き」のような中立的感情を表現する場合にも、ヨルの使用は促進される。
- d. ヨルの話体は低く、covert prestige を持つ。これによって、ヨルの使用が発話に情意性を加える。　　　　　　　　西尾(2003: 63-64)

④　存在表現に関して「イル」と「オル」の待遇差、および、その使い分けにおける近畿中央部方言内の地域差について述べられたもの
　宮治(1990)では、滋賀県・京都市南部・奈良県北部・大阪府の高校生を対象とした人を主語とする存在表現の使い分けに関する調査(1985年〜1986年実施)にもとづき、大局的には滋賀県・京都市と奈良県・大阪市とで、前者では「イル」を待遇的に中立な表現として用い、「オル」が下向き待遇の表現として用いる一方、後者では「イル」「オル」「イテル」を併用

し、「オル」を下向き待遇ではなく中立な表現として用いる、というように対立していることが指摘されている。

　この宮治(1990)の説に関しては井上文子(1993)に異論があり、待遇表現上の場面の把握の仕方の差が、地域差[1]を生み出しているのであって、「オル」自体の意味は変わらないとしている。つまり、大阪では「オル」の使い分けは第一に親疎関係によって規定され、滋賀では第一に上下関係によって規定されるという状況が、第三者待遇の場合、大阪で父親・子供・友達・弟妹のどの人物においても「オル」が用いられ、滋賀では子供・友達・弟妹に限定される形で「オル」が用いられるという使用状況に反映するとしている。

　以上先行研究における指摘の要点を差異も加味して整理してみる。
(a) ヨル・トル・オルはおおむね下向きの待遇性、表現性をもつ表現であり、ハル(上向き)や普通形式(ニュートラル)と異なる意味領域を担う。これらが「下向き」の表現だという点では先行研究でほぼ一致がみられる。ただし、宮治(1992)に大阪(および奈良)で中立の表現として用いる傾向がみられるという指摘がある。
(b) ヨル・トル・オルが表す意味には社会的ダイクシスとしてとらえられるような上下関係を指標する側面と、そのような関係把握を越えて話し手の感情や評価を指標する側面がある。
(c) ヨル、トル、およびオルの間にはそれぞれのもつ本質的意味に付加される待遇的意味に関して異なりが認められる。ヨルはトル・オルより下向きの程度が強い。トルは〜テルとアスペクト的な意味を共有しつつ、オルはイルと人の存在を表すという意味を共有しつつ、それぞれ心情的でぞんざいな意味を表す、とされる。
　また、ヨルは第三者待遇においてのみ使われる形式である、とされる。これに対し、オル・トルにはそのような制約はない。
(d) ヨルの適用対象は目上でない人と動物の動作に使う、という枠組みと、目上・目下、有情・非情にかかわらず三人称の動作に使うという二通りの枠組みがあるようである。
(e) ヨルは親愛の意味を含んで使用される場合がある。

前頁(a)～(e)をふまえて、本章の目的、すなわち男性話者の敬語運用の枠組みを明らかにし、ハルとヨル・トル・オルとの表現上の棲み分けと相互の影響関係を明らかにするために、確かめたい観点を整理すると以下のようになる。
① ヨルとオル・トルとでは待遇差はあるのか。あるとしたら、社会的ファクターのうち上下関係の把握にもとづくのか、心理的ファクターである親疎関係の把握にもとづくのか、好悪などの感情の強さの程度など心理的要因にもとづくのか。そのいずれもだとしたらそれぞれどのような頻度で出現するのか。
② ヨル・トル・オルの適用対象は有情物・非情物、上下関係、親疎関係、人の特定・不特定の範疇といったさまざまな尺度からみてどの範囲まで及んでいるのか。その場合適用の契機は関係性によるのか、感情性によるのか。
③ ヨルは第三者の動作を表す形式だとされるが、オル・トルの場合はどうか。
④ ヨル・オル・トルを使用することによってハルの適用範囲はどのようになっているか。ハルの意味・機能は女性話者と異なっているか。
⑤ ヨルには親愛の意が含まれる、とされ、第三者の行為を「ハル」とは逆に話者が自分に関係あるとみている、とされるが実際はどうか。
⑥ ヨルの話体が低いとしたら使用される場面に制約があるはずである。実際はどうか。
⑦ アスペクトの観点からみてハル・ヨル・トル・オル、とりわけヨルはどのようなふるまいをしているか。

　以下では①～⑦に示した点について的確な解答を見出すために、まず3.で男性話者の敬語運用の概要をつかむために作成した調査票による面接調査の結果について予備的な考察を行い、4.で自然談話資料に補助的に行った調査票による面接調査を併用しつつより網羅的、具体的な考察を試みる。

3. 調査票による面接調査

　本節では男性話者の敬語運用の枠組みの概要を把握し、京都市方言女性話

者によるハルの尊敬語としては特異な使用例として指摘されている対象に男性話者もハルを用いているか、もし用いていないとすれば、どのような形式を用いているか確かめる、という目的で行った調査票による面接調査の結果を示し、考察していきたい。

　前節で行った先行研究の検討と、前章まで女性話者に関して行った考察にもとづき、本節で取りあげる具体的調査項目とその項目に関する着眼点（「⇒」のあとに記した）は以下のとおりである。

① 話し相手待遇において上・下、親・疎、身内・他人といった異なる属性をもつ人物を話し相手とした場合の待遇表現形式の使い分けを調べる。
　⇒ハルの適用対象の範囲が女性話者より狭くなるか否か。狭くなるとすれば、それはどこで狭くなるのか。

② 第三者待遇で、家族を話し相手として、上・下、親・疎、身内・他人といった異なる属性をもつ人物を話題の主語として想定した場合の待遇表現形式の使い分けはどのようになっているか。
　⇒カジュアルな場面では第三者待遇でヨルなどの形式がでやすくなると思われるが、実際どうか。また、関係性の認識にもとづく卑語形式の使用が認められるか。

③ 第三者待遇で他人あるいは家族を相手として自分の赤ちゃんを話題の主語とした場合、ハルを使用するか。使用しないとすればどんな形式を使用するか。
　⇒ハルは尊敬語の性質をもっているので、つきはなして言うのではなく素直に自分の赤ちゃんを話題にして述べる場合には使用しにくいが、ヨルの場合は語に下向きに待遇するという含意があるので使用しやすいのではないか。

④ 第三者待遇で動物を話題の主語とした場合にハルを使用するか。
　⇒ヨルはもともと動物の動作に使うとされる形式であり、この文脈では使用される可能性がある。

⑤ 第三者待遇で、先行研究においてハルが使用されるという報告のあった非情物、および所有者敬語と関わって所有傾斜上で低い序列にある非情物を話題の主語として好悪などの感情をまじえずに、ニュートラルに述べる場合に、ハルを使用するか。
　⇒男性にぞんざいな言い方を好むという傾向があるとしたら、女性の結

果と異なる可能性がある。
⑥ 第三者待遇で未知の人物を話題の主語にした場合、ハルを使用するか。
　　⇒男性のハルの適用範囲の広がりを確認することができる。
　上に挙げた項目は男性話者の敬語運用や非常に複雑なハルやヨルの意味・機能の一部に照準をあてたものにすぎないが、本章の考察の見取り図を提供するものでもある。

3.1　面接調査の概要
3.1.1　調査項目
　調査項目は男性話者の敬語運用の枠組みを把握するために設けたもので、第2章1.2に示した女性話者に行ったものと同一の内容であるが以下に改めて記す。

ⅰ．話し相手待遇
　上・下、親・疎、身内・他人という軸に関して異なった組み合わせをもつ人物を話し相手とした場合の待遇表現形式の使い分けはどのようになっているか詳しく調べた。なお、他人を話し相手として想定してもらう場合は京都出身・東京出身、男性・女性による違いも尋ねた。

ⅱ．第三者待遇
　第三者待遇で調べたのは以下の点である。
（1）家族を話し相手として、つまり〈身内・カジュアル場面〉で、非常に目上の知人、目上の知人、友人、目下の知人、近所の子どもを話題の主語として想定した場合の待遇表現形式の使い分けはどのようになっているか。
（2）第三者待遇で他人あるいは家族を相手として自分の赤ちゃんを話題の主語とした場合、ハルを使用するか。使用しないとすればどんな形式を使用するか。
（3）第三者待遇で動物を話題の主語とした場合にハルを使用するか。
（4）第三者待遇で非情物を話題の主語とした場合にハルを使用するか。話題の主語として取りあげた非情物は「太陽」「豆」「雷」「ひまわり」「電車」、および、所有傾斜上で低い序列にあるとされる所有物「作品」「普通の所有物」とし、所有物の持ち主として目上と目下の二

通りの人物に分けた。
（5）第三者待遇で未知の「間柄的関係」にない人物を対象としてハルを使用するか。

3.1.2 インフォーマント情報

面接調査のインフォーマントの詳細は表7-1のとおりである。

高年層にあたるインフォーマントが2名、中年層にあたるインフォーマントが6名である。インフォーマントの属性は職業、最終学歴ともに多岐にわたっている。職業は地場産業に従事するなど、地域密着型の職業従事者が多くなっている。まずはできるだけ純粋な京都市方言の実態把握に努めようと考えたからである。

表7-1　面接調査インフォーマント情報

生年西暦（元号）[1]	調査時年齢	言語形成地	現居住地	外住歴[2]	職業[3]	最終学歴
1914(T3)	86歳	下京区	上京区	無	無職	中学2年中退
1922(T11)	79歳	下京区	中京区	有（3年ビルマ）	無職（元会社員）	旧制中学卒業
1936(S11)	62歳	上京区	北区	有（3年左京区広河原）	事務（元教員）	大学卒業
1944(S19)	55歳	北区	北区	無	専門・技術	大学卒業
1948(S23)	51歳	上京区	北区	無	管理（金銀糸製造販売）	大学卒業
1948(S23)	51歳	中京区	右京区	無	サービス	高校卒業
1955(S30)	44歳	中京区	北区	有（4年福井）	専門・技術	大学卒業
1956(S31)	43歳	中京区	中京区	無	管理（染匠）	高校卒業

[1]　元号はそれぞれT＝大正、S＝昭和である。
[2]　ただし現在の京都市市街部以外1年以上の外住歴。
[3]　国勢調査の職業分類による。

3.2 面接調査結果

3.2.1 話し相手待遇表現

話し相手待遇における話し相手の属性による待遇表現の使い分けを調べた。結果は表7-2に示したとおりである。

表7-2に示した回答結果から以下のことが指摘できる。
(a) 話し相手が家族の場合、2名を除き目上、目下を問わず普通体普通形式

218 第 2 部　現代京都市方言「ハル敬語」の共時的考察

表 7-2 「どこに行くか」と尋ねる場合の「行く」の部分

インフォーマント生年*	1914	1922	1936	1944	1948	1948	1955
話し相手	T3	T11 =SVM	S11	S19	S23 =FM	S23	S30
非常に目上	▲	★	▲■	▲∥◎	▲	■	▲／◎
疎・目上	▲	★	▲■	▲	▲	◎	▲／◎
親・目上	▲	★	▲■	▲	▲／◎	◎	◎
目上の親戚	▲	★	▼	▲	−	−	◎
親しい友人の奥さん	▲	★	−	○	○	−	−
親しい友人	−	▼	−	−	−	−	−
近所の子ども	−	▼	−	−	−	−	−
家族・目上	−	▼	−	○	−	−	−
配偶者	−	−	−	−	−	−	−
家族・目下	−	−	−	−	−	−	−

[凡例]　★：尊敬語(レル・ラレル以外)＋丁寧語　　イラッシャイマスカ
　　　　▲：レル・ラレル＋丁寧語　　イカレマスカ・イカレルンデス(カ)・イカレルノデスカ・ユカレルンデスカ・ユカレマスカ
　　　　◎：ハル＋丁寧語　　イカハリマスノン・イカハルンデスカ
　　　　■：尊敬接頭辞＋動詞連用形＋丁寧語　　オデカケデスカ
　　　　○：ハル　　イカハンノ・イカハンノン
　　　　▼：普通形式＋丁寧語　　イキマスカ・ユクンデス
　　　　−：普通体　　イクンヤ・イクノカ・ユクノ・イクノ(ー)・イクンニャ・イクニャ・イクノン・イクネー・イクン・イクネン

「∥」の右項京都出身の女性、左項京都出身の男性、関東出身の男性および女性
「／」の右項京都出身の男性および女性、左項関東出身の男性および女性

* 上段に西暦で、中段に元号(T＝大正、S＝昭和)で記した。下段に談話収録に参加した話者について話者記号を記した。

を使用するという回答である。話し相手が他人の場合では目上の相手にはほぼ尊敬語形式を使用し、友人以下には普通形式を使用するという回答である。

(b) ハル単独で用いられるのは家族の目上が相手の場合(1名)と、親しい友人の奥さんが相手の場合(2名)で、「親・目上」以上では尊敬語形式に

丁寧語が付加されて用いられている。
(c) 用いられる尊敬語としてはレル敬語が最も多くハルがそれに次ぐ。レル・ラレルは「疎・目上」にも「親・目上」にも同程度に使われ、「目上の親戚」にも使用するという回答がある。
(d) ハルを使用するという回答は 1944 年以降生まれのインフォーマントからとなっており、用いるという対象の範囲は家族の目上、親しい友人の妻から京都出身の非常に目上の人物までである。

　上記(a)〜(d)より以下のように解釈できる。
（１）　男性話者は女性話者より広い範囲の対象に普通体、普通形式を用いる。
（２）　レル・ラレルは女性話者と同じく高い待遇価値をもつ形式として認識されている。ただし、女性話者と異なり、親疎にかかわらず用いられる傾向にある。
（３）　ハルを使用すると回答したインフォーマントの場合、その待遇価値は一般にそれほど高くはないが、話者によっては京都出身者であれば最上位の対象にも使える形式だととらえられている。
（４）　丁寧語は上位場面では必ず使用するという回答であり、標準語の丁寧語と同じく聞き手に対して丁寧に述べる形式として用いられていると考えられる。
（５）　ハルを含めて尊敬語形式は「主語を高める」という働きをしていると考えられる。

3.2.2　第三者待遇表現
3.2.2.1　家族を相手にした場合の使い分け
　男性話者の場合、話し相手待遇で配偶者には全員普通体、普通形式を使用するという回答であった。そのような人物を話し相手として、近所の子どもから非常に目上の人物までを話題の主語とした場合の敬語の使い分けを調べた結果を表 7–3 に記す。
　表 7–3 を見るとインフォーマントによって回答にかなりばらつきがある。女性話者と同じ回答があったのは 1948 年生まれのインフォーマント 1 名のみであり、この項目は女性話者と顕著な違いが生じた項目だと言える。友人

表7-3　家族に「Aはどこに行ったのか」と尋ねる場合の「行った」の部分

インフォーマント生年* / A＝話題の人物	1914 T3	1922 T11	1936 S11	1944 S19	1948 S23 =FM	1948 S23	1955 S30	1956 S31
A＝非常に目上の人	△	▲	△	△＞○	○	○	○	○
A＝目上の知人	－	▲	△	△＞○	○	○	○	○
A＝友人	－	－	－φ	○	ヨ	○	ヨ	ヨ
A＝目下の知人	－	－	－φ	○	○	○	ヨ	ヨ
A＝近所の子ども	－	－	－	－	○	○	ヨ	ヨ

［凡例］　▲：イカレタノデス　　△：イカレタ　　○：イカハッタ　　－：イッタ
　　　　φ：ドコエの部分のみ　　ヨ：イキヨッタン
　　　　＞：左項が右項より多い
＊　上段に西暦で、中段に元号（T＝大正、S＝昭和）で記した。下段に談話収録に参加した話者について話者記号を記した。

や目下の知人にハルを用いると回答したインフォーマントは2名のみで、近所の子どもに用いると回答したのは1名である。それ以外では友人以下には普通体・普通形式か、ヨルを用いるという回答であった。

「友人」「目下の知人」「近所の子ども」にヨルを使用するという回答結果からヨルには社会的な上下関係の認識にもとづく下向き待遇の用法があることが確認される。

第三者待遇においてもハルを使用すると回答したインフォーマントの半数以上が目上の人物だけに使用すると回答しており、女性話者と異なり、男性話者ではハルは話し相手待遇と同じ尊敬語用法で使われていると考えられる。

「第三者待遇に偏る素材待遇語の使用」という運用上の特質に関しては、女性話者ほど徹底した形ではないが、目上にハル、同位から下位にヨルを用いるという形で認められると言える。

3.2.2.2　〈自分の赤ちゃん〉〈太陽〉〈猿〉を話題にした場合

標記の対象に対してハルは使用されるか、について尋ねた設問に対する回答結果を表7-4に示す。設問では想定する話し相手を違えて尋ねている。これらは女性インフォーマントの場合ほとんど普通形式を用いるという回答となった項目である。

表 7–4 〈自分の赤ちゃん〉〈太陽〉〈猿〉を話題にした場合のハルの使用状況

話題	話し相手	1914 T3	1922 T11 =SVM	1936 S11	1944 S19	1948 S23 =FM	1948 S23	1955 S30
話題：赤ちゃん	目上の知人	ト	○	×	n	×	×	×
	親しい友人	ト	○	×	n	ト	×	ヨ
	近所の子ども	ト	×	×	n	×ト	×	ト
	家族	ト	×	×	n	ト	×	ト
話題：お日さん	目上の知人	×	○｜×	×	×	×	NR	NR
	親しい友人	×	○｜×	×	×	×	NR	NR
	近所の子ども	×	×	×	×	×	NR	NR
話題：猿	目上の知人	×	×	×	×	×	×	ヨ
	親しい友人	×	×	×	ヨ	ヨ	×	×
	目下の知人	×	×	×	ヨ	ヨ	×	×

［凡例］ ○：ハルを使用する　　×：ハルを使用しない
　　　　ト：トル（音便形接続）を用いる　　ヨ：ヨル（連用形接続）を用いる
　　　　n：回答不能　　NR：無回答
　　　　「｜」の左項は昔言った言い方、右項は今の言い方
＊　上段に西暦で、中段に元号（T＝大正、S＝昭和）で記した。下段に談話収録に参加した話者について話者記号を記した。

〈自分の赤ちゃん〉を話題の主語とした場合の調査文は下の通りである（再掲）。

　自分の赤ちゃんを乳母車にのせて散歩していると、知人に出会いました。そこで、立ち話が始まりました。ちょうどその時赤ちゃんが可愛らしい笑顔をみせて笑いました。「A〔＝赤ちゃんの名前〕が笑った」と言うときどのように言いますか。

　トルを用いると回答したインフォーマントが2名、トルかヨルを用いると回答したインフォーマント、ハルを用いると回答したインフォーマントがそれぞれ1名という結果となった。このうちヨルは親しい友人を話し相手とする場合に使用すると回答されている。

　話題の主がごく近い身内であること、可愛らしい笑顔をみせるというプラスの感情・評価をともなう事態について述べているという文脈においてはトルの方が選択されやすいと考えられる。軽卑語とされるトルの意味領域の一

端——謙譲語との近さ——を示す例と言える。

〈太陽〉を話題の主語とした調査文は下の通りである(再掲)。

久しぶりに晴れた日に歩いていると知人に出会いました。そこで「やっと日が出ましたね」と挨拶するとき、どのように言いますか。

このような文脈ではハルも素材待遇語も使用されないようである。1922年生まれのインフォーマントが昔はハルを使用していたと回答していることから、かなり古い言い方だと思われる。

〈猿〉を話題の主語とした調査文は下の通りである(再掲)。

家で知人と雑談をしているとき、ガラス戸の外を猿が通りかかりました。「あっ、猿が通った」と言うときどのように言いますか。

8名中3名がヨルを使用するという回答だった。感情面ではニュートラルな文脈として設定した場面なので、回答されたヨルは動物に対する下向きの待遇表現としての用法ないしは「発見・驚きの表明」だと考えられる。女性インフォーマントの場合、ほぼ普通形式を用いると回答しているので、この項目も男性話者と女性話者間で差がみられた項目である。

3.2.2.3　非情物を話題とした場合

「豆」「雨」「雷」「ひまわり」「電車」および所有傾斜において序列の低い所有物を話題の主語とした場合のハルの使用状況を表7-5に示した。

「豆」を対象としてハルを使用すると回答したインフォーマントが2名、聞いたことがあると回答したインフォーマントが3名あった。

非情物を主語としてただ単に述べるという場合は普通形式が一般的で、ハルが使用されることもあるという程度であり、ヨルは使用されない領域のようである。

所有者敬語に関しては1944年以降生まれのインフォーマントでは女性インフォーマントと同じくハルを使用するという回答であった。

第 7 章　男性話者の敬語運用と「ハル敬語」　223

表 7–5　非情物を話題とした場合のハルの使用状況

提示文 ＼ インフォーマント生年*1	1914 T3	1922 T11 =SVM	1936 S11	1944 S19	1948 S23 =FM	1948 S23	1955 S30
豆がふっくら煮えた(炊けた)	×	△	△	△	×	○	○
雨がやんだ(あがった)	×	×	×	×	×	○*2	×
雷が鳴っている	ト	×	×	△	△	○	×
ひまわりが咲いた	×	×	×	×	×	○	×
電車が来た	×	×	×	×	△	○	×
先生の絵が入選した	×	○	×	○	○	○	○
先生の車が電柱に当たった	×	○	×	○*3	○*3	○*3	○*3
花子ちゃん(目下)の絵が入選した	×	×	×	○	○	○	○
花子ちゃんの自転車が車に当たった	×	×	×	○	○	○	○

[凡例]　○：ハルを使用する　　×：ハルを使用しない
　　　　△：自分はハルを使用しないが、使用するのを聞いたことがある
　　　　ト：トル(音便形接続)を使用する
*1　上段に西暦で、中段に元号(T= 大正、S= 昭和)で記した。下段に談話収録に参加した話者について話者記号を記した。
*2　使っていたがこの頃言わない、と内省。
*3　「先生の自転車が電柱に当たらはった」でも O.K. と内省。

3.2.2.4　未知の面識のない人物を話題にした場合

　未知の人物を話題にした場合のハルの使用状況を表 7–6 に示す。

　この項目においても 1944 年以降生まれのインフォーマントで女性インフォーマントと同じくハルを使用するという回答となった。

　1944 年あたりから後に生まれた話者において女性話者と類似した敬語運用を行うことが多くなっているのではないだろうか。

表 7–6　面識のない人物を話題にした場合のハルの使用状況

提示文 ＼ インフォーマント生年	1914 T3	1922 T11 =SVM	1936 S11	1944 S19	1948 S23 =FM	1948 S23	1955 S30
「隣に引っ越して来る人の名は知らない」の「引っ越して来る」の部分	NR	×	×	○	○	○	○

[凡例]　○：ハルを使用する　　×：ハルを使用しない　　NR：無回答

3.3 本節のまとめ

本節では京都市方言・男性話者に対して行った面接調査による予備的な調査の結果を示し、考察してきた。少人数の調査の結果からではあるが、男性話者の敬語運用の特徴や女性話者との相違点を指摘できる。その主要な点をあげると次のとおりである。

第一に、男性話者の場合、話し相手待遇でも、第三者待遇でも、ハルを含めた尊敬語形式を上位待遇の機能をもたせて使用している。第二に、先行研究で指摘されているとおり卑語形式とされるヨルが第三者待遇で社会的ファクターによる上下関係の把握にもとづいて下位待遇の目下の人物や動物に用いられている。第三に、話し相手待遇で家族(目上も含める)や親しい友人には敬語を用いないとする一方で、第三者待遇では何らかの素材待遇語を用いるという回答が多かったことから「第三者待遇に偏る素材待遇語の使用」という敬語運用上の特質が女性話者ほど徹底したものではないが認められる。第四に、丁寧語は丁寧語の機能によって使用されておりハルが丁寧語の機能を果たしているということはない。第五に、ヨルは目上を話し相手とするような上位場面では使用が控えられる可能性がある。第六に、自分の赤ちゃんが笑顔をみせて笑ったということを述べる場合にトルを使用するという回答が半数弱でみられたことから、「自分に近い身内」、「赤ちゃん」、笑顔をみせて笑うというプラスの要素がトルの選択に関わるのではないかと推測できる。第七に、未知の人物や所有物にハルを使用するという回答は女性より少ない。

全体的にみると男性話者の場合、ハルは第三者待遇でも上位の人物を待遇するために用いられる傾向にあり、尊敬語的色彩が濃い。女性話者ならばハルを使用するような同位から下位の人物には身内、他人を問わずヨルや普通形式が用いられる、ということである。では、例えばヨルは、尊敬語と対照的な位置を占める下位待遇の素材待遇語としての性格だけを持っているのであろうか。卑語形式ヨルは「下向きの関係性を表す関係卑語としての性格」と「下向きの感情性を表す感情卑語という性格」を同時に持っていて、「関係卑語になるか感情卑語となるかは話し手の事態把握によって変わる」という西尾(2003)の指摘が表しているように、同じ素材待遇語でも尊敬語とは異なる基盤に立つ待遇表現形式だと考えるのが妥当だと思われる。ヨルよりさらに下向きの程度が高い卑罵語ヤガル・クサルなどの類は、上下関係とい

う社会的ファクターを超越してマイナス方向の話し手の感情を表す形式だということも裏付けになる。

このような二面性をもつヨルを男性話者は実際どのような場面で、どのような対象に、どのような意味・機能を担わせて用いているのだろうか。ハルやトル、オル、普通形式はどうであろうか。また、ハルとヨルそれに普通形式はどのように適用対象や意味・機能を分担し、相互に影響を与えているのだろうか。そのようなことを明らかにするために、次では自然談話資料を用いて考察を行う。

4. 自然談話資料による調査

4.1 はじめに

本節では京都市方言・男性話者の敬語運用、およびハルやその他の素材待遇語ヨル・トル・オルの意味機能を明らかにし、最終的には前章までに行った女性話者の考察と統合して京都市の方言「ハル敬語」の共時態における全体像を描くことを試みる。男性話者の敬語運用、およびハル・ヨル・トル・オルの意味機能を考察するにあたっては、前節で行った調査結果の考察を参照しつつ、調査票による面接調査では明らかにしえない運用の枠組みと、適用の実際を明らかにするため、女性話者に行ったのと同じように自然談話資料を中心的な分析材料とし、補助的に調査票による面接調査を用いる。自然談話資料としては女性話者の考察に用いた中年層話者による身内間の談話Ⅱ《夫婦と娘》と他人間の談話Ⅴ《友人同士》の文字化資料、およびスタイル切換えプロジェクト（SSプロジェクト）による大阪大学大学院文学研究科社会言語学研究室のSSコーパス ver.1.0 のうち京都市方言男性話者のデータ（筆者担当）を使用する。後者は、老年層話者と若年層話者のスタイル切換えの実態を明らかにするために設けられた、カジュアルな場面とフォーマルな場面における談話を収録し、文字化資料としたもので、くだけた場面で使われるとされるヨルの位相的な特質を考察するのに役立つ資料だと考えた。中年層の談話は、カジュアルでもっとも基礎的な方言使用場面と考えられる家族間の談話と、友人間の談話とした。

以上に加え、自然談話使用の分析を補完するために二通りの補助的面接調査を行った。補足調査Ⅰは、身内尊敬用法がどの程度行われているか、どの

範囲で行われているか、第三者待遇で身内の人物を話題の主語としてどのような敬語運用を行うか、について網羅的に調べたものである。補足調査Ⅱは、上下関係のような関係把握にもとづく素材待遇語の運用を越えて、臨時的に話し手の心的態度を反映して用いられるハルやヨルの用法の使用意識を尋ねた調査である。

4.2 調査概要

本節で提示し、考察する調査は四つある。一つは中年層話者による身内間の談話Ⅱ《夫婦と娘》と他人間の談話Ⅴ《友人同士》で、〈調査Ⅰ〉と呼ぶことにする。二つ目はSSコーパス ver.1.0のうち京都市方言男性話者の5場面の談話で、〈調査Ⅱ〉と呼ぶことにする。

後の二つは上記の補助的面接調査で、第三者待遇で身内の人物を話題の主語とした場合の敬語運用について調べた補足調査Ⅰと、話し手の心的態度を反映した用法を調べた補足調査Ⅱである。補足調査Ⅰと補足調査Ⅱのインフォーマントは3節(表7-1)で示した調査票による面接調査のインフォーマントと同じなのでここでは省略する。以下では〈調査Ⅰ〉と〈調査Ⅱ〉について話者情報と談話情報を示す。

4.2.1 〈調査Ⅰ〉の話者情報および談話情報

表7-7に話者情報を、表7-8に話者以外の談話参与者を、表7-9に談話情報を示す。

調査Ⅰの談話の場面はすべて《カジュアル場面》である。

表7-7 話者情報〈調査Ⅰ〉

話者	生年	居住歴*	職業	参加した談話	続柄、関係
IM	1944	北区→中京区→北区	管理	Ⅱ	Iの夫
FM	1948	上京区→北区	管理（金銀糸製造販売）	Ⅴ	Fの夫、K、O、OM、PMの友人
OM	1939	北区	無職（元地元銀行勤務）	Ⅴ	F、FM、K、PMの友人、Oの夫

*　言語形成期を過ごした場所には下線を付した。

表 7-8 話者以外の談話参与者〈調査 I〉

話者	生年	居住歴*	職業	参加した談話	続柄、関係
I	1948	北区	主婦	II	IM の妻、IJ の母
F	1947	北区	主婦	V	FM の妻、K、O、OM、PM の友人
K	1949	上京区→北区	事務	V	F、FM、O、OM、PM の友人
O	1941	島根県→北区	主婦	V	F、FM、K、PM の友人、OM の妻
PM	1949	上京区→東京都→右京区	管理	V	F、FM、K、O、OM、PM の友人

* 言語形成期を過ごした場所には下線を付した。

表 7-9 談話情報〈調査 I〉

談話記号	参与話者*1	話者間の関係*2	収録時間	談話の展開	収録年月	収録場所*3	他の談話参与者
II	I(50)–IM(54)–IJ(13)	夫婦と娘	40 分	I が主導	1999/7	北区	
V	FM(51)–OM(60)	親しい友人間	40 分	同量の発話	1999/4	右京区	F、K、O、PM

*1 （ ）内は談話収録時の年齢。
*2 この列下の下線部は当該談話における分析対象話者の立場。
*3 談話収録場所について補足すると、談話 II は談話参与者の自宅で行われた。談話 V は PM の経営する旅館内で行われた。

4.2.2 〈調査 II〉の話者情報および談話情報

　調査 II は互いに祖父と孫の関係にある高年層男性話者(調査時 72 歳)と若年層男性話者(調査時 21 歳)を調査対象とし、当該話者同士の談話、それぞれの話者と初対面の調査者との談話、それぞれの話者と親しい友人との談話の計 5 談話を収録したものである。各話者と調査者との談話をフォーマル場面、それ以外をカジュアル場面の談話ととらえる。
　表 7-10 に話者情報を、表 7-11 に談話情報を大阪大学大学院文学研究科社会言語学研究室の SS コーパス ver.1.0 のうち京都市データの情報(辻 2003: 2)より抜粋して示す。談話収録は 2002 年 3 月から 4 月にかけて行った。
　以下では当該話者同士の談話を《老—若》ないし《対若》《対老》場面、それぞれの話者と初対面の調査者との談話を《対調》場面、それぞれの話者と親しい友人との談話を《老—老》ないし《対老》場面、あるいは《若—

表7-10　話者情報〈調査Ⅱ〉

	年齢	職業	居住歴
SA[*1]	72	無職（元呉服関係専門職）	1-6：京都市東山区(八坂神社の近く)　6-40：下京区(鉾町)　40-71：中京区(鉾町)　71-：右京区
SC	65	自営業	0-：京都市中京区
YA[*2]	21	営業職(織物関係)	0-：京都市中京区
YC	21	学生	0-：京都市中京区
YF	25	学生	0-18：新潟県南蒲原郡　18-23：富山県富山市　23-：大阪府池田市

[*1] SAは修業時代から職業生活をずっと室町筋で送った。また、YAとは右京区に引っ越すまで同居していた。

[*2] YAとYCは幼稚園からの幼なじみである。

表7-11　談話情報〈調査Ⅱ〉

	話者	話者間の関係	収録時間	談話の展開
老–老	SA–SC	親しい同年代	43分	SAが質問、SCが答える
老–若	SA–YA	祖父と孫	32分	同量の発話
老–調	SA–YF	初対面	51分	YFが質問、SAが答える
若–若	YA–YC	親しい同年代	43分	同量の発話
若–調	YA–YF	初対面	44分	YFが質問、YAが答える

若》ないし《対若》場面のように示すことがある。

4.2.3　分析方法

　談話資料に出現した「人」を主語とする単文の文末、複文における主文末、および従属句内のすべての動詞述語(引用句内にあったり、一人称に対応する動詞述語を除く)を対象に、①使用される待遇表現形式の言語内的な出現環境を調べ、②それらの出現環境にある動詞述語すべてについて主語を特定し、話し相手待遇と第三者待遇に分けた上で「特定・不特定」「親・疎」「上・同・下」「身内・他人」などの軸により範疇化し、③すべての主語に対応する待遇表現形式(動詞述語)を調べ、④その形式と主語範疇との対応関係を調べ集計した(詳しくは第2章2.2を参照)。

　なお、本章では①の待遇表現形式の言語内的な出現環境に関する記述は省く。分析にあたっては中年層女性話者の談話資料により示した環境にある動

詞述語について集計した。

また、男性話者の使用するヨル・トルは「人」以外の動物や非情物にも適用される可能性がある。それらを主語として何らかの素材待遇語が適用されていた場合は、それについて表示する欄を設け、その形式の使用数と同じ主語に適用された他のすべての動詞述語(多くの場合普通形式)の数を示した。そのようなケースは全体の集計には加えなかった。

集計結果から話者の待遇表現形式運用の枠組みを帰納し、その枠組みを参照しながら発話例に戻って実際使用された待遇表現形式の意味・機能を検討するという方法で分析を行う。

4.3 男性話者の待遇表現使用実態
4.3.1 場面差による使い分け

場面差による使い分けを考察するにあたっては調査Ⅱで得られた資料を用いて分析することとする。調査Ⅱによる資料は高年層と若年層男性話者各1名が三通りの場面の談話を収録したものであり、話者が使用する素材待遇語の切換えの実態を観察することができる。この資料により素材待遇語形式(動詞・助動詞)の場面による使用頻度の変化を調べた。集計した結果を表7-12 に示す。

表7-12 は辻(2003)に示した〔素材待遇語〕の表より「ヨル・トル・オル(方言形)」として示していた欄を語形別に示すという変更を加えて転載したものである。表7-12 では《対調》がフォーマル談話、《対老》《対若》がカジュアル談話として設定された場面となっている。

表7-12 の集計結果より高年層男性話者 SA と若年層男性話者 YA の場面による素材待遇語形式の使い分け状況を見てみると以下のことが指摘できる。

(a) 使用している素材待遇語形式に関して言うと、SA は語彙的尊敬語、「オ＋動詞連用形＋丁寧語(辻 2001 では美化語と記した)」、オ〜ヤス、レル・ラレル、ハル、ヨル(イ段接続)・トル(音便形接続)・人を主語とする存在動詞「居る」相当の存在動詞オル、それに普通形式(ϕ)と多種の形式を使用しているのに対し、YA はハル・ϕ・ヨル・トル・オルの形式を使用しており、特に尊敬語形式に関してはハル一形式と少ない。

(b) 場面による切換えの状況を見ると両者とも《対調》場面とそれ以外の場

表 7-12 素材待遇語[*1]

	老(SA)			若(YA)		
	対老	対若	対調[*2]	対若	対老	対調
語彙的尊敬語	−	−	3	−	−	−
			0/3			
美化語	−	−	7	−	−	−
			7/0			
オ〜ヤス(方言形)[*3]	−	−	1	−	−	−
			1/0			
レル・ラレル	−	−	9	−	−	−
			1/8			
ハル(方言形)	1	19	18	−	2	−
	0/1	0/19	2/16		0/2	
φ[*4]	75	33	38	60	63	26
	61/14	12/21	0/38	9/51	1/62	0/26
トル(方言形)[*5]	12	5	1	9	1	−
	1/11	0/5	0/1	3/6	0/1	
オル(方言形)[*5]	1	3	−	3	0	−
	0/1	0/3		0/3	0/1	
ヨル(方言形)[*5]	4	5	−	3	1	−
	0/4	0/5		0/3	0/1	

[*1] 主文末、南(1974)の分類によるA類以外の従属句内の動詞述語、非限定的、一般的な内容の連体修飾句内、可能動詞の前という言語内的環境にあるもの、対応する主語が一人称のものを除く。左列φより上の行には上位待遇とされる表現形式、下には下位待遇とされる形式が並ぶように配列した。

[*2] 話し手を主語として謙譲語が3例現れた。

[*3] 森山(1994)に、高年齢層の用法では丁寧融合型尊敬形式として位置づけられ、そのままの形で「オ入リヤス」のように命令表現としても使用できるとされている形式である。

[*4] 素材待遇語が付加されない形式。

[*5] 近畿中央部方言で軽卑的意味をもつとされる形式である。オル・トルの発話例には待遇的にはニュートラルだと感じられるものもあったが形式を優先して集計した。ヨルは連用形(一段動詞は語幹、それ以外イ段)接続であり、連用形にオルが続くと聞き取れるものも含めた。

表内の数字は上段に出現総数、下段に話し相手待遇／第三者待遇とする

面で使用形式に異なりがあることが認められる。

《対調》場面ではSA、YAとも卑語形式の類をほとんど使用していない。SAはヨルより下向きの度合いが少ないとされるトルを一回だけ使

用しており、YA は全く使用していない。SA のトルの使用例を下に示す。

［7–1］
334SA：祇園さんの、この、氏子が こ こ この辺ですわ。もちろん この、ここらも ずっと、ありますけれど、(YF：はい) だいたい、鉾が 出んのは みな もー ここ。だ
→　　　から 昔は 呉服の 人が、そーゆーもんを おもに <u>やっとった</u>んすわ。　　　SA → YF【呉服関係の人；不特定】

［7–1］はトルを使用しているとはいえ、下向きに待遇しているとは考えられない。あえて言うと話者と同業者という意識がトルを選択させた可能性がある。
　《対調》場面で出現した上位待遇とされる形式に関しては高年層の SA と若年層の YA とでは大きく異なっている。SA は多種の尊敬語形式を使用しているのに対し、YA は尊敬語の類を全く使用していない。
(c) 使用している上位待遇の形式に関しては上述のように SA は多種の形式を《対調》場面で使用し、また《対若》場面でも方言敬語であるハルをかなり使用しているのに対し、YA は祖父との談話である《対老》場面で 2 回ハルを使用しているだけである。YA の使用しているハルの 2 例を下に示す。両例とも直前の 108 SA、112 SA の質問に対する回答部分で SA の言い回しのままに答える中で出現しているので自発性に疑問が残る。なお、両例とも「不特定」の範疇の対象に適用された例であった。

［7–2］
106SA　：ほで、バーて 今の、ゆー あんたらのゆー ショットバーか↑
107YA　：ショットバー、うん。
108SA　：女の人 <u>いやはらへん</u>やっちゃな↑
→109YA　：<u>いやはらへん</u>。普通に、もー こ カクテル 振って 飲むような。
110SA　：カクテルか↑

111YA ：とか、ワインとか。(SA：ふん) そら 別に 女の人、
112SA ：ほな けっこー 利口にしてはる［わけ］↑
→113YA ：そー 利口にしてはる。

YA → SA【109YA：女の人、113YA：行きつけのショットバー】《老―若》

(d) ヨル・トル・オルの形式の使用状況をみると SA、YA とも親しい同年代を相手にした場面(SA による《対老》場面、YA による《対若》場面)ではこれらの形式をかなり使用している。また、祖父と孫の談話である《老―若》の場面では SA と YA の使用状況は非対称的である。すなわち、年長である SA の使用が YA をずっと上回っている。

　以上述べた素材待遇語の場面による使い分けの実態から以下のように解釈される。
（1） ヨル・トル・オルは初対面の人、非方言話者、年長者を話し相手とする場面では使用しにくい形式であり、カジュアルな場面で多用される。
（2） SA、YA とも《対調》場面を他より上位場面と位置づけている。
（3） SA による《対調》場面での上位形式の多種多量の使用とヨル・トル・オルの不使用と YA によるヨル・トル・オルの不使用、あるいは YA の一貫した上位待遇形式の不使用という異なった運用から、高年層と若年層で異なった運用が行われていることが考えられる。ただし、この結果から敬語運用が世代間で変化しているのか、年齢別の変化を反映しているのか結論は出せない。
（4） SA に関して言えば、話し相手待遇で全く尊敬語を用いない孫を相手にしている場合も第三者待遇でハルと卑語形式を、友人が相手の場合も(軽)卑語形式を多数使用している。YA は友人を相手にしている場合に(軽)卑語形式を多数使用している。このことから、「第三者待遇に偏る素材待遇語の使用」という運用上の特質は男性話者にも認められると言える。

　以上の考察から先行研究でヨルはくだけた場面で使用されるなどの指摘があったが、具体的な資料にもとづいてそのことが裏付けられたことになる。

なお、本書の関心から言えばSAがくだけた場面でもフォーマルな場面でも使用しているハルはどのような文脈で用いられているか気になるところである。その点については次の4.3.2で詳しく検討する。また、若年層話者YAについてはすでにハルを使用した全発話例を示し解釈も行ったので以下では考察の対象から外すことにする。

4.3.2 対象による待遇表現諸形式の使い分け

本節では方言敬語としての運用状況とハル・トル・オル・ヨルの特質を明らかにするために、考察対象とする場面を同一方言話者同士によるくだけた場面に限って、中・高年層男性話者による待遇表現形式(動詞述語)の対象による使い分けについて考察する。そのため分析対象として調査Ⅰの談話と調査Ⅱの《老―老》および《老―若》の談話を用いる。

話者ごとの諸動詞述語形式と対象との対応関係を示すと表7–13、表7–14のようになる。

表7–13は調査Ⅱにもとづいた高年層話者(ただし本書の分類ではSCは1936年生まれなので中年層に入る)に関する集計結果であり、表7–14は調査Ⅰにもとづいた中年層話者に関する集計結果である。各表の最左欄に集計には含めなかったがトルとヨルが適用された「人」以外の対象について記してある。

表7–13、表7–14より高年層話者と中年層話者とを比較すると、使用形式の種類や話し相手待遇で普通形式を用いているなどの点で顕著な運用上の異なりは認められない。この結果をふまえ、以下では高年層と中年層とを一括して考察する。

結果から以下のことが指摘できる。
(a) 話し相手待遇では普通体・普通形式が選択されているのに対し、第三者待遇では3種類以上の待遇表現形式を使用している。(話者による特性も若干あり、IMの場合、話し相手待遇、第三者待遇ともに普通体の使用が基調になっている)
(b) 第三者待遇では「特定」の範疇の実在する人物(身内を除く)に関して言えば、ハルは上下、親疎を問わず適用されている。普通形式は同位以下の人物に適用されている。身内の人物、および飼い犬には普通形式の使用が基調になっているが、「身内・同」「身内・下」にはトル・オル・ヨ

表 7-13　待遇別、談話別男性話者の待遇表現形式の使い分け―調査Ⅱ―

談話内容と参与者構成*1	話者	形態	対象：不特定（人以外）集計外（抽象物）	（非情物）	（動物）	「人」範疇一般	団体・機関	範疇個人	全面否定	第三者待遇　特定　疎　極めて疎	上	同	下	親　上	同	下	身内・同	身内・下	小計	話し相手待遇　親　同	身内・下	総計
老―老友人間	SA	ハル					1												1			1
		φ				22	10	1				3			1				37	50		87
		トル*2	(2)			1	6			1		1							9	1		10
		ヨル					4												4			4
		存在動詞オル					1												1			1
		計				1	31	12	1	1		5			1				52	51		103
	SC	ハル＋丁寧語					1												1	2		3
		ヤハル＋丁寧語								1									1			1
		ハル					2	3					1						6			6
		φ＋丁寧語					3												3			3
		φ				1	30	18				1	5			10			65	2		67
		トル					4	2				1				1			8			8
		ヨル					5					1	1						7			7
		存在動詞オル						4				1				2			7			7
		計				1	44	28				5	6	1	13				98	4		102
老―若祖父と孫	SA	ハル					3	1		3	4	1	2	1		1			16			16
		ヤハル*3						1		1	1								3			3
		φ				1	11	1		1		1				2		3	20	19		39
		トル					1					1						3	5			5
		ヨル*4		(1)			1	2										1	4			4
		存在動詞オル														2	1		3			3
		計				1	16	5		5	5	2	3	1		5	1	7	51	19		70

*1　集計した話者の立場を示す箇所に下線を付した。
*2　「不特定」（抽象物）の内容はゴルフ会員権取得費。
*3　拗音化したキャハル1例を含める。
*4　「不特定」（非情物）の内容は自動車。
表中の数字は使用数

ルも使用されている。

(c) 第三者待遇において、表で「不特定」とした抽象的な人や、人以外の有情物、非情物、費用のような抽象化の進んだ概念などにも普通形式以外の多様な待遇表現形式が適用している。

(d) 「不特定」の人にハルが適用されることは少なく、普通形式の使用が基調になっている。

表 7-14　待遇別、談話別男性話者の素材待遇語の使い分け―調査Ⅰ―

談話内容と参与者構成*1	話者	形態	第三者待遇 不特定 (人以外)集計外 抽象物	非情物	動物	「人」一般論	範疇団体・機関	範疇個人	全面否定	特定 疎 極めて疎	上	同	親 同	動物(飼い犬)	身内・下	小計	話し相手待遇 マトモの相手 親 同	動物(飼い犬)	身内・同	身内・下	小計	総計
Ⅱ 夫と妻娘	IM	φ				1		1	2	1	2	1	7		2	17		2	7	3	12	29
		トル										1				1						1
		ヨル												1		1						1
		計				1		1	2	1	2	2	8	1	2	19		2	7	3	12	31
Ⅴ 友人間	OM	尊敬語								1						1						1
		ハル				1		1			1					3						3
		φ	(1)	(2)		1	7	4	5		1	1	1			20	7				7	27
		トル*2		(1)				1	1							2						2
		ヨル*3		(3)			1	1	5			2				9						9
		存在動詞オル									1					1						1
		計				2	8	7	11		2	3	3			36	7				7	43
	FM	ハル						1								1						1
		φ				2	1	1				1				5	6		2		8	13
		トル										1				1						1
		計				2	1	2				1	1			7	6		2		8	15

*1　集計した話者の立場を示す箇所に下線を付した。
*2　「不特定」(動物)の内容は［アナゴの稚魚］。
*3　「不特定」(非情物)の内訳：［青竹］2例、［青竹をあぶって出てきた汁を入れた酒］1例
表中の数字は使用数

上記(a)～(d)から次のように解釈できる。

（1）使用待遇表現形式は上位待遇および下位待遇の両方向の多数の待遇表現形式と普通形式が用いられており、下位待遇の待遇表現形式を用いない女性話者とは異なった様相を示している。

（2）男性話者の第三者待遇における対象による使用待遇表現形式の運用状況について言えば、「特定」範疇の人に関しては概略上位の人物にハル、同位から下位の人物に普通形式の他にヨル・オル・トルを使うというような使い分けをしている。すなわち男性話者は対象に対する話者の上下関係の認識を直接反映させて使い分けている傾向にあると言える。ただしハルに関しては少し例外がある。ヨル・オル・トルに例外がないのはそれらが下向き待遇の形式だからと考えられる。

(3) 第三者待遇「不特定」範疇の抽象的な人を対象とした場合には普通形式を使用するのが基本的な運用であり、ハル・ヨル・オル・トルが用いられている場合は何らかのニュートラルではない待遇意図により用いられている可能性がある。
(4) トルは話し相手にも使用できるが、ヨルは第三者待遇にのみ現れることから、トルはヨルより卑罵的な意味合いが薄いと考えられる。
(5) ヨル・オル・トルは「不特定」範疇の抽象的な人や、人以外の有情物にも用いられ、ヨル・トルは非情物にも用いられる。トルは抽象的概念が話題の主語となっている時も用いられる。抽象的概念にヨルが使われていないという結果の解釈は難しい。これらはいずれも上下関係が規定できないカテゴリーであり、話題の主語の属性によって使用されているとは考えられない。詳しくは後の4.3.5で実例を挙げながら検討する。
(6) (a)の結果からも「第三者待遇に偏る素材待遇語の使用」という状況は裏付けられる。

カジュアル場面の対象別の待遇表現形式の使い分けについて形式の分布という断面だけを切り取って示すと表7-15のようになる。

以下ではこの表7-15に示した待遇表現諸形式の分布状況を手掛りとしてそれぞれの形式が実際にどのような機能を果たしているのかについて考察を進める。次の4.3.3では身内に対する適用の詳細を、4.3.4では素材待遇語別の適用の詳細を、4.3.5では話者の心的態度を反映した用法の詳細を、それぞれ具体的な発話例と照合することにより考察していくこととする。

表7-15 男性話者の待遇表現形式の対象別運用の枠組み《カジュアル場面》

第三者待遇						話し相手待遇
抽象的概念	非情物	有情物(人以外)	抽象的な人	実在の人		
				上下関係	使用語形	
φ／トル	φ／トル／オル／ヨル	φ／トル／オル／ヨル	(ハル)／φ／トル／オル／ヨル	上位 ニュートラル 下位	ハル φ トル／オル／ヨル	φ

［凡例］　φ：普通形式　　　　　　　　　　　　　↑社会的人間関係軸

4.3.3 身内を対象とする敬語運用

表7-13と表7-15に示した対象別待遇表現の使い分けのうち身内の人物個人個人を話題にした場合の使い分けの内訳を表7-16に示す。

考察対象とした資料中で身内に言及した発話は非常に少なかった。同位から下位にあたる身内を話題の主語としてSAは孫を話し相手とする談話で複数の待遇表現形式を用い、IMは妻と娘を話し相手とする談話で普通形式だけを用いている。表7-16に示した数字の具体的な該当箇所のうち、身内を話題の主語としてトル・オル・ヨルを用いている話者SAの全使用例を下に示す。

◇ 妻への言及例

[7-3]

老―若 272YA ：おばーちゃんも　おる［さかい］・

→　　　273SA ：うーん、<u>おる</u>さけ・｛笑い｝、おばーちゃんの　面倒　こっちが　見んならんのに　あんた、こっちが　先　倒れたら　えらいこっちゃから・　やっぱり　血圧がー、おじーちゃん　高いさかいなー｛↑↓｝

　　　　　　　　　　　　　　　　　　　　　SA→孫YA【妻】

◇ 息子夫婦への言及例

[7-4]

→老―若 315 SA ：うーん　さー。お前んとこは　両親が、<u>飲む</u>さけー（YA：うん。）なー・　　　　SA→孫YA【息子夫婦】

表7-16　男性話者の身内を対象とした待遇表現形式の使い分け
〈第三者待遇・カジュアル場面〉

談話	話者	話し相手	対象\形態	妻	息子夫婦	息子	孫
老―若	SA	孫YA	φ		1	2	
			トル			2	1
			オル	1			
			ヨル			1	
II	IM	妻IJ＆娘IJ	φ		2		

表内の数字は使用数

◇ 息子への言及例
[7-5]
→老―若 227SA ：お父さんも 〔YAの行きつけのバーへ〕行っきょるのか {↑}。
　　　　228YA ：あー 親父は 一回だけ 来た。（SA：ふん）俺が 飲んでる時に 来た。
　　　　　中略
→　　　231SA ：もー、親父は お前 飲みに行くー、元気 ないやろ {↑}
　　　　　　　　　　　　　　　　　　　　SA→孫YA【息子】

[7-6]
　老―若 248YA ：うちの 親父ーさんは まっ おやっさんは…
→　　　249SA ：タバコ 吸わへんやろ {↑}
　　　　250YA ：吸わへん。も ぜんぜん むかしから 吸ってへんちゃう {↑}
　　　　251SA ：いやー ほんなことない。若い時、もっと 若い時は 吸ーとったんや。　　　　SA→孫YA【息子】

[7-7]
　老―若 261SA ：ふーん。あれは も なんや もって わりに あっちが 悪い こっち 悪い ゆーとる。
→　　　　　　　　　　　　　　　　　　　　SA→孫YA【息子】

◇ 孫への言及例
[7-8]
→老―若 255SA ：＊＊〔孫の名前〕が 〔タバコを〕吸うとるか {↑}。
　　　　256YA ：＊＊〔弟の名前〕が 吸ーとる。（SA：ふーん。）……
　　　　　　　　　　　　　　　　　　　　SA→孫YA【孫＊＊】

　上記の発話例を見ると、同位から下位にあたる近い身内には、標準語で「居る」「〜している」にあたるところで、かつ大きなマイナス方向への感情的な動きが読み取れない文脈でそれぞれオル、トルを身内の同位や下位の人物だという位置づけと対象への親しみの感情から使用しているようにみえる。ただし、発話例［7-7］には少し強調の含意があるかもしれない。

一方、発話例［7-8］255SAの「吸うとるか」は淡々と尋ねているのに対し、発話例［7-5］227SAの「行っきょるのか」はより興味深々で質問しているという印象を受ける。SAは身内の目下にあたる息子に常にヨルを用いているわけではなくその場その場で使い分けていることがわかる。

表7-16を見てもわかるように収録できた自然談話資料には話題にあがった身内の人物が少なく、集計結果からは身内のごく一部に対する敬語運用の状況しか把握できない。とくに身内の目上にあたる人物が出現しなかったため、身内尊敬用法が行われているかどうかも確認できない結果となった。そのような資料の不足を補うために、男性話者にも女性話者と同じ内容で実施した調査票による面接調査―補足調査Ⅰ―の結果を以下で考察する。補足調査Ⅰでは第三者待遇における身内の人物および親友に対する敬語運用の詳細を体系的に調べた。具体的には話し相手として家族(基本的には配偶者)、親友、先生を想定してもらい、それぞれの場面で上・下関係、血縁関係・姻戚関係上の距離の異なる身内の人物と親友(話し相手とは別の)を話題の主語とした場合、ハルをどれぐらいの頻度で使用するか尋ねた。もし、使用しないと回答された場合にはどんな形式をどれくらいの頻度で用いるか尋ねた。

◇　身内の人物および親友を話題とした敬語運用意識―補足調査Ⅰより―

調査の結果を見ると個人によるばらつきが大きいと言わざるをえない。これは、職業その他によって男性話者の敬語運用は個人差が大きくなっているためだとも考えられる。標本数も少なく一般化しにくい結果ではあるが表7-17から次のことが言える。

(a) 中年層話者ではハルを全く使用しないインフォーマントを除くと上位の人物にハル、下位の人物にヨル、その中間で普通形式ないしトルが用いられる。
(b) 他人が話し相手の場合、先生が相手の場合はほとんど、友人が相手の場合はある程度、上位の近親者にハルを使用することは控えられる。また、身内でも関係が離れるほどハルは使用されるようになり、義理の弟妹のような目下の関係にあっても使用されることがある。
(c) ヨルは家族や友人が話し相手という条件で、親族の目下や親友を対象としてよく使用される。また、親族の目下の中では近親者ほど使用される。

表 7-17 第三者待遇で身内の人物および親友を話題にした場合の敬語運用

インフォーマント生年(調査時年齢)	話し相手	自分の子	自分の弟妹	甥姪	自分の兄姉	配偶者	自分の母親	自分の父親	義理の弟妹	義理の兄姉	義理の母親	義理の父親	叔父、叔母	親友
1914(86歳)	家族	-	-	-	-	-	ト	-	-	-	-	-	-	-
	親友	-	-	-	-	-	ト	-	-	-	-	-	-	-
	先生													
1922(79歳)=SVM	家族	-	-	-	n	-	○	-	-	-	○	-	○	○
	親友	-	-	-	n	-	○	-	-	-	○	-	-	○
	先生	-	-	-	n	-	○	-	-	-	○	-	-	-
1936(62歳)	家族	-	-	-	-	-	-	-	n	-	-	-	-	-
	親友	-	-	-	-	-	-	-	n	-	-	-	-	-
	先生	-	-	-	-	-	-	-	n	-	-	-	-	-
1944(55歳)	家族	n	ヨ	-	-	ヨ	-	ヨ	ヨ	○	○	○	○	-ヨ
	親友	n	ヨ	-	ヨ	ヨ	-	-	ヨ	○	○	○	-	ヨ
	先生	n	-	-	-	-	-	-	-	-	○	○	○	-
1948(51歳)=FM	家族	-	-	-	n	ト	□	△	-	-	○	○	○	-
	親友	-	-	-	n	-	△	▽	-	-	-	-	-	-
	先生	-	-	-	n	-	-	-	-	-	-	-	-	-
1948(51歳)	家族	ヨ	n	-	-	-	○	-	-	-	-	-	-	-
	親友	-	n	-	-	-	-	-	-	-	-	-	-	ヨ
	先生	-	-	-	-	-	-	-	-	-	-	-	-	-
1955(44歳)	家族	ヨ	ヨ	ヨ	n	○	△	△	○	-	□	□	○	ヨ
	親友	ヨ	ヨ	ヨ	-	▽	-	-	△	-	-	△	▽	-
	先生	-	ヨ	-	-	-	-	-	-	-	-	-	-	ヨ

[凡例]　○：いつも使用する　　□：よく使用する　　△：半分くらい使用する
　　　　▽：たまに使用する　　ト：トル　　ヨ：ヨル　　n：回答不能

（d）50代のインフォーマントでも先生が話し相手の場合に身内を対象としてハルを使うという回答があった。それより若い年代は使わないという回答だった。
（e）親友を話題にする場合、ヨルか普通形式を使用するという回答が多い。

　以上から次のように解釈できる。
（1）身内尊敬用法は一部にしかみられない。相対敬語的な運用は若い年代では行われる傾向にあるが、全体として女性話者より徹底していないと思われる。
（2）使用意識からもヨルは身内の同位から下位に使用されることの多い形式であり、上位場面では使用されにくいことが確認された。
（3）有標の形式の中ではトルの待遇価値はハルとヨルの中間に位置する。
（4）親友を話題にする場合、女性話者では家族を話題にする場合とは違う

扱いをするという回答だったのに対し、男性の場合、親友には同位や下位の家族とほぼ同じ扱いをしていることがわかる。

4.3.4 待遇表現形式別の使用例

以下では、個別待遇表現形式の運用上の特質を把握するために、ハル・トル・オル・ヨルの形式ごとに、①「特定」範疇の上下関係の観点からみた適用状況、②「不特定」範疇における適用状況、③話し相手待遇での適用状況という観点からそれぞれの形式が使用された発話例を示しながら考察していく。

4.3.4.1 ハル

Ⅰ.「特定」範疇の上下関係の観点からみたハルの適用状況

　ⅰ．第三者待遇で上位の人物に適用されている例

[7-9]

老―老162SC ：いやいや。いやー　うちの　クラブ　八十　以上の　人
→　　　　　　　　　　が　いはるし・
SC→SA【SCの通っているゴルフクラブの80歳以上の年齢のクラブ員】

　ⅱ．第三者待遇で下位の人物に適用されている例

[7-10]

老―若003SA ：うーん。もー、全部　あんたー、街のなんの　ことや
→　　　　　　　　　　ら、{息を吸う}(YA：{笑い})聞かはったことは　みん
　　　　　　　　　　な　しゃべってーから・{笑い}
　　　　　　　　　　　　　　　　　　SA→孫YA【調査Ⅱの調査者】

[7-11]

→老―若104SA ：ふーん。ほな　もー、商売　やめてはんのやろか{↑}。
　　105YA ：下の子供　やってるみたいーな　かんじやったと　思う
　　　　　　けど・　　　　　　　　　　SA→孫YA【SAの知人】

[7-10]の適用例はその場にいない調査者を話題にしたものであり、女性話者の三人称を指標するハルの用法と似ている。[7-11]は知人が商売をやめたのではないかと気遣う文脈で現れており、同一の人物を話題にした1例

は普通形式を用いていることから臨時的にハルが使用されたとも考えられる。またこの知人は SA より下位の人物だが、YA より一回り上の世代となることも考慮されている可能性がある。いずれにしろ男性話者が下位の人物にハルを用いる頻度は女性話者より少ない。

Ⅱ.「不特定」範疇におけるハルの適用状況

　男性話者も「不特定」の人を対象としてハルを使用することがある。ただしこのような場合、普通体を使用することが圧倒的に多く、トル・オル・ヨルを使用することが次に多く、ハルを使用することは少ない。
　ⅰ.「一般論」で使用された例
［7-12］
　　V831OM　：いや、二回　重ねんのはなー、(PM：うん)あの、ミクロネシアかなんか、あっちの方のな、(PM：うん)(H：ミクロ
→　　　　　　　ネシア)の言葉、南洋や　<u>ゆわはる</u>。
　　　　　　　(PM：へー)あっち、みんな、二回　重ねるんやて。(PM：うん)

　なお、この発話の意図を尋ねたところ話者 OM は上品さを指向して使ったと内省している。同じ話者が家族だけを話し相手とする場面では、同じ対象にハルを使用しないとしたら丁寧語的用法と言えるかもしれない。

　ⅱ.「団体・機関」で使用された例
［7-13］
→老―若413SA　：そやけど　なにかー｛↑｝ある程度、<u>認めてくれはって</u>ー、そこそこは　やっぱりー　出すよーな　<u>会社</u>か｛↑｝
　　　　　　　　　　　　　　　　　　　　　　　　SA→孫YA【会社】

　「不特定」の範疇でハルが使用された発話を見ると［7-13］のように「〜してくれはる」の形で現れた例が顕著に多かった。この点については 4.3.5.1 に改めて示すが、ここでは男性話者は「不特定」範疇には普通形式を基本的に使用し、プラス方向の評価・感情といった何らかの表現意図がある場合にハルを用いる傾向があることを確認しておく。

第7章　男性話者の敬語運用と「ハル敬語」　243

　なお、男性話者の場合「極めて疎」の範疇では阪神の選手が話題に現れたがハルは使用されていない。「極めて疎」の範疇でハルが現れたのは話し相手が初めて話題にし、かつ話者には面識がない人物について言及するような場合であった。

III. 話し相手待遇におけるハルの使用例
[7–14]
　老─老481SC　：年金　くれはったから・それで　年金　くれはったと
　　　　　　　　　思た途端にやなー｛↑↓｝(SC：うん)　え　この　四月
　　　　　　　　　一日からやねー、給料　もろてるやつはやねー、年金
→　　　　　　　　また　取る　ゆーのや。知らはらしまへんやろ｛↑｝
　　　　　　　　　　　　　　　　　　　　　　　　　　　SC → SA

　[7–14]の話者 SC は話し相手の SA に「ハル＋丁寧語」を2回、普通体普通形式を2回使用している。[7–15]のように同じ確認要求的な疑問文でも普通体普通形式を用いている箇所があるが、両者を比較すると前者は後者より回答を要求する程度が高いように感じられる。強調用法としてのハルの使用例だと考えられる。中年層女性話者とは丁寧体で尋ねているところが異なる。

[7–15]
→老─老397SC　：うーん　あれ　僕の　友達が　あれ　こーとった。知っ
　　　　　　　　てるやろ｛↑｝あー　＊＊＊＊〔苗字〕って(SA：あ)
　　　　　　　　あん。あれ　四千五百万で　こーた《買った》んやも
　　　　　　　　ん。　　　　　　　　　　　　　　　　SC → SA

　以上男性話者の場合、くだけた場面でハルを使用しない個人もいるが、使用する個人もいる。使用する話者のハルは上位の対象にも下位の対象にも使用されるが、どちらかといえば上位の対象に多く使用されること、用例数は少ないがプラス方向の評価・感情を指標して不特定の対象にも使用されること、話し相手待遇で強調用法として使用される場合もあることを示した。

4.3.4.2 トル

Ⅰ．「特定」範疇の上下関係の観点からみたトルの適用状況

　第三者待遇におけるトルの身内への適用例は4.3.3で示した。他人の場合も同位から下位の人物に適用される。同位の友人への適用例を示す。

[7-16]
→254IM ：違う。早い、今年は早いのや。言うとったやん。ほな、値打ちあるなーて言うてたやん。　　　　IM→I【IMの友人】

[7-17]（=[7-15]）
→老一老397SC ：うーん　あれ　僕の　友達が　あれ　こーとった《買っていた》。知ってるやろ{↑}　あー　＊＊＊＊〔苗字〕って（SA：あ）あん。あれ　四千五百万で　こーた《買った》んやもん。　　　SC→SA【SCの友人】

　どちらの例も同じターンの発話に同じ友人を話題としてトルと普通形式（テイタ形ないしシタ形）が現れた例である。アスペクト的意味からはトルとテイタ形は継続相（[7-17]のトルはパーフェクト性[2]）を表し、シタ形は完成相を表している。

　[7-16]では、同一の事態についてトルと普通形式を使い分けている。この場合、トルは友人という属性に合わせて使用しているのか、話題を取り立てるという効果をもたせて使用しているのか解釈が難しい。

　[7-17]の話者SCは同じ友人に他に8例普通形式を用いており、そのうちの3例がテイル形である。SCはその友人には基本的に普通形式を用いていると考えられる。この場合も話題を持ち出す際、取り立ての効果をもたせてトルを使用しているとも、バブル期に4500万円という今では考えられない高値でゴルフ会員権を買ったというその友達の行為を思い出して批判的なニュアンスを加えているとも解釈されるところである。トル使用と普通形式使用の違いは後者は事実をただ述べているだけであり、普通形式に戻ったと解釈できる。[7-16][7-17]のトルを心理的要因による適用例と解釈すると、心理的にニュートラルなトルの適用例は「身内・下」に適用したものだけとなる。

II．「不特定」範疇におけるトルの適用状況

「不特定」範疇では普通体・普通形式の使用が基本である。その中でトルは「範疇一般」、「団体・機関」、「範疇個人」で使用されている。「一般論」では使用されない。

ⅰ．「団体・機関」に使用された例

「団体・機関」の範疇でのテイル形の使用数は 17 例、トルの使用数は 12 例でトルの使用率は少なくない。下に村や百貨店が話題になっている例を挙げる。

[7-18]
老―老 029SA　：ほなー、なにかー↑　あれ　草鞋　注文、島根県まで
　　　　　　　　　注文、するやけど　そのー、村自体わ、よそからも、注
→　　　　　　　　文きーとる《聞いている》わけやなー{↑↓}
　　　　　　　　　　　　　　　　　　SC→SA【草鞋を作る村】

[7-19]
老―若 058SA　：あれー、すき焼きー、かしわの　すき焼きでなー、名古
　　　　　　　　　屋コーチン、　だい＃＃＃の地下で　歩いてっとき
→　　　　　　　　なー{↑↓} 売っとったやん。(YA：うん)　たら　名古
　　　　　　　　　屋コーチンて　書いてあって(YA：そー)　ほんでー、
　　　　　　　　　こーたら《買ったら》、えらい{笑いながら}値段が
　　　　　　　　　あって…　　　　　　　　SA→孫 YA【＃＃＃百貨店】

いずれも心理的ファクターはニュートラルなトルの使用例のようにみえる。「人」の典型から外れていることによってトルが選択されている可能性がある。他にも「福祉協議会」と主語として似たようなトルの適用例がある。[7-18]はあえて言えば現場性をもたせて会話に躍動感をもたせる効果があるといえるかもしれない。

ⅱ．動物に適用された例

「不特定」範疇の「人」以外にも動物や具体物ではなく抽象的な事物にも使用される。次の［7-20］はのれそれ(＝あなごの稚魚)に使用された例である。この場合、同じ対象にトルを専用しているわけではない。トルを使用している箇所には何らかの意図が働いていると思われる。

[7-20]
```
  V 325OM ：のれそれも…
    326F  ：なに｛↑｝。　知らん。
    327OM ：あなごのー、稚魚や。
    328K  ：のれそれ、ゆーの｛↑｝。
    329OM ：あのー、ちょうど　見た目はね｛↑｝、あのー、葛きりー
            みたいかな｛↑｝　あんなんの、白ーいみたいなん。それに
→           全部　目が　ついとるわけや。
    330F  ：動いてるの｛↑｝。
    331OM ：これぐらいのね、（F：うん）白い、あの、ズルッと　した…
    332K  ：あの、しらうおみたいな感じ…
  中略
    335OM ：なごーて《長くて》、また、平たいのね。こう、包丁で
            切ったみたいなやつ。
    336F  ：へー。それ、生きたまま　食べるんじゃなくて｛↑｝・
    337OM ：いやいや、それは、もー、あの、死んでんの。
                        OM→一同【のれそれ〔＝あなごの稚魚〕】
```

iii．抽象的な事物に適用された例

次の［7-21］はゴルフ会員権取得費に適用された例である。この例も強調のニュアンスが感じられる。

[7-21]
```
  老一老 219SA ：あー、そら　そーや。ほんなもん　あんた　あれ　見た
                ら、もー　＃＃＃＃＃〔ゴルフ場名〕でも　あんた、百
→              切っとってー｛↑｝。　なー｛↑↓｝
                        SA→SC【ゴルフ場会員権取得費】
```

Ⅲ．話し相手待遇で使用された例

[7-22]
```
→老一老 380SA ：そーや　高速　通とーったら…
```

```
    381SC   :高速道路はー…
    382SA   :なー{↑↓}、(SC:あー) 竜王まで やったら、けっ
             こー〔高速料金が〕つくもんなー。
                                      〔老―老〕SA → SC
```

　以上、トルは第三者待遇で同位から下位の関係にある人物に適用されること、話し相手待遇で同位の友人に適用されることを示した。また、「不特定」の「団体・機関」の範疇や動物、抽象的な事物にも適用されることを示した。「身内・下」や「団体・機関」への適用例には心理的ファクターの関与が認められない例があったが、それ以外の適用例には何らかの話者の表現意図が感じられることを述べた。

4.3.4.3 オル
Ⅰ.「特定」範疇のオルの適用状況
　オルは身内の妻を含む同等以下の人物に主に適用される。身内に適用された例はすでに記した。下はゴルフ友達に適用された例である。

[7–23]
```
  老―老 178SC   :も 一人だけや。(SA:は) もー そんなに あのー
                 今ねー、(SA:うん)うん もー{→} ちょっとした
→               らー、まー 友達も よーけ《沢山》 おんのやけどね
                 {↑}                 SC → SA【SCのゴルフ友達】
```

　[7–23]は特に評価的、感情的要素は感じられない。言及対象が「友達」であり話者自身に触れていることにもなるので、オルが適用されていると思われる。

Ⅱ.「不特定」範疇におけるオルの適用状況
　存在動詞であるオルは「不特定」範疇の「人」のうち「範疇・個人」で用いられている。

[7-24]
→老―老168SC ：ま　京都も、〔70歳以上のサッカー選手が〕何人か　<u>お</u><u>るし</u>ね{↑}・ほんで　それを、全国に、まー　そーやって、よるなかで　70歳　以上の人は　70歳以上の人で　寄せて…

　　　　　　　　　　　　　SC → SA【70歳以上のサッカー選手】

　[7-24]のオルの適用は自分が所属するサッカーチームメンバーという言及対象への仲間意識、ないし自分のチームへの言及がひいては自分への言及と意識されたことによると思われる。マイナス評価など特別の心理的ファクターの関与は感じられない。

　以上、オルは「特定」範疇では妻、友人など同等以下の人物に、「不特定」範疇では「範疇個人」の「人」に用いられ、その対象に対する仲間意識はあるが、適用に際して特別な心理的ファクターは認められない例があることを示した。

4.3.4.4　ヨル
Ⅰ.「特定」範疇のヨルの適用状況
　ヨルもトルと同じく親疎にかかわらず、同位から下位の人物に使用される。身内でも、他人でも使用される。同位の人物に使用している発話例を挙げる。この例からは特別な心理的ファクターの関与は認められない。あえて言えば「同業者」を身内(敬語上のⅠ人称)扱いにした表現かもしれない。

[7-25]
老―老583SC ：ほんでー、三万円のとこがねー、満員、まー、まー　<u>他</u><u>の府県のやつも　行きおった</u>から、(SA：うん)　あの　満員やった。ま　そこは　ま　メーカーが　つこてる《使ってる》とこやと　思うしね{↑}・

　　　　　　　　　　　　　　　　　　　SC → SA【同業者】

Ⅱ.「不特定」範疇におけるヨルの適用状況
　「不特定」の「人」や、動物、非情物にも使用される。
　ⅰ.「不特定」範疇の「人」に適用された例
[7–26]
　老―老 060SA　：あー、ほんまやなー。(YA：うん)　そやけー、百貨店
→　　　　　　　　かて、相手が　それで、入れてきよったら　わからへん
　　　　　　　　のやからいなー。(YA：わからへん　そー)生産者が
→　　　　　　　　なー、(YA：うん)あんな　えー加減なこと　しおっさ
　　　　　　　　けーに・　　　　SA→YA【百貨店納入業者＆生産者】

　[7–26]は「えー加減なこと」というマイナスの評価語とともに用いられ話者SAの義憤が感じられる箇所である。ヨルは話題の主の行為に対する話者のマイナスの評価を指標していると思われる。
　ⅱ. 動物に適用された例
　次の[7–27]は飼い犬を対象としてヨルが適用された例である。この話者IMは同じ対象(飼い犬)に普通形式を11回、ヨルを1回使用している。

[7–27]
→Ⅱ 097IM：こー　やったら、足　上げよっで｛↑｝。　へい、足　上げて
　　　　　　み。　へい、一回　上げて。　足　上げて。
　　　　　　　　　　　　　　　　　　　　　　IM→IJ【飼い犬】

　[7–27]では予測の文脈でヨルを用いている。飼い犬が新しい芸を習得したことを家族に伝えている箇所であり、社会的ファクターによる適用例とは考えにくい。
　ⅲ. 非情物に適用された例
[7–28]
　老―若 267SA　：やー　おじーちゃんもー、｛息を吸う｝あれなー、あ
　　　　　　　　れ、去年のー、四月頃や。(YA：うん)道　こー、初
　　　　　　　　めなー　わからへんなんだけど、道　歩いてるやろ
　　　　　　　　｛↑｝、(YA：うん)　ほで、自動車が　むこーから来よっ
　　　　　　　　たはけ《から》、よけよーと思うのにな、体が　勝手に
　　　　　　　　自動車の方へ　行ったりな、そこの道　歩いててもな

｛↑｝、まっすぐ　自分では　歩いてるつもりやけど　ふ
　　　　　　　らふらー、ふらふらと　こー　横へ　行くんや。……
　　　　　　　　　　　　　　　　　　　　　　SA → YA【自動車】

　［7-28］のヨルは危険な自動車が来たという文脈で用いられている。以上、「特定」範疇の人物や「不特定」範疇の「人」、動物、非情物にヨルが適用された発話例を示し、それらを見ると目下の近親者と「同業者」以外では何らかの話者の心意が感じられることを述べた。

4.3.5　話者の心的態度を反映した現場依存的なハル・トル・オル・ヨルの用法
　ここまで、男性話者が使用する多様な待遇表現形式を主に上・下、親・疎、身内・他人などの待遇的あるいは社会的ファクターの観点から考察してきた。その結果、第三者待遇でハルが上位の人物にほぼ義務的に使用され、くだけた場面でヨル・トルが身内の下位の人物に高い確率で使用される他は、これらの形式が社会的ファクターによらずに、言い換えると対象の属性にかかわらずに、心理的ファクターによってフレキシブルに使用されていることに触れた。
　本章第2節で先行研究に「人物やモノなどに対して社会的に定まった上下軸の評価よりも、待遇表現形式を決定する場合には、話し手の評価・感情が優先される」(中井精一 2002b)、「ヨルは下向きの感情性を表す感情卑語の性格も持っている」(西尾 2003: 63-64)などの指摘を紹介した。
　筆者も、「第三者待遇における素材待遇語の運用は男性と女性で異なっている。男性の場合、上位待遇としてハル、同位から下位待遇としてヨルを使うというように属性による使い分けがみられ、個別的な用法についても（プラスの感情を反映するハル、マイナスの感情を反映するヨルというように）発話時の心理的状態を反映させて使い分け」ていることを指摘したことがある(辻 2000)。
　以下では、諸待遇表現形式の選択において社会的ファクター以外で評価・感情をはじめとしてどのような要因が選択の契機となっているか実際の発話例を示しながら形式ごとに考察する。

第 7 章　男性話者の敬語運用と「ハル敬語」　251

4.3.5.1　ハル
　賞賛、恩恵を受けた、などのプラス評価と結びついている例が多くみられた。

［7-29］
→ V 295OM　　　：いろいろ、工夫してはる。
　　　　　　　　　　　　　　OM →一同【現在花見の宴をしている旅館】
［7-30］
→ 老一老 123SA　：町あげてー、歓待してくれ〈はるの↑　へーー。
　　124SC　　　：歓待〉してくれて、ほんで　入る　旅館が　あらへんから　一辺に、そのー…　　　　　SA → SC【阿蘇町】
［7-31］
→ 老一老 481SC　：年金　くれはったから・。それで　年金　くれはったと　思た　途端にやなー（SC：うん）　え　この　四月　一日からやねー、給料　もろてるやつはやねー、年金　また取る　ゆーのや。知らはらしまへんやろ↑
　　　　　　　　　　　　　　　　　　　　SC → SA【政府】

　上記の例は普通ならニュートラルな普通形式で待遇されるはずの旅館、町、政府という話題の主語にハルが「～してくれる」「くれる」と共起してハルが使用された例である。尊敬語から派生したプラスの感情評価を表す用法の事例だと考える。
　なお、［7-31］と対照的に同じ対象に対して話し相手が不利益を受ける事態を受けてヨルを使用している事例があったので下に記す（発話例［7-32］）。

［7-32］
　老一老 487SC　：ほんで　給料も、（SA：うん）　かりに　さ　五十万　取ってても、（SA：うん）　百万　取ってても、（SA：うん）　ねー｛↑↓｝、（SA：うん）　あのー、健康保険だけ　はろたら《払ったら》、（SA：うん）　あのー、厚生年金　払わんでも　良かった。（SA：うん）　今度　四

月一日から…
488SA　：払うの｛↑｝。
489SC　：払わんならん。5年間　70歳まで　払う。
→　490SA　：あー、繰り下げよったー。　　　　SA→SC【政府】

　[7-31] および [7-32] より、男性話者の場合プラスの感情・評価をハルで、マイナスの感情・評価をヨルで形式と機能が明示的に対応する形で使用していると考えられる。

4.3.5.2　トル
　以下のように評価性が感じられる例があるが、明示的な評価語と共起しているわけではなく、出現例も少ない。

[7-31]
　　老一老 545SC　：違う違う　違う違う。もー　昔からの　昔からの(SA：
→　　　　　　　　　はー)　老舗、(SA：ほーー)　もー　そんなんも　アウ
→　　　　　　　　　トに　なっとるしね｛↑｝(SA：はー)　もー　そこら
　　　　　　　　　　じゅーですわ。　　SC→SA【近所の室町界隈の老舗】

　[7-31] は「老舗」自体は基本的には普通形式で待遇される対象だが、「倒産」を意味する事態がトルを選択する契機だと考えられる。

[7-32]
　　V 229FM　：あれも、きついのやね｛↑｝。
→　230OM　：うん。いろいろ〔役所が〕見張っとる。
　　231FM　：あー、ほんま｛↑｝。　ふーん。
　　248OM　：あれは、救済の、やからね。それと、あのー、あれ　また、
→　　　　　　別個に　あのー、予算のー中から、金利の支援とか、(S：
　　　　　　　うん)いろいろ　しよる。　　　　OM→FM【役所】

　[7-32] の話者 IM は行政当局に言及する場合は「お上」に対する対抗意識のようなものがあり、トルを使用すると内省している。この場合、話題の

主語に対する感情・評価によりトル（それにヨル）が適用されたと考えられる。この場合トルとヨルの意味・機能は類似している。

[7-33]
→老一老394SA　：あれ　なーんで　あんな　あほみたいに　安ーなっとる
　　　　　　　　のや｛↑｝　　　　　　SA→SC【ゴルフ場会員権取得費】

　[7-33]では「あほみたいに」という評価語とともにトルが生起しており、マイナスの呆れたという話者の感情評価を指標している。

4.3.5.3　オル
　オルの発話例の大半は意味的にニュートラルであったが次の例はマイナスの評価語と共起した例である。

[7-34]
→O517IM　：あのー、がらの悪いのは、あれは　もー、姉やんけ。あんな
　　　　　　やつ　おらへんで。　　　　OM→一同【料亭の女主人】

4.3.5.4　ヨル
　ヨルは社会的ファクターから言えば同等以下の対象に使用する形式であるが、発話例[7-32]に挙げたように通常ニュートラルに待遇する対象にマイナスの評価・感情と結びついて使用されたと思われる発話例が多い。[7-37]は「いやな感じ」、[7-38]は「ひどいやつ」と共起している。

[7-37]
　V623OM　：あれやねー、あの、飲食店でもね、高級なとこは　こないし
　　　　　　　て　順番に　出てくるし、あのー、この　まー、それまでの
　　　　　　　大衆のとこねー、いっぺんにボーン　出すやろ｛↑｝(PM：
　　　　　　　うん)あの、地方　行ったり、なんや　したら、あれを、
　　　　　　　もー、まだ、食ってるのに、その、つぎから　つぎから、そ
　　　　　　　の、
　　624K　　：あー、ある　ある。

→　625OM　：もぎとっていきよんな、あれ。いやな感じやなー↑↓、あれ。
　　　　　　　　OM→一同【出した料理をすぐ下げようとする飲食店の店員】

[7-38]
→V646OM　：で、あれなー、ひどいやつ、なったらな、その、もー、も、
　　　　　　　すぐ、家へ　連れてきよるねん。そーゆーなんわ。
　　　　　　　　　　　　　　　　OM→一同【商談相手；不特定】

「渋さ」という味覚に連動して用いられる場合もある。

[7-39]
　　V777OM　：そのー、それも　あの　漢方ざけみたいに、あの、竹、切っ
　　　　　　　たやつに、入れて、あん、なんちゅーか　その、口の中が、
　　　　　　　もー、飛び上がるほど渋いねん。
　　778K　　：へーー。
→　779OM　：ものすごい味　しよんねん。（F：そー）　で、もー、あと
　　　　　　　の、もー　料理　食われへんのや。
　　　　　　　　　　　　　OM→一同【青竹をあぶって出た液を入れた酒】

　一方で話題の主(＝芸を覚えた飼い犬)に対する親愛の情が感じられる発話例もあった。
　また、この発話例はテンス・アスペクトの観点からは未来を表すスル形をとる文脈で使用されているという点でも興味深い。

[7-40]（＝[7-27]）
→II097IM：こー　やったら、足　上げよっで｛↑｝。　へい、足　上げて
　　　　　　　み。へい、一回　上げて。足　上げて。　IM→IJ【飼い犬】

　以上ヨルの適用例の多くがマイナスの感情評価、それに感覚を指標する用法で使用されていること、数は少ないが親愛の感情を込めて使用されている例のあることを述べた。
　4.3.5.1から4.3.5.4まででヨルを筆頭としてどの形式にも社会的ファ

クター以外の契機によって使用されている事例が認められることを確認した。おおむねハルはプラス方向の評価・感情を、ヨル・トル・オルはマイナス方向の評価・感情を表すのに用いられているが、それ以外の用法もあった。

4.3.5.5　ハルの派生的拡張用法と心内発話でのハルの使用意識
　　　　　―補足調査Ⅱの結果―

　4.3.5では男性話者もハルや(軽)卑語形式を発話時の何らかの心的態度を指標するために用いていることを説明してきたが、ここまでの説明を補う意味で、女性話者に行ったのと同じハルの派生的拡張用法と心内発話の使用意識を尋ねる調査―補足調査Ⅱ―を男性話者にも実施したのでその結果を表7-18に示す。

　回答結果は次のようであった。
Ⅰ．心内発話
　1944年生まれ以降の話者は全員ハルを使用すると回答した。
Ⅱ．発話時の話者の心的態度を表す用法
・　マイナスの評価や困惑などの感情を伴う用法のうち(b)(c)の迷惑な行為について述べるという文脈ではハルを使用するという回答者は1名で、多数がヨルを使用するという回答だった。(d)の「いじわるを言う」ことを訴えるという文脈ではハルを使用するという回答とヨルを使用するという回答に分かれた。
・　(h)や(k)の強調語をともなう表現の場合もヨルを使用するという回答が多かった。(h)でハルを使用すると答えたインフォーマントは「揶揄的な言い方」だと内省している。
・　プラスの評価・感情が入った感謝(g)を表す用法についてはハルを使用するという回答が多数を占め、高年層女性の結果と似た結果となった。
・　人形を擬人化して誉めて言う用法(e)でもハルを使用するという回答が多数を占めた。
・　(j)の同情の気持ちが入る場合は、普通形式を使用するという回答が多かったが、残りはヨルを使用するという回答とハルを使用するという回答に分かれた。
・　身内の赤ちゃんを誉める場合はヨルを使用するという回答が多かった。

表7-18 ハルの派生的拡張用法と心内発話でのハルの使用意識
―補足調査Ⅱより―

例文	インフォーマント生年[1]	1914 T3	1922 T11 =SVM	1936 S11	1944 S19	1948 S23 =FM	1948 S23	1955 S30	1956 S31
a	(心の中で)あの人道捜してはんのやろか	×	○	×	○	○	○	○	○
b	(前の車のドライバーのことを)いやー、缶ほかさはった	○	×	×	ヨ	ヨ	ヨ	ヨ	ヨ
c	こんなとこにゴミほかさはる人がいはるしかなんわ	×	×	×	ヨ	NR	○	△<ヨ	ヨ
d	あの人いけず《いじわる》ばっかし言わはるしかなんわ	ヨ	×	×	○	○	○	△<ヨ	○
e	このお人形さんほんま上品なお顔してはる	×	○	○	○	○	○	○	○
f	(下の子どもに)おねえちゃん先お風呂はいらはるで。はよおはいり	△	○	○	n	○	○	△	△
g	(話し相手とする時ハルを使わない親友に)火事いったとき一番にかけつけてくれはったね、いまでもわすれへん	×	○	×[2]	○	○	×	○	×
h	うちの{兄貴／家内／弟}底なしに飲まはる	×	NR	ヨ	ヨ	×	○[3]	ヨ	ヨ
i	(子どもに)雷さん鳴ってはるで	×	×	×	○	×	○	○	×
j	可哀想に、あの子はぐれはったんやろか	×	×	×	○	○	○	ヨ	○
k	うちの子いくらでも食べはる	ヨ	×	ヨ	○	×	ヨ	ヨ	ヨ
l	(話し相手とする時ハルを使わない親友に)ほんまその髪型よう似合わはる	×	×	×	×	○[4]	○[5]	ヨ・ト	×
m	(1歳すぎた身内の子のことを)いやー、上手にしゃべらはる	ヨ	NR	×	×	○	ヨ	ヨ	ヨ

[凡例] ○：使用する　△：時たま使用する　×：使用しない
ヨ：ヨルを使用する　ト：トルを使用する　n：回答不能　NR：無回答
＜：「＜」の右項の語を左項の語より多く使用する

[1] 上段に西暦で、中段に元号(T=大正、S=昭和)で記した。下段に談話収録に参加した話者について話者記号を記した。
[2] 「〜ていただく」を使用する。
[3] 揶揄的な言い方だと内省。
[4] 強調の意味で使用する、と内省。
[5] 賞賛の意味で使用する、と内省。

- 相手の立場に視点を置いたり(f)、子どもにやさしく言う(i)言い方は1944年生まれ以降の回答者にハルを使用するという回答が多かった。
- 賞賛と強調の意味が入った用法(l)は普通形式を使用するという回答が多数だったが、ハルやヨル・トルを使用するという回答もあった。

結果から次のことが言える。
（1） 男性話者はマイナスの評価・感情を表す場合にはヨルを、プラスの評価・感情を表す場合にはハルを使うというように評価・感情と使用形式を明示的に対応させて使い分けている。したがってヨルには卑語本来のマイナスの評価・感情を指標する機能が、ハルには尊敬語の派生的機能としてプラスの評価・感情を指標する機能が認められる。
（2） 擬人化(e)の用法でハルを使用するという回答が多かったこともハルの尊敬語機能と関わっていると考えられる。
（3） 身内の赤ちゃんを誉める場合ヨルを使用するという回答が多かった理由として、ヨルは卑語の性質があるのであまり自慢しているように聞こえないこと、ヨルが身内の目下の人物に適用する形式であることと、ヨルを用いると親愛の語感が出ることに関わっていると考えられる。
（4） 強調するという文脈でハルよりヨルが選ばれるのは間接化を介したハルよりヨルの方が強調のニュアンスが直接強く打ち出せることに関わっていると考えられる。
（5） 相手に気持ちを寄せて、相手の視点に立って尊敬語を用いるという運用の仕方は当該方言話者にとって、女性であれ男性であれかなり一般的な運用の仕方だと考えられる。

　4.3.5では社会的ファクター以外の要因により言語形式が選択されたと考えられる素材待遇語の用法について検討してきた。男性話者に認められた社会的ファクター以外の要因によるハル・ヨル・トル・オルの用法としては、「プラス方向の評価・感情指標用法」「マイナス方向の評価・感情・感覚指標用法」「強調用法」「親愛用法」「擬人化用法」などである。

　男性話者の素材待遇語使用上の特徴としては、ハルに加え(軽)卑語の類を用い、評価・感情を女性話者のように暗示するのではなく内容と形式を一対一で対応させて用い、明示的に素材待遇語を使用していることである。「マイナス方向の評価・感情・感覚指標用法」を担う形式としてヨルは他の形式より突出して使用されている。男性話者の場合、ハルは尊敬語の機能が主で「プラス方向の評価・感情指標用法」は従だと考えられるのに対し、ヨルは純粋に下位待遇の用法で用いられている発話例は少ない。「マイナス方向の

評価・感情・感覚指標用法」として使用されているケースが圧倒的に多く、軸足は心的態度を反映した現場依存的な表現にあると思われる。

4.3.6　ヨルのアスペクチュアリティーによる使い分け

　ヨル・トル・オルはもともとアスペクトを表す形式として成立したとされる。このうちヨルは前でも述べたように「卑語性」の高い形式として使用されている。ヨルがアスペクト形式であることをやめ、純粋に卑語として確立されればヨルはアスペクト形式を分化させたり、存在動詞「居る」にヨルが付加されたりするはずである。この点について念のため確かめてみた。
　まず、存在動詞「居る」にヨルが付加された例は現れた。下にその発話例を示す。

[7-41]
　　　V 527PM　：＊＊＊〔料亭名〕さんも、あのあたりが、小学校、廃校になってー、風俗ーや　なんかがねー {↑↓}、(FM：はいはいはい)も、まわり一杯に。
　　　528OM　：しもさがったとこ　風俗　できてね {↑}…
　　　529PM　：困ってはりますわ。
　　　530FM　：うん、困ってる　あそこも。もう、＊＊＊＊〔名前〕さんやらが　下から、あがって来ても、客引きが、ねー、{笑いながら} みんな　やられる＊。
→　531OM　：下で、おりよんなー、あこー、木屋町通りやったらね {↑}・
　　　　　　　　OM→一同【客引き】

　「〜シテイル」に「ヨル」が付加された「〜シテイヨル」という形については楳垣(1946: 179)に「『よる』が『て』を介して動詞の連用形に連る場合もある。なんやかいてヨル(何か書いてゐる)」と例を挙げて示されているようにいくつかの先行研究で存在することが指摘されている。しかし、筆者が集めた自然談話資料中にはそのような用例は現れなかった。
　資料に出現したアスペクト的意味としては完成相を表しているケースが大多数で、他に反復性を表すくらいだったが、次の[7-42]は継続相「している」を表す箇所で「しよる」を用いているケースだと考えられる。

[7-42]
　V248OM　：あれは、救済の、やからね。それと、あのー、あれ、また、
　　　　　　　別個に　あのー、予算のー中から、金利の支援とか、（S：
→　　　　　　うん）　いろいろ　しよる。　　　　　OM→一同【市当局】

　「～シテイヨル」の形が現れなかったのは資料が少なくて現れなかったのか、現在一般的ではない形なのか現時点では判断できないので今後の課題としたい。

5. 本章のまとめ

　本章では、京都市方言・男性話者の待遇表現の運用の枠組みと、男性話者が使用するハル・ヨル・トル・オルのそれぞれの素材待遇語形式の特質について、自然談話資料の分析という手法を主に用いて考察してきた。その結果、男性話者の場合、ハル・ヨル・トル・オルの素材待遇語形式を待遇表現としての観点から見れば、基本的に社会的ファクターである上下関係の把握にもとづいて、ハルを尊敬語すなわち上位待遇の形式として、トル・オルを軽度の下位待遇、ヨルを下位待遇の形式として、そして普通形式をニュートラルの形式として、形式と待遇度が一対一で対応する形で、つまり透明に使い分けていることが確かめられた。そのうちヨルは第三者待遇でしか使用されない形式という点で他の形式とは異なる。

　それと同時に、男性話者も女性話者と同じくハル・ヨル・トル・オルの素材待遇語形式を社会的ファクターによる運用の枠組みを超えて、発話の現場で臨機応変に発話時の心的態度を表したり、強調の効果をもたせたりして活発に使用していることを確認した。特にヨルは卑語として下向きの評価、感情等を明示的に示す用法の方が卓越していることを確認した。また、ヨル・トル・オルには下向きの待遇や評価・感情を表す他に親しみ、親愛のニュアンスを伝える場合もあることも確かめられた。以上は先行研究で指摘されてきたことでもあるが、内省によるのでも、意識調査によるのでもなく、当該方言話者による実際の発話の分析から帰納された結果であり、具体的な発話と文脈の裏付けをもっていることに意義がある。

では男性話者と女性話者間で待遇表現の運用の枠組みや、それぞれが用いる「ハル敬語」の意味・機能にどのような異なりがあるのだろうか。表7-19に本章、および第3章で明らかにした男性話者と女性話者(中年層)間のくだけた場面における待遇表現形式運用の枠組みに関する主要な相違点と類似点を示す。

表7-19より、男性話者と女性話者とでは話し相手待遇に関しては異なりが認められないが、使用する待遇表現形式の数と第三者待遇における運用のすべての項目について異なりがあることがわかる。

第三者待遇における運用状況が異なるのは男性話者が上位待遇の待遇表現形式と下位待遇の待遇表現形式を待遇的な扱いと形式を対応させる形で使い分けていること、不特定範疇で女性話者の場合はほとんど義務的といえるくらいにハルを使用しているのに対し、男性話者の場合あまりハルを使用していないことによる。

表7-19 待遇表現形式の基本的運用の枠組みに関する男女間比較

運用の枠組み			話者性別	男性話者	女性話者
全体		使用形式がハルと普通形式(丁寧体不使用)の2形式		×/ハル・普通体・トル・オル・ヨルの5形式	◎
話し相手待遇		普通体、普通形式使用		◎	◎
		近親者(目上)への普通体、普通形式の使用		◎	◎
		近親者(配偶者)への普通体、普通形式の使用		◎	◎
		近親者(目下)への普通体、普通形式の使用		◎	◎
第三者待遇	特定範疇	上下親疎に関わらないハルの使用(他人の場合)		×/使い分け(ハル→上位、普通形式・トル・オル・ヨル→同〜下位)	◎
		極めて疎へのハルの使用		△	◎
		近親者(目上)への普通形式使用(他人が話し相手の場合)*		○	◎
		近親者(配偶者)への普通形式使用(他人が話し相手の場合)*		◎/まれにトル・オル・ヨルを使用する話者あり	◎
		近親者(目下)への普通形式使用		○/ヨル(トル・オル)を使用する話者あり	◎
	不特定範疇	人	一般論の主節でのハルの使用	△	◎
			一般的な「人」を対象としたハルの使用	△	◎
			団体・機関を対象としたハルの使用	△	◎
			範疇個人を対象としたハルの使用	○	◎
			全否定の文でのハルの使用	○	◎

[凡例] ◎:よく使用する(不使用と書いてある項目では「使用しない」と読みかえる)
　　　 ○:使用する(不使用と書いてある項目では「あまり使用しない」と読みかえる)
　　　 △:時たま使用する　×:使用しない
* 自然談話資料の分析の他に補足調査の結果を加味した。

では、女性がこのような運用を行っているのは単に女性話者の基底にも男性話者と同じような枠組みがあるのだが、現実的に女性話者は普通形式や下位待遇の形式を極力使用しないでそれらの形式をハルに置き換えて上品に、あるいは丁寧に言っているだけなのだろうか。筆者の見るところそうではなく男性話者と女性話者とでは枠組み自体に相違があると考える。それは次のような理由による。上品に、あるいは丁寧に言おうとするだけであるなら話し相手には普通体・普通形式を用い、第三者にハルを用いることを説明できない。むしろ話し相手には普通体・普通形式を用い、第三者にハルを用いること自体が話し相手への配慮によるポジティブ・ポライトネス的なストラテジーの現れだと考える方が自然である。その場合の配慮のあり方は話し相手には普通体・普通形式を用いて近づきの気持ちを示し、第三者に言及する時はハルを用いて話者や話し相手から少し隔てるという形をとる。つまり、男性が普通形式・トル・オル・ヨルを使用するのとは異なる基準による使い分けを女性話者は行っているのである。

さらに、不特定の「人」を話題にした場合、男性話者は基本的に普通形式を使用する。ハルを使用するのは上品さを志向する場合や、「〜してくれはる」というようにプラスの評価・感情をともなって表現する場合に偏る。一方、女性話者は高い確率でハルを使用し、「学校が統合されはる」というように抽象的な「人」を主語として受身形でもハルを用いる。このような相違も男性話者はハルを尊敬語として用い、女性話者ではハルの「待遇性」が薄れ「人称性」の方に傾いている証左になるのではないだろうか。

これまでの考察で明らかにできたハルの意味・機能に関する男性話者と女性話者間の相違点と共通点を次頁表7–20に示す。

第三者待遇では男性話者の場合、ハルの基本的機能としては対象を上位待遇の尊敬語用法により用い、ヨル・トル・オルを下位待遇の(軽)卑語として用いているのに対し、女性の場合、三人称指標機能が優先し、話題の主語を高めるという尊敬語の機能は非明示的なものとなっている。派生的機能である「感情・評価」を表す用法に関しても同じ傾向がみられ、男性話者はプラスの感情・評価をハルで、マイナスの感情・評価をヨルで形式と機能が明示的に対応する形で使用している。女性話者の場合マイナスの評価・感情もプラスの評価・感情もハルで表し、形式と機能との対応関係において不透明である。

表 7-20 ハルの意味・機能に関する男女間比較

ハルの機能		話者性別	男性話者	女性話者
基本的機能	話し相手待遇	軽い尊敬用法	◎	◎
	第三者待遇	第三者指標機能	△	◎
		尊敬語機能	◎	○
派生的機能*	間接化		○	◎
	親愛(話し相手への親愛感情による視点同一化)		○	◎
	擬人化		○	○
	強調(断定強調)		△／ヨル	◎
	強調(質問強調)		○／(トル)	◎
	感情評価暗示用法(プラス評価)		◎	○
	感情評価暗示用法(マイナス評価)		×／ヨル(トル・オル)により明示的に表わす	◎
	親愛語(言及対象への親愛感情表示)		×／ヨル(トル・オル)	△
	発見・驚きの表明		◎	△

[凡例] ◎：表記の機能を有する　　○：表記の機能をある程度有する
　　　　△：表記の機能を少し有する　×：基本的にハルに表記の機能はない
　　　　／ヨル：ヨルを使用する　／トル：トルを使用する　／オル：オルを使用する
＊　自然談話資料の分析の他に補足調査の結果を加味した。

　以上のような男性と女性の敬語運用の枠組みと使用語彙の異なりは、それぞれの社会的立場の違いを反映している面がある。一方では戦前まで男性の下位に位置づけられてきた女性として、現在でも経済的に劣位に立っている女性としての立場を反映して上位の待遇表現を選択する必要があったと言えよう。加えて歴史ある都市という背景も手伝って女性には上品な言葉づかいを求めるという社会的規範の要請も強く、上位待遇の形式を多用し(軽)卑語の類をできるだけ使用しないという傾向が強化されたと考えられる。

　第2部で行った分析の一つの眼目は素材待遇語形式を用いて発話時の話者の感情や評価などを表す準モダリティ的な用法を他方言話者にも理解できるような形で記述することにあった。モダリティを表す法助動詞を研究するにあたってCoatesが、「テキストのデータにもとづいて提出した証拠は、言語分析につきまといがちな主観的判断に対する有効な歯止めになりえる。さらに、コーパスのおかげで、言語学者の作例(それはどうしても、明快で、「中心的な('central')」ものになりがちである)に頼らなくてもすむし、当該の主題について、信じられないほど「整然とした」('tidy')見解に到達してしまうことも避けられる」(Coates, J　澤田治美訳 1992: 3)と述べていることは準モダリティ的な用法についてもあてはまる。筆者が用いることの出来た自

然談話資料の分量は少なくコーパスにもとづいた分析というよりモノグラフという内容かもしれない。しかし、その範囲で網羅的であることを目指して分析した結果として、細かいことではあるが、男性話者のヨルの感情評価明示的な用法の使用例にはマイナスの評価や感情を表すだけではなく感覚も表すことがあるということを指摘することができた。ハルの派生的用法については明快に分類できる数において有限の用法として存在すると言うより、話者の創発性にもとづくある程度開かれた用法と考えるのが現実的であろう。

　京都は平安時代以降政治の中心にあり、その地で支配階層である貴族や武家を担い手として敬語は一定の発展を遂げてきた。その同じ地に暮らす一般市民を担い手とした方言敬語、とりわけ現在当該方言敬語を体現している「ハル敬語」は時代、あるいは社会の変化に伴いここまで述べてきたような姿に変質を遂げてきたと考えられる。では「ハル敬語」はもともとどのような表現として成立し、どのようなプロセスを経ては今日の姿となっていったのであろうか。その点について次の第3部「ハル敬語の通時的考察」でさらに考察を進めたい。

注

1　井上文子(1993)では直接には大阪と滋賀の比較となっている。ただし宮治(1990)では大局的には滋賀・京都のタイプと奈良・大阪のタイプとが対立する状況としてとらえられている。

2　工藤(1995: 35)では現代日本語のテンス・アスペクト的意味のうちパーフェクト性をアスペクト形式の有する派生的意味の一つにあげ、「〈後続時点における、それ以前に成立した運動の効力の現存〉を表すものである」と定義している。

第 3 部

京都語「ハル」の通時的考察

第3部では、江戸時代後期以降から明治時代にかけての京都語における待遇表現運用のありかた、およびハルならびにハル成立に関わるとされる諸尊敬語形式を中心に通時的観点から考察する。江戸時代後期から取りあげるのは同期が後述するようにハル胚胎期とされるからである。第2部では現代京都市方言の共時態における「ハル敬語」の特質を明らかにしてきたが、第3部では、そのような特質が形成された京都語の方言敬語の土壌がどのようなものであり、ハルが成立当初にどのような意味・機能をもっていたかについて検討し、京都敬語「ハル」の全体像を明らかにしていきたい。
　第8章と第9章では京都板洒落本を資料として江戸時代後期の状況について考察する。まず、第8章で江戸時代後期の待遇表現形式使用状況を通時的に概観したのち、先行研究でハルの母胎とされる形式であるナハル・ヤハルが、いつ、どの資料で、現れたかを確認する。さらに、女性話者のそれらの形式を含めた待遇表現形式全体の運用の枠組みを考察する。
　第9章では、ナハル・ヤハルの現れた資料について、これらの形式の意味・機能を敬語運用の枠組みの中に位置づけつつ詳しく考察する。
　第10章では、明治時代中期に京都語としてははじめてハル形が現れた京都出身の落語家による落語関係資料を提示し、この期の敬語運用とハル、ヤハル、ナハルの意味・機能について考察する。
　最後に、江戸時代後期から現在にいたる京都語の敬語運用の枠組みおよび「ハル敬語」の特質について通時的な観点からまとめる。
　具体的な記述に入る前に、尊敬助動詞「ハル」の成立およびハルの語源に関わる先行研究、第3部で用いる資料、および分析する際の方法論について簡単に説明する。
　ハルという形式について言及された最初の文献は『浪花聞書』のようであり、以下のように記されている。

　　　　　○はらんか○はれ　　助辞也江戸で云さらんかされと
　　　　　　　　　　　　　　同じ行なはれ来なはらんか杯云
　　　　　　　　　　　　　　　　　　『浪花聞書』(1988年の復刻版 p.3)

この『浪花聞書』の著者や刊年は記されていないが、「今年文政二年(筆者注：1820年)の春」の文言があるので「その頃起稿」されたと考えられている(東條1931「浪速方言解題」)。東條(1931)には「外には丙寅(文化三)と丙子(文化十三)両年の記事が散見してゐる」とあり、1820年代に成立したと

考えてよいであろう。
　江戸時代の待遇表現体系について網羅的な記述のある山崎(1963)には「第二篇江戸後期(上方)の待遇表現体系第四章遊里ことばの待遇表現」に「はるなる」の項が設けられており、上の記載内容とともに以下のような説明が施されている。

　　「はる」に関しては「浪花聞書(文政末刊?)」に出ている。それは見出し語としては、「はる」であるが、記述の実質は「なはる」である。
　　　○はらんか　　○はれ　助辞也江戸で云さらんかされと同じ行なはれ来なはらんか杯云
　　この説明の中には、「はる」「なはる」が江戸語では行なわれていなかったという意識のあったことと、助動詞「なはる」に当時「はる」を独立させる語感も存在したことが示されている。　　　(山崎1963: 669)

　また、山崎(1963: 670)では洒落本『阿蘭陀鏡』(1798：洒落本大系第八巻)に現れたハルの用例を1例示しているがそれは上方語としてではなく奥州訛の人物に使用させたものであり、当時京都にはない奇異な表現であったのだと説明している。
　以上から、少なくとも1820年代上方でナハルは行われていたこと、ハルを「独立させる語感」の存在したことは確認できよう。
　上方におけるハル敬語成立の時期としては、奥村(1966)では「近世後期京阪資料で、この語形が殆んど認められない事等から推して、その成立は、幕末期以前には遡り得ないと考えられるのである」としている。具体的用例までを示した研究としては金沢(1993)があり、明治時代に入ってから落語速記資料の中にハルの最も早い使用例が現れたこと、ハルは敬度の高い尊敬語として使用されていることが明らかにされている。ただし、この資料は上方語のうち大阪語の資料である。京都語ではいつ頃の資料に最初に現れたか、については明らかにされていない。ハルの成立に関わるかもしれないことで、最近、村上(2004a)で命令形のハレが世話物浄瑠璃『容競出入湊』(延享五〈1748年〉初演、並木丈輔、浅田一鳥、豊岡珍平、安田蛙桂作)に現れているという報告があり注目される。村上(2004a)により用例を1例挙げれば以下のようなものであり、他に現れた2例は「聞カはれ」「貰はは

れ」と全例とも未然形接続となっている。

　　○そんなら早ういて戻らはれ
　　　　　　　　　　　　　　　（九助(船頭)→庄兵衛(男伊達)、九ウ）

　また、ハルの待遇価値に関しては奥村(1966)に「池上禎造氏説は、活字になっていないが、私信等によれば、〈幕末〜明治頃の京都語(御両親はじめ尊属の方々)で、ハルの待遇表現意識が、ナサルの場合と全く異っていた〉らしい」という注記がある。ハルの待遇価値の推移はハルの意味・機能や成立を考える上で重要な情報である。
　次に、通時的考察を行うにあたって、どのような形式に照準をあてる必要があるか、について考える。先行研究ではハル敬語の出自については尊敬の助動詞ナサルから変化したとする説(山崎1963、奥村1962、1966他)とシャルから変化したとする説(真下1933他)があり、前者が優勢というのが現在の状況である。
　「浪花聞書」でハルの項で実質的にはナハルが記述されていたことを上で触れたが、ナハルの前身と考えられるナサルが候補になることは十分考えられる。実際、山崎(1963: 669)ではナサル→ナハル→ハルの変化を想定している。また、ナサル出自説をとる奥村(1966)では、現代諸方言の敬語辞の分布相からの推論と、文献資料の調査との両面から京阪語ヨマハルの語源の検討が行われている。その結果、まず、分布面からシャルは使用例がごくわずかであり、江戸時代後期資料である宝暦〜文政期洒落本に少ないことからこの語形がハルの母胎とはなりえないとしてシャル系説は退けられ、ナサル系説が妥当とされた。これはハル成立を幕末以降であることを前提とした議論であり、次のような過程が想定されている。
　　起きナハル→起きヤハル
　　ヨミナハル→ヨミヤハル→ヨミャハル→ヨマハル
　なお、上記ヨマハルの成立過程に関しては、以下のただし書きがあることに注意したい。
　　　京阪語ヨマハルの直接的母胎がヨミナサル系だったとしても、その成立に際しては、その他の語形—ヨマシャルやヨマサルでなくても、とにかく、未然形接続のもの—が影響したかもしれない。その様な意味から言

えば、例のマス・デス・ヤス・ナイ（東京の否定辞）等の語源も、多次元的に考えるべきであろうか。　　　　　　　　　　　　　　（奥村 1966）

奥村（1962）では、ここに引用した考え方をさらに一般化した形で「或る語の成立過程において、語源Ａが中心となりつつ、語源Ｂが側面から影響することは十分あり得る」とした上で、「書カッシャル系が、ある程度影響したということは有るかもしれない」と、シャル系の影響が明言されている。

筆者は基本的にナサル語源説に軸足を置きつつも、上に記した奥村氏のいわゆる「多次元的」語源説の考え方も取り入れるに値すると考える。

以上から、第３部では江戸時代後期（一般的な分類に倣って宝暦以降とする）をハルの胚胎期と考え、江戸時代後期まで遡って考察することとし、ハルの出自との関連でナサル・ナハル・ヤハルに特に着目して分析する。ただし、シャルその他の尊敬語形式についても留意することとする。

第８章以下で改めて詳しく述べるが、考察対象として第３部で取り上げる資料は概略次のとおりである。
① 京都板洒落本資料（江戸時代後期成立）
② 京都市出身で京都市内で言語形成期を過ごし、明治時代から大正時代にかけて活躍した落語家による速記資料および落語録音資料

なお、江戸時代宝暦年間以降成立した京都市の口語を伝える文献資料として洒落本資料の他に京都板の浄瑠璃、歌舞伎台帳、軽口、噺本、心学道話、京都府立総合資料館蔵の昭和40年録音の京都市方言女性話者による談話資料などについても調べた。浄瑠璃、歌舞伎台帳、軽口、噺本、心学道話にはハルおよび、ハルの直接の前身と考えられているヤハルなどの語形は現れなかったので、第３部では直接の考察対象とはしなかった。京都府立総合資料館蔵の談話資料は室町の商家の女性同士の談話などを内容としており、当然のこととしてハルは使用されており大変興味深い資料であった。しかし、現時点では上下関係の把握など難しい点があるので、そのような資料のあることを指摘するにとどめ、詳しい分析は今後の課題としたい[1]。

考察にあたっては以下のことを分析の方針とする。
① 一般的な市民の言語生活に注目し、日常のくだけた場面を表す資料を中心的な分析対象とする。
② テキストの形態としては、会話文中心となっている資料を分析対象とする。したがって、洒落本については会話体となっているテキストのみを

用い、そのようなテキストの中でも地の文などは分析対象から除外する。
③ 敬語の運用について考察する際、主要には話し相手待遇表現と第三者待遇表現に分け、また場面を分けて分析、考察する。
④ 敬語運用について考察する際、男性話者と女性話者間の異なりについても留意して分析する。
⑤ 先行研究では江戸時代の文献に上方語としての「ハル」形は確認できないとされているが、上方語におけるハル敬語はナサル→ナハル→ヤハル→ハルという変化過程を経て成立したとの見解が大勢を占めていることを考慮し、ナサル、ナハル、ヤハルの語形については特に注意して考察する。
⑥ 分析にあたっては第2部で自然談話資料を分析する際行った方法を援用する。すなわち、談話全体の敬語形式の分布というマクロな視点と、一人の話者のイディオレクトを注視して発話の文脈の中で解釈するというミクロな視点とを併用する。

注
1 中井幸比古(2008)「京都方言の形態・文法・音韻(1)―会話録音を資料として(1)―」(『方言・音声研究』9-200 方言・音声研究会)ではこの資料を用いた待遇表現の分析が行われており、参考になる。

第 8 章　ハル敬語の源流
―京都板洒落本にみる待遇表現諸形式の消長と運用―

1. はじめに

　敬語史研究において、江戸後期上方語に関しては、同期に上方語が中央語の地位を江戸語に譲ったという事情と、資料の絶対的な乏しさとがあいまって記述対象から外れ、その待遇表現体系を体系として正面から取り上げてこなかったきらいがある。しかし、本書で考察対象としている「ハル敬語」の胚胎期が先行研究より江戸時代後期だと考えられることからも、京都大阪を中心とする現代近畿中央部方言における第三者待遇に偏る素材待遇語の使用、ハル敬語の隆盛といった関連事象に関心を寄せる立場からも、江戸後期上方語における待遇表現の使用状況は是非把握しておきたい項目である。

　本章では、上方語のうち京都の言葉(以下では現代京都市方言と区別する上で近代以前から京都市内で一般に使用されていた言葉を指して「京都語」の言葉を使うことがある)の敬語運用の特質を概観することを目的とする。特に、この時期にハルの母胎とされるナサル・ナハル・ヤハルのような形式がどの程度、どのような属性によって使用され、どのような待遇価値を伴っていたか、男性話者・女性話者間で、あるいは場面によって敬語運用上の異なりがあるのか、あるとすればどのような点で異なるのかということが本章の関心事である。

　分析対象とする資料は近世語資料としても価値が高いとされる洒落本(島田 1959、矢野 1976a, 1976b)とし、考察対象とする言語項目としては待遇表現体系の骨格をなし、現代における方言敬語の運用上の特質と直接関わってくる動詞述語、特に素材敬語を中心に取り上げる。

　以下ではまず、本章で考察する時代が江戸時代後期といっても、宝暦元年(1751 年)から慶應 3 年(1867 年)までにわたるかなり長い期間になるので、

通時的に諸形式出現状況等を男女別、第三者待遇と話し相手待遇という待遇別、さらに話し相手待遇に関しては命令形と命令形以外の活用形に分けて概観する。当期に関してはすでに奥村(1966)で洒落本資料における尊敬形式の出現状況を集計した結果が提示されている。しかし、奥村(1966)ではナサルとナハルとが分けられていない。また、男女別と一部の命令形を別に集計しているが話し相手待遇と第三者待遇の待遇別に分けては集計していない。第2部の考察をふまえると、京都市方言敬語のハル敬語は第三者待遇における用法に特徴がある。これらを考慮して、本章では、ナサル、ナハル、ヤハルを分け、待遇別にも分類して集計することとする。通時的考察により、ナハル・ヤハルを使用する属性が特定できたあと、その属性の敬語運用および使用待遇表現形式の特質を共時的に待遇別に、また場面のフォーマリティの違いにより分けて詳細に検討する。

2. 調査概要

2.1 資料

考察対象とする資料は洒落本大成委員会編(1978〜1988)『洒落本大成』全30巻所収の京都板洒落本全作品のうち、以下の基準により選定した。
① 洒落本に典型的な会話文で構成され、各発話の冒頭に発話者名、場合によっては発話者の属性や風体などの注記が記されているテキスト(会話体洒落本)とした。
② 舞台が京都祇園近辺となっている作品とし、島原および伏見が舞台となっている作品は除外した。
③ 主要登場人物が他地方出身者となっている作品、および刊行、あるいは成立年不明の作品は除いた。

また、集計に際しては地の文と会話文が融合しているような部分は除き、純粋に会話体をとる部分のみを対象とした。

なお、舞台を京都の中でも②に示したような限定を設けたのは、遊里の中でも祇園周辺の言葉は町言葉との双方向的な影響関係も考えるべきだとの主張がある(奥村1966)一方で、島原遊郭などでは太夫をはじめとする遊里関係者の言葉遣いに京都の他の地域とは異なる部分があり[1]、双方向的な影響関係を考えにくいことを配慮したためである。

上記の基準にあてはまり、本章で取りあげることにした作品は以下のとおりである。左から作品名・成立／刊行年・作者・『洒落本大成』中の収録巻数・本書で用いる略号（［　］内に記載）の順に記す。

『風流裸人形（ふうりゅうはだかにんぎょう）』（推定 1778・安永 7 年）、作者不明、8、［風］

『風俗三石士（ふうぞくさんごくし）』（未詳 1780・安永後半期か天明初年頃成立と推定される。底本の刊行は 1844・弘化元年）、太平館銅脈先生（畠中鑑斎・聖護院の近習）、29、［三］

『うかれ草紙』（1797・寛政 9 年）、広莫野人荘鹿作（百川堂灌雅すなわち京都の書肆文微堂吉田新兵衛か）、17、［う］

『當世嘘之河』（1804・享和 4）粋川子（京都の人）作、23、［當］
　巻三「館」は会話体でないため除く。

『竊潜妻（ていけのはな）』（1807・文化 4 年）、盛田小塩（京都の人）作、24、［妻］
　巻の下「妓婦実」は関東出身の人物を主人公としているため除く。

『河東方言箱枕（はこまくら）』（1822・文政 5 年）、粋川子或いは中島棕隠（京都の人）作、27、［箱］　巻之上「着色」は田舎のおのぼり客を主人公としているため除く。

『興斗月（きょうとつき）』（1836・天保 7 年）、武木右衛門作（何人か不明）、29、［興］

『千歳松の色（ちとせ）』（1854・嘉永 6 年頃）、松夫作（何人か不明）、29、［松］

本章で考察対象とする上記の資料を、近世後期の待遇表現体系について調査記述した山崎（1963）、奥村（1966）で用いられた京都関係の資料と比較すると、山崎（1963）では『興斗月』が使用されておらず、奥村（1966）では『風俗三石士』、『當世嘘之河』、『うかれ草紙』、『興斗月』、『千歳松の色』が使用されていない。また、逆に本章では、山崎（1963）で使用された島原を舞台とする『阿蘭陀鏡』、奥村（1966）で使用された『原柳巷花語（しまばらやさものがたり）』、および上に記した資料のうち除外すると記した部分は主要登場人物等に問題があるので分析対象としないことになる。

2.2　方法

2.1. で挙げた資料における各話者の敬語の使い分けを以下の手順で分析する。

① 資料に出現した単文の動詞述語、複文における主文末、および従属句内（南1974のA類従属句内を除く）の動詞述語すべてについて主語を特定する。
② ①のうち主語が二人称と三人称となる動詞述語それぞれについて場面、話者の性別、話し相手待遇と第三者待遇の別、話者・話し相手・話題の主語間の身分・上下関係、述部形式範疇、構文内の位置（文末で出現したか文末以外の箇所で出現したか）、対応する呼称・対称詞・言及称等の観点により分類し、分布状況を示す。
　なお、述部形式の分類は基本的に形態によった。ただし、依頼表現の「～て（お）くれ」は別項をたて「～て（お）くれんか」も一括する。
③ 上にあげた項目のうち上下関係に関しては、遊郭での社会的上下関係について以下のように把握して分類する。不等号は「上位＞下位」の意味で記す。
　　　　客＞花車＞芸子＝義太夫芸子（ただし芸子間は姉芸者＞妹芸者のように年齢によるものとする）＞遊女＞仲居＞廻し男＞おちょぼ
　なお、上記の序列を定めるにあたっては、当期および現代の遊里について書かれた文献の調査や、現代の祇園の茶屋の京都生え抜きの女主人2名に対する聞き取り調査を行い、その結果から総合的に考えて定めたものである。ただし、「男衆さん」と言われる男性の遊里関係者については蔭の支え役という側面もあり、ケースバイケースで判断する必要があると思われる。
④ 敬語運用の枠組みを考察する際、話し相手待遇と第三者待遇とに分けて検討する。
⑤ 男性話者と女性話者に分けて分析する。
⑥ 場面に関しては茶屋の座敷でのやりとりと、それ以外の風呂屋・妾宅・茶屋への道中などにおけるやりとりとを分け、前者をフォーマル場面、後者をカジュアル場面としておく。カジュアル場面とした場面は現代京都市方言について分析した第2部で《カジュアル場面》とした場面と似ている。フォーマル場面としたお茶屋の座敷でのやりとりのあらたまりの程度はあくまで相対的なものである。
⑦ 呼称はそれが出現したターン全体、対称詞・言及称はそれが出現した文内で述語と対応するものをカウントする。

⑧ 動詞述語(と対応する主語)それぞれについて、②であげた各項目間の相関関係の比較対照により全体的な待遇表現の使用実態を把握し、特徴的な用例を解釈する。

3. 結果

3.1 出現した待遇表現諸形式の概況

2.2に記した方法により調べた結果を待遇別資料別・男女別集計し、第三者待遇については表8–1に、話し相手待遇については表8–2に示す。表は彦坂(1997: 300)を参考に作表した。なお、話し相手待遇については、さらに活用形が命令形となっているものと、それ以外とに分けて示した。

表の形式欄では上位形式(待遇レベルが高い形式)ほど左側にくるように配列した。ただし「その他」及び「尊敬語動詞」「尊敬語命令形」欄は便宜的に複数の形式を入れているため例外となる。また、議論を単純化するため丁寧語は省き、尊敬語に絞って集計した。

表8–1 待遇表現諸形式の概況―第三者待遇―

待遇形式 成立年／文献	尊敬語助詞	(オ〜)ナサル	(オ〜)ナハル	オ+一般化・オ動詞*1	オ+一段化*2	(オ)連用指定	シャル	テ指定*3	ヤハル	その他1*4	謙譲語	φ	ヨル・オル	クサル	小計
話者女性 安永7(1778)頃 風				4		2		7				16		3	32
安永9(1780)頃 三	2	4		1		3	1	2		3	4	32			52
寛政9(1797) う	1	1						1	1			5			9
享和4(1804) 當				4	2			12				5			23
文化4(1807) 妻	7			1				6				19			33
文政5(1822) 箱	1	1		7		2		23		1		30	2		67
天保7(1836) 興	1		8	3				8	1			7	3		31
嘉永6(1853)頃 松				1				1				2			4
小計	12	6	8	21	2	7	2	60	1	4	4	116	5	3	251
話者男性 安永7(1778)頃 風											1	2	1		4
安永9(1780)頃 三		2				2						20		2	26
寛政9(1797) う	2											15			17
享和4(1804) 當										1		20	4		25
文化4(1807) 妻						1					2	14			17
文政5(1822) 箱						1						7			8
天保7(1836) 興								1				7			8
嘉永6(1853)頃 松								1				7			8
小計	2	2				4	1	1		3	1	92	4	3	113

276　第3部　京都語「ハル」の通時的考察

表8-2　待遇表現諸形式の概況―話し相手待遇―

待遇活用形式 成立年／文献		オ〜アソバス	尊敬語助詞	オ＋ナナル	オ＋一般化・オ動詞*1	（オ＋）連用形連用指定*2	テ指定*3	シャル	その他2*5	φ	クサル	小計	オ〜アソバシマセ	オ＋尊敬語連用形＋ヤ	尊敬語命令形	オ＋ナサレ	オ＋ナハレ	オ＋連用形＋ヤ	連用命令	連用形＋ヤ	テ形命令	（〜テ）（オ）クレ	〜（サ）ンセ	普通体命令形	小計	話し相手待遇合計	総計
話者女性	安永7(1778)頃 風		2	8	3		1	5		22			1	1	4			5		20	1	1	12	1		46	68	100
	安永9(1780)頃 三		3	6	1		1	7		19			1	1	4	5		6	2	2	4		2			29	48	100
	寛政9(1797) う		2	11				9	2	17			41			3	8		5		1	1				18	59	68
	享和4(1804) 當		1	3		3	13	5		1	11	1	38			1	2		5		9	2		11		30	68	91
	文化4(1807) 妻	1				11	8		1	17			40				1		2		15	1	3	9		31	71	104
	文政5(1822) 箱		1	1		24	8	4		10	19		67			1	3		15		18		2	15		55	122	189
	天保7(1836) 興				15	6				5	6		32	1					8	11	1	4		3	2		30	62	93
	嘉永6(1853)頃 松		1	2	1	5				1	7		17	1					1		1			1		3	20	24
	小　計	1	8	25	17	41	41	36		23	1	82	1	276	1	2	3	8	17	8	53	3	73	6	12	53	1	2	242	518	769
話者男性	安永7(1778)頃 風			1		2		1		2	2		8		1				1		6			3			11	19	23
	安永9(1780)頃 三		7	2			3	1		22	1	36		14	3	2			2	1	5	1	1			29	65	91
	寛政9(1797) う		3	5		1				16	25						4	2								6	31	48
	享和4(1804) 當		2			1	2			2	23		30			2	1		1	5	2	2	7	4	2		27	57	82
	文化4(1807) 妻			2		3	1		1	1	7		14	2							2		1				3	25	42
	文政5(1822) 箱		1			1				7		40	4				1		3		4	2	7		2	18	60	68
	天保7(1836) 興									2	2	7			1									7		14	22
	嘉永6(1853)頃 松	1		1			1			2		5															5	13
	小　計	1	10	13		6	3	8	1	8	3	121	1	175	1		17	8	1	9	1	13	12	5	21	5	8	101	276	389

*1　オ＋一段化：四段動詞連用形が語幹となり一段活用化し尊敬接頭辞オが付加された「お行きる」「お行きた」「お知りんか」の類である。
　　オ動詞：一段動詞に尊敬接頭辞オが付加された形である。
*2　（オ＋）連用指定：「お読みじゃ」「読みじゃ」の類。動詞連用形に指定辞が付加された形式。動詞部分が尊敬語のものも含める。
*3　テ指定：「読んでじゃ」「読んじゃった」「いふてちゃった」「読んでか」の類。四段動詞は音便形に接続する。「読んでなら」のようなものも一括した。
*4　その他1：〜テミエル・ラレルを一括した。テキスト別内訳は〜テミエル［三］で2例女性・［箱］で1例女性・［當］で1例男性、ラレル［三］で1例女性・［妻］で2例男性である。
*5　その他2：ンス・ヤル・レルを一括した。テキスト別内訳はンス［風］で1例男性、ヤル［風］で1例女性、レル［妻］で1例男性である。
　　なお、形式欄の「尊敬語動詞」では、イラッシャル、ミエル、ゴザル、クダサル、アガル、メスを、「尊敬語命令形」では、〜テオジヤ、〜テタモ、〜テクダサリマセ、ゴザレを一括した。

表8-1、表8-2より以下のことが指摘できる。

(a) 男性話者と女性話者間で比較すると、女性話者は男性話者より多様な待遇表現形式を使用しており、表ではφで記した普通形式の出現率が低く、第三者待遇でも全体の半分以下となっている。

(b) 男性話者は普通形式を多く使用している。とくに第三者待遇でその傾向

が顕著である。ただし、命令形では普通体の命令形は1割以下しか使用していない。
(c) 話し相手待遇の中でも命令形と命令形以外とでは男性話者、女性話者とも使用形式に大きな異なりがある。普通体命令形は女性で2例、男性で上述のように命令形全体の1割以下しか出現していない。
(d) 話し相手待遇の命令形以外では女性話者の場合、有標の形式で使用数が最も多かったのはオ＋一段化・オ動詞と一段化で、(オ＋)連用指定、(オ～)ナサル、テ指定、(オ～)ナハルの順となっている。男性話者の場合、(オ～)ナサルが最も多く、続いて尊敬語動詞で、(オ＋)連用指定とテ指定が同数で並ぶ、といった状況である。シャルは男性話者が1例使用しているだけである。
(e) 第三者待遇では女性話者の場合、有標の形式としてはテ指定の使用が圧倒的に多く、(オ＋)一段化・オ動詞がそれに次ぎ、他の上位形式の使用は低調である。男性話者はほとんど普通形式で、(オ＋)連用指定が4例使用されているくらいである。
(f) 第三者待遇にだけ出現した形式が複数ある。具体的には尊敬語形式のヤハル・テミエルや連用形接続の卑語形式ヨル・オルなどである。女性も卑語形式を使用している。
(g) 第三者待遇には現れず、話し相手待遇だけに現れた形式として「(オ)～アソバス」がある。
(h) ハルの直接の前身の形式だとされるヤハルが1836年の資料［興］の中で1例女性話者によって第三者待遇において使用されている。
(i) (オ～)ナハルは［三］、［興］、［松］で出現している。［三］、［松］では話し相手待遇において女性話者が1例ずつ使用している。［興］では話し相手待遇にも第三者待遇にも多数現れ、女性話者だけが使用している。男性話者は命令形1例の使用を数えるのみである(具体的には「御免ンなはい」という慣用的表現)。

(a)～(i)から次のような解釈ができる。
(1) (a)(b)(c)(d)から男性話者と女性話者の尊敬語諸形式の使用状況は女性話者が待遇度の高い形式を多く使用しているという点で非常に非対称的であることがわかる。これは主に、遊里を舞台にした資料の特性とし

て身分的にも立場的にも男性が上位となる傾向を反映しているためと考えられる。
(2) 話し相手待遇の中でも命令する場合には、女性話者はもとより男性話者であっても他の場合より丁寧な形式を用いる。したがって話し相手待遇と第三者待遇で現れる形式を比較しようとする際、話し相手待遇に関しては命令形を除外した部分を比較する方が適切な比較ができる。これにより上記(d)(e)に示した結果を比較すると第三者待遇では話し相手待遇(命令形以外)より一段階低い形式を使用していると言うことができる。
(3) ナサルはこの期にはよく使用されている形式であることが確認できた。
(4) ナハルはこの期に成立した語形と考えられる。ナハルが1例出現している二資料、[三] と [松] をみるとナサルが多数出現しており、[s]から[h]への子音の弱化はごく普通の音韻変化である点からもナサルからナハルの変化があったと考えるのは自然である。
(5) ヤハルに関して言えば、同じようにナハルが多数出現しているテキストの中で1例出現しているので、分布の観点からはナハルからヤハルへの変化は考えられなくはないが、[n]から[j]への音韻変化は一般的なとは言えない。したがって表8–1、表8–2だけからこの変化を想定することは難しい。
(6) シャルはごくまれにしか使用されていないということから、確かにシャルからハルへの直接的変化は考えにくい。

　表8–1、表8–2ではスペースの都合で尊敬接頭辞オのついている形式とついていない形式とをだいたい一括したので補足する。尊敬接頭辞オの対立のある形式全体について、男女間でオ付加率を比較すると、女性53.6%、男性で50%であり女性の方がわずかに高いという程度である。オが付加された形式とそうでない形式の待遇的価値の違いについては3.2.2で検討する。
　また、社会的上下関係に関して男女別に集計してみると、男性は客として登場することが多く、話し相手待遇では《上位→下位》の用例が全体の64.7%、《下位→上位》が20.7%であり、女性はそれぞれ28.4%、63.9%で、男性・女性間でほぼ逆の構成となっている。表8–1、表8–2の集計結果はこのような社会的上下関係を反映していると思われる。したがってこの資料に

より男性話者による待遇表現の運用の全体像が示されているとして一般化するには無理があろう。

　女性に関しては出現形式の種類・量ともに多く場面・属性も多様なので当該期の実態を知る手がかりとして検討に値すると考える。ただ、遊里関係者の言葉は享和4(1804)年刊『當世嘘之河　巻之五妾宅』(六ウ)で芸子あがりの妾を迎える旦那が「けふから町の女じやに依ておきさんチト町ことばおしへてやつてへ」と言っている例からも予測されるように、町言葉と異なる点があることも確かであろう。これらの点は洒落本資料の限界ではあるが、現代京都市方言が室町言葉で代表されるような町衆の言葉を基礎としていることを考えれば、同じ町人層として運用面など中核的な部分では共通項が認められるのではないだろうか。なお、矢野(1976a, 1976b)では上方版洒落本が近世後期京阪語の口頭語的写実性を反映しているかについて詳細に検討し、多くの手続きを経れば洒落本を用いて当時の口頭語を考えることができると結論づけている。

3.2　女性話者の敬語運用

　3.1では、待遇表現形式の待遇別出現状況について概観したが、敬語運用について理解するためには、さらに、出現した諸形式がそれぞれどのような対象に使用され、どのような待遇価値があるのか確かめる必要がある。上述のように、本章で用いる資料には、女性話者に幅広い用例が得られること、現代の女性話者の敬語運用と比較できること、なによりナハルやヤハルの使用者が女性であったことから、本節では考察対象を女性話者に絞って考察する。

3.2.1　出現した待遇表現諸形式の場面別運用状況

　表8–1、表8–2の女性の待遇別集計結果を、さらに2.2の⑤にしたがって、場面のフォーマリティの程度により分けて、集計したものが表8–3、表8–4である。

表8–3 待遇表現諸形式の場面別内訳―第三者待遇―

成立年／文献		尊敬語助詞	(オ〜)ナサル	(オ〜)ナハル	オ+一段化・オ動詞*1	(オ+)連用指定*2	テ指定*3	シャル	ヤハル	その他*4	謙譲語	φ	ヨル・オル	クサル	小計
フォーマル	安永7(1778)頃 風				4	2		3				8			17
	安永9(1780)頃 三	1	4		1		3	1	2		1	6			20
	寛政9(1797) う	1	1					1	1			5			9
	享和4(1804) 當				1							1			2
	文政5(1822) 箱	1	1		7		2	21		1		25			58
	天保7(1836) 興	1		8	3			8	1			7	3		31
	小計	4	6	8	16		7	2	36	1	2	1	51	3	137
カジュアル	安永7(1778)頃 風								4			8		3	15
	安永9(1780)頃 三	1									2	3	26		32
	享和4(1804) 當				3	1	1	11				5			21
	文化4(1807) 妻	7						1	6			19			33
	文政5(1822) 箱								2			5	2		9
	嘉永6(1853)頃 松				2				1			1			4
	小計	8			5	1	1		24		2	3	65	2	3	114

表8–4 待遇表現諸形式の場面別内訳―話し相手待遇―

	成立年／文献		命令形以外									命令形									話し相手待遇合計
		(オ〜)アソバス	尊敬語助詞	(オ〜)ナサル	(オ〜)ナハル	オ+一段化・オ動詞*1	(オ+)連用指定*2	シャル	テ指定*3	ヤル	φ	クサル	小計	オ〜アソバシマセ	オ+尊敬語連用形+ヤ	尊敬語連用形+ヤ	尊敬語命令形	(オ〜)ナハル	(オ〜)ナサル	オ+連用命令	連用形+ヤ	連用形+ヤ	テ形命令	〜(テ)(オ)クレ	〜(サンセ)	普通体命令形	小計	
フォーマル	安永7(1778)頃 風		1		3	3	3		1	5			16		1	1	4		5	18	1	1	11				42	58
	安永9(1780)頃 三	1	5	1		1	6				14	1			1	3	2		6	2	2	4			2	25	39
	寛政9(1797) う	2	11			9	2	17		41					3		3		8	5		1			18	59
	享和4(1804) 當		1			2	2		1		6						1			3						4	10
	文政5(1822) 箱		1		16	6	4		7		12		46			1	12		12			12			37	83
	天保7(1836) 興			15	6					6	32	1			8	11	1	4		3	2			30	62
	小計	3	19	16	25	12	24		14	1	41	155			2	5	10	8	45	3	41	5	5	28	2	156	311
カジュアル	安永7(1778)頃 風						5				6									2	1	1				4	10
	安永9(1780)頃 三		2	1			1			1	5						1	3								4	9
	享和4(1804) 當		1	2		3	11	3		1	10	1	32				2		2		2	11				26	58
	文化4(1807) 妻	1					11	8		3	17		40				2		15	1	3	9				31	71
	文政5(1822) 箱		1			1	8	2		3	7	21					1		2		2	3				18	39
	嘉永6(1853)頃 松		1	2	1	5			1		17	1					1			1						3	20
	小計	1	5	6	1	16	29	12		9	41	1	121	5		1	1	3	7		8	32	1	7	25	1	86	207

*1 オ〜一段化は四段動詞連用形が語幹となり一段活用化し尊敬接頭辞オが付加された「お行きる」「お行きた」「お知りんか」の類、オ動詞は一段動詞に尊敬接頭辞オが付加された形である。

*2 (オ+)連用指定：「お読みじゃ」「読みじゃ」の類。動詞連用形に指定辞が付加された形式。動詞部分が尊敬語のものも含める。

*3 テ指定：「読んでじゃ」「読んじゃった」「いふてちゃった」「読んでか」の類。四段動詞は音便形に接続する「読んでなら」のようなものも一括した。

*4 その他：テミエル・ラレルを一括した。テキスト別内訳はテミエル［三］で2例・［箱］で1例、ラレル［三］で1例である。

表 8–3、表 8–4 から以下のことが言える。
(a) 第三者待遇のフォーマル場面では尊敬語形式としてはテ指定が最も多く使用され、オ＋一段化・オ動詞、(オ〜)ナハル、オ＋連用指定、(オ〜)ナサルの順になっている。カジュアル場面では(オ〜)ナサルや(オ〜)ナハルは使用されておらず、圧倒的に多く使用されているのがテ指定で、尊敬語動詞やオ＋一段化・オ動詞などがわずかに使用されている。
(b) 話し相手待遇(命令形以外)のフォーマル場面ではオ＋一段化・オ動詞、(オ＋)連用指定が一番多く使用され、(オ〜)ナサルや(オ〜)ナハルが続き、テ指定の使用は低調である。カジュアル場面では一段化が最も多くオ＋一段化・オ動詞、(オ＋)連用指定の順で(オ〜)ナサルや(オ〜)ナハルも使用されている。
(c) 話し相手待遇(命令形)のフォーマル場面ではオ＋連用命令、連用命令、(〜テ)(オ)クレの順で(オ〜)ナサレ、(オ〜)ナハレがそれに次ぐ。カジュアル場面では連用命令、(〜テ)(オ)クレ、オ＋連用命令の順である。フォーマル場面だけに現れた形式として(オ〜)ナハレや(オ)尊敬語連用命令などがある。
(d) (オ〜)ナサルが多数現れた中で1例(オ〜)ナハルが現れた資料のうち、1780年頃成立した［三］はフォーマル場面、1854年成立の［松］はカジュアル場面となっている。
(e) (オ〜)ナハルが多数現れた1836年(天保7年)成立の［興］はフォーマルな場面のテキストである。
(f) ヤハルはナハルが多数現れたフォーマル場面のテキスト［興］の中で第三者待遇として現れている。

以上から次のように解釈できる。
(1) 全体としてフォーマル場面ではカジュアル場面より上位形式が多用されており、場面のフォーマリティの違いによって形式が使い分けられている。
(2) (オ〜)ナサルや(オ〜)ナハルは第三者待遇でフォーマル場面でしか使用されない種類の上位形式である。同じ場面に現れたヤハルの待遇価値は1例しか出現しなかったのではっきり言えない。

ここまでの考察から場面をフォーマリティの度合いによって分けるのは有効であることがわかった。次の3.2.2では、この分類により資料に出現し

た個々の待遇表現形式がどのような社会的関係にある人物に適用されたかについて考察する。

3.2.2 出現諸述部形式の待遇的価値

本節では女性の使用する待遇表現動詞述語形式とそれらが適用された人物との対応関係(=主述の対応)をみることによってそれら諸形式の待遇価を再検討する。

図8-1～図8-4に資料に現れた各待遇表現形式の主述の対応を示す。

第 8 章　ハル敬語の源流　283

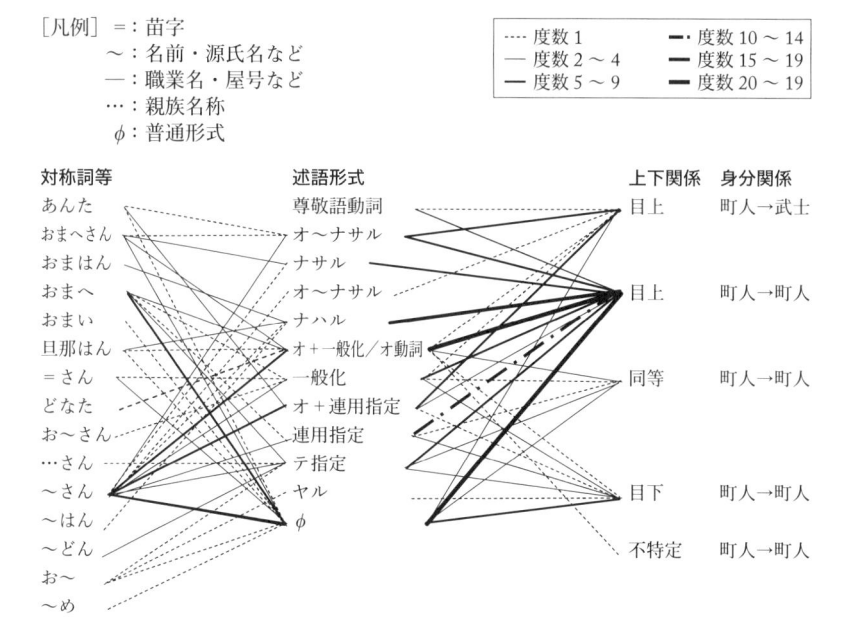

［凡例］＝：苗字
　　　　〜：名前・源氏名など
　　　　―：職業名・屋号など
　　　　…：親族名称
　　　　φ：普通形式

------- 度数 1　　　　　━━ 度数 10 〜 14
――― 度数 2 〜 4　　　━━ 度数 15 〜 19
━━━ 度数 5 〜 9　　　━━ 度数 20 〜 19

対称詞等　　　　述語形式　　　　　　　　　上下関係　身分関係

あんた　　　　　尊敬語動詞　　　　　　　　目上　　　町人→武士
おまへさん　　　オ〜ナサル
おまはん　　　　ナサル
おまへ　　　　　オ〜ナサル　　　　　　　　目上　　　町人→町人
おまい　　　　　ナハル
旦那はん　　　　オ＋一般化／オ動詞
＝さん　　　　　一般化　　　　　　　　　　同等　　　町人→町人
どなた　　　　　オ＋連用指定
お〜さん　　　　連用指定
…さん　　　　　テ指定
〜さん　　　　　ヤル　　　　　　　　　　　目下　　　町人→町人
〜はん　　　　　φ
〜どん　　　　　　　　　　　　　　　　　　不特定　　町人→町人
お〜
〜め

図 8-1　主述の対応《フォーマル場面》話し相手待遇（命令文以外）

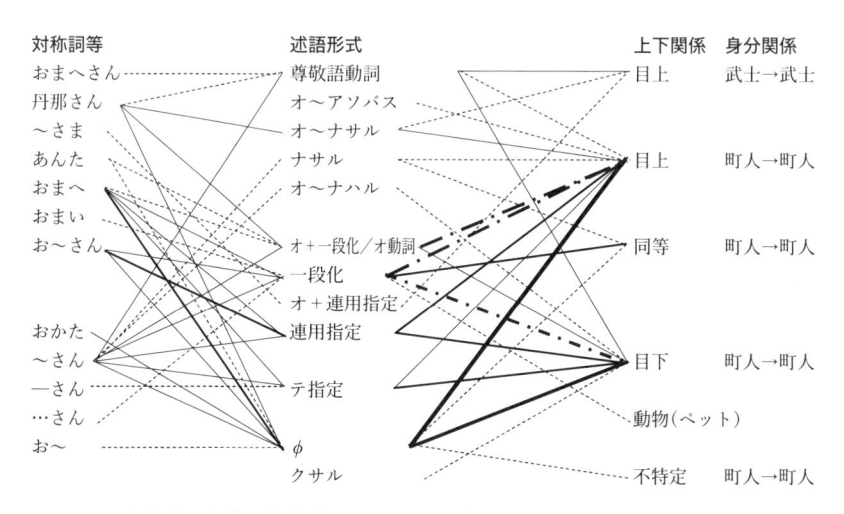

対称詞等　　　　述語形式　　　　　　　　　上下関係　身分関係

おまへさん　　　尊敬語動詞　　　　　　　　目上　　　武士→武士
丹那さん　　　　オ〜アソバス
〜さま　　　　　オ〜ナサル
あんた　　　　　ナサル　　　　　　　　　　目上　　　町人→町人
おまへ　　　　　オ〜ナハル
おまい
お〜さん　　　　オ＋一般化／オ動詞
　　　　　　　　一段化　　　　　　　　　　同等　　　町人→町人
　　　　　　　　オ＋連用指定
おかた　　　　　連用指定
〜さん　　　　　　　　　　　　　　　　　　目下　　　町人→町人
―さん　　　　　テ指定
…さん
お〜　　　　　　φ　　　　　　　　　　　　動物（ペット）
　　　　　　　　クサル　　　　　　　　　　不特定　　町人→町人

図 8-2　主述の対応《カジュアル場面》話し相手待遇（命令文以外）

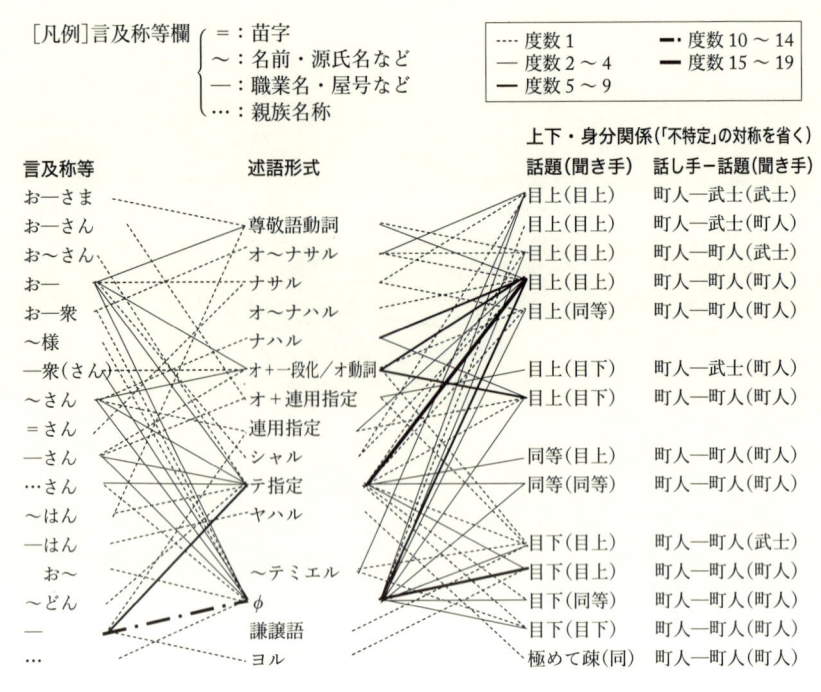

284　第3部　京都語「ハル」の通時的考察

[凡例]言及称等欄
　　　＝：苗字
　　　〜：名前・源氏名など
　　　―：職業名・屋号など
　　　…：親族名称

・・・・ 度数1　　　　ー・ 度数10〜14
――― 度数2〜4　　　━━ 度数15〜19
――― 度数5〜9

上下・身分関係(「不特定」の対称を省く)
話題(聞き手)　話し手ー話題(聞き手)

言及称等	述語形式	話題(聞き手)	話し手ー話題(聞き手)
おーさま	尊敬語動詞	目上(目上)	町人ー武士(武士)
おーさん	オ〜ナサル	目上(目上)	町人ー武士(町人)
お〜さん	ナサル	目上(目上)	町人ー町人(武士)
おー	オ〜ナハル	目上(目上)	町人ー町人(町人)
おー衆	ナハル	目上(同等)	
〜様	オ＋一段化／オ動詞	目上(目下)	町人ー武士(町人)
一衆(さん)	オ＋連用指定		町人ー町人(町人)
〜さん	連用指定		
＝さん	シャル	同等(目上)	町人ー町人(町人)
一さん	テ指定	同等(同等)	町人ー町人(町人)
…さん	ヤハル		
〜はん	〜テミエル	目下(目上)	町人ー町人(武士)
一はん	φ	目下(目上)	町人ー町人(町人)
お〜	謙譲語	目下(同等)	町人ー町人(町人)
〜どん	ヨル	目下(目下)	町人ー町人(町人)
―		極めて疎(同)	
…			

図 8-3　主述の対応〈フォーマル場面〉第三者待遇

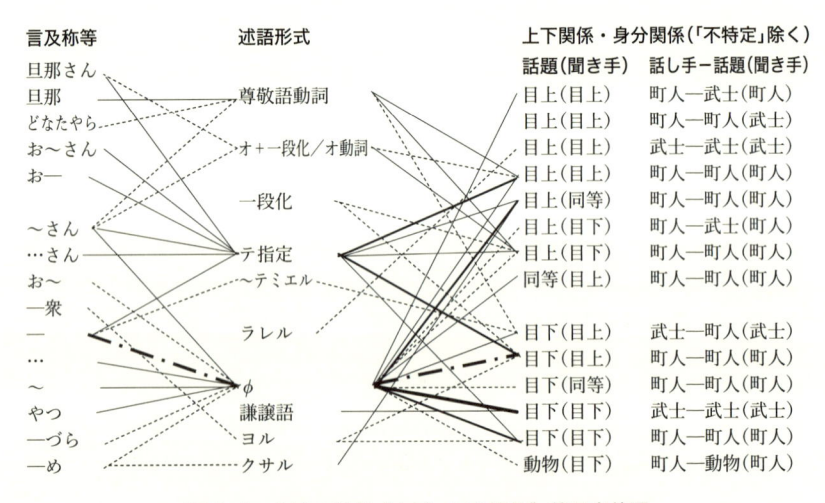

上下関係・身分関係(「不特定」除く)
話題(聞き手)　話し手ー話題(聞き手)

言及称等	述語形式	話題(聞き手)	話し手ー話題(聞き手)
旦那さん	尊敬語動詞	目上(目上)	町人ー武士(町人)
旦那		目上(目上)	町人ー町人(武士)
どなたやら	オ＋一段化／オ動詞	目上(目上)	武士ー武士(武士)
お〜さん	一段化	目上(目上)	町人ー町人(町人)
おー		目上(同等)	町人ー町人(町人)
〜さん	テ指定	目上(目下)	町人ー武士(町人)
…さん	〜テミエル	同等(目上)	町人ー町人(町人)
お〜	ラレル		
一衆	φ	目下(目上)	武士ー町人(武士)
―	謙譲語	目下(目上)	町人ー町人(武士)
〜	ヨル	目下(同等)	町人ー町人(町人)
やつ	クサル	目下(目下)	武士ー武士(武士)
一づら		目下(目下)	町人ー町人(町人)
一め		動物(目下)	町人ー動物(町人)

図 8-4　主述の対応《カジュアル場面》第三者待遇

第 8 章 ハル敬語の源流 285

なお図 8-1 〜図 8-4 では「主」に関しては話し手と対象との社会的な上下関係(および身分関係)という観点で分類して示している。

図 8-1 〜図 8-4 を簡略化し普通形式を省いた結果を図 8-ⅰ 〜図 8-ⅳに示した。

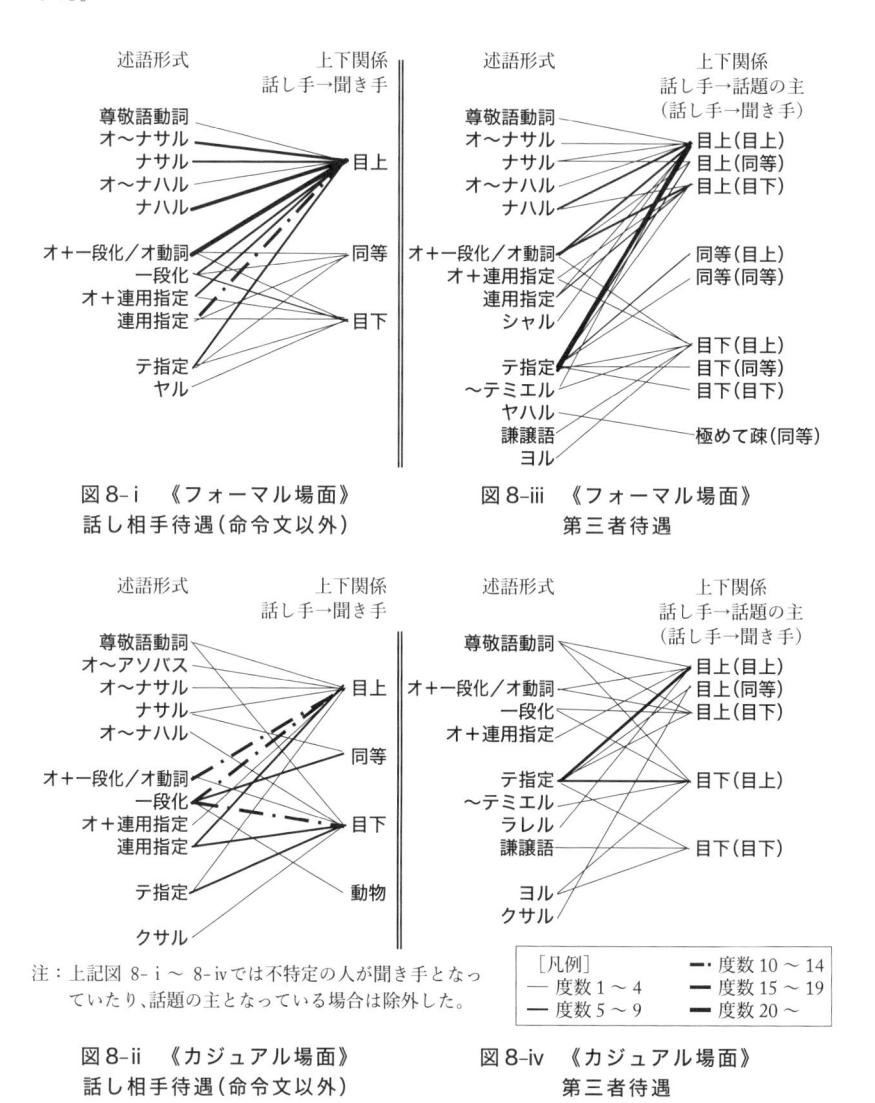

図 8-ⅰ 《フォーマル場面》
話し相手待遇(命令文以外)

述語形式／上下関係 話し手→聞き手
- 尊敬語動詞
- オ〜ナサル
- ナサル
- オ〜ナハル
- ナハル
- オ+一段化／オ動詞
- 一段化
- オ+連用指定
- 連用指定
- テ指定
- ヤル

目上／同等／目下

図 8-ⅲ 《フォーマル場面》
第三者待遇

述語形式／上下関係 話し手→話題の主 (話し手→聞き手)
- 尊敬語動詞
- オ〜ナサル
- ナサル
- オ〜ナハル
- ナハル
- オ+連用指定
- 連用指定
- シャル
- テ指定
- 〜テミエル
- ヤハル
- 謙譲語
- ヨル

目上(目上)／目上(同等)／目上(目下)／同等(目上)／同等(同等)／目下(目上)／目下(同等)／目下(目下)／極めて疎(同等)

図 8-ⅱ 《カジュアル場面》
話し相手待遇(命令文以外)

述語形式／上下関係 話し手→聞き手
- 尊敬語動詞
- オ〜アソバス
- オ〜ナサル
- ナサル
- オ〜ナハル
- オ+一段化／オ動詞
- 一段化
- オ+連用指定
- 連用指定
- テ指定
- クサル

目上／同等／目下／動物

図 8-ⅳ 《カジュアル場面》
第三者待遇

述語形式／上下関係 話し手→話題の主 (話し手→聞き手)
- 尊敬語動詞
- オ+一段化／オ動詞
- 一段化
- オ+連用指定
- テ指定
- 〜テミエル
- ラレル
- 謙譲語
- ヨル
- クサル

目上(目上)／目上(同等)／目上(目下)／目下(目上)／目下(目下)

注：上記図 8-ⅰ 〜 8-ⅳでは不特定の人が聞き手となっていたり、話題の主となっている場合は除外した。

［凡例］
—— 度数1〜4
—— 度数5〜9
—•— 度数10〜14
—— 度数15〜19
—— 度数20〜

図では、場面を《フォーマル場面》と《カジュアル場面》に、待遇を話し相手待遇（命令形以外）と第三者待遇とに分けて示した。これらの図からは時間的要素が捨象されているが、述部形式のもつ待遇的価値の概略を読み取ることができよう。なお、作図にあたっては彦坂（1997: 302）を参考にした。また、分析対象とした資料の登場人物の身分は町人が多かった。武士が登場した資料は［三］［箱］であった。
　図8-1〜図8-4および図8-ⅰ〜図8-ⅳを見ると以下のことがわかる。
(a) 話し相手待遇で出現した形式のうち上位の人物にだけ適用されているのはオ〜ナサル、ナハル、オ〜アソバスである。ナサル、オ〜ナハル、オ一段化はほぼ目上に適用される。これらの形式は《カジュアル場面》第三者待遇では使用されていない
(b) 下位の人物へのオ〜ナハルの使用が《カジュアル場面》の話し相手待遇で1例だけあった（図8-2）。これは江戸時代末期の資料［松］の用例である（表8-4参照）
(c) 話し相手待遇で多くは上位の人物に使用されるが、同等や下位の人物にも使用されるのがオ＋一段化・オ動詞、オ＋連用指定、連用指定のグループである。
(d) テ指定は幅広く使用されており、第三者待遇では両場面とも普通形式を除けば最も多く使用されている。適用対象は広く目上から目下に及ぶ。話し相手待遇《カジュアル場面》では下位の相手への使用が多い。
(e) 同じ形式でも尊敬接辞オの付加された形の方がより上位の対象に限定的に使用されていることがわかる。
(f) ヤハルの1例は第三者待遇で「極めて疎」とした人物に適用されている（図8-3）。
(g) 身分関係の観点からみれば武士を対象とした適用例のある形式は尊敬語助動詞、オ〜ナサル、ナサル、オ〜ナハル、オ＋一段化・オ動詞、オ＋連用指定、シャル、〜テミエル、謙譲語である。ただし、たとえば後半の資料［妻］と［松］にしか現れなかったオ〜アソバスが武士には使用されていないのは、これらの資料の登場人物が町人だけだったというような資料上の事情も斟酌する必要がある。
(h) 武士には使用されなかった形式はナハル、連用指定、テ指定などであるがやはり(g)に記した事情を斟酌する必要がある。

第 8 章　ハル敬語の源流　287

(i) カジュアル場面でだけ使用されている形式はラレルと卑罵語のクサルである。また、クサルは相手が上位であっても下位であっても使用されていることがわかる。
(j) 広義対称詞、および、言及称との対応関係は、オ～ナサル・ナサルは「あんた」「おまへさん」「旦那さん」「(お)～さん」、オ～ナハルは「～さん」、ナハルは「旦那はん」「おまはん」「～さん」「～はん」となっている。「な」や「ま」の音が撥音となっているという違いはあるが、おおむね山崎(1963: 658)の「庶民語対応表(化政期)(女)」の待遇表現体系の第一段階、あるいは遊里ことばの第一段階と第二段階に対応する。

　オ～ナサル、ナサル、オ～ナハル、ナハル、ヤハル、シャルの実際の用例を以下に記す。
　(以下の例文では引用文のルビは基本的に省略した。
　発話末に発話者等の情報を記す。話し相手待遇にあっては「話し手→話し相手」のように、第三者待遇にあっては「話し手→話し相手【話題の主語】」のように記す。
　その後に資料名の略称([　]内に示す)、底本の丁付け、『洒落本大成』の頁数の順で記す。
　問題とする箇所には発話の冒頭に「→」を記す。
　問題とする動詞述語にナサルが使用されている場合は波線下線、ナハルの場合二重線下線、ヤハルは太線下線、ナサル・ナハル・ヤハルを除く尊敬語・助動詞の場合は実線下線、普通形式の場合は破線下線で示す。
　用例の理解に必要だと思われる情報を〔　〕内に記す。)

[8-1]
→ばゝ　……おまへさんも又。御逢なさつたら。下へ往たら。ばゝがやかましういふて居たと。おつしやつて下さりませ。
　　下宮川町の茶屋のばゝ→岩次郎、衛守、兵馬〔武士の若者〕[三、下七ウ、八オ、284]

[8-2]
→兵馬　イヤ是も暫の御しんばう。追付修理殿も仕合をなされませう。
　　兵馬〔武士の若者〕→ばゝ〔岩次郎の母〕【友人岩次郎】[三、上ノ二ウ、275]

［8-3］
→　おいでなはいますこれおさきどんどなたやおいでたそふ申
　　お松〔末吉町の茶屋のかかえのおやま〕→七〔客〕【赤〔七の友人〕】
　　〔興、五オ、132〕
［8-4］
→里　おまはん人の事ばつかりいゝなはるけどおまはんわたしのるすにとらちよゑいきなはろがな
　　　　　　　　　　　里か〔芸子〕→赤〔客〕〔興、十七オ、136〕

　次の［8-5］はオ～ナハルが1例だけ目下に使用された例である。

［8-5］
→つる　花さんちよつと御たばこほんをもつてあがつてをくなはんか
　　つる〔身請けされた祇園新地の芸妓〕→花八〔たいこ持ち〕〔松、一ウ、320〕

　［8-5］では話し手は基本的に普通形式を用いる相手に依頼表現の中にオ～ナハルを用いている。
　［8-6］にヤハルの唯一の使用例を記す。

［8-6］
→里　成駒屋はんが何たらの時おさむらいに成て出やはるきれいな〜お士はんや
　　　　　里か〔芸子〕→お松〔おやま〕【成駒屋】〔興、八オ、八ウ、133〕

　全資料を通じてヤハルの使用例はこの1例しか現れなかった。第三者待遇で歌舞伎役者を対象として適用され、若い芸子(年のころは十八、九と記されている)が話し手となっている。
　次にごくわずかしか現れなかったシャルの使用例を示す。

［8-7］
→修　母者人は〔風呂に〕いらしやつたか。

岩次郎〔本名は修理、武士の若者〕→ばゝ〔岩次郎の母〕［三、上十二ウ、278］

　シャルは全部で3例現れたが、そのうち1例は同じ資料［三］で下宮川町の茶屋のばゝが岩次郎達の同僚の武士を話題にした箇所で、もう1例は資料［松］でたいこ持ちが三味線のうたの文句のテニヲハをうるさく言う人物を話題にした箇所で使用されている。資料の限りでは使用者は男性か、老女であり、シャルの待遇価値は高くはないが低くもないと思われる。

　以上から次のような解釈ができる。
(1) 女性話者は一般にフォーマルな場面とカジュアルな場面とで場面による敬語の使い分けをしている。
(2) 女性話者はまたそれぞれの場面で、さらに話し相手待遇と第三者待遇の違いにより使用尊敬語形式を使い分けている。
(3) 素材敬語形式についてそれらが適用されている対象、使用場面、使用者（武士も使用しているか否か）によりグループ化すればオ〜ナサル、ナサル、オ〜ナハル、オ〜アソバス、(ナハル)が最上位、オ＋一段化・オ動詞、オ＋連用指定、連用指定と続き、テ指定が最下位のグループと分けることができる。
(4) ヤハルは若い女性によって歌舞伎役者に適用され、オ〜ナサル、ナサル、オ〜ナハル、ナハルとは異なる語感が感じられる。
(5) シャルは男性や老女によって尊敬語用法として使用されており、出現数も非常に少なくハルのような新形式の源になる条件を備えていない。
　本節の考察から本章で注目しているオ〜ナサル、ナサル、オ〜ナハル、ナハルは当期最上位の待遇価値をもつ敬語形式だということ、ヤハルはそれらとは異なる待遇価値と語感を有していることを確認しておく。

3.2.3　一般論の場合
　第三者待遇で話題となる人物が特定できないような「一般論」の場合、尊敬語は使用されていなかった。

[8-8]
菊　……けつく出ている時分はいそがしい中でもみん事した（夏書きを書くこと、筆者注）けれどとかくとかく引てからどふしてやら二日三日
→　ほどづゝいつしょになるトいふがやつぱり心にくつたくがあるによつてじやわいナ　　　　　菊→辻【一般論】［妻、上ノ九オ、p.198］

表 8-5　身内の人物を対象とした敬語運用

資料名	話者	話し相手	使用形式	母親	夫	旦那
三	岩次郎の女房	夫の友人	ラレル		1	
		夫	オ〜ナサレマセ		1	
嘘	きせ	飛脚	テ指定	1(1)		
		富きく	オ一段化	1		
	富きく	彦二	テ指定	1		
		母親	一段化	1		
妻	辻	菊	テ指定		1(1)	
			φ		1	
		夫	一段化		1	
			〜テオクレ		1	
			φ		2(2)	
	菊	辻	オ一段化			1(1)
			尊敬語ミエル			1
			テ指定			1
		出入りの商人	尊敬語ミエル			3(3)
箱	梅	万	φ	2(2)		
松	つる	花八	オ一段化			1
		旦那	オ〜アソバシマセ			1
			尊敬語			1(1)
			オ〜ナサル			1
			オ一段化			2
			オ動詞			2
			φ			5(5)

［凡例］　使用形式欄の「φ」は普通形式
　　　　　数字は使用数、（　）内の数字は非文末に現れた数

3.2.4 身内に対する敬語運用

話し相手が他人で身内の上位(夫や旦那を含む)の人物を話題の主語とする場合の敬語の運用状況を表 8-5 に示した。

表 8-5 から、第三者待遇で母親や夫、旦那には文末ではもちろんのこと、非文末でもある程度、待遇価値があまり高くないグループの尊敬語が使用されていることがわかる。

話し相手待遇でも尊敬語形式が用いられており、用いられている形式は第三者待遇の場合より上位の形式が用いられることが多い。

普通形式はほとんどの場合文末以外で現れており、文末レベルで考えると義務的に尊敬語を用いていると言える。

これらの結果から、身内尊敬用法が行われていることが認められる。

4. まとめ

本章では江戸時代後期京都語における敬語運用について、会話体をとる京都板洒落本資料を用いて分析することにより概観してきた。

近世上方語の待遇表現については、山崎久之氏にあらゆる待遇表現項目にわたってその実態を体系化した精緻な論考がある。本章で論じてきたことは山崎(1963)で論じられたことのごく一部に過ぎない。しかし、分析対象を上方語のうちでも本書の研究主題である近世後期京都語に絞り、現代京都市方言との連続線上で相互の比較対照が可能な形で分類整理したこと、資料中に出現した語形を関連する言語外的要因とともに数量的に提示したことなど新規の試みも行った。また、山崎(1963)執筆時以降に翻刻された資料も加えることによって、新たにヤハルが 1 例、ナハルが多数例現れたテキストも分析、提示できた。そうすることで、ハル敬語の源流を探り、当時と現代の待遇表現運用の違いを探るための一定の手掛りが得られたと言える。

当期の待遇運用上の特徴に関して概略をまとめると以下のことが言える。

① 多数の待遇表現形式を用いて、対象とする属性に応じて、細かく使い分けるという敬語運用をしていた。また、待遇の違いによっても使用形式を使い分けており、話し相手待遇と第三者待遇では前者の方が上位形式を用い、話し相手待遇の中でも命令形でより高い形式を用いていた。

② 場面のフォーマリティの観点から見ても、フォーマルな場面ではカジュ

アル場面より上位形式が用いられていた。
③ 待遇価値のあまり高くない形式を用いて身内尊敬用法は行われていた。
④ 第三者待遇で目下の人物を話題にして用いられることの多い形式(テ指定)があった。
⑤ 「一般論」では普通形式を用いていた。

　先行研究でハルの成立と関わると指摘されている形式について、本章で行った考察により確かめられたのは以下のことである。
① 『風俗三石士』(安永後半期か天明初年頃成立と推定される)にオ〜ナハルが1例、『興斗月』(天保7年)にオ〜ナハルやナハルが多数例、ヤハルが1例、『千歳松の色』(嘉永6年頃)にオ〜ナハルが1例出現した。
② オ〜ナサル、ナサル、オ〜ナハル、ナハルはフォーマル場面で最上位の関係にある対象にも適用される当期では最高の待遇価値をもった尊敬語である。
③ オ〜ナサル、ナサルはこの期を通じて広く活発に使用されている。オ〜ナハル、ナハル、ヤハルは当期に成立した形式だと考えられる。
④ ヤハルは若い女性という属性によって第三者待遇で極めて疎の人物に適用され、使用されている位相がオ〜ナサル、ナサル、オ〜ナハル、ナハルとは若干異なる。
⑤ オ〜ナハルは全例女性によって使用されている。そのうち1例下位の人物に適用された例があり注意を要する。
⑥ シャルの使用は低調で使用者は男性と老女で待遇価値も最高とは言えずオ〜ナサル、ナサル、オ〜ナハル、ナハル、ヤハルとは性格が異なり、衰退しつつある形式だと考えられる。

　以上からヤハルの特質や下位の人物に適用されたオ〜ナハルの1例の解釈など本章で行った考察では十分明らかになっていない点があることがわかる。この点を明らかにするために、次章では新形式であるオ〜ナハル、ナハル、ヤハルが現れた文脈にさかのぼってテキストを詳しく考察していく。

注

1　筆者は 2002 年 11 月に電話調査により現在現役の島原の太夫から、自分は使わないがナマスを使うのを聞いたことがあるという内省報告を得ている。このような言葉は町言葉に入っていない。

第9章　江戸時代後期京都語・女性話者のナサル・ナハル・ヤハル

1. はじめに

　前章では江戸時代後期に成立した京都板洒落本を資料に用いて待遇表現形式の使用状況を調べた結果、『風俗三石士(巻下)』、『興斗月』、『千歳松の色』の三資料にハルの前身である(奥村1966他)とされるナハル・ヤハルの形式が出現し、使用者は女性であることを述べた。三資料のうち『風俗三石士』と『千歳松の色』に各1例現れたナハルについては山崎(1963: 667)に使用例が記されている。しかし、これらの形式の特質について明らかにし、現代のハル敬語の特質との関わりを検討するためには、さらにこれらの形式が現れた文脈を理解することが不可欠である。

　本章では、ナハル・ヤハルがテキストの中のどのような文脈で現れ、どのような待遇価値をもち、どのような機能をはたしているか、テキストの登場人物はどのような敬語運用を行っているかについて、それらの形式の使用者である女性に対象を絞って考察する。

2. 調査

2.1 考察対象とした資料

　上述のとおり、本章で考察するのは『風俗三石士(巻下)』(安永後半期か天明初年頃=1776～1783年頃成立、弘化元年=1844年刊)、『興斗月』(天保7年=1836年)、『千歳松の色』(嘉永6年頃=1853年頃)の三資料である。なお、『風俗三石士(巻下)』に関しては(巻下)のうち、オ～ナハルが現れた「野河町の茶屋の場面」に絞って考察する。作者等については前章ですでに記したが改めて次頁に記す。

(以下、シ大系2はテキストとして用いた翻刻本『洒落本大系』第二巻、シ大成は『洒落本大成』の略称とする。資料名の後の［　］内に本章で用いる資料の略称を記す。)

　『風俗三石士』：太平館銅脈先生(畠中鑑斎・聖護院の近習)作、シ大成
　　　　　　　　29［三］
　この資料に関しては巻下「二条川端東、野河町の茶屋の場面」に限る。
　『興斗月』：武木右衛門作(何人か不明)、シ大成29、［興］
　『千歳松の色』：内題次行に京松夫著とあるが松夫の属性は不明、シ大成
　　　　　　　　29、［松］

　前章で述べたように上記三資料の他に、『風流裸人形』(シ大成8、［風］)、『うかれ草紙』(シ大成17、［う］)、『當世嘘之河』(シ大成23、［當］)、『竊潜妻』(シ大成24、［妻］、巻の下「妓婦実」を除く)、『河東方言箱枕』(シ大成27、［箱］、巻之上「着色」を除く)についても調査したが、これらの資料にはナハル・ヤハルの形式は現れなかった。
　さらに、念のため次に挙げる資料についてもナハルやヤハルが出現しなかったか調査した。
ⅰ．『洒落本大系』全30巻のうち会話体以外の京都板洒落本
ⅱ．近代京阪語、特にハルの語源を敬語辞(筆者注；尊敬法助動詞とそれに準ずるもの、具体的にはオ読ミル・オ読ミタ形等)の共時的分布・通時的変化の両面から追究した奥村(1966)で使用されている宝暦～文政期上方洒落本資料のうち京都関係の資料で『洒落本大成』以外が出典となっている以下の資料
　　　『風流裸人形』(1778)：シ大系2、［風］
　　　『阿蘭陀鏡』(1798)：シ大系8、［阿］
　　　『身体山吹色』(1799)：シ大系8、［身］
　　　『竊潜妻』(1807)：シ大系12、［妻］
ⅲ．江戸後期でも比較的遅い時期の京都板の次の資料
　　　『老楼志』(1831)：シ大成28、［老］
　　　［老］は作者が伊勢の人で、京都祇園を舞台とし、［興］と同じく天保年間に成立した資料である。

第 9 章　江戸時代後期京都語・女性話者のナサル・ナハル・ヤハル　297

　なお、上に資料名を記した資料のうち［阿］は京都島原遊郭を舞台にしたもので他は主に祇園遊郭を舞台としたものである。また、作者（または校正者）が京都人であるとされる（または可能性のある）作品は［阿］［身］［妻］［箱］［三］［當］である。

　上記の資料を調べた結果、『風俗三石士』、『興斗月』、『千歳松の色』の他には『老楼志』で1例ナハルが現れた。『老楼志』は作者が伊勢の人だということで本章ではテキストとしては考察しないが、ナハルの適用例は後の3.2に記す。

　なお、第三部冒頭でも触れたが『阿蘭陀鏡』に1例ハルが現れた。しかし、このハルの用例については山崎（1963: 670）でも指摘されているとおり、巻四に「奥州訛」の茂左衛門という人物が「聞かはれや」の形で使用して、「聞かしゃれ」と注釈が付けられている例であり、京都語の使用例とは認められないので本章の考察対象外とする。

2.2　分析の観点と方法

　本章で行う分析の方法は前章2.2に記した通りなのでここでは省略する。
　前章では使用待遇表現形式の分布を全体的に俯瞰するような形をとったが、本章では話者のイディオレクトまで遡ってナハル・ヤハルの出現環境をくわしく観察することにより両形式の意味・機能を検討していきたい。

3.　調査結果

　以下、作品ごとに①作品の内容と登場人物の概略、②出現した待遇表現形式の分布状況、③出現したナハル・ヤハルの例文と解釈の順に述べる。

3.1　『風俗三石士』におけるオ〜ナハル

　前章で明らかにしたように、このテキストは、オ〜ナサルが複数例出現した中で、オ〜ナハルが1例出現したテキストである。

3.1.1　作品のあらすじと主要登場人物

　この資料では公家に奉公する身分の軽い若侍（岩次郎こと大壁修理権属（さくはん）；「岩」と略称して示すことがある）が友人二人（笠野衛守；「衛」、薄井

兵馬；「兵」）と連れだって祇園とその近辺の茶屋に繰り出した時の話が展開される。ここでは岩次郎なじみの二条川端東の野河町の茶屋に二人を案内した時のやりとりをとりあげる（この資料は同じ巻の中でも場面の変化がある）。三人の侍の他に、お中（花車）、富代（芸子）、小めろが登場する。

3.1.2 待遇表現諸形式の分布状況

『風俗三石士』の二条川端東、野河町の茶屋の場面における待遇表現形式の分布状況は表9–1のとおりである。

表の形態欄では基本的に高い待遇価値をもつ形式が上になるように配列し

表9–1 風俗三石士〈二条川端東、野河町の茶屋の場面〉における敬語の使い分け

対象	待遇の別	第三者待遇			小計	話し相手待遇				小計	総計
	身分関係*1	町人→町人【侍】	町人→町人【町人】	町人→町人【町人】		町人→侍	町人→町人				
	定・不定の別	特定	特定	不特定			特定				
	上下関係	目上	目下			目上	目上	目下			
	親疎関係	疎	親	親		疎	親	親	親		
形態*2	聞き手との上下関係（第三者待遇のみ）	目上	目下	目上	目上						
御(オ)〜ナサル							2			2	2
オ〜ナハル							1			1	1
オ+連用指定*3		2	1		3	2	3			5	8
連用形+な（禁止）								1	1	2	2
φ+丁寧語*4				1	1						1
普通体		1			1						1
オ+尊敬語連用命令						1				1	1
敬語連用命令*5						1				1	1
尊敬語命令形								(=おじや)1		1	1
オ+連用命令						2	1		2	5	5
〜テオクレ							1			1	1
連用形+や（命令）									3	3	3
連用命令									1	1	1
小計		1	2	1	1	5	6	8	1	8	23	28

*1 第三者待遇については話し手と、話し相手、話題の主の身分をそれぞれA、B、CとするとA→B【C】のように示す。
話し相手待遇については話し手、話し相手の身分をそれぞれA、BとするとA→Bのように示す。
*2 意向形（勧誘形）を省く。
*3 「オ+連用指定」には「おだましじや」のように連用形の後に指定辞ジャのついた形の他、「お見かぎり」「お出ねは」等も含める。
*4 「捨に参じた」の「参じた」は「行く」の謙譲語ではなく丁寧語として使用されていると解釈した。
*5 「尊敬語連用命令」とは「上りいナア」の形をさす。（筆者注：「上る」は「食べる」の意）

た。
　また、話し相手待遇は活用形で命令形と命令形以外とに分けて示した。
　なお、表9-1では「といな」「げな」に導かれる補文内の動詞述語は集計にいれなかったが、尊敬語の使用はみられず全例普通形式であった。

　表9-1に現れた結果の要点は次のとおりである。
(a) 目上の人物にのみ使用されているオ～ナサル・オ～ナハル、目下には使用するが目上には使用しない普通体命令形、および連用命令、中間的なオ＋連用指定、オ＋連用命令がある。
(b) 話し相手待遇（命令形以外）で目上にはオ～ナサルやオ～ナハルが使用されているが、第三者待遇では同じ人物にそれより待遇価値の低い形式が使用されている。
(c) 話し相手待遇（命令形以外）で侍には尊敬接辞「お(御)」をつけた形式が使用されているのに町人には尊敬接辞「お」をつけた形式は使用されていないなど対象・身分によっても使い分けがあることがわかる。
(d) 話し相手待遇で用いられる形式は第三者待遇の場合より多様になっている。

　広義対称詞の使い分けは表9-2のとおりで動詞述語より身分関係、上下関係との対応が厳密に守られていると思われる。

表9-2　対称詞の使い分け　　　　表内の数字は使用数

話し手	話し相手	あなた	あんた	お＋名前1字＋さん	名前＋さん	名前1字＋さん	～どん
花車・芸子	侍	1	1			1	
花車	芸子		1			1	
芸子	花車			1			
	小めろ						1
小めろ	侍					1	
	芸子				1	1	

　なお、記述が前後するが［松］［興］でも同様の結果であった。

300　第3部　京都語「ハル」の通時的考察

3.1.3　待遇表現諸形式の適用例と解釈

　以下では出現したナサル・ナハルをはじめとする待遇表現諸形式について発話例を挙げながら検討する。
　（以下では、引用文のかな遣い、かなや漢字の書体は『洒落本大成　第二十九巻』によった。漢字のルビは基本的に省略した。
　発話末に発話者等の情報を記す。話し相手待遇にあっては「話し手→話し相手」のように、第三者待遇にあっては「話し手→話し相手【話題の主語】」のように記す。
　その後〔　〕内に底本の丁付け、『洒落本大成』の頁数の順で記す。
　問題とする箇所には発話の冒頭に「→」を記す。
　問題とする動詞述語にナサルが使用されている場合は波線下線、ナハルの場合二重線下線、ヤハルは太線下線、ナサル・ナハル・ヤハルを除く尊敬語・助動詞の場合は実線下線、普通形式の場合は破線下線で示す。
　用例の理解に必要だと思われる情報を〔　〕内に記す。）

　まず、[9-1]にオ～ナハルの使用例を、[9-2][9-3]にオ～ナサルの使用例を示す。この2例は同じ話し手が同一の人物を話し相手とした発話に現れた。

[9-1]
　花車　　ほんに其ばけ物でおもひ出した。此間壇王うらに。めづらしいこ
→　　　　とがござりましたが。岩さんおきゝなはつたか。
　　　　　　　　　　　　　　　　　　　　　　　花車→岩［下十五オ、286］

[9-2]
→花車　　よう御出なさつた。奥は御客が。二階はどふて御ざります。
　　　　　　　　　　　　　　　　　　　　　　　花車→岩［下十二ウ、285］

[9-3]
→花車　　あんた方は。下へばつかり御出なさつて。こんなせまいとこは。お
　　　　　いやでありませう。　　　　　花車→岩・衛・兵［下十三ウ、286］

　発話例[9-1][9-2][9-3]の話し手の花車は別の箇所で侍から「母者人」「嚊衆」と呼ばれているところから三人の侍よりかなり年長であろう。

花車は馴染み客である岩次郎に対し話し相手待遇で「御〜なさる」を2回、「お〜なはる」を1回、第三者待遇でオ＋連用指定の形式を1回(発話例 [9–4])使用している。

[9–4]
→花車　御立じやぞへ

花車→岩(店のもの)[下廿三オ、289]

　話し相手待遇では客であり、侍である岩次郎にはオ〜ナサルの使用が基本だと思われる。[9–1]のオ〜ナハルの使用例は、怪談話を語る前段で、その話をもう聞いているか尋ねる箇所に現れており、心理的距離を縮めて質問の発話行為をなしていると解釈できよう。
　鈴木勝忠(1967)では、雑俳資料(大坂本)を用いて近世後半におけるシヤルとナサルの消長について検討している。その結論として天明期を「ナサル抬頭期」、天保期を「シヤル衰退期」、安政期を「シヤル残存期」と区分し、安政期について次のように述べている。(網掛け筆者)

　　○安政期　シヤル残存期。ナサルはナハルと併用されてシヤルを駆逐。
　　　丁寧な語法としてナサル、やや打ちとけてナハルの味が出る

[9–1]の例はこの「やや打ちとけて」という記述と合致している。
　なお、天保2年(1831年)成立の『老楼志(巻之中)』でもナサルを基調とする中で、相手の発言に対し弁解する箇所でナハルが使用されている下記のような例が1例あった。この場合も相手の心をなだめるために少しうち解けた表現を用いていると解釈できる。

[9–5]
　男　……フウ。俺はと思ふて遣過し(やりすご)。ずつと後から着て往て見たれば。末吉町を東へきれて。北側の青楼(ちゃや)へ這入たまでを。とつくり見届ておいてあるはひ。ごて〳〵いふな間に及ばぬ
→女　そりやおまはん何いひなはるのじやへ……

女→男 [老中十六オ、338]

以上本節では目上の基本的にはオ〜ナサルを使用する相手に臨時的にオ〜ナハルを用いた発話例を示し、心理的距離を縮めるといった用法として解釈できることを中心に述べた。

3.2 『興斗月』におけるヤハル

このテキストにはオ〜ナハル、ナハルが多数例現れた中で1例ヤハルが現れた。以下ではオ〜ナハル、ナハル、ヤハルの意味・用法を中心に考察する。

3.2.1 作品のあらすじと主要登場人物

祇園末吉町の茶屋千定を訪れた七(24、5歳)と赤(21、2歳)の二人の客と芸子久野(17歳位)、里か(18、9歳)、花車(37歳位)、遊女お松、義太夫芸子浅吉(27、8歳)他との座敷でのやりとりが記されている。赤は馴染みの芸子里かが座敷に現れ口説くなどするが、七は待ちぼうけをくわされたあげく酔っぱらって帰るというあらすじである。

3.2.2 待遇表現諸形式の分布状況

『興斗月』における待遇表現形式の分布状況は表9–3のとおりである。表9–3で「目上・親」と記した社会的関係に関しては、店の者から馴染み客へという関係と、店の関係者間の関係とで扱いに異なりがあるので、補足して説明すると、資料では以下のようになっている。

ナハルが両待遇で上位者である二人の客に限り使用されている([9–6]〜[9–9])。ナハルの命令形ナハイおよび第三者待遇のオ＋一段化、オ動詞もほぼ同様である。第三者待遇のテ指定の形式は客には使用されていない。

表9-3 『興斗月』における待遇表現形式の使い分け〈祇園末吉町の茶屋千定〉

対称\待遇の別	第三者待遇									小計	話し相手待遇				小計	総計
身分関係*1	町人→町人【町人】										町人→町人					
定・不定の別	不特定	特定									特定					
上下関係	茶屋・置屋	極め	目上			目下				目上		目下			
親疎関係	の人、客	て疎	疎	親		疎	親			疎	親	疎	親		
形態＼聞き手との上下関係(第三者待遇のみ)		目上	同	目上	目下	目上	目下	目上	目下						計	計
尊敬語＋丁寧語			1							1						1
オ～ナハル＋丁寧語			1							1						1
～ナハル				5	2					7		16			16	23
～ヤハル		1								1						1
オ＋一段化＆お動詞*2				3						3	1	5			6	9
テ指定＋丁寧語	1		1	2						4						4
テ指定*3				1			1	2		4		2		3	5	9
φ＋丁寧語				1						1						1
普通体*4	1			2	1	1			1	6		4		2	6	12
～ヨル	2							1		3						3
オ～ナハイ(命令形)											1	2			3	3
～ナハイ(＝命令形)*5												4			4	4
オ＋尊敬語連用命令												1			1	1
オ＋連用命令												10		1	11	11
オ＋連用形＋や(命令)												1			1	1
～テオクレ*6												2			2	2
連用命令												4			4	4
テ形命令												2		1	3	3
小計	4	1	3	14	3	1	1	3	1	31	2	46	1	13	62	93

［凡例］ 数字は使用数

*1 第三者待遇については話し手と、話し相手、話題の主の身分をそれぞれA、B、Cとすると A→B【C】のように示す。
  話し相手待遇については話し手、話し相手の身分をそれぞれA、Bとすると A→B のように示す。
*2 「オ＋一段化」とは「およいても」「おしんか」、「お動詞」は「おいた」「おいる」のようなものを示す。
*3 「おりてなら」「引ひてぃゑ」「おきてぃか」「(あいに)やつちやつた」「(おまへとだれと)いちゃつた」のようなものを示す。
*4 「(あんただいぶ)はいつたあるな」(花車→七)1例を含める。
*5 「おきなはい」のようなものを示す。「きたあげなはい」等後部要素がシナハイとなっているものも一括して含める。
*6 この資料では～テオクレは「聞とおくれ」のように「～とおくれ」の形をとる。

表9-3から次のことが言える。

(a) オ～ナハル＋丁寧語は1例だけ出現し、「目上・疎」の人物に使用されている。
(b) 馴染み客(「目上・親」)に対しては話し相手待遇でも第三者待遇でもナハルを多く使用している。丁寧語は用いられていない。話し相手待遇(命

令形）では〜ナハイとオ＋連用命令が多く用いられている。
(c) 目下にはテ指定が多く用いられている。遊里では下位者にもこのような敬語が用いられていることがわかる。目下に対する命令形としては連用命令と〜テオクレが多い。
(d) ヨルが第三者待遇で不特定の対象と目下の人物に用いられている。その場合の話し相手は目上の人物である。

3.2.3 待遇表現諸形式の適用例と解釈
　以下では形式ごとに適用例と解釈を示す。
◇　オ〜ナハル＋丁寧語
［9-6］
→おいでなはいますこれおさきどんどなたやおいでたそふ申
　　　　　　　　　　　　　　　　　　お松→客【赤】［五オ、132］

　この発話の前に「はしらにもたれたるこゝのかゝゑのおやまふところ手あごで何やかそゑてゐながら」とあり、また発話中に「どなたや」と不定称がはいっているので、誰かわからない客にすでに座敷に上がっている別の客に言及してオ〜ナハル＋丁寧語の形式を使用している。

◇　オ〜ナハイ
［9-7］
→浅吉　イョウ一来ヤナわたしのもと引たくり一はいぐわんとついどおくなはい
　　　　　　　　　　　　　　　　　　　　　浅吉→七［十二ウ、135］

◇　ナハル
　ナハルは上述のとおり馴染み客に使用されている。

［9-8］
→花車　七さんしつてなはるか　　　　　　　花車→七［十ウ、134］
［9-9］
→浅吉　旦那はんなんでのいてなはる　　浅吉→里か【赤】［十八オ、137］

[9-8][9-9]は丁寧語を用いないことで親しさを出しつつ、客を上位に待遇していると考えられる。ナハルはまた、話し相手待遇で特に高率で出現している。以上よりナハルの待遇価値はオ〜ナハルより低いが、かなり高いと考えられる。また、尊敬接頭辞オや丁寧語は親疎関係の指標として働いていると考えられる。

◇ ヤハル
　第三者待遇で1例だけ歌舞伎役者を話題の主語としたヤハルの使用例があった。

[9-10]
　お松　里かはんおまへこないだ大坂ゑいちつたげなゝよかろな
→里　　まことに〱よいわ成駒屋はんが何たらの時おさむらいに成て<u>出や</u>
　　　<u>はる</u>きれいな〱お士はんやしまいに八幡屋と玉助はんと三人の景
　　　事がいつちゑいわ　　　　里か→お松【成駒屋】［八オ、八ウ、133］

[9-10]では単なる上位待遇というより成駒屋が舞台に出るという事態を取り立てて話題にもちだす箇所でヤハルが用いられ、「きれいなきれいなお士さんや」と高く評価する言葉が後に続いており、話し手の強い待遇意図が感じられる。なお、ヤハルの使用者の里かは18、9歳と記されており若い女性である。
　彦坂(1997: 350)に近世上方語の敬語形式の記述があり、雑俳資料ではナハルは遊里ないしそれに類する位相で文化期(1804年〜1817年)の出現例が早く、幕末近くから次第に一般化しはじめ、ヤハルは早いところでは天保期の例があるとされる([9-11])。[興]のヤハルはさらに早い使用例といえる。

[9-11]戸が明いて　まう嫁はんが来やはるぜ
　　　　　　天保十四年(＝1843年)　冠付言葉の種　26オ(彦坂1997: 350)

　先行研究で明らかになっている他のヤハルの使用例は以下のとおりである。

［9-12］古いやつじや・戻りに遣るといふてやはる
　　　　　　　　嘉永四年(＝1851年)四季の花(大阪本)(鈴木勝忠1967)
［9-13］りん〳〵・仕やはる銀子の出し入れも
　　　　　　安政四年(＝1857年)笠付五百題(大阪本)33ウ(鈴木勝忠1967)
［9-14］弁当　一口呑と去にやはつた
　　　　　　　　安政四年(＝1857年)冠付五百題(大阪本)29ウ
　　　　　　　　　　　　　　　　　　　　　　　　(彦坂1997: 350)

　いずれも第三者待遇で使用されている。また、上位待遇の尊敬語用法とは異なるニュアンスが感じられる用例が多い。
　前接する動詞との承接関係をみると、ヤハルは一段活用、変格活用をとる2拍の動詞、ないしテ形に続いている。なお、［9-14］については「去にやはつた」を5拍とするなら /nya/ の音で発音するということになり、気になるところである。
　金沢(1993)では明治中期(大阪)における「ハル」「テハル」「ヤハル」の用法が「第三者(他者)待遇の場合で、しかも待遇者から見て被待遇者が比較的はっきりとした上位者(或いは初対面の人)の場合に、顕著に現れている」としているが、上で述べたヤハルが第三者待遇で使用されるという傾向は金沢(1993)の特に前半部分の記述と符合している。

◇　オ＋一段化・オ動詞
　これらの形式もナハルと同じく馴染み客に多数例使用されている形式である。年上の花車にも1例使用されている。第三者待遇ではほとんど変わりなく使用されている。次の［9-15］は第三者待遇でナハルとオ動詞が同じ話者によって同じ対象に適用された例である。第三者待遇ではナハルとの違いはほとんど認められない。

［9-15］
　梅尾　そふかおこつてなはりやせなんだか
→お松　ゥムンおこりなはつた〳〵どくしよふおこりなはつたあしたは大か
→　　　たあさからおいでるかばんにはきつとおゐでるせ
　　　　　　　　　　　　　　　　お松→梅尾【七】［十九ウ、二十オ、138］

話し相手待遇では［9–16］のように忠告したり、動作を勧めるような時多く使用されている。

［9–16］
→里か　又およいてもしらんゑ　　　　　里か→赤［十二オ、十二ウ、135］

◇　テ指定
「テ指定」は主に第三者待遇で少し目上から目下の人物に適用される。なお、本テキストのテ指定表現の形態や待遇価値等については辻（2007）に詳述した。

［9–17］
→お松　昼から町いてゞましてもふもどつてでますじやあろ
　　　　　　　　　　　　　　お松→七【梅尾】［十ウ、十一オ、134］

また、話し相手待遇でも少し目上の相手から目下の人物に適用される。

［9–18］
→花車　梅尾はんあいにやつちやつたか
　お松　今やりました　　　　　　　　　　　　花車→お松［八オ、133］
［9–19］
→花車　お松下ゑおりてならお小ざしもつてあがり
　　　　　　　　　　　　　　　　　　　　　　花車→お松［六ウ、133］

山崎（1963: 696）ではテ指定について「後期も初めは、待遇価値がまだ動揺していた気配がある。しかし化政期ではこれらの語は表現に幅があり…」と指摘しているが、このテキストでもちょうどそのような状態となっている。

◇　普通形式
普通形式は文末で上位の人物を対象に使用されている場合は、芝居がかった口調で言う場合などである。下位の人物にも普通形式の適用率は多くはな

い。下位の人物でもテ指定などで待遇される場合も多い。
　次に［興］で駕籠屋に対し普通体で待遇している例を挙げる。

［9-20］
→浅　　かごやがまつてるへ〔待ってるよ〕
　　　　　　　　　　　　　　　　　　浅吉→七【駕籠屋】［十八ウ、137］

　普通形式が上位の人物に適用されている例は従属句内という構文的環境においてであることが多かった。条件節内(南1974, 1993ではB類従属句)で普通形式を用いられた例を挙げる(［9-21］)。同じような条件節内で尊敬語形式を使用する場合もある(［9-22］)。南(1974, 1993)のC類従属句内ではだいたい尊敬語形式が用いられていた(［9-23］)。

［9-21］
→お松　　七さんしゆまんと一ッおあがり　　　　お松→七［十二ウ、135］
［9-22］
→里　　　そんなはらのわるいことしなはるならしらん
　　　　　　　　　　　　　　　　　　　里か→赤［十七ウ、十八オ、137］
［9-23］
→里　　　おまはん人の事ばつかりいゝなはるけどおまはんわたしのるすにと
　　　　　らよゑいきなはろがな　　　　　　里か→赤［十七オ、136］

◇　ヨル
　ヨルを使用している2例を下にあげておく。

［9-24］
→浅　　梅尾のべらぼう早ふきよるとよいにあした一ばんりくついわん
　　　　ならん　　　　　　　　　　浅吉→七【梅尾】［十四ウ、十五オ、136］
［9-25］
→浅　　わしけふ嶋原の井筒屋へいたらゑろあやまつてゐよる
　　　　　　　　　　　　　　　　　浅吉→七【井筒屋の人】［十二ウ、135］

[9-24］［9-25］とも通常はヨルを用いない対象にマイナス方向の感情や評価を表す用法としてヨルが用いられている。テキストを読むと話者の浅吉は姉御肌の人物として描かれており、そのような人物描写に合わせてヨルのような語を使わせていると考えられる。

3.3 『千歳松の色』におけるオ〜ナハル

3.3.1 作品のあらすじと主要登場人物

登場人物は東次郎という若者(美少年とある)、東次郎が二年ほど前に身受けした元祇園新地の歌妓(うたひめ)おつる、狎客(たいこもち)花八で、おつるが暮らす木屋町の家に久しぶりに来た東次郎とおつる、それに花八との間で会話が展開されている。

表9-4 『千歳松の色』(第一回・第二回)における敬語の使い分け

対象＼待遇の別	第三者待遇				小計	話し相手待遇		小計	総計
身分関係*1	町人→町人【町人】					町人→町人			
定・不定の別	特定					特定			
上下関係		目上	目下	目下		目上	目下		
親疎関係	極めて疎	親	疎	親		親	親		
形態＼聞き手との上下関係(第三者待遇のみ)	目上	目下	目上	目上					
尊敬語＋丁寧語						1		1	1
オ〜ナサル＋丁寧語						2		2	2
オ〜ナハル							1	1	1
オ(御)＋一段化*2＆オ動詞*3		1			1	5		5	6
テ指定＋丁寧語*4			1						1
テ指定							1	1	1
φ＋丁寧語						1		1	1
普通体	1			1	2	5	1	6	8
オ〜アソバシマセ						1		1	1
オ＋連用命令						1		1	1
〜テオクレ							1	1	1
小計	1	1	1	1	4	16	4	20	24

［凡例］ 数字は使用数
*1 第三者待遇については話し手と、話し相手、話題の主の身分をそれぞれA、B、Cとすると A→B【C】のように示す。
　話し相手待遇については話し手、話し相手の身分をそれぞれA、BとするとA→Bのように示す。
*2 「オ(御)＋一段化」は四段動詞が一段化したものに尊敬接頭辞オがついた「おやすみる」「おきゝんか」のような形をさす。
*3 「オ動詞」は一段動詞の尊敬接辞オがついた「いふておゐる」「いふておゐた」のような形をさす。
*4 「テ指定＋丁寧語」は「していてゞす」の形をさす。

3.3.2　待遇表現諸形式の分布状況

『千歳松の色』における待遇表現形式の分布状況は表9-4のとおりである。

表9-4はつるという一人の女性のくだけた場面の敬語運用を示すものであり、「話し相手待遇・目上」は旦那である東次郎、「目下」は花八となる。

表9-4を見ると以下のことが言える。

(a) つるは話し相手待遇で目上にはオ〜ナサル＋丁寧語、オ(御)＋一段化やオ動詞のような高い形式を用い、目下にはテ指定のような低めの形式を用い、上下による使い分けを行っている。話し相手待遇のなかでも命令形の場合、命令形以外より高い形式を用いている。
(b) 話し相手待遇と第三者待遇とでは後者で一段階低い形式が用いられている。
(c) (a)(b)に関して一部例外がある。一つは話し相手待遇で目上に普通形式が多数使用されていることであり、もう一つは同じく話し相手待遇で目下にオ〜ナハルが使用されていることである。これらについては次の3.3.3で発話例をあげて解釈していく。

3.3.3　諸待遇表現諸形式の適用例と解釈

話し相手待遇ではつるは東次郎に高い待遇価値をもつ尊敬語(および丁寧語)を使用している([9-26])。

[9-26]
→つる　……よう<u>おいでなさつてくたさりました</u>ナァ旦那さん

　　　　　　　　　　　　　　　　　　　　つる→東次郎［三オ、320］

しかし上記(c)で述べたように、条件節をつくる「と」や原因理由を表す「て」などの導かれる従属句内などで普通体を使用する([9-27])。表9-4「話し相手待遇・目上」の普通形式は全例このような例である。

[9-27]
→つる　それてもよしこのを<u>きいて</u>しんないちやといふて<u>おゐる</u>はなあ

　　　　　　　　　　　　　　　　　　　つる→東次郎［十一オ、十一ウ、323］

第三者待遇では、東次郎にもオ〜ナサルは使用せず、オ動詞のような少し軽い敬語(山崎 1963: 698, 699)で待遇する([9–28])。その一方で同輩以下を対象とする場合でもテ指定を用いることがある([9–29])。声しか聞こえない人物を対象とした場合は普通形式を使用している([9–30])。

[9–28]
→つる　サアとんと<u>おいでもない</u>が　　つる→花八【東次郎】[二オ、320]
[9–29]
→つる　毎日あの通にさらへを<u>していで</u>すがまことに達者でム升へ
　　　　　　　　　　　　　　　つる→東次郎【隣の子】[六オ、321]
[9–30]
→つる　あんたは<ruby>門外<rt>おもて</rt></ruby>によしこのを<u>うとふて</u>通のをきいてしんないじやといふて<u>おいた</u>はゑらいねぼけなあ
　　　　つる→東次郎【門外でよしこのを歌う声の主】[十一ウ、323]

次に通常は[9–32][9–33]のように普通形式ないしテ指定を用いる目下の相手にオ〜ナハルを使用した例[9–31]を示す。

[9–31]
→つる　花さんちよつと御たばこほんをもつて<u>あがつてをくなはんか</u>
　　　　　　　　　　　　　　　　　　　つる→花八[三ウ、320]
[9–32]
→つる　ハイまことにヲ、<u>旦那</u>さんかとおもふたら<u>花八さん</u>かまた人を<u>だまして</u>　　　　　　　　　　　　　　つる→花八[二オ、320]
[9–33]
→つる　<u>花八さん</u>此間にいてならことづかりてほしいことがあり升へ
　　　　　　　　　　　　　　　　　つる→花八[二オ、二ウ、320]

つるは[9–31]で、久しぶりの旦那の来訪に続く場面で、花八にものを頼む際「〜てをくなはんか」と通常よりは上位待遇の形式を使用して、場面への配慮を表す一方、オ〜ナサルよりはかしこまらないオ〜ナハルを用いて打ちとけた気分を出している。

4. 女性話者の敬語運用の特徴と
　　ナサル・ナハル・ヤハルの性格

　本章では、ナサルから変化したナハル、それにヤハルの用例が出現した『風俗三石士（巻下）』（野河町の茶屋の場面、1776〜1783年頃成立、1844年刊）、『興斗月』（1836年）、『千歳松の色』（1853年頃）の三資料に焦点をあてて考察してきた。少ない資料ではあるが、女性話者の敬語運用と使用されている待遇表現諸形式の特質、とくにナサル・ナハル・ヤハルの特質について、それぞれの時代に生きる個人のもつ体系性に着目して分析を行った。その主な結果をまとめると以下のようになろう。

① 尊敬の機能をもつ多彩な敬語形式が待遇の違いや、上下関係に応じ細かく使い分けられている。すなわち話し相手待遇では第三者待遇より高い尊敬語形式が用いられ、話し相手待遇の中では命令形とそれ以外を区別して、最上位から同位、下位にわたるまで対応する尊敬語形式のバラエティがあった。

② 上記の使い分けを反映した枠組みの中でこの期の（オ〜）ナサル、およびナハルを多用する資料における（オ〜）ナハルは上位の相手に対し話し相手待遇で活発に使用される高い待遇を示す形式であった。このことから（オ〜）ナハルはもともとあった（オ〜）ナサルに交替して用いられた形式だと考えられる。また、（オ〜）ナハルの使用者はもっぱら中〜若年層の女性である。

③ ［三］ではオ〜ナサルが複数例使用されている中で、目上の対象にオ〜ナハルが使用されていた。このオ〜ナサルの用例は心的距離を縮める効果があると解釈される。このケースから話し手が会話の展開によっては規範的な運用の枠組みを外し主体的運用を行うことが新形式出現につながるという可能性を指摘できる。

④ ［興］では（オ〜）ナハルが多数例出現し、それらは他の資料の（オ〜）ナサルと同じ待遇的価値をもっていると考えられる。この資料に1例現れたヤハルの使用例は第三者待遇で用いられており、（オ〜）ナハルや（オ〜）ナサルがもつ上位待遇という機能では解釈できない用例であった。

⑤ ［松］はオ〜ナサルが複数例上位の対象に適用されている中で、通常は

普通体か低い待遇価値をもつ尊敬語を使用する対象にオ〜ナハルが1例適用されたテキストである。この1例は相手に依頼するような場面で使用されており、新形式出現の「場」の一つが認められる。

⑥ 話し相手待遇と第三者待遇で敬語形式が使い分けられていることと関わるが、第三者待遇の場合に偏って用いられるヤハル・ヨルなどの待遇表現形式が存在する。このうちヨルは社会的上下関係による敬語運用の枠組みとは独立して感情的な契機によって使用されていた。テ指定は当期も後半の資料である［興］、［松］では両方の待遇で用いられる形式となっており、目下を話し相手としたり、言及したりする場合でも用いられている。

⑦ 第三者待遇で不特定の対象に対して［興］に若干敬語の使用が認められる。

⑧ ［松］のような内輪の会話においても敬語が使用されるが、第三者待遇での使用頻度は低く、使用される形式は話し相手待遇と異なる。また、話し相手待遇では文末で尊敬語が使用される場合でも従属句内ではほとんど尊敬語は使用されない。

⑨ 従属句内の敬語の使用頻度は資料によって若干差があるが頻度は高くはない。

　本章で用いた資料により、ナサルからナハルへの移行は確かめられた。しかし、ヤハルはナハルと接点はあるものの直接的な関係は確かめられなかった。ヤハルはこの後の時代に当該方言域においてどのように変化していくのだろうか。ヤハルに続くハルはどうであろうか。次章では次の明治時代に入ってからの資料により次の展開を考察していく。

第10章　ハル敬語の発生
―落語関係資料の検討―

1. はじめに

　前章では江戸時代後期の京都語の様相を示す京都板洒落本資料中に、ナハルと大方の先行研究でハルの前身とされるヤハルの語形が現れたこと、を述べた。資料を検討した結果からもナハルはナサルから変化したということに間違いないと思われる。一方ヤハルは、1例しか現れず、その用例の出現環境や意味・機能からはナハルとのはっきりしたつながりは認められなかった。

　本章では、その後ヤハルは勢力を広げていったのか、ヤハルが使用された場合どのような用法として用いられたか、ハルはいつ頃現れたか、その場合の用法はどのようなものであったか、について明らかにしたい。

　ハル敬語の成立に関しては、金沢(1993)に明治中期の落語速記資料に大阪語としては最も早い使用例が認められることが指摘されている。具体的には、ハル形の初出は明治24年4月駸々堂刊行の『噺の種』所収、二代目曽呂利新左衛門(大阪・新町出身、1844年生まれ)口演「妾の内幕」で、「何處へ行きはッタノ」(話し相手待遇)、「若いお仁が来てはりました」(第三者待遇)の用例が報告されている。

　ちょうどこの明治期に先立つ江戸時代後期あたりから、上方語が中央語の地位を江戸語にゆずり、国語史および敬語史においても記述の中心が上方の言葉から江戸ないし東京の言葉に移って行く。記述の中心が東京語に移った背景には当期の上方ないし京都・大阪の口頭語を反映している言語資料の乏しさも加わっている。特に幕末から明治・大正期にかけてはその傾向が顕著であったが、大阪語に関しては前田勇氏の研究(前田1950 他)を皮切りに肥田晧三氏、金沢裕之氏他の一連の研究(肥田 1977 〜 1978, 1988、金沢 1991,

1993, 2000 他)により資料の蓄積が実現し、言語事象の分析が行われている（金沢 1993, 2000 他)。用いられている資料は落語速記本や落語 SP レコードなどを中心とする落語関係資料である。

　他方、京都語に関しては全くといっていいほど資料の開拓が進んでいない。その一つの理由として落語をはじめとする演芸文化面で大阪が関西の中心的位置を占めるようになっていることが挙げられる。しかし発表者のみるところ大同小異とはいえ京都語は大阪語に吸収されているわけではなく、ハル敬語をはじめいくつかの言語項目でその独自性を現在なお保っている。そのような言語項目の実証的な解明のためにも上方語から現代京都市方言をつなぐ資料開拓の必要性は失われていない。

　とりわけ、京都式のハル(以下形式として言及する場合ハルと言う)の「行カハル」にいたる成立過程を考える場合、行キナハル→行キヤハル→行キャハル→行カハルという変化過程が一般に想定されているが(楳垣 1962、奥村 1968 他)、文献資料からは五段動詞に接続する「イキヤハル」形、「イキャハル」形および「イカハル」形の存在が確認されておらず、資料の開拓が期待される状況である。

　本章では、まず、京都市の口語が反映されていると考えられる洒落本以外の資料を対象とした調査結果を概観したのち、筆者が発掘した明治期の京都語を表していると考えられる資料として、京都出身・在住で京都の寄席で活躍した落語家初代桂枝太郎、および四代目桂文吾の落語口演速記録を紹介する。そこに文献上、京都語としては最も早いハルが現れたので、ハルがどのような形態的特徴をもち、意味・機能を担っていたのか、について全体的敬語運用の中で考察する。

2. 先行研究

2.1 上方(京阪語)におけるハル敬語の成立時期

　現時点では、前で述べたとおり金沢(1993)において提示された、明治 24 年の大阪語の落語速記本に現れた用例が最も早い。

　京都語に関しては、明治期以前の使用例は明らかにされていない。したがってどのような用法として用いられていたかも不明だが、奥村(1966)に「池上禎造氏説は、活字になっていないが、私信等によれば、〈幕末～明治頃

の京都語(御両親はじめ尊属の方々)で、ハルの待遇表現意識が、ナサルの場合と全く異っていた〉らしい」という注記があり注目される。

2.2 大阪語におけるハル敬語の成立期の様相

洒落本は江戸時代末期には衰退し、それに続く上方(京阪)語の口語の実態を伝える資料が僅少だとされる時期がハル敬語成立の時期にあたると考えられる。その中で金沢(1993, 2000 他)は、江戸末期の戯作及び、明治期の落語資料(中期の速記本、後期の SP レコード)を資料として、明治期大阪語におけるハルの成立の様相を具体的な用例とともに明らかにした、という点で特筆すべき研究である。金沢(2000: 237)では、江戸後期から明治期は「全体的な流れとしては、中心的な表現形式が『テ敬語』から『ハル敬語』に移ってゆくという一方で、『レル・ラレル敬語』はそれほど大きな勢力とはならないながらも、部分的にはその性質や用法を変化させつつ、使用され続けてきたと考えられる」としている。また、明治中期では「ハル」「テハル」「ヤハル」の具体使用者に若年層が多く、用法面から見ると、第三者(他者)待遇の場合で、しかも待遇者から見て被待遇者が比較的はっきりとした上位者(或いは初対面の人)の場合に、顕著に現れていること、明治 36 年以降に録音・発売された落語 SP レコードを資料とした分析の結果からは、「ハル」形については第三者(他者)待遇の場合に多く見られること、(属性的に見て)下位者に対する使用がほとんど見られないことが指摘できるとし、江戸末期[1]から明治期大阪語におけるナサル系敬語辞の変遷について以下のように、まとめている。

(1) 江戸末期においては、資料で見る限りでは、「ナサル」の中に「ナハル」が広がり始めた状態で、「ハル」の用例は見られない。また、ナサル→ナハルの変化は、話者の属性から見ると若年層の女性から進んでいると考えられるが、形態的な面からの特徴はほとんど見られない。

(2) 「ナハル」は明治期の間に急成長したものと考えられるが、ここでも若年層を中心に変化が進んだということの他に、形態的な面からの特徴は見られない。

(3) 「ハル」は資料的には明治期に入ってから発生したと考えられ、

上接語との関わりから見ると、下一段動詞、五段動詞、及び「(動詞連用形＋)て」の場合から発展していたものと見られる。
（4）「ハル」と上接五段動詞との接続においては、(中略)イキナハル→イキハル　クレナハル→クレハル、といった変化があった可能性が強く（上一段動詞「居る」の場合は「イヤハル」になる）、同時期京都を中心に成立したと予想されるイカハル形は、イキハル形の成立後に大阪に進出した可能性が考えられるようになった。

金沢(2000: 220, 221)

　なお、上記(4)のハルのダイレクトな析出過程に関しては中井精一(2002)に異論があり、イキナハル→イキハルのダイレクトな変化も考慮されなければならないが、「イキヤハル」の段階における「ヤ」の脱落あるいは「イキャハル」段階における脱落により、「イキハル」という現在の大阪様式が成立したと見るほうが流れの上ですっきりすると感じられる、としている。

2.3　明治期前後の京都語の口語の実態を表す資料

　2.1に触れたように京都語のイカハル形成立期の使用実態はまだ明らかになっていない。この期の京都語の口語を示す資料に関しては、例えば中井幸比古(2002: 526–528)では、アクセント研究の立場から調査した結果、落語録音資料に大阪以外の地域の資料として使える資料は極めて限られているとしている。具体的には、慶応2年(1866年)京都生・在住の初代桂枝太郎(ただし言語形成地は大阪)によるSP(「雷の褌」『古今東西噺家紳士録』の復刻)を分析して京都アクセントの影響が認められる。しかし、明治以降に京都で活躍し、かつ、録音を残した落語家で、枝太郎以上に純粋に京都出身だった人は、皆無のようである、と述べている。当期の京都語の口語を示す資料がいかに乏しいかと言うことがわかる。
　一方、具体的な用例ではないが、アンケート調査の結果として、現在の京都市の一部でヤハルやハルが使用されていたことが明治39年(1906年)文部省国語調査委員会『口語法調査報告書』において以下のことが確認されている。
　京都市では、助動詞「せられる」「しられる」「される」等の使用の有無を尋ねた質問に対してそれらの語を使用することはないと報告しているが、京

都府葛野郡および船井郡の報告に以下の記載がある。

◇助動詞「なさる」「下さる」等の活用を尋ねた質問(第二十條)に対する回答

　　京都府葛野郡[2]：「示サレタル例ノ如ク云ハズ『見ておいやす』『聞いてくれはる』ナド云フ」

　　京都府船井郡(葛野郡の北西部に隣接)：「書キナハル」「起キナハル」のように言う他に、以下の言い方のあること、「なはる」と「やはる」(もしくは「はる」)の意味・用法に違いのあることを報告している。

　　　　四段活用　　　　書カハル　　取ラハル
　　　　上一段活用　　　着ヤハル　　見ヤハル
　　　　下一段活用　奈行變格活用　良行變格活用(四段活用ニ倣フヲ以テ省ク)
　　　　上二段活用　　　起キハル　　落チハル
　　　　下二段活用(下一段活用ニ倣フ)明ケハル　　痩セハル
　　　　加行變格活用　　來ヤハル
　　　　佐行變格活用　　爲ヤハル

　　而シテ兩者其意味相同ジカラズ「ヤハル」(若クハ其轉約)ハ第三者ノ動作ヲイフニノミ用ヒ(間々對者ノ動作ヲイフニ用ヰルコトアルヲ聞ケド畢竟卑野ナル近時ノ書生語ノミ)「ナハル」ハ第三者ヲ特ニ崇敬スルカ又ハ對者ノ動作ヲイフニ用ヰル且ツ「ヤハル」(又ハ其轉約)ヲ付シタル場合ハ動詞ニ敬語「オ」ヲ冠スルコトナシ云々

◇助動詞「入ラッしゃる」、「受けさっしゃる」、(「入らせられる」、「受けさせられる」、「ノ」約)等の活用を尋ねた質問(第二十二條)に対する回答

　　京都市：それらの語を使用することはないと報告

　　京都府葛野郡：「示サレタル語例兩ナガラ用キズ『居やはる』『受けはる』ナド云フ」

　葛野郡の報告では「聞いてくれはる」はナサル系の質問への回答として、「居やはる」や「受けはる」はシャル系の質問への回答として示されている

ところ、船井郡の報告に「ヤハル」(若クハ其轉約)は、第三者の動作をいう場合にのみ用いることが注記されている点が興味深い。

このような背景のもとで本章では明治30年代から40年代にかけて書かれた初代桂枝太郎と四代目桂文吾の落語の口演速記を中心的な資料として考察を行う。

3. 検討した資料と調査結果の概要

本節では江戸時代後期から明治・大正期までの敬語運用状況やナハル・ヤハル・ハルの使用状況を調べるために洒落本資料以外で当期の口語を伝える資料としてどのような資料を調査したか、その結果はどうであったか、本章でどの資料を考察するか、について記す。

3.1 調査した資料

調査した資料はジャンル別にいえば(a)歌舞伎関係資料、(b)文楽関係資料、(c)噺本、(d)心学道話、(e)落語関係資料などである。

調査対象とする作品には次のような限定を設けた。
① 宝暦以降に成立した作品
② 舞台が京都市中心部(島原および伏見、宇治等は除く)となっている作品
③ 作者が京都市出身・居住であること
④ 主要登場人物が京都市民であること

ただし、資料によっては上記の限定が充足できない場合もままあった。

結果としてナハル・ヤハル・ハルの形式が現れたのは落語関係資料のみであった。それら落語関係資料については後で詳しく述べるが、ひとまず目を通した資料名を次の3.1.1に示す。

3.1.1 調査した落語関係資料以外の資料の内訳

調査した資料を(a)〜(d)の落語関係資料以外の資料と落語関係資料とに分けその内訳を以下にジャンル別に示す。

(a) 歌舞伎関係資料
「戻橋」　　：明治22年(1889)頃成立、河竹黙阿弥作、河竹登志夫他監修
　　　　　　 (1969)『名作歌舞伎全集』第18巻　東京創元社

「鳥辺山心中」：大正4年(1915)頃成立、岡本綺堂作、郡司正勝他監修(1969)
　　　　　　『名作歌舞伎全集』第20巻　東京創元社
「藤十郎の恋」：大正8年(1919)春大坂毎日の紙上に発表、菊地寛作、戸板
　　　　　　康二他監修(1971)『名作歌舞伎全集』第25巻　東京創元社
　上記の作品はいずれも京都市内が舞台で京都の人を登場人物としているが、作家の条件を満たしていない。

(b) 文楽関係資料
「三十三間堂平太郎縁起祇園女御九重錦」：
　　宝暦10年(1760)成立、若竹笛躬、中邑阿契作、塚本哲三編(1926)『浄瑠璃名作集』有朋堂書店、舞台は京都・熊野、時代設定は平安時代末期
　　〈卅三間堂棟由来(平太郎住家より木遣り音頭の段)〉
　　平成4年7月国立文楽劇場『文楽床本集』
「桂川連理柵」：
　　安永5年(1776)成立、菅専助(京都の人)作、土田衞校注(1985)『新潮日本古典集成(第70回)浄瑠璃集』新潮社
　　〈桂川連理柵(六角堂の段・帯屋の段・道行朧の桂川)〉
　　平成6年1月国立文楽劇場『文楽床本集』
　　〈桂川連理柵(石部宿屋の段・六角堂の段・帯屋の段・道行朧の桂川)〉
　　平成11年7月国立文楽劇場『文楽床本集』
「近頃河原の達引」：
　　天明2年(1782)、為川宗輔・筒川半二・並川七五三助或いは近松半二とも、日本名著全集刊会編(1929)『浄瑠璃名作集　下』
　　〈近頃河原の達引(堀川猿回しの段)〉
　　平成4年1月国立文楽劇場『文楽床本集』

(c) 噺本
　武藤禎夫・岡雅彦編『噺本大系』東京堂出版により、宝暦以降の噺本で、京都板の作品か、大坂板でも京都が舞台となっている箇所のある作品について調べた。
「軽口　豊年遊」：
　　京都板、宝暦4年(1754)、聞遊閣笑楽作、舞台は京都、武藤禎夫・岡

雅彦編(1976)『噺本大系』第八巻
「口合恵宝袋」：
　　京都　藤屋武兵衛板・江戸　梅村宗五郎板、宝暦5年(1755)、春松子作、舞台は京都、武藤禎夫・岡雅彦編(1976)『噺本大系』第八巻
「軽口扇の的」：
　　「京寺町五条上ル町　藤屋武兵衛板」とする本あり。宝暦12年(1762)、並木正三作？、主に京都舞台、武藤禎夫・岡雅彦編(1976)『噺本大系』第八巻
「軽口はるの山」：
　　京都　書林　小幡宗左衛門板、明和5年(1768)、舞台京都他、武藤禎夫・岡雅彦編(1976)『噺本大系』第八巻
「絵本軽口福笑」：
　　京都　菱屋治兵衛板、明和5年(1768)刊、義笑作、舞台は京都、武藤禎夫編(1979)『噺本大系』第十七巻〈絵入本Ⅰ〉
「軽口片頰笑(かるくちかたほゑみ)」：
　　京都　菱屋孫兵衛板、明和7年(1770)、作者不詳(目録なし)、舞台は主に京都、武藤禎夫・岡雅彦編(1976)『噺本大系』第八巻
「軽口大黒柱(かるくちだいこくばしら)」：
　　京都　小幡宗左衛門板、安永2年(1773)刊、小幡宗左衛門作(解題による)、舞台は主に京都、武藤禎夫編(1979)『噺本大系』第九巻
「〈安永新板絵入〉軽口五色桛(かるくちごしきがせ)」：
　　京都　菊屋安兵衛等板、安永3年(1774)刊、百尺亭竿頭作、舞台京都、武藤禎夫編(1979)『噺本大系』第十巻
「軽口駒佐羅衛(かるくちこまさらゑ)」：
　　京都　野田籐八等板、安永5年(1776)刊、作者不明、志滴斎序、舞台は京都、武藤禎夫編(1979)『噺本大系』第十巻
「夜明烏(よあけがらす)」：
　　京都　一文字屋理兵衛板か、天明3年(1783)刊、作者不明、舞台は京都、武藤禎夫編(1979)『噺本大系』第十二巻
「軽口四方の春(かるくちよものはる)」：
　　京都　梅村伊兵衛等板、寛政6年(1794)刊、作者不明、舞台は主に京都、武藤禎夫編(1979)『噺本大系』第十二巻

「軽口筆彦噺」:
　　京都　めとぎ屋儀兵衛等板、寛政7年(1795)刊、悦笑軒筆彦作、舞台は主に大坂、武藤禎夫編(1979)『噺本大系』第十二巻

「鳩灌雑話」:
　　京都　菱屋孫兵衛等板、寛政7年(1795)刊、作者不明、舞台は大坂、江戸、京都、武藤禎夫編(1979)『噺本大系』第十二巻

「新製欣々雅話」:
　　京都書肆　鈴屋安兵衛板／浪華書肆　和泉屋源七板、寛政11年(1799)刊、欣々先生作(伝未詳)、舞台は大坂が多く京都1話あり、武藤禎夫編(1979)『噺本大系』第十三巻

「新話　笑の友」:
　　京都　鉛屋安兵衛等板、享和元年(1801)刊、編者不詳(噺募集による編集)、舞台は主に京都、武藤禎夫編(1979)『噺本大系』第十四巻〈享和・化政篇Ⅰ〉

「新撰勧進話」
　　京都　吉田屋新兵衛等板、享和2年(1802)刊、百川堂灌河編(同好家による同人集)、京都の同人作多いが名古屋や伊勢など他地方の人の作品含む、舞台京都他、武藤禎夫編(1979)『噺本大系』第十四巻

「〈新撰軽口〉麻疹噺」
　　京都　吉田屋新兵衛等板、享和3年(1803)刊、百川堂灌河編、玉路堂左牛・駒台・柿裔・雷夫・柳生・琴荷・百川堂灌河作、舞台京都、武藤禎夫編(1979)『噺本大系』第十四巻

「落噺　頣懸鎖」
　　京都　山城屋佐兵衛等板、文政9年(1826)刊、和来山人作、舞台は主に京都、武藤禎夫編(1979)『噺本大系』第十五巻〈享和・化政篇Ⅱ〉

「御かげ道中　噺栗毛」
　　京都　伏見屋半三郎板、文政13年(1830)刊、都喜蝶作、舞台は京都を含む各地、武藤禎夫編(1979)『噺本大系』第十五巻

「万燈賑ばなし初・二編」:
　　京都　勝村伊助板、嘉永5年(1852)、閑亭主人著、舞台京都、武藤禎夫編(1979)『噺本大系』第十九巻〈特殊噺本Ⅰ〉

(d) 心学道話
「鳩翁道話」：
　　柴田鳩翁は天明3年(1783)京都堺町姉小路で生まれ、言語形成期を京都で過ごし、文政9年(1826)頃から心學講師となり天保10年(1839)京都に没した(石川謙1935『鳩翁道話』岩波文庫解説)、ということである。
　岩波文庫版『鳩翁道話』は次のものが収められている。
　「鳩翁道話」　三巻　天保6年3月出版
　「續鳩翁道話」　三巻　天保7年11月出版
　「續鳩翁道話」　三巻　天保9年正月出版
　「鳩翁道話拾遺」　二篇　昭和4年5月出版
　最後の「鳩翁道話拾遺」を除いた三部が出版された天保年間は前章で述べたように京都資料でヤハルが現れた頃であったが、ナハル・ヤハル・ハルの形式は現れなかった。

3.1.2　調査した落語関係資料

　幕末から明治時代半ば頃までに生まれた落語家で、京都で出生し、京都で言語形成期を過ごしたか、生涯の大半を過ごし、主な活躍の場が京都だったという条件を設けて捜したところ、上述の中井幸比古(2002: 526–528)でも名前の出ていた桂枝太郎(慶応2年; 1866年生まれ)の他に四代目桂文吾[3](慶応元年; 1865年生まれ)がいることがわかった。この二人の落語家によって演じられた落語の口演速記および落語SPレコードを捜しナハル・ヤハル・ハルの出現状況を調べた。二人の略歴と入手できた資料は以下のとおりである。また、両者の口演速記録が載っている『のちの落語集』には他に京都関係の落語家による口演速記も載っていたのでそれについても示す。
◇　初代桂枝太郎(以下では桂枝太郎とする)
　落語口演速記としては次の資料
(1)　「七年ぼう」(落語口演速記)：明治30年(1897)9月刊行、夢廼家散人編『滑稽落語集』所収、(国立国会図書館所蔵)尚文堂
(2)　「舩辨慶」(落語口演速記)：幾代亭　桂枝太郎述
　　　明治32年(1899)1月20日珍亭可祝編『のちの落語集』所収
(3)　「雷の褌」桂枝太郎口演、大正12年(1923)発売の落語SPレコードの

復刻版
（『古今東西噺家紳士録』2000 年 1 月エーピーピーカンパニー発行）

◇　四代目桂文吾（以下では桂文吾とする）
（1）「按摩」：藤兵衛門人藤枝更　桂藤茂衛述
　　　　明治 32 年(1899)珍亭可祝編『のちの落語集』所収
（2）「役者の嫁」：雑誌「百舞臺」第参號(明治 35 年 7 月 30 日）京都市下京区御幸町六角下ル・百舞台発行所刊　肥田晧三氏所蔵、同氏の承諾のもと橋本礼一氏よりコピーを入手
（3）「夢」：桂文吾口演、社員速記
　　　　大阪時事新報に明治 43 年 12 月 17 日第一回より同 44 年 1 月 15 日第三十回まで連載（ただし 1 月 2 日第十七回は中之島図書館、国会図書館ともに欠番となっている。記事そのものがない可能性がある）、中之島図書館蔵マイクロフィルムを複写

◇　『のちの落語集』に口演速記録が載っていた桂枝太郎・桂文吾以外の京都で言語形成期を過ごした可能性のある落語家と演題は以下のとおりである。
（1）　藤兵衛門人　桂藤朝「茄子の夢」
（2）　笑福亭　笑福亭木鶴「筍」
（3）　藤兵衛門人　桂藤太楼「月給」（オ〜ヤス出現）
（4）　幾代亭　三笑亭芝楽「雨ふり」（ナハル出現）

3.2　調査結果
3.2.1　落語関係資料以外の資料
　ナハル・ヤハル・ハルの形式は(a)歌舞伎関係資料、(b)文楽関係資料、(c)噺本、(d)心学道話のいずれの資料にも現れなかった。
　なお、文楽関係資料のうち、「桂川連理柵」の平成 6 年 1 月と平成 11 年 7 月の国立文楽劇場床本にはナハルがそれぞれ 5 回と 3 回現れたが、丸本にあたって該当箇所を調べたところナハルは現れず、後世の脚色によることがわかった。
　また、噺本の 11 作品の中に一段動詞未然連用形とシヤルの間に「ヤ」が

326　第3部　京都語「ハル」の通時的考察

図10-1　上段 舩辨慶　下段 按摩　『のちの落語集』所収

図 10-2　役者の嬶

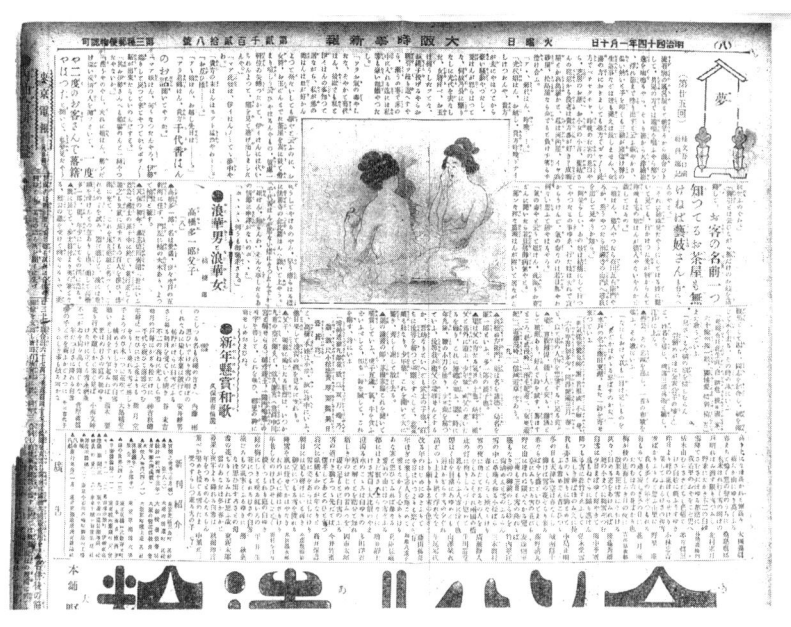

図 10-3　夢

はいる形が現れた。
　［10-1］と［10-2］は「口合恵宝袋」に現れた例、［10-3］は「絵本軽口福笑」に現れた例である。

［10-1］「口合恵宝袋」巻三歯くすり
→……田舎もの、そんなら、ないものをなぜ、かんばんをだすとねだれバ、はた書をミやしやらぬか。入歯仕るとあるハ。
　　　　　　　　　　　　歯医師→田舎のへんくつもの［三オ、三ウ］

［10-2］「口合恵宝袋」巻五しゆびん
　……友達ども見て、これハけうがるしゆびんじやといへバ、ていしゆ、ぬ→からぬかほで、それミやしやれ。弘法とハあまりしだいがちがハぬ。
　　　　　　　　　　　　俄に茶の湯を習った人→友達［六オ］

［10-3］「絵本軽口福笑」6
　大坂より京へのぼり船、乗合たがひに咄し合中に、すまふとりのはなし出て、……わきよりそさうな男、わたくしがおやどもハ、六尺ござります。→それハすまふにても出やしやるかといへバ、いや、ゐしやののりものかきでこざるといふた。
　　　　　　大坂より京へののぼり船の相客→そさうな男【男の親】［上三ウ］

　例文をみると［10-1］［10-2］では話し相手待遇で現れ強調のニュアンスが感じられる。湯沢(1982)に「やしやる(やっしゃる)」の項があり、江戸時代には第三者待遇での使用例が多いヤハルとはすぐに結びつけられないかもしれないが、「ヤ」が入ることによる効果の現れを示す例として注意したい。
　他に現れた例と作品名を下に示す。
1.「〈安永新板絵入〉軽口五色桮」中之巻「大男の評判」
　　　「思ふてゐやしやる」(学のある男→学のない男)
2.「軽口四方の春」巻之三「女房のしまつ」
　　　「寝やしやれぬ」(仲人→聟)
3.「鳩灌雑話」巻末の跋
　　　「いやしやる」(引出し→行燈の上皿と下皿【燈心衆】)
4.「〈新撰軽口〉麻疹噺」巻之二

「是ミやしやれ」(東寺の塔が麻疹をしたという男→その話を疑っている人々)
5.「落噺頤懸鎖」巻一「さとりの道」
　「あてゝ見やしやれ」(和尚→古手屋)
6.「おかげ道中　噺栗毛(下)」「田舎も粋」
　「うろ〳〵してゐやしやる」(所の人→田舎のおやぢ)

　1.〜6.に挙げた例のうち、1.と6.とはテイル形に入る例、4.と5.とは命令形の例、2.は否定疑問文を作っている例である。前接する動詞は「ゐる」(テイル形含む)「見る」に集中しており、他に「出る」「寝る」がある。なお、同じテキスト内で、五段動詞には未然形の活用語尾に「しやる」が続き、サ変動詞は「さつしやる」となり、3拍の下一段動詞には「さつしやる」が続く例がみられる。

　湯沢(1982: 304, 305)の『やしやる(やっしゃる)』の項では、「『やしやる』『居る』『見る』『出る』などの様に、未然形の一音である動詞に附く敬語の助動詞である」とあり、次のような注意書きが記されている。

【注意一】　右の「やしやる」は、「さしやる」の轉と思われるが、音の方の移り方は、はつきり説明しかねる。(後略)
【注意二】　「浪花聞書」の「し」の部に
　　出やしやつた、來やしやるなど蔭にてもあがめ云言葉也、江戸の出さしつた、來さしやるなり
　と見えるところから察すると、後期(筆者注：江戸時代後期)の大阪では、この「やしやる」が普通に用いられたものらしい。

(湯沢 1982: 305)

「やしやる」に前接するとして挙げられている動詞はヤハルに前接する動詞と似ている点も注目される。ハルの出自を明らかにすることは本書の目的とするところではないが、奥村(1966)のように多元的な影響関係を考えるなら、このような語形の存在も側面からハルの成立に影響を与えたかもしれない。

3.2.2 落語関係資料

落語関係資料の中にア段接続のハル(作品によってはナハル、ヤハルも)の使用例が現れた。その資料名は以下のとおりである。

桂枝太郎:「舩辨慶」(明治32年)

桂文吾　:「按摩」(明治32年)、「役者の嬶(かか)」(明治35年)、「夢」(明治43〜44年)

桂藤朝　:「茄子の夢」(明治32年)

大阪語でハルが最初に現れた資料は金沢(1993)によると明治24年刊行の速記本『噺の種』所収の二代目曽呂利新左衛門「妾の内幕」であるから京都の場合は少し遅れることになる。

上にあげた落語家のうち「茄子の夢」を演じた桂藤朝については、『のちの落語集』に藤兵衛門人という記載があるだけで『古今東西落語家事典』(1989)他の資料を見ても出身地などについて何の手掛りも得られなかった。したがって、以下の考察では、ハルが現れた5演目のうち、桂藤朝「茄子の夢」[4]を除いた4演目について分析を行う。分析に入る前に上記2名の落語家の略歴について簡単に紹介する。

なお、『のちの落語集』は中村幸彦(1983: 199-205)「四　舌耕文芸資料断片　1京都桂派」において紹介されている落語集で、「明治三拾壱年拾月五日起稿、同三拾弐年壱月廿日脱稿、編輯者　下京珍亭可祝、発行者　上京流麗酔央」と巻末に記されている。分析するために筆者が翻刻した。翻刻にあたっては真田信治先生と橋本礼一氏より貴重なご教示をいただいた。

3.3　本章で取りあげる落語家

『古今東西落語家事典』(1989)などにより桂枝太郎、桂文吾について簡単に述べる。

◇　初代桂枝太郎略歴

慶応2年(1866)京都生まれ。6歳で桂慶治に入門、翌年月亭文都門下へ移り春之助と名乗る。明治13年三代目松鶴門となり吾鶴、幾世亭(京都新京極にあった寄席)へ出演、20年二代目桂文枝門下に入り枝太郎と改めた。十八番は『堀川』『紙屑屋』『大丸屋騒動』などで、弟子には桃太郎、枝雁、燕太郎などがいる。京都先斗町に住んでいたことから「先斗町の枝太郎」と呼ばれていたそうである。中井幸比古(2002: 527)によると言語形成期は大阪

だということである。昭和2年没。
◇　四代目桂文吾略歴
　橋本（1993）では、三代目柳家小さんが「文吾は上手でした……」と大阪時事新報の記者に語ったことが記されている。橋本（1993）では大阪朝日新聞京都付録、大正4年9月22、23、24、25、27日掲載の追悼記事をもとに「四代目　桂文吾」の表題で文吾のことを紹介している。それによると慶應元年丑年（1865）に、新寺町五条下がる二丁目に生まれる。立川八百蔵（初代松鶴門人、新京極六角東南角の席の真打ちを務めていた）の居候となり明治16年入門、文吾19歳で立川八百寿、桂錦治、小文吾、明治27年頃藤枝、明治32年頃茂枝、明治33年1月1日頃四代目文吾、明治37年には枝太郎とともに幾世亭の真打ちとなっている。享年51歳（大正4年9月17日）。十八番「駱駝」「市助酒」「睨み返し」など。

4. 落語関係資料の分析と考察

4.1　考察対象とする作品
　前節で示した調査結果を受けて本節ではハル・ナハル・ヤハルの現れた桂枝太郎の「舩辨慶」、桂文吾の「按摩」、「役者の嫁」、「夢」をとりあげて演目毎に考察を行う。

4.2　分析方法
　分析方法は第8章2.2で示したのと同じ方法により行う。
　ただし、社会的ファクターに関しては、時代は身分制度が廃止されて四民平等となった明治時代であり登場人物の身分的な区別の表示は不必要となった。また、夫婦の社会的上下関係に関しては夫を「上」、妻を「下」ととらえて分類した。
　また、テキストの中で直接考察対象とするのは会話文のみとし、地の文については参照はするが集計対象とはしない。

4.3　考察
　以下では演目ごとに①あらすじと登場人物の概略、②出現した待遇表現形式の分布状況、③待遇表現形式の運用および例文の解釈の順に述べ、最後に

演目全体についてまとめる。

4.3.1　桂枝太郎「舩辨慶」
4.3.1.1　あらすじと登場人物

　家で仕事をしている喜六を友人の清八が大川での舟遊びに誘いに来る。芸者がいつも自前でいかない自分を弁慶というのでいやだと言って渋る喜六を説得している所へ、あまりやかましいので「雷のお松」という異名をとる喜六の女房が帰ってくる。お松をなんとかごまかして喜六と清八は仲間も待っている船遊びに繰り出す。よい機嫌に酔って二人で裸踊りをしているところをちょうどその舟の上の方の橋で隣のかかと涼みに来ていたお松に見つかってしまう。うそを知って怒ったお松は隣りのかかを巻き込んで二人の舟に乗り込み顔をつかみかかるが、喜六は友達の手前負けては外聞が悪いと思ってお松を川につきおとす。その後「舟弁慶」の謡曲となり、見ている見物人が弁慶役の喜六を「うまいのは弁慶はん」と言って誉める。

　登場人物は喜六、清八、両人の友人、喜六の女房お松、隣のかか、芸者、船頭、見物人。

4.3.1.2　出現した待遇表現諸形式の分布状況

　登場人物が使用した待遇表現形式の内訳を主要登場人物についてはその人物ごとに、主要登場人物以外の人物については男女別にまとめて表10–1に示す。

第10章　ハル敬語の発生　333

表10-1　「舩辨慶」における待遇表現諸形式の使い分け

話者性別	話者	形態			第三者待遇 不特定 範疇個人	特定 疎 同	疎 下	親 上	親 同	親 下	身内・上	身内・下	小計	話し相手待遇 マトモの相手 疎 上	疎 同	疎 下	不明	親 上	親 同	親 下	身内・上	身内・下	小計	総計
女性	おまつ	ナハル																				4	4	4
		ハル			1							1												1
		一段化*1																			1	1	1
		φ					2		5			7							2		2	9
		命令形	オ〜ヤス												2						2	2
			ナハレ																2		2	2
			ハレ													1					1	1
			テ形命令										7								7	7
		合計			1		2		5			8	7		2	1				9		19	27
	隣のかかか他	ハル					1					1											1
		φ					1					1											1
		命令形 オ〜ヤス															1				1	1
		合計					2					2					1				1	3
男性	喜六	ナハル																1			1	1
		一段化*1																1			1	1
		テ指定*2																2			2	2
		φ			2		2	1	4		6	15	1		1			5			7	22
		卑罵語			1							1											1
		命令形	オ＋連用命令															1			1	1
			連用命令															2		2	4	4
			テ形命令															1			1	1
		合計			3		2	1	4		6	16	1		1			13		2	17	33
	清八	ナハル																	2		2	2
		一段化*1																6			6	6
		テ指定*2																2			2	2
		φ			1			3	2			6			1			14			15	21
		命令形	ナハイ															1			1	1
			連用命令															3			3	3
			テ形命令(＋んか)*3												1			3	1		5	5
			普通体															2			2	2
		合計			1			3	2			6			1	1		30	4		36	42
	その他	ナハル					1					1	1								1	2
		φ					1					1						1			1	2
		命令形 ナハレ															2				2	2
		合計					2					2	1	2			2	1			4	6

［凡例］　数字は使用数
　　　　形態欄の「φ」は普通形式を示す

*1　「一段化」とは五段動詞の連用形が語幹となっているもの。多くは「んか」が付加されて命令表現のように使われているか、「な」が付加されて禁止の表現となっていた。
*2　「テ指定」は動詞テ形に指定辞が付加された形。例「い(言)うてや」「してか(疑問文)」
*3　テ形に「んか」がついた形の場合のテ形は命令としか解釈できないので命令形として分類した。

なお、話題になった人物には上下、親疎の関係で規定できない非限定的な「人」が含まれている。その場合は対象欄に「不特定」の範疇を設けた。総称的に述べるのではなく非限定的な「人」の動作に言及する場合「不特定」の下位範疇として「範疇個人」という枠を設けた。例「芸者の誰か」

表10-1を見ると以下のことが認められる。

まず女性話者について述べる。

(a) 女性話者によって2例ハルが第三者待遇で「範疇個人」、「親・目上」に使用されている。また、ハルの命令形ハレが1例使用されている。その使用者はお松で、使用対象は「親・同」の話し相手である。

(b) ナハルは話し相手待遇で多く使用され、第三者待遇で使用されたのは「疎」の対象に1例のみである。ナハルの命令形ナハレは「身内・上」に使用されている。

(c) オ〜ヤスが命令表現として上位の相手に使用されている。

(d) 女性話者は第三者待遇で身内・他人を問わず普通形式を使用している。目上の相手でも大体は普通形式を使用している。

(e) お松は話し相手待遇（命令形以外）で「身内・上」にナハル・一段化・普通形式を使用し、命令形ではナハレを使用、第三者待遇では普通形式を使用している。

次に男性話者について述べる。

(a) 男性話者はナハルを使用しているがハルは使用していない。ナハルは「疎・同」「親・同」「親・下」の対象に使用している。清八が話し相手待遇でナハルとその命令形ナハイを下位の人物にも使用しているが適用されたのは喜八の女房でその相手にものを頼む場面であった。表で「疎・下位」に分類した船頭にはナハルを適用せずテ形命令を使用している。

(b) 喜六、清八とも話し相手待遇で互いを相手にしてさまざまな待遇表現形式を用いている（〔表10-1〕「マトモの相手」「親・同」の列参照）。

(c) 第三者待遇で上位の人物にも上位待遇の形式は使用されず、ほぼ普通形式が使用されている。下位待遇の卑罵語が1例使用されている。

(d) テ指定は話し相手待遇で用いられている。

(e) テ形命令は同位から下位の相手に使用されている。

4.3.1.3　出現したハル他の形式の適用例とその解釈

以下ではハルをはじめとする特徴的な待遇表現形式の用例を示しそれらの解釈を試みる。

（以下では、原文の変体仮名は現行の平仮名に改めた。

第 10 章　ハル敬語の発生　335

　原文には記されていないが発話の冒頭に発話者名を記す。発話末に発話者等の情報を記す。話し相手待遇にあっては「話し手→話し相手」のように、第三者待遇にあっては「話し手→話し相手【話題の主語】」のように記す。
　問題とする箇所には発話の冒頭に「→」を記す。
　問題とする動詞述語にハルが使用されている場合は太い波線下線、ナサルの場合は波線下線、ナハルの場合二重線下線、ヤハルは太線下線、ナサル・ナハル・ヤハルを除く尊敬語・助動詞の場合は実線下線、普通形式の場合は破線下線、卑語・卑罵語の類は「__」の線で示す。
　用例の理解に必要だと思われる情報を〔　〕内に記す。)

　このテキストにはア段接続のハル、〜テハル、命令形ハレが現れた。

[10–4]
お松　「マア一寸人が出てると留守のまにでよう<u>としなはる</u>　仕事し<u>なはれ</u>　内に<u>いなはれ</u>　仕事をしんかといふたら<u>しなはらんか</u>　がら
喜六　「ア、鳴った　くわばら
お松　「なんて桑原　おまはんまでそんなこといひ<u>なはる</u>さかいみなが
→　　かみなり<u>ていわはる</u>　私しは雷や　ガラ　　　　今日
　　　（けふ）は一体どこにいくのや　　　　　　　　　お松→喜六【みな】
[10–5]
→隣のかか　「あの人ならこの下の舮ではだかなつて<u>おどつてはる</u>ワあんた
　とこの喜さんと　　　　　　　　　　　　　　　　隣のかか→お松【清八】

　[10–4] でお松は「みな」を話題の主語としてハルを使用している。非限定的な「みな」を対象としてハルが使用されていることに注意したい。
　[10–5] で隣のかかは清八を対象に〜テハルを使用している。この発話の直前では [10–6] のように同じ清八に普通形式を使用していることと、表している事態から [10–5] のハルが尊敬語として使われているかどうかは判断しにくい。少なくとも [10–4] の例文のように話し相手待遇で用いられているナハルよりハルの待遇価値は低いと考えられる。

[10-6]
→隣のかか 「フン清八てアノいつもいく人で　　隣のかか→お松【清八】

　次に孤例であり、書写する際の書き落としといった可能性も排除できないが、命令形〜ハレが現れた発話を示す。お松と隣のかかとは気の置けない間柄のようである。ハレはオ〜ヤスやナハレよりは待遇価値の高くない形式だと理解される。「やっとくはれ」のもとの形は「やっておくれなされ」で尊敬接辞ハルはシャルではなくナサルに由来すると考えられる。この〜クレハルの形は 2 に示した『口語法調査報告書』の葛野郡のナサルを使用するかとの問いに対して「…『聞イテクレハル』など云フ」との報告とも符合する。

[10-7]
→お松 「残念アーアざんねんな　清八のクソタレめが　内のおやじもうそついてわたいおやちの顔をかきむしつてやるさかいあんたも清八をかきむしってやっとくはれ　　　　　　　　　　お松→隣のかか

　オ〜ヤスはこのテキストでは女性の命令表現だけに使用されている。このうち 2 例は「お出でやす」のかたちで挨拶に使われており定型化した表現と考えられる。残りの 1 例も挨拶に近いが上位待遇の形式だと解釈される。

[10-8]
→お松 「オヤマア清八さんマアお出でやす、マアあつなりましたやおまへんかマア今も内のといふてますの　清八さんはいつみてもかいしょうもんや　ちとまねしなはれていふてますの　おあがりやすどうぞマアこつちへ　　　　　　　　　　　　　　　お松→清八

　ナハルの女性による使用例は上記［10-4］に挙げた。次に男性話者による使用例を挙げる。

[10-9]
→清八 「ヨウマアそんだけうまいこといへるナア　別に何いひなはつて

かましまへんけどぬしと〔盗人〕だけいわんといてんか
　　　　　　　　　　　　　　　　　　　　　　　　　　清八→お松
［10–10］
　藝者　「喜さんの持(もち)さん〳〵
→喜六　「ナア清八さん　今あんた指を丸うしてなはったら持ちさん〳〵て
　清八　「なんのことや知ってるか
　喜六　「金持ちの事か
　清八　「アホいつも人にひっついてるさかい鳥もちやて　そこでもつさん〳〵
　喜六　「ア、左様にござりますのんてやすかーワーーー(泣く)
　　　　　　　　　　　　　　　　　　　　　　　　　　喜六→清八

　清八は全体に喜六の女房の雷のお松を話し相手待遇では高い形式で待遇している。
　喜六は友人の清八に話し相手待遇で命令形以外では9例中5例まで普通形式を使用している。残りは、ナハル、一段化(使いな＝禁止)、テ指定である。このナハルは通常清八に用いる普通形式から何らかの待遇意図によって特に高い形式にシフトしたケースと考えられる。
　喜六は清八にテ指定を2例使用している。そのうちの1例を［10–11］に示す。

［10–11］
→喜六　「マアそないにいふてやけど内のかゝのこわいこと
　　　　　　　　　　　　　　　　　　　　　　　　　　喜六→清八

　金沢(2000: 201)では明治期における大阪語の「テ敬語」表現の変遷について次のように述べている。

　A　女性専用(語)的なものから、女性男性ともに使用するものに変わってきた。
　B　元来は他(第三)者の動作について使用される場合が多かったが、次第に、対者(相手)の動作について使用される例の方が増えてきた。

C （他者に使用される場合を中心に）話者より上位者と考えられる者に対する使用が多かったが、（対者に使用される場合を中心に）話者と同等或いは話者より下位者と考えられる者に対する使用が増えてきた。

金沢（2000: 201）

　［10–11］および男性話者によって使用されたテ指定の他の3例はちょうど上記A～Cの記述にあてはまるものであり、大阪語と同じ変化が京都語でもおきていたと考えられる。
　次の［10–12］に一段化の例を挙げる。連用命令と同じような待遇価値と命令の機能をもっていると考えられる。

［10–12］
　清八　「ア、御苦労〃コレハ少しやけど
　舟頭　「さいでござりますか　お、きに有がとう存じます　そちらの旦那お、きありがとう
→清八　「何とかゆふてやりんか　礼をいふてるがナ

清八→喜六

4.3.2　桂文吾「按摩」
4.3.2.1　あらすじと登場人物
　登場人物は父親とまだ遊び盛りだが少しませた息子である。父親が家に帰ると母親は留守で、息子に自分の留守中に誰か来なかったかと尋ねる。息子は一人客が来たと答え、どんな客だったかということで問答が始まる。父親はその客と女房の行動を大いに怪しむが、最後にその客が按摩だったことがわかる。

4.3.2.2　出現した待遇表現諸形式の分布状況
　「按摩」に登場する二人の話者が使用した待遇表現形式を表10–2に記す。

第 10 章 ハル敬語の発生　339

表 10-2　「按摩」における待遇表現形式の使い分け

話者	形態	対象	第三者待遇 不特定 範疇個人	特定 疎 上	特定 親 身内・上(母)	特定 親 身内・下(妻)	小計	話し相手待遇 親 身内・上(父)	話し相手待遇 親 身内・下(子)	総計
父親	φ		1			8	9		4	13
父親	ヨル					1	1			1
父親	卑罵語					2	2		1	3
父親	命令形/普通体								1	1
父親	合計		1			11	12		6	18
息子	ヤハル			1			1			1
息子	ハル+丁寧語				1		1			1
息子	ハル				1		1			1
息子	φ+丁寧語				1		1			1
息子	φ				5		5			5
息子	命令形/オ～ヤス							1		1
息子	合計			1	8		9	1		10

［凡例］　数字は使用数
　　　　形態欄の「φ」は普通形式を示す
　　　　「不特定・範疇個人」欄のφは「だれもきやへなんだか」という例である

表 10-2 より以下のことが認められる。
(a) 父親は息子が話し相手の場合尊敬語形式を用いない。話し相手待遇で息子に卑罵語を使用、第三者待遇で妻に卑罵語を使用している。
(b) 息子は父親を話し相手とし、母親を話題の主語としてハルを 2 回使用している。その他に 6 例普通形式を用いている。話し相手待遇で父親にオ～ヤスを用いている。
(c) 息子は第三者待遇で「疎・上」の人物にヤハルを用いている。

4.3.2.3　出現したハル他の形式の適用例とその解釈
　次にハルが現れた発話を示す。［10–13］ではア段接続の形で、［10–14］ではシテハルの形で出現した。なお、［10–13］ではヤハルも現れた。

［10–13］
父　「お母ア　はどこへいた
→子　「お父さん　お母ハナア　今髪ゆふてお風呂へいかはりました
　　　　　　　　　　　　　　　　　　　　　　　子→父【母親】
父　「又一寸しても髪ゆふて風呂か　かなんなア　留守やとじきや、そしてだれもきやへなんだか

→子　「一人きやはつたワ　　　　　　　　　　　　子→父【客】
　父　「男か女か
　子　「アノ羽織きた男の人や四十くらいな
　父　「お母なんてゆふてた

[10–14]
　父　「くそ　チャンと男こしらへてけつかるナ　よし〃……　そうしてぼ
　　　んあとで何してた　見たか
→子　「フンそれから筆笥から銭(ぜに)だして話してはった　　　子→父【母親】

　息子は第三者待遇で母親を対象に2例ハルを使用している。父親を話し相手とするこの事例は家庭内敬語が行われていること、ハルが尊敬語用法として用いられていることを示している。[10–13]の例文ではハル以外にヤハルが羽織を着た40歳位の男の初対面の客に適用されている。この場合のヤハルはハルより高い待遇価値をもつ尊敬語として使用されていると考えられる。承接の問題との関係で言えば、[10–13]だけを見ると五段活用の「行く」にハルが、カ行変格活用の「来る」にヤハルが続いていることから、現代のようにハルとヤハルが（五段動詞とそれ以外の動詞という）前接する動詞の活用の類に応じて決まる一種類の敬語助動詞を構成していると解釈できそうである。しかし、次の[10–14]では「話してやはる」とならずに「話してはる」とテハルが使用されている、明治期のハルとヤハルの両形が出現している資料（「夢」「片山春舞踏談」他）を見てもヤハルの待遇価値の方が高い、などの理由で、ここではヤハルはハルより高い待遇価値をもっていると考えたい。
　オ〜ヤスは次のように父親を相手に使われている。この[10–15]の例は定型化した挨拶表現として使われているとも解釈できるが、オ〜ヤスは話し相手待遇で高い待遇価値をもつ形式だと考えられる。

[10–15]
→子　「ヘイ　お父(トフ)さん　お帰りやす　　　　　　　　　　子→父

　ヨルの使用例を下に示す。第三者待遇で女房に使用された例である。この

第10章　ハル敬語の発生　341

用例は妻の行為に腹を立てているという文脈で現れた。妻には基本的に普通形式を使用しており、基本的な運用の枠組みによらない用法である。

[10–16]
→父　「そしてどうした何でも此頃は様子があやしいとおもふてたら案の定
　　　そんナことしてよる　とうじや　あとは　　　　　　子→父【母親】

4.3.3　桂文吾「役者の嬶」
4.3.3.1　あらすじと登場人物
　長屋の井戸端での馬足俳優の女房のお竹とお梅の会話。二人がお梅の夫どん若とお竹の夫苦團次を話題にしてうわさ話をしている。そこへどん若が帰ってくる、というあらすじである。登場人物はお竹とお梅とどん若である。

4.3.3.2　出現した待遇表現諸形式の分布状況
　表10–3に登場人物が使用した待遇表現形式の内訳を登場人物毎に示す。

表10–3　「役者の嬶」における待遇表現形式の使い分け

話者性別	話者	形態	対象 不特定・範疇一般	第三者待遇 特定 親 上	第三者待遇 特定 親 同	第三者待遇 特定 親 身内・上(夫)	小計	話し相手待遇 特定 親 上	総計
女性	お竹	ハル		1			1		1
		テ指定				1	1		1
		φ		1		6	7		7
		シテオル				1	1		1
		命令形オ＋連用命令						1	1
		合計		2		8	10	1	11
	お梅	テ指定		1			1		1
		φ	1			8	9		9
		合計	1	1		8	10		10
男性	どん若	φ			2		2		2

[凡例]　数字は使用数
　　　　形態欄の「φ」は普通形式を示す
　　　　「不特定・範疇個人」欄のφは「平民でもする事」という例である

　表10–3より以下のことが認められる。
(a) お竹はハルを第三者待遇で「親・上」の人物を対象として1例用いている。

(b) 第三者待遇でお竹は「身内・上」に位置づけられる夫に対してはほぼ普通形式で、テ指定とオルを1例ずつ使用している。対するお梅は夫に全例普通形式を用い、「親・上」の対象にテ指定を1例、「範疇一般」に普通形式を用いている。
(c) 話し相手待遇でお竹は「親・上」の相手に「オ＋連用命令」を用いている。
(d) 男性話者は第三者待遇で「親・同」の対象に普通形式を用いている。

4.3.3.3　出現したハル他の形式の適用例とその解釈

　次に第三者待遇で現れたハルの適用例を示す。話し相手のお梅の夫を対象として適用されたハルは「〜してはる」の形で出現した。

[10–17]
→お竹　△お梅はんあんた所のどん若(とこ)さんは今度の忠臣蔵(ちゅうしんぐら)に何(なに)してはるの
　　　　　　　　　　　　　　　　　　　お竹→お梅【どん若＝お梅の夫】

　お竹は自分の夫に対しては［10–18］のようにテ指定を用いている。このことからハルはテ指定より高い待遇価値をもつ形式だと考えられる。ハルが用いられるようになってテ指定の待遇価値が下降したとも考えられる。

[10–18]
→お竹　△イ、エおんなし事、千度もナア、今度の顔見世は是非嬶見に来い
　　　　と云うてやの　ヤア内の人どんな役するやろと行て見ると、鳥渡
　　　　出んやおまへんか、……　　　　　お竹→お梅【夫＝苦團次】

　また、お竹は自分の夫に1例〜シテオルも使用している。

[10–19]
→お竹　△……内(うち)に居(ゐ)ると大達者(おほたてものみ)見たやうな顔(かほ)をして、ゴテヽ云ふて許(ばか)り居(を)
　　　　る故(ゆゑ)ナア、　　　　　　　お竹→お梅【夫＝苦團次】

　お竹は基本的には夫にはスルやシテイルを用いているので［10–19］の

「云ふて許り居る」はマイナス方向の感情を契機とした軽卑語として使用していると考えられる。なお、集計にはいれなかったがお松は馬(ただし作り物)を対象にオルを使用している。

4.3.4 桂文吾「夢」

この作品は上述のとおり大阪時事新報に明治43年(1920)12月17日から44年(1911)1月15日まで30回にわたって連載された落語速記であり、ハル・ヤハル・ナハルが現れた。舞台は大阪の船場となっているが京都出身の人物も登場し、その人物と他の人物と尊敬語に関しては違いは特に認められず、ハルもア段接続[5]となっていることから京都語を示す資料として用いてもよいと思われる。ただし、その辺の検証をもう少し考えたいのでここではハルおよびヤハルの使用例を記すにとどめる。

このテキストは船場の木綿の大問屋今橋作左衛門の一人息子今橋作二が、木綿問屋業者の初集会で出会った南地で売れっ子の芸妓千代香と出会い、紆余曲折を経て結婚に漕ぎ着けるまでの顛末が語られている。主な登場人物は今橋作二と千代香、作左衛門の他、作左衛門の兄で京都三條室町の大商家今橋作兵衛、作左衛門の店の番頭の善助などである。

以下に「夢」に現れたハルおよびヤハルの使用例を示す。
(以下、発話の冒頭に記したゴシック体の2桁の数字は連載の何回目であったかを示す。
次の2桁の数字は原文にはないが会話文に通し番号をふった数字を示した。
漢字は基本的に原文通りとしたが必要と思われる箇所以外は原文にあったルビを省略した。)

まず、ハルが現れたのは全例郭の風呂屋の場面で芸妓同士の会話においてである。ハルとともにヤハルも現れたのでハルとヤハルをともに示す。

[10–20]
→ **25**02 菊代 「光代姐はん、お越し、貴方昨晩ドナイしはつたんや、貴方
→ が去にやはつてから豪い騒動やつたし、禿はんが怒らはつて

な、何故乃公(おれ)に斷りなしに光代を去なした、女将(おかみ)呼べ、お玉は何うしたツてな、お銚子投げるやらお膳引ツ繰り返へすやら、漸うの事で床の中に入れる迄には私等も豪い難儀やつた(ようや)し。」　　　菊代→光代、菊代→光代【菊代のなじみ客】

[10–21]

25 03　光代　「……私が那の禿はんは虫が好かんよつて奈(ど)ないしても厭(あ)やと云ふのに、お女将、お玉どんとでお茶屋を嵩(かさ)に被て餘まり喧しう云ひやはるんやもの、彼處一軒位失錯(しくじ)つたかて、伊イはんには代いられんよつて、隙を見て逃げ出しましたんや。」　　　光代→菊代【茶屋のお女将とお玉】

[10–22]

25 11　君鶴　「然うやのやし、夫れに姐はん、那ンだけ深い交情(なか)の人を抛ツといて、一度や二度のお客さんで落籍(ひき)やはつたと聞いて、私夢見たやうに思ふのやわ。」　　　君鶴→菊代【千代香】

[10–23]

→ 25 13　君鶴　「それに姉妹(けうだい)見たやうにしてはる〔1〕妓(ひと)に聞いて見ても、行かはつた〔2〕先が判からんて昨晩も宅の姐はんが盜人(ぬすと)やないやろかと談(はな)してはる〔3〕の。」

　　　君鶴→他の芸者【〔1〕千代香と仲のよい芸者／〔2〕千代香／〔3〕姐芸者】

[10–24]

25 15　芸妓　「阿呆らしい、あの妓は結構にして行つてやつたとの事ゆゑ、行た妓は夫れで宜(よ)からうけんど、氣の毒なのは若旦那やわ何ない思ふて居やはるやろ。」　　　芸妓→芸妓【作二】

[10–25]

→ 25 17　芸妓　「那ンな粋な番頭はんが附いて居ながら何うしてやはるのやろ、早う癒(す)らはる様に法善寺の金比羅はんへ詣いて上やう。」(まい)　　　芸妓→芸妓【作二】

　ハルに前接する動詞は「する」「怒る」「行く」「なお(癒)る」で五段活用動詞はいずれもア段接続となっている。テ形ではハルがじかに続く「〜てはる」の形が現れている。
　上に挙げたハルの使用例のうち［10–20］の1例だけが話し相手待遇で同

輩の芸妓に用いられているが、残りの5例は第三者待遇で用いられている。その場合の適用される対象は客のような目上の男性と同輩の芸妓となっている。また、ヤハルの適用対象はハルとあまり変わらないが、同輩にはシテハル、若旦那にはシテヤハルを使用しており、ハル系列とヤハル系列で使い分けられている可能性もある。〔10–21〕と〔10–22〕のヤハルは強調の意が、〔10–24〕のヤハルは同情のような強い感情が込められていると解釈される用例である。

　ハルが生起する環境はB類従属句内(原因理由を表すテ形)、連体修飾句内、形式名詞「の」「よう(様態)」など広い範囲に及んでいる。

　ヤハルは男性話者にも使用されている。

〔10–26〕
→ 0107 田中　「そりや貴方が眞向に見て居やはるよつてや、横顔を見て御覧、たしかに見えてまんが…………。」
　　　　　　田中→河合《大阪堺卯の大広間；木綿問屋業者の初集會(はつよつ)》

〔10–27〕
　0515 亀吉　「ア、何を云うてなはる、斯んな鹿がおまツかいな鹿なら角(つの)がおます、是れは馬だす、鹿は此方(こつち)の方だすがな、番頭はん馬見て鹿や云うてやはる、然う云う貴方が馬鹿や。」
→ 　　　　　　丁稚亀吉→番頭善助《今橋家の店》

〔10–28〕
　0519 善助　「宗助どん、お前昨晩夜半時分迄何やら書いてゝやよつて、早う寝ンかと云ふたら急な手紙だすゆゑ夜が明けても書いて置かんなりまへんと劍突喰はしやはつたが、今硯箱の抽斗(ひきだし)開けて見るとまだ這入つてますな、急な手紙は抽斗へ入れて置くと先方へ届きますかい。」
→ 　　　　　　番頭善助→丁稚宗助《今橋家の店》

〔10–29〕
→ 0609 定吉　「ヘイ、夫れから紀州の御親族へ一寸廻ツて來る、云うてやはりましたよつて、多分佐藤はん方もモウお出ましになつて居ますやろ。」　丁稚定吉→番頭善助【作二】《今橋家の店》

〔10–30〕

→ 0720 蝶々六「アレマア、若旦那のお目の悪いこと、其處に俯向いて居やはりまんがな。」
　　　　たいこ持ち蝶々六→作二【鈴永こと番頭善助】《難波の一方亭》

　ヤハルはこの資料においても男性に使用され、話し相手待遇で木綿問屋の主人同士でも用いられていること(発話例［10-26］)、丁稚が主人を話題にして用いたり(発話例［10-29］)、たいこ持ちが客を話題にして用いたり(発話例［10-30］)していることから一定の待遇価値[6]をもっていると考えられる。その一方で丁稚が番頭の言葉にけちを付ける場面(発話例［10-27］)で用いたり、番頭が丁稚に小言を云う場面(発話例［10-28］)で用いたりしているので、話題とする事態を取り立て特殊な待遇意図(揶揄や皮肉)を示す働きもあると思われる。
　女性話者の場合上述の［10-20］〜［10-22］［10-24］［10-25］に示したようにヤハルを第三者待遇で客にも女将にも同輩の芸妓にも用い、また、話し相手待遇でも用いている。判断は難しいがある程度の待遇価値が認められる。他に女性が男性を話題にして用いた下のような例もある。

［10-31］
　　2203 両換屋「貴方々お女中のお連れなれば船中で小まかい銭がたんと要ります、貴方々小銭は要りまへんか。」
→ 2204 千代香「一寸三八さん、何や云うて居やはるやないか。」
　　2205 三八「オット、小銭は要ります。」
　　　　千代香→たいこ持ち三八【両換屋】《船宿寺田屋の船の待合》

　なお、［10-28］の「剣突喰はしやはつた」のヤハルは拗音化した「〜ャハル」である可能性も考えられるケースである。
　また、男性話者、女性話者ともヤハルがテ形に後接する場合、「〜ていやはる」と「〜てやはる」の両方の形を用いている。ヤハルに前接する動詞は「往ぬ」「云う」「ひく〔落籍する〕」「〜ている」「剣突喰わす」であった。
　ナハルは男性話者によって使用されている。そのうちの2例を次に挙げる。

［10-32］

第10章　ハル敬語の発生　347

→ 06₂₉ 定吉 「ソレ、モウ忘れて居なはる、約束の圓印(まるじるし)だんが、斯んな事は証據のないもんだすよつて、後で又揉めると可厭(いや)でおます、今貰ふときまほ。」

丁稚定吉→番頭善助《今橋家の店》

[10-33]
→ 20₀₄ 作兵 「……此方(こなた)も覺えて居なさるぢやろ、……厭な事云ふと思うてお呉れえな、話の序(ついで)ぢやで堪忍しなはれや

作兵衛〔作左衛門の兄〕→番頭善助《京都三条室町の家の作兵衛の奥座敷》

　ナハルはナサルと併用されているが、心理的距離を近づけようとする場合などに用いられている。ナサル、ナハルとも特に高い待遇価値があるというわけではない。オ〜ヤスなどに高い待遇価値が認められる。

4.4　まとめ

　落語関係資料による考察のまとめの前提として、ここでヤハルとハルの形式を別種の敬語として扱って良いか確認しておこう。資料別にヤハル・テハル・ハルがどのような動詞に接続しているか動詞の種類毎にまとめると表10-4ような結果がでた。

表10-4　ヤハル・テハル・ハルが承接している動詞

演目	前接する動詞の活用 形態	五段	上一段	下一段	変格
船弁慶＆按摩＆役者の嫁	ヤハル				き(来)やはる
	テハル	おどつてはる 話してはる			してはる
	ハル	い(言)わはる い(行)かはる		かきむしってやつとくはれ	
夢	ヤハル	劍突喰はしやはる 云ひやはる 落籍やはる			去にやはる
	テヤハル	思うて居やはる 云うて居やはる2 云うてやはる2 俯向いて居やはる	見て居やはる		何うしてやはる
	テハル	談してはる			してはる
	ハル	怒らはる 行かはる 癒らはる			しはる

凡例：欄内の数字は出現数。何も記してない場合は1例出現したことを意味する。

表 10-4 より、明治末期には（「夢」の結果から）ヤハルが五段活用動詞にも承接するようになっており、逆にハルは変格活用動詞にも承接していることから、前接する動詞の活用類型の別によるヤハルとハルとの棲み分けが明確に認められないことがわかる。したがって当期ヤハルとハルはそれぞれが完結した別種の敬語としてふるまっていたと考える。

　落語関係資料により明治中期頃から後期にかけての敬語運用とハル・ヤハル・ナハルなどの使用状況をまとめると以下のように要約できよう。

① 京都語のハルは明治 31 年の落語速記資料に五段活用動詞ではア段接続の形で現れた。資料の範囲では使用者は女性と子どもであった。ほとんどの場合第三者待遇で用いられている。第三者待遇で用いられることの多いヤハルより低く、テ指定よりは高い待遇価値をもっていると思われる。ただし、明治 41 年〜42 年にかけての資料では同輩にもまた、話し相手待遇でも用いられており、ハルも話し相手待遇でもわずかに用いられている。使用される位相に関しては親子の会話、女房間の会話、風呂屋での芸妓間の会話の中で用いられ、どちらかというと低い場面で用いられる。

② ヤハルは男性話者によっても使用され、使用頻度も多くなり、第三者待遇では上位待遇として用いられ、話し相手待遇でも目上や同等の相手に用いられている。使用される位相に関しても上位場面でも使用される。上位待遇の形式として定着していると考えられる。

③ テ指定は友人同士（男性）の会話では話し相手待遇でも用いられ、第三者待遇ではハルと比較すると相対的に下位の対象に使用される。使用頻度も少ない。待遇価値は低く、衰退しつつある形式だと考えられる。使用者は男性、女性さまざまである。

④ 使用語彙に男女差がある。女性はくだけた場面でもハルやテ指定などの敬語を用いるが大人の男性は敬語を用いず卑語の類をよく用いる。女性はほかにオ〜ヤスを使用するが、男性はテ形命令に「んか」をつけた「〜してんか」の形を使う。連用命令は男女とも使用する。

⑤ 第三者敬語はくだけた場面ではそれほど盛んではない。

⑥ 他人が話し相手である場合にも第三者待遇で身内の目上に尊敬語を適用する身内尊敬用法は行われていた可能性がある。その場合、自分の身内には他人より低い待遇価値をもつ形式を使用していた。

⑦ 第三者待遇で不特定の「人」を話題にしてハルを用いられることがある。
⑧ ヤハルは上位待遇の形式だとしたが、下位の対象に皮肉ないしマイナスの評価を込めて使用されたケースがあった。ハルにも1例だけであるが第三者待遇で通常普通形式を使う人物を話題として類似の使用例があった。

5. 幕末から現代までの敬語運用およびハルの意味・機能の変遷

　本節では本章も含め第3部で考察した江戸時代後期京都語から第2部で考察した現代京都市方言に至る敬語運用およびハルの意味機能の変遷について概観し、京都市方言敬語がどのような基層の上に築かれたものなのか考えてみたい。

　本題に入る前に、まず、ハルがいつ頃、どのような状況で現れたか、ということを確認しておく。江戸時代後期にはハルの形式はまだ出現しておらず[7]、上位待遇の形式のうち、特に高い待遇価値をもつ形式として(オ〜)ナサルがあった。その中で1780年頃成立の洒落本資料にナサルの「サ」の音が弱化したオ〜ナハルの形式が心的距離を縮めるような一回的な用法として現れた。その56年後の1836年の資料では(オ〜)ナハルが(オ〜)ナサルに交替するような形で高い待遇価値をもつ形式として盛んに使用されており、第三者待遇で事態を取り立てるような用法としてヤハルが1例現れた。次の幕末に近い1854年の資料ではオ〜ナハルが1例下位の人物に対する依頼表現の中に現れた。以上の(オ〜)ナサル、(オ〜)ナハル、ヤハルの使用者はすべて女性話者であった。

　ハルは明治32年(1899)の資料にア段接続の形でヤハルよりは軽い尊敬語用法として第三者待遇で女性と子どもを使用者として現れた。また、ナハルは男性話者にも使用されていた。明治44年(1911)の資料ではハルは若い女性(芸妓)を使用者として話し相手待遇と第三者待遇の両方でヤハルと同じ環境で現れた。第三者待遇では目上と同輩を、話し相手待遇では同輩を対象として使用されていた。同じ資料で男性はヤハルを上位待遇として使用していた。一時期、別個の形式としてあったハルとヤハルが接近していったこと、

第三者待遇専用の形式から話し相手待遇にも使われるようになり、使用範囲を広げていったことがわかる。この点に関してはテ指定のたどった道(金沢2000: 201)と似ているが、テ指定がその後衰退していったのに対し、ハルは現在も隆盛がみられる点が異なる。このような変化の過程において女性話者が変化を先導し、男性話者がそれに続くという形で進行していったことは興味深い。

また、京都語において成立当初はもっぱら第三者に用いられたテ指定、ヤハル、ハルの形式がいずれも徐々に話し相手待遇でも使用されるようになるという変化がみられることも興味深いことである。

洒落本資料(女性話者)、明治期落語関係資料(女性話者)、最高年層女性話者・高年層女性話者・中年層女性話者の談話資料《カジュアル場面》に現れた敬語運用の枠組みを簡略ではあるが資料間比較という形で表10-5に示す。

表 10-5 京都市方言女性話者の敬語運用に関する資料間比較

運用の枠組み	資料別・話者年層別	江戸時代後期洒落本資料	明治時代中期〜後期落語関係資料	最高年層女性話者(明治末年生まれ)	高年層女性話者	中年層女性話者
全体	使用形式がハルと普通形式(丁寧体不使用)の2形式	×／オ〜ナサル(オ〜ナハル)・テ指定など多数	×／ナハル・ヤハル・ハルなど多数	△／オ〜ヤス・ハルなど多数	○	◎
話し相手待遇	普通体、普通形式使用			△	○	◎
	近親者(目上)への普通体、普通形式の使用	×／話し相手待遇より一段階低い形式を使用	×／話し相手待遇より一段階低い形式を使用	△	○	◎
	近親者(配偶者)への普通体、普通形式の使用	×／話し相手待遇より一段階低い形式を使用	×／話し相手待遇より一段階低い形式を使用	×	○	◎
	近親者(目下)への普通体、普通形式の使用	◎	◎	○	◎	◎
第三者待遇	特定範疇	上下親疎に関わらないハルの使用(他人の場合)	×／目下にも軽い敬語を使用することあり	×／ハルは目上(末期の資料では同輩も)に使用	◎	◎	◎
		極めて疎へのハルの使用	×／ヤハルの使用例あり	−	◎	○	◎
		近親者(目上)への普通形式使用(他人が話し相手の場合)*	×	×	×	△	○
		近親者(配偶者)への普通形式使用(他人が話し相手の場合)*	×	×	×	○	◎
		近親者(目下)への普通形式使用	◎	−	○	◎	◎
	不特定範疇[人]	一般論の主節でのハルの使用	×	−	○	◎	◎
		一般的な「人」を対象としたハルの使用	×	○	○	◎	◎
		団体・機関を対象としたハルの使用	×	−	○	◎	◎
		範疇個人を対象としたハルの使用	×	−	○	◎	◎
		全否定の文でのハルの使用	−	−	◎	◎	◎

［凡例］
◎：よく使用する(不使用と書いてある項目では「使用しない」と読みかえる)
○：使用する(不使用と書いてある項目では「あまり使用しない」と読みかえる)
△：時たま使用する　　×：使用しない　　−：該当事例無し
＊　自然談話資料の分析の他に補足調査の結果を加味した。

表10-5から次のようなことが読み取れる。
① ハルは明治期に成立し、成立当初は尊敬語として機能していたがだんだん適用範囲を広げていった。
② 江戸時代後期から第三者待遇で目下にもある程度敬語を使用するという敬語の土壌があり、上下親疎にかかわらずハルを使用するという現代の運用につながっていった。

③ 身内尊敬用法は庶民の日常の生活で行われてきたが、第三者待遇で上下親疎にかかわらずハルを使用し、不特定範疇でもハルが高頻度で使用されるようになってくるにともなって身内に普通形式を使用するようになってきた。もっともこの傾向は相対敬語的運用を規範とする戦後の敬語教育の影響も十分考えられる[8]。

注
1 金沢(2000)では「後期」とは宝暦の頃から文化・文政期にかけての時代、「末期」とはそれに続く天保期から幕末までの時代、とすると規定している。
2 京都市の北西部に隣接する郡で、数度にわたって下京区、右京区、上京区に編入されている。ただし、本書で京都市方言域とする地域に入るのは旧葛野郡のごく一部である。
3 橋本礼二氏のご教示による。
4 桂藤朝が京都時代の藤兵衛門人だということから京都語話者であることは十分考えられる。ハルの使用例を示す。
「ヘイこの間杜若に八ツ橋のゆめみて横町の長谷川へ十銭で買ふてもらいましたナ　そして菊にさかづき、桜にまんまく　月にすゞきは四公とかいふて十五銭づつに買ふてくれはりました　桐に鳳凰の夢みて二十物やて弐十銭に雨に一人もんはゼロとかいふて
5 金沢(2000)により、大阪語資料のハルと前接する動詞との承接関係を確認すると、明治中期、後期とも五段動詞の場合は全てイ段接続となっている。したがってア段接続のハルは一般的な大阪語ではなく、作者が京都語話者であったことからくる表現である可能性がある。
6 明治41年3月発刊の雑誌『大福帳』において片山春(1838-1938 京舞井上流家元、三世井上八千代、都踊りの創始者)はインタビュー記事の中で「お見やす方(筆者注：大名や留守居役の歴々)でも高尚に落ち着て藝を見やはるので却々今の様なそゝつこしい事と譯が違ひました」と述べている。この例では上位場面で、非常に目上の人物でもヤハルを使用していることになり、ヤハルが高い待遇価値を獲得していることの傍証になろう。
7 ア段接続の命令形ハレが延享5年の資料に現れているとの指摘が村上(2004a)にあることは第三部冒頭で述べた。シャル由来のハレの形がその時代の浄瑠璃資料に散見できることは確かである。筆者は菅専助・中村魚眼作寛政1年上演の浄瑠璃「有職鎌倉

山」に「〜しやはい。」とヤハルの命令形とおぼしき形をみつけた。このような命令形が細い水脈としてハルの成立に関与した可能性は否めない。

8 永田(2001)では「大きな変化は第二次世界大戦を契機に起こっている。内外敬語体系が学校教育によって全国に広まったことが予想される」こと、紆余曲折があったものの「結果的には国定教科書では内外敬語を正しい待遇表現と認めた」ことを指摘している。

終章　方言敬語の社会言語史的研究の試み

　本書の眼目は現代日本標準語の敬語の枠組みにはまりきらない京都市における方言敬語、特にハル敬語の包括的な記述を社会言語学的な臨地調査によって試みることであった。その調査方法として話者の使用意識を問う調査票による面接調査も行ったが、自然談話の文字化資料の分析を主体とした。自然談話資料の分析にあたっては網羅性を旨とし、尊敬語が出現する環境にあるデータのすべてを調査した。その結果、標準語とは異なる方言独自の敬語運用の基本的な枠組みを見出すことができたと同時に、その枠組みを外して話者が状況に応じて行うハルやその他の待遇表現の用法を提示し説明を与えることができた。

　現代京都市方言の敬語記述といっても、実際には、現代という共時態で切り取ってみても記述対象とする地域言語は均質なものではない。本書では、「ハル」敬語の最も先鋭的な使用者であると思われる中年層女性を中心に、様々な属性について調査し、考察を行った。さらに現代の敬語使用の枠組みの背景を探るために時間軸を遡って「ハル」敬語の胚胎期とされる江戸時代後期から明治期までの敬語使用状況を文献資料によって考察した。

　以上により、本書は、文献資料の調査、臨地調査ともに一貫した社会言語学的方法論を用い、各属性、各時代の敬語使用の全体的枠組みを示すことによって、一つの敬語形式「ハル」の展開の姿を追った研究、社会言語史の試みである。

1.　属性別・時代別「ハル」敬語概観

　先行研究でハル敬語の使用に関して他地域の話者と比べ京都市方言話者に認められる特質として注目されてきたのは第三者待遇における用法である。

具体的には絶対敬語的運用であり、普通尊敬語の適用対象とはならないような対象へのハルの使用である。また、先行研究では京都市方言話者の中では女性話者にその特質が顕著であることが指摘されている。

以上に加え、当該方言では素材待遇語の方言形使用語彙に女性はハル、男性はハルとヨル・トル・オルの待遇語を使用するという事情もある。本書ではこれらをふまえて、話者を男性話者と女性話者に分けて調査・分析し、特に女性話者という属性と第三者待遇における用法については詳しく考察している。この点は普通男女を分けることをしない現代標準語の敬語記述と大きく異なるところである。また、方言敬語の記述を目的としているので、調査・考察対象とする場面は方言をベースにした言語生活が営まれるくだけた場面《カジュアル場面》を中心とした。

ある時点の共時態の観察といっても全年層の話者が均質でないことは実態が語っている。それで京都市方言女性話者の年層を明治末年生まれの最高年層話者、高年層話者、中年層話者、若年層話者に分け、男性話者についても高年層、中年層、若年層に分けて考察した。さらに、文献資料を用いて、江戸時代後期から明治期にいたる敬語運用について時代を追って考察した。これによって、明治末年生まれの女性話者の調査とほぼ連続する形で調査できたことになる。

以下、現代京都市方言「ハル敬語」の共時態における属性別の考察を行った第2部(第3～7章)、ハル胚胎期以降の京都語の敬語に関する通時的考察を行った第3部(第8～10章)について、現代京都市方言に関しては話者性別と年層、文献資料に関しては時代別に分けて総合的見地からまとめを行いたい。

Ⅰ. 現代京都市方言敬語

中年層女性話者……第3章

中年層女性に実施した調査票による面接調査の回答から、話し相手待遇ではハルは軽い尊敬語として使用されていると解釈される結果が出たが、第三者待遇では異なった結果が出た。インフォーマントのほぼ全員が家族を話し相手としたくだけた場面で第三者待遇において想定してもらった人物(他人の場合)すべてにハルを使用すると回答した。この結果は本書の一つの出発点であり、自然談話資料を用いた調査においても《カジュアル場面》(話し

相手待遇で敬語を使用しない人物を相手としたくだけた場面)でこのことが裏付けられた。

　中年層女性話者の分析の観点は以下のようなものである。ここに示した観点は後のすべての章を貫くものとなっている。
① 《カジュアル場面》全体で用いる待遇表現形式の数。
② 話し相手待遇における敬語運用とハルの待遇価値。
③ 話し相手待遇で目上の近親者や配偶者、友人に狭義敬語を用いるか。
④ 《カジュアル場面》(話し相手待遇で敬語を使用しない人物を相手としたくだけた場面)での第三者待遇における敬語運用。
⑤ 《カジュアル場面》の第三者待遇で上下一律にハルを用いるか。そこからハルの待遇価値が読み取れるか。
⑥ 他人を話し相手とした場合の第三者待遇で、標準語の敬語運用では尊敬語を用いない「敬語上のⅠ人称」(菊池 1994: 96)にハルを用いるか。「敬語上のⅠ人称」の範囲は親族や姻族に関してどの範囲か。また住み込みの従業員なども含まれるのか。
⑦ 第三者待遇で動物や非情物にハルを用いるか。
⑧ 第三者待遇で面識のない人物や未知の人物にハルを用いるか。
⑨ 不特定の「人」を話題の主語としてハルを用いるか。

　中年層女性話者の調査の結果から明らかになった第三者待遇・くだけた場面における待遇表現の全体的運用、およびハルの全体的意味機能は以下のようなものである。

《第三者待遇・くだけた場面における敬語運用》
Ⅰ．ハルと普通形式の二形式が二項対立的に使い分けられる。
Ⅱ．話し相手待遇として普通体・普通形式が使われる場面でも、話題の人には基本的に人の如何にかかわらず一律にハルが適用される。その適用対象は三人称の「人」のほぼ全体に及ぶ。
Ⅲ．普通形式は話し手とごく近い関係にある人か、心理的に極めて疎遠な人、ごく抽象的で非限定的な「人」といった非常に限られた範囲で適用される。
Ⅳ．身内でない人(他人)を話し相手とする場合、話し手の直近の身内である尊属・卑属・夫等には原則的にハルを使用しない。

V. ハルは話題の主語を対象として適用される素材待遇語であるが、その主語が話し相手であるか否かによりハルの適用が決まるという点で相手敬語の側面をもつ。(つまり、話し相手以外の話題の主語には基本的にハルを適用する)
VI. II.〜IV.の基本的運用の枠組みを離れ、話し手の発話時の心的態度を反映し、何らかの待遇意図により、主体的に用いられる臨時的用法があり、高い頻度で活用されている。なお、この用法は話し相手待遇でも用いられる。

《ハルの全体的意味・機能》
　ハルをつけて言及することによって、対象となる話題の主語が談話の場を構成している話し手や話し相手と対峙する三人称として少し隔て、同時に話し手と何らかの関わりをもつ「人」であることを指標として示す「三人称指標機能」を主に、主語を上げる「尊敬語機能」を従に、構成される中核的機能、および「感情評価暗示」「親愛」「間接化」「擬人化」「強調」の派生的機能、「発見・驚き表示」の周辺的機能をもつ。

　以上から、ハルは素材待遇語の性格を保持しており、運用にあたって話し手、話し相手、話題の主、の三者の関係が必ず顧慮されるという点で丁寧語・美化語とは決定的に異なると言える。また、話し相手には普通体・普通形式を用い、話し相手を除くほぼすべての対象にハルを用いる運用は、話し手と話し相手が同じ基盤に立ち第三者と対立するという談話の「場」が形成されるという点で、第1章2.3.3.3で紹介した Brown, P. and Levinson, S. C. のポジティブポライトネス・ストラテジーがとられていると解釈することも可能である。この点については次節で改めて論じることとする。

高年層女性話者……第4章
　総体的に言って高年層話者においても、話し相手待遇・くだけた場面では、基本的に普通体を用いる。質問などの発話行為の効果を高めるためにハルを用いる例も認められた。
　第三者待遇では、上下親疎にかかわらず基本的にハルを適用する。「不特定」の各範疇でも、「特定」の極めて疎の関係にある人物にもハルの使用率

は高い。したがって「第三者待遇に偏る素材待遇語の使用」(宮治 1987) という特質は高年層話者にも認められる。また、中年層話者と比較して絶対敬語的運用の行われている程度は高く、ハルの尊敬語色は強いことがわかった。

明治末年生まれ最高年層女性話者……第 5 章
　くだけた場面における基本的な運用の枠組みの中で使用する形式は、ハルと普通形式とそれ以外の敬語形式、特に丁寧融合型尊敬形式オ〜ヤスである。
　話し相手待遇では、妹のような相手には基本的に普通体を用いるが、他人である友人にはハルや他の諸敬語形式が文脈により使い分けて使用される。
　第三者待遇では、実在する人には、上下親疎にかかわらずハルを使用する。基本的な運用を外して、臨時的にハルを使用することがあるが、尊敬語用法の派生用法として解釈できる例が多い。総じて最高年層は、聞き手に対する敬語運用と配慮のあり方、絶対敬語的運用の残存の程度の高さ、等の点で高年層以上に尊敬語的色彩が濃い。

若年層女性……第 6 章
　くだけた場面において基本的に使用するのはハルと普通形式の二形式である。
　話し相手待遇では身内の目上である両親などにも基本的に普通体を用いる。
　第三者待遇では、上下親疎にかかわらず基本的にハルを適用する。また、第三者待遇で「不特定」の各範疇でハルを使用することがある。話し手の心的態度を表すハルの派生的用法のうち感情評価暗示用法を用いる。つまり男性話者であれば、ヨルによって代替されるような箇所でハルを用いる傾向にあるが、尊敬語から派生した「特殊な待遇意図」にもとづくような用法はあまり盛んに用いられず、他の年層と比べ安定し習熟した敬語使用とは認められない点があった。
　女性話者の全年層について概観すると、最高齢話者から中年層話者へと年齢が下がるにしたがい絶対敬語的運用の特徴が薄まり、尊敬語的色彩が薄まり、「三人称指標」的な特徴が増してきていることがわかる。若年層の運用等については、身内尊敬用法が行われているか、など一部明らかにできな

かった項目があるが、中年層の運用の枠組みをおおむね引き継いでいるとみられる。また、派生的用法に関してはヨルと代替可能な意味領域でもハルを使用しているとみられ、(最)高年層話者との運用の異なりが認められる。

男性話者……第7章
　男性話者と女性話者間では、話し相手待遇に関しては、ハルを軽い尊敬語として使用することも含めて違いが認められなかったが、使用する待遇表現形式の数と、第三者待遇における運用のすべての項目について異なっていた。
　男性話者は上位待遇と待遇表現形式と下位待遇の待遇表現形式を用い、待遇的な扱いと形式を対応させる形で使い分けている。基本的に、ハルを上位待遇の尊敬語用法として用い、ヨル・トル・オルを下位待遇の(軽)卑語として用いている。男性話者の場合、不特定範疇ではあまりハルを使用しておらず、ほとんど義務的といえるくらいにハルを使用している女性話者の場合とは対照的である。派生的機能に関しても、男性話者はプラスの感情・評価をハルで、マイナスの感情・評価をヨルで形式と機能が明示的に対応する形で使用しており、待遇上の上位・下位、評価上のプラス・マイナスは言語形式とある程度明示的な対応関係があると言える。

II. 江戸時代後期〜明治期の京都敬語

江戸時代後期京都語……第8章、第9章
　会話体をとる京都板洒落本資料の会話部分を用いて敬語運用状況について概観した。この期はオ〜ナサル(資料によってはオ〜ナハル)が最上位形式として活発に用いられていた。ハルの出現は認められなかったが、ハル析出直前の形式とされるヤハルが出現した。ヤハルは第三者待遇で用いられていたが、待遇価値の高い尊敬語の用法とは認められなかった。
　他にも第三者待遇で多く用いられる形式としてテ指定があった。話し相手待遇にもある程度用いられるようになっていた。テ指定成立当初は高い待遇価値を有していたが、当期には待遇価値は下がり目下も含め幅広い対象にしても使われるようになっている。
　第9章では、同じく洒落本資料を用いて女性の敬語運用とナサル・ナハル・ヤハルについて詳しく考察した。オ〜ナハルはオ〜ナサルと連続する最

上位待遇の形式であることが確認できた。ナサルが多用されている資料にナハル（「お〜なはる」の形態をとって）が、ナハルが多用されている資料にヤハルがどちらも孤例として現れた。それらのいずれの例も話者の何らかの心意が感じられる発話であった。テ指定の待遇価値は話し相手待遇では低く、第三者待遇では面と向かってはナサルを使用する相手にも用いられていた。ここから同一人物に第三者待遇では話し相手待遇より待遇価値の低い形式を用いるという運用をしていることがうかがえる。

明治期……第10章
　明治期の敬語運用状況について主に落語速記本などの落語関係資料を用いて考察した。この期にハルは出現し、使用者は女性と子どもであり、当初第三者待遇で用いられ、その用法はおおむね尊敬語用法であり、テ指定より高い待遇価値が認められることがわかった。テ指定は、話し相手待遇でも用いられるが、待遇価値は下がり、衰退傾向にある。ヤハルは話し相手待遇でも用いられるようになり、待遇価値は上昇している。ナサル・ナハルの待遇価値は、主に話し相手待遇で用いられ高い待遇価値をもち勢力を広げはじめたオ〜ヤスに押されて下がっている。ハルは明治末期には芸子を使用者として話し相手待遇での使用例が認められた。
　当期は家庭内敬語が使われていること、他人が相手でも家族の目上を話題にして敬語が女性話者により使われていること、そのような場合、敬意の減少したテ指定の形式が用いられていることを確認した。

2. ポライトネスの観点からみた「ハル」敬語

　前節で、現代京都市方言・中年層女性話者による、話し相手には普通体・普通形式を用い、話し相手を除くほぼすべての対象にハルを用いる運用は、話し手と話し相手が同じ基盤に立ち第三者と対立するという談話の「場」が形成されるという点で、B&Lのポジティブ・ポライトネス・ストラテジーだとも解釈できることを述べた。一見すると話し相手を除くほぼすべての対象にハルを用いることはネガティブ・フェイスを指向した行動のようにみえるが、もしそう考えると最も配慮をすべき話し相手に敬語形式を用いないことの説明がつかない。ではなぜポジティブ・ポライトネス・ストラテジーだ

といえるのか。ここで改めてポジティブ・ポライトネス・ストラテジーの定義を Brawn and Levinson(1987: 101)により要約すると「受け手のポジティブなフェイス―欲求 face-want を指向する補償行為で、話し手が受け手の欲求を認めている、話し手が受け手に近づきたいと思っていると感じさせるコミュニケーションの手段」というようなことになる。上に示した運用は、話し相手には普通体を用いることにより距離をおかないことを示し、第三者にはハルを用いて少し距離をおいていると示すことにより、まさにポジティブ・ポライトネスの方法の一つである「共同の基盤に立っていると主張すること」を話し手と話し相手の間で実現していると思われる。

　現代敬語の「敬語体系全体の丁寧語化」とされる現象(井上史雄1981)が全国的に広がっていることが指摘されている。その現れとしての、丁寧語を用いて話さない場面では、第三者にも尊敬語などの敬語も一切使わないという運用もまた話し相手のポジティブ・フェイスを指向した言語行動だと解釈できるが、話し相手のポジティブ・フェイスを指向した行動には他の形があってもおかしくない。

　ハルの派生的用法についてもポライトネスの観点から解釈ができるものがある。その1例を挙げると、第3章で《マイナス評価／悪感情》のハルとして例に挙げた「いやー。(前の車のドライバーが)缶ほかさはった」や、第10章明治期落語資料中の「あの人ならこの下の舷ではだかなつておどつてはるワ」、あるいは第3章《間接化》のハルとして例に挙げた「(飼い犬が)ちょっとご用しはるみたい」などは、ネガティブ・フェイスを指向して、言及対象との社会的距離を離し、かつ女性が下品な語彙を使用することを許容しない地域性・文化的環境などが加わってハルが用いられていると解釈できる。つまり、前者のファクターをD(S, H)、後者のファクターをRx として《フェイス侵害の危険度算定の公式》「Wx = D(S, H) + P(H, S) + Rx」によりFTAの深刻度が算定された結果としてハルが使用されたと考えることができる(この場合聞き手の受け手に対する力であるP(H,S)の値は関与しない)。

　B&Lのポライトネス理論は依頼表現などの発話行為に関わる表現に適用されることが多いが、以上述べたように待遇表現の運用の枠組みや、ハルその他の形式の個々の使用事例の説明に役立てることができる。

3. 京都語における第三者待遇表現の特質

次に、京都語における第三者待遇表現の特質に論点を絞り総括する。

日本語の第三者待遇表現の歴史的変遷についての研究である永田(2001)ではその変遷を次のようにまとめている。

> 要約すると、現在使われている公的敬語体系は公家の言葉を武家が引き継ぎ、その武家の言葉を明治期の標準語が採用し、教育や放送等の手段で全国へ普及した。敬語形式としては身分敬語、序列敬語、内外敬語の順に聞き手指向性が強まる傾向を見せているというのが概観である。しかし、私的言語では絶対敬語的性格が強く、一般庶民や支配階級でも女性は私的言語を使用する傾向が強い。方言では敬語を持たない地域も存在するが、存在する地域においても絶対敬語体系であり、相対敬語は中央から伝播していない。　　　　　　　　　　　　　　（永田2001: 282)

永田(2001)で考察されているのは中央語の待遇表現の歴史的変遷であった。本書は京都市方言という敬語が言語生活の中に深く浸透した方言の一般庶民の「私的言語」の敬語運用に関する現状報告という側面をもち、それはまた動態の報告でもある。本書の記述は永田(2001)の記述の間隙を埋め、敬語史研究では中心的考察対象から外れてしまったかつて中央語であった上方語の後史にいささかの光をあてたことになる。さらに言えば上方語のうち、大阪語の敬語については金沢(2000)他の論考があるが、明治期以降経済的にも、文化的にも、劣勢に立たされた京都語については、資料の極端な乏しさから、現在までのところ記述の空白期間があった。本書はその空白を埋め、明治期の京都語の資料を提示し、ハルの出現を確認した、という点でも意義があったと考える。

現代京都市方言においては、年齢の高い話者に関しては確かに絶対敬語的運用が認められるので、「方言では敬語を持たない地域も存在するが、存在する地域においても絶対敬語体系であり、相対敬語は中央から伝播していない」(永田2001: 282)という側面があることは確かであろう。しかし、相対敬語化(という形での聞き手指向性が強まる傾向)とは異なる質の変容が「私的言語」において認められること、その枠組みの中で絶対敬語的運用とは異

なる近親者に対する敬語使用が認められることを指摘しておきたい。
　相対敬語化とは異なる質の変容とは、「第三者待遇に偏る素材待遇語の使用」（宮治1987）であり、女性話者に特徴的なハルの意味・機能の変容である。いずれも第三者待遇表現に関わることである。そのような変容は何故生じたのだろうか。
　以下では現代京都市方言の敬語運用およびハル敬語が展開するにいたる京都語における敬語の土壌・地域的特性の一端について少し考えたい。
　寺島(1981)では、江戸後期上方語の特質について以下のように述べている。

> 上方においては、一つの表現が対象としうる人間関係が、等位を中心に上・下位にわたって幅広いことが多い。たとえば、上方に特徴的な、動詞を中心とする軽い敬意の表現の場合がそれである。これは「動詞連用形＋て＋断定」「(お)＋動詞連用形＋断定」「(お)＋四段動詞の上一段化形」の形の場合である。……敬語表現の配慮が、江戸の場合は相手と自分との上下関係に、上方の場合は場に応じての言い換えのニュアンスに、それぞれ特徴的に向けられて、先に「縦の分化」と「横の分化」と名づけたような質の違う分化をそれぞれに与えていると言える。…上方語と江戸語の敬語の質の違いを検討する時、封建的な身分制だけでは説明のつかない、場面性の豊かな敬語の質を上方語に見出す(これは、絶対敬語か相対敬語かという観点とは別のところから来ている)。この質は、現代語に相通う質である。
> 　　　　　　　　　　　　　　　　　　　　（寺島1981: 216-217）

「一つの表現が対象としうる人間関係が、等位を中心に上・下位にわたって幅広い」「封建的な身分制だけでは説明のつかない、場面性の豊かな敬語の質を上方語に見出す」「この質は、現代語に相通う質である」という把握は本書で考察を行ってきた京都市方言敬語の特質とも重なる。
　京都市は平安時代から室町時代まで日本の首都であったことによって敬語が発達していたことに加えて、江戸時代には一握りの公家と武家、それに大多数の町人層(商人・職人)より構成される都市であるという社会文化的背景をもつ。そこでは発達した敬語を自らの使用語彙として日常的には極端な上下差のない言語生活が営まれていたと考えられる。
　一方遊里ではいわば晴れの場である接客の場で高度な接客敬語とでもいう

言葉遣いを発展させ、一般市民にも影響を与えたと考えられる。本書で述べてきたように接客される側を身分に関わりなく立てる丁寧な言葉遣いをするのはもちろんとして、接客する側同士が話したり、接客する側に言及したりする場合も少し目下であっても軽度の尊敬語を使用するという方向で展開した。そのような敬語の土壌にあって江戸時代に続く時代も第三者待遇での敬語使用はしっかり地域言語に根付いてきたのではないか。ウチとソトの区別に関していえば、文献資料には他人に対して身内の目上に言及して一段階低い尊敬語で待遇している例もあることから、敬語使用意識は一般に高かったのではないだろうか。

4. 第三者待遇専用敬語形式の変遷

　第三部でまとめた京都語のハルの胚胎期から成立期にいたる資料の調査結果、国語調査委員会(1986)などの資料、金沢(2000)、山崎(1963)等の先行研究を見渡すと、ハルやヤハルの成立と展開をめぐってある共通性が認められることに気づく。成立当初は専ら第三者に用いられた敬意の低い素材敬語形式が、適用範囲を拡張していき、話し相手待遇でも使用されるようになる、という傾向であり、敬語に一般的な敬意逓減の法則を超えた展開である。

　この傾向はテ指定(テヤ敬語)にもあてはまる。江戸時代に専ら第三者待遇で広範囲の対象に適用され、明治時代にも一定の隆盛をみた上方(京阪)のテ指定(テヤ敬語)は、より下位の対象に話し相手待遇で用いられるようになった後、ヤハル・ハルに押されて衰退し、敬意逓減の法則に則った動きを見せたかにみえるが、その周辺部において話し相手待遇・第三者待遇、上下親疎を問わず使用され、方言敬語生活のかなめの位置を占めているという報告もある(篠原 2004: 64)。

　ここで、成立当初は専ら第三者に用いられた形式を第三者待遇専用敬語形式と一括して呼ぶことにして、そのうち今回検討したハル・ヤハルの展開の概略を再確認してみる。

《成立時》
ヤハル：〈第三者待遇〉で尊敬語用法と考えにくい強調といった心意を表す用法として出現した。

　　　　　使用者は若い女性。茶屋の座敷の場面で出現。洒落本資料の他、雑
　　　　　俳資料にも使用例がある。
　　ハル　：〈第三者待遇〉で尊敬語用法と考えにくい皮肉・揶揄の心意を表す
　　　　　一回的な用法と、テ指定より高く、ヤハルより低い待遇価値による
　　　　　使用がみられた。
　　　　　使用者は若い年層の女性や子供で、使用例がみられたのは家族間、
　　　　　友人間の場面である。
《成長期》
　　ヤハル：広い場面(木綿問屋の新年の初会合の席、インタビューの場、問屋
　　　　　の帳場、家族間、風呂屋など)で用いられ、最高敬語に近い一定の
　　　　　待遇価値をもつ素材敬語として広く使用される。
　　　　　同時に、一回的な心意(皮肉・揶揄などマイナスの感情・評価)を表
　　　　　す用法も存在する。
　　　　　使用者は男女を問わない。
　　　　　また、〈第三者待遇〉〈話し相手待遇〉の両待遇での使用がみられ
　　　　　る。
　　ハル　：同輩から客や上位の対象に用いられる。
　　　　　使用者は若い女性(芸子)で、使用場面は風呂屋というくだけた場面
　　　　　である。
　　　　　〈第三者待遇〉〈話し相手待遇〉の両待遇での使用がみられる。
　　　　　今回取り上げた資料には現れなかったが、おそらく適用対象や使用
　　　　　者の属性を広げるという展開があったと思われる。
《現代》
　　ヤハル：ハルの活用の一部(主に一段活用二拍動詞)を補う形で補完的に用い
　　　　　られる。
　　ハル　：あらゆる属性の話者により、広い場面で、また、〈第三者待遇〉〈話
　　　　　し相手待遇〉の両待遇で用いられる。また、発話時の対象や事態へ
　　　　　の感情・評価を表す等、一回的な用法としても活発に用いられる。
　　　　　女性話者は第三者待遇で適用範囲を実在の人物を越えて極限的に広
　　　　　げている。

5. 今後の課題

　本書で行ってきた「ハル」敬語の記述から、いささかの一般化の可能性が考えられるとしたら次のような点である。

　ハル敬語の意味・機能を考えるにあたって、基本的意味・機能だけでなく、そこから派生した意味・機能を含むことのできる枠組みを考えた。そのような枠組みをとらえることを可能にしたのは、イディオレクトへの注目であり、敬語研究において周辺におかれがちな運用上周辺に位置づけられる用法、資料に現れる孤例への注目である。敬語語彙の形態的変化や意味・機能の変化の筋道を追う際に孤例は侮れない材料となる。また、敬語選択行動の際に関与する社会的ファクターに注意が引きつけられがちだが、心理的ファクターの働きも注意する必要がある。一般に歴史言語学などにおいて言語変化は類推や言語接触により起きると説かれているが、知的意味に待遇的意味がかぶさる構造をもつ敬語の変化の場合、発話者によって発話の現場で何らかの心理的ファクターにより主体的に選びとられる言語変異(往々にして規範を外れた変異)が一種の触媒の役割を果たし、変化を促す可能性に留意する必要がある。

　デュランティ(Duranti, A. 1992)はサモアの素材敬語を取りあげた論文の中で、話者は敬語使用にあたってコンテクスト context の制約を受けるが、また逆に話者の創発的 emergent 言語使用がコンテクストの変更を促すことを指摘している。本書では、ハル敬語使用の基本的枠組みと、派生的用法を取り出すことによって「創発的言語使用」の類型化を行い、そのような用法を成り立たせるしくみについて説明した。さらに「創発的言語使用」が言語変化を引き起こすきっかけとなる場合もあることを説明した。

　素材敬語は他の敬語範疇、例えば対者敬語である丁寧語などの源となっていることが敬語史研究によっても裏付けられている。言語変化の観点から見ると、その変化の過程は意味論的な文法化の過程ととらえられることがある(Traugott, E and Dasher, R. 2002 他)。本書は、そのような文法化過程の研究に社会言語学的方法を取り入れることの必要性を具体的に示したことになろう。

　本書では京都「ハル」敬語の方言敬語として独自の機能を記述することに努めた。この記述が「ハル敬語」研究のたたき台となり、方言敬語記述の一

つの方向性を示すものであって欲しいと考える。特に関西以西では、ハル敬語が盛んな近畿中央部方言の外周部にテヤ敬語、チャッタ敬語の地域が広がっている。これらの敬語のふるまいはハル敬語と似ている点があり、本書でとった方法論を応用できると思われる。

　しかし、いくつかの課題を今後に残している。

　共時的考察に関していえば、若年層女性話者と男性話者の調査が十分とはいえず、いくつかの検討項目について実態を明らかにできなかった。

　通時的考察に関しては、京都語におけるハル敬語の展開の全貌を明らかにし、変化過程のモデル化を行うには至らなかった。落語関係資料は主に幕末生まれの落語家によるものであり、明治末年生まれ話者との間に 40 年あまりの開きがある。今後、それらの不足を補い、京都語のハル敬語の記述の充実を期したい。

参考文献

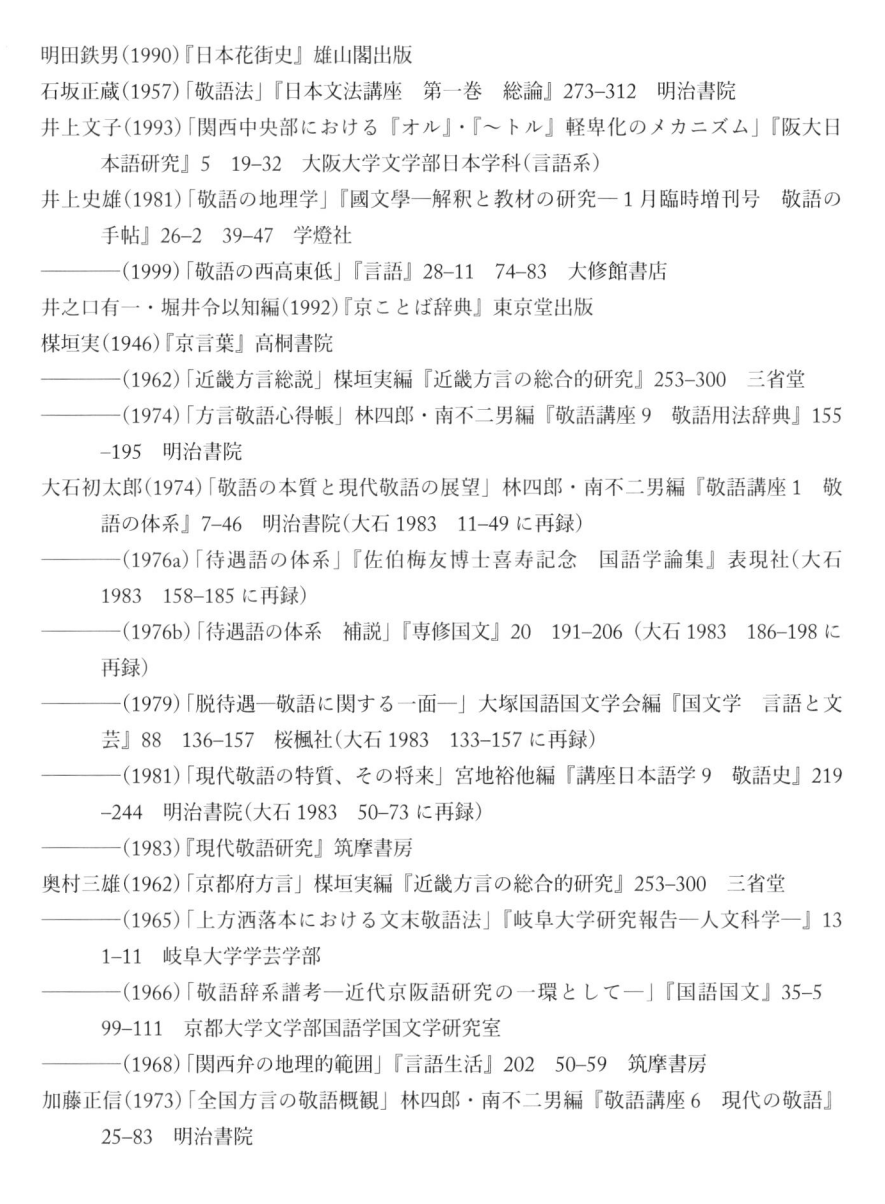

明田鉄男(1990)『日本花街史』雄山閣出版
石坂正蔵(1957)「敬語法」『日本文法講座　第一巻　総論』273-312　明治書院
井上文子(1993)「関西中央部における『オル』・『〜トル』軽卑化のメカニズム」『阪大日本語研究』5　19-32　大阪大学文学部日本学科(言語系)
井上史雄(1981)「敬語の地理学」『國文學―解釈と教材の研究―1月臨時増刊号　敬語の手帖』26-2　39-47　学燈社
―――(1999)「敬語の西高東低」『言語』28-11　74-83　大修館書店
井之口有一・堀井令以知編(1992)『京ことば辞典』東京堂出版
楳垣実(1946)『京言葉』高桐書院
―――(1962)「近畿方言総説」楳垣実編『近畿方言の総合的研究』253-300　三省堂
―――(1974)「方言敬語心得帳」林四郎・南不二男編『敬語講座9　敬語用法辞典』155-195　明治書院
大石初太郎(1974)「敬語の本質と現代敬語の展望」林四郎・南不二男編『敬語講座1　敬語の体系』7-46　明治書院(大石1983　11-49に再録)
―――(1976a)「待遇語の体系」『佐伯梅友博士喜寿記念　国語学論集』表現社(大石1983　158-185に再録)
―――(1976b)「待遇語の体系　補説」『専修国文』20　191-206(大石1983　186-198に再録)
―――(1979)「脱待遇―敬語に関する一面―」大塚国語国文学会編『国文学　言語と文芸』88　136-157　桜楓社(大石1983　133-157に再録)
―――(1981)「現代敬語の特質、その将来」宮地裕他編『講座日本語学9　敬語史』219-244　明治書院(大石1983　50-73に再録)
―――(1983)『現代敬語研究』筑摩書房
奥村三雄(1962)「京都府方言」楳垣実編『近畿方言の総合的研究』253-300　三省堂
―――(1965)「上方洒落本における文末敬語法」『岐阜大学研究報告―人文科学―』13　1-11　岐阜大学学芸学部
―――(1966)「敬語辞系譜考―近代京阪語研究の一環として―」『国語国文』35-5　99-111　京都大学文学部国語学国文学研究室
―――(1968)「関西弁の地理的範囲」『言語生活』202　50-59　筑摩書房
加藤正信(1973)「全国方言の敬語概観」林四郎・南不二男編『敬語講座6　現代の敬語』25-83　明治書院

金沢裕之(1991)「明治期大阪語資料としての落語速記本とSPレコード――指定表現を中心に――」『国語学』167　15-28　日本語学会
―――(1993)「尊敬の助動詞『ハル』の成立をめぐって―明治期大阪語の場合―」『阪大日本語研究』5　33-50　大阪大学文学部日本学科(言語系)
―――(2000)『近代大坂語変遷の研究』和泉書院
菊地康人(1978)「敬語の性格分析―先学の敬語論と私自身の把握―」『国語と国文学』55-12　42-56　東京大学国語国文学会
―――(1980)「『上下待遇表現』の記述」『国語学』122　39-54　日本語学会
―――(1994)『敬語』角川書店
岸江信介(1993)「関西中央部の都市敬語―近畿主要4都市間での比較―」『名古屋・方言研究会会報』10　69-90　名古屋・方言研究会
―――(1997)「大阪府におけるハルとヨルの分布と動態」『名古屋・方言研究会会報』14　49-63　名古屋・方言研究会
―――(1998)「京阪方言における親愛表現構造の枠組み」『日本語科学』3　23-46　国立国語研究所
金水敏(1983)「上代・中古のキルとヲリ―状態化形式の推移―」『国語学』134　1-16　日本語学会
金田一京助(1941)「女性語と敬語」『婦人公論』中央公論社
―――(1959)『日本の敬語』角川書店
工藤真由美(1995)『アスペクト・テンス体系とテクスト―現代日本語の時間の表現―』ひつじ書房
―――(2001)『方言のアスペクト・テンス・ムード体系変化の総合的研究』平成11年度　科学研究費基盤研究(B)(1)研究成果報告書　代表：工藤真由美
―――(2002a)『方言における動詞の文法的カテゴリーの類型論的研究』平成13年度　科学研究費基盤研究(B)(1)研究成果報告書No.5(大阪(小説用例)編)　代表：工藤真由美
―――(2002b)『方言における動詞の文法的カテゴリーの類型論的研究』平成13年度　科学研究費基盤研究(B)(1)研究成果報告書No.6(アスペクトと敬語編)　代表：工藤真由美
国語調査委員会(1986)『口語法調査報告書』(上)(明治39年版復刻版)国書刊行会
国立国語研究所(1971)「待遇表現の実態―松江24時間調査資料から―」『国立国語研究所報告　41』秀英出版
近藤泰弘(1986)「敬語の一特質」築島裕博士還暦記念会編『築島裕博士還暦記念国語学論集』85-104　明治書院
真田信治(1973)「越中五ヶ山郷における待遇表現の実態―場面設定による全員調査から―」『国語学』93　48-64　日本語学会

―――(1983)「最近十年間の敬語行動の変容―五箇山・真木集落での全数調査から―」『国語学』133　69-82　日本語学会

篠原玲子(2004)『尊敬語運用の意識と実態―姫路市方言のテ敬語使用者を事例として―』平成16年度大阪大学修士論文(未公刊)

島田勇雄(1959)「近世後期の上方語」『国語と国文学』36-10　67-77　東京大学国語国文学会

―――(1960)「『お行きる』という言い方の由来について」『国文論叢』8　1-16　神戸大学国語国文学会

―――(1966)「近世敬語の特質」『國文學―解釈と教材の研究―7月臨時増刊号　敬語法のすべて―古典語と現代語―』11-8　45-50　学燈社

洒落本大成編集委員会・代表：水野稔(1978～1988)『洒落本大成』1巻～30巻　中央公論社

正保勇(1981)「『コソア』の体系」『日本語の指示詞』(日本語教育指導書8)51-122　国立国語研究所

杉藤美代子(2001)「文法と日本語のアクセントおよびイントネーション―東京と大阪の場合―」音声文法研究会編『文法と音声Ⅲ』くろしお出版

鈴木勝忠(1967)「方言資料としての雑俳」『国語国文』36-2　13-23　京都大学文学部国語学国文学研究室

鈴木孝夫(1973)『ことばと文化』岩波書店

高木好次・山本練藏編(1930)『洒落本大系』2　8　12　六合館

高橋太郎(1974)「標準語の動詞と京都弁の動詞」『言語生活』270　14-27　筑摩書房

滝浦真人(2005)『日本の敬語論―ポライトネス理論からの再検討』大修館書店

田中章夫(1974)「敬語関係用語集」林四郎・南不二男編『敬語講座9　敬語用法辞典』197-219　明治書院

辻加代子(1999)「京都市方言話者(女性)の談話からみたハル敬語の枠組み」『日本方言研究会第68回研究発表会　発表原稿集』同志社大学

―――(2000)「京都市方言話者(女性)の談話からみた『ハル敬語』の枠組み」平成11年度修士論文(未刊行)

―――(2001)「京都市方言・女性話者の『ハル敬語』―自然談話資料を用いた事例研究―」『日本語科学』10　56-79　国立国語研究所

―――(2002)「京都市方言・女性話者の談話における『ハル敬語』の通時的考察―第三者待遇表現に注目して―」『社会言語科学』5-1　28-41　社会言語科学会

―――(2003)「京都市方言話者のスタイル切換え」『阪大社会言語学研究ノート第5号　特集スタイル切換え〈2〉』2-27　大阪大学大学院文学研究科社会言語学研究室

―――(2004)『京都語におけるハル敬語の展開に関する社会言語学的研究』平成16年度大阪大学博士論文(未公刊)

―――(2007)「近世京都語資料に現れた待遇表現形式チャッタに関する覚書」『日本語の研究』3-1　1-16　日本語学会
辻村敏樹(1963)「敬語の分類について」『国文学　言語と文芸』5-2　8-13　桜楓社
―――(1968)『敬語の史的研究』東京堂出版
―――(1981)「敬語の歴史学」『國文學―解釈と教材の研究― 1 月臨時増刊号　敬語の手帖』26-2　48-58　学燈社
津田早苗(1994)『談話分析とコミュニケーション』リーベル出版
角田太作(1991)『世界の言語と日本語』くろしお出版
岸田浩子(1974)「近世後期上方語の待遇表現―命令表現を中心に―」『国語国文』43-3　1-19　京都大学文学部国語学国文学研究室
寺島浩子(1981)「近世敬語と現代敬語」宮地裕他編『講座日本語学 9　敬語史』188-218　明治書院
東條操(1931)「浪花方言解題」正宗敦夫編(1931)『片言・物類稱呼・浪花聞書・丹波通辭　日本古典全集』日本古典全集刊行会(復刻版 1988『覆刻　日本古典全集　片言附補遺　物類稱呼　浪花聞書　丹波通辭』現代思潮社)
時枝誠記(1941)『國語學原論―言語過程説の成立とその展開―』岩波書店
中井精一(1992)「関西共通語化の現状―大阪型待遇表現形式の伝播をめぐって―」『阪大日本語研究』4　17-32　大阪大学文学部日本学科(言語系)
―――(2001)「近畿中央部における『ヨル』『トル』の待遇化について」『方言のアスペクト・テンス・ムードの体系変化の総合的研究』平成 11 年度　科学研究費基盤研究(B)(1)研究成果報告書　代表：工藤真由美　151-157
―――(2002a)「尊敬の助動詞「ハル」の成立とその定型化」近代語研究会編『日本近代語研究』3　163-181　ひつじ書房
―――(2002b)「西日本言語域における畿内型待遇表現法の特質」『社会言語科学』5-1　42-55　社会言語科学会
中井幸比古(1997)「Ⅰ総論」「Ⅱ府下各地の方言」平山輝男編『日本のことばシリーズ 26　京都府のことば』1-49　明治書院
中井幸比古編著(2002)『京阪系アクセント辞典』勉誠出版
永田高志(1997)「江戸後期上方方言の行方」『文学・芸術・文化』9-1　27-61　近畿大学文芸学部
―――(2001)『第三者待遇表現史の研究』研究叢書 256　和泉書院
ナガノ-マドセン，ヤスコ・杉藤美代子(1999)「東京と大阪の談話におけるあいづちの種類とその運用」『日本語科学』5　26-45　国立国語研究所
中村真有美(1998)「京都方言における助動詞『ハル』について」平成 9 年度卒業論文(未公刊)
中村幸彦(1983)「四　舌耕文芸資料断片」『中村幸彦著述集　第十巻』199-271　中央公論

社
西尾純二(2003)「マイナス待遇表現の言語行動論的研究」平成15年度大阪大学博士論文
　　(未公刊)
日本語記述文法研究会編(2003)『現代日本語文法4　第8部モダリティ』くろしお出版
野元菊雄(1987)『敬語を使いこなす』講談社
橋本礼一(1993)「四代目　桂文吾」荻田清編『芸能懇話　第六号』52-71　大阪芸能懇話
　　会
原田信一(1973)「構文と意味—日本語の主語をめぐって—」『言語』2-2　82-90　大修館
　　書店
彦坂佳宣(1997)『尾張近辺を主とする近世期方言の研究』和泉書院
肥田浩三(1977〜1978)「大阪落語の速記本(一)〜(八)」『上方芸能』51〜54号, 56〜59号
―――(1988)『上方学藝史叢攷』日本書誌学大系55　青裳堂書店
日高水穂(1997)『授与動詞の体系と変化に関する方言対照研究』平成8年度大阪大学博士
　　論文(未公刊)
藤原与一(1978)『昭和日本語方言の総合的研究第一巻　方言敬語法の研究』春陽堂書店
堀井令以知(1988)『京都のことば　上方文庫8』和泉書院
前田勇(1950)「方言資料としての大阪落語」近畿方言学会編『近畿方言』1　4-9
―――(1961)『大阪弁入門』朝日新聞社
―――(1969)「上方弁のゆくえ—方言の成立と衰退—」『国文学　解釈と鑑賞　方言研
　　究のすべて』7月臨時増刊号34-8　251-261　至文堂
真下三郎(1933)「近世の京阪語法に就て」『方言』3-12　40-45　春陽堂
―――(1935)「京都花街考—京都方言の内—」『方言』5-3　39-45　春陽堂
益岡隆志(1991)『モダリティの文法』くろしお出版
馬瀬良雄(1988)「方言の敬語」『國文学—解釈と教材の研究—』33-15　33-40　学燈社
南不二男(1974)『現代日本語の構造』大修館書店
―――(1987)『敬語』岩波書店
―――(1993)『現代日本語文法の輪郭』大修館書店
南不二男・林大・林四郎・芳賀綏(1974)「現代敬語の体系」『敬語講座1 敬語の体系』
　　47-178　明治書院
宮治弘明(1987)「近畿方言における待遇表現運用上の一特質」『国語学』151　38-56　日
　　本語学会
―――(1988)「近畿方言の待遇表現について」国語学会春期大会要旨
―――(1990)「近畿中央部における人を主語とする存在表現の使い分けについて—アン
　　ケート調査から見た若年層の実態—」『阪大日本語研究』2　83-105　大阪大学文学
　　部日本学科(言語系)
―――(1992)「方言敬語の現在—近畿方言を中心に—」『日本語学』11　124-133　明治

書院
———(1996)「方言敬語の動向」『方言の現在』283-296　明治書院
村上謙(2004a)「近世上方語資料としての歌舞伎、浄瑠璃」『日本語学』9月臨時増刊号　23-12　182-189　明治書院
———(2004b)「近世後期上方におけるンの一用法」『国語学』219　100-114　日本語学会
森山卓郎(1994)「京都市方言の丁寧融合型尊敬形式『お〜やす』」『阪大日本語研究』6　93-110　大阪大学文学部日本学科(言語系)
安原貞室(1650)『片言』(正宗敦夫編1931『日本古典全集』日本古典全集刊行会)
柳田征司(1990)「近代語の進行態・既然態表現」『近代語研究』8　1-27　武蔵野書院
矢野準(1976a)「近世後期上方語資料としての上方洒落本類」『語文研究』41　22-31　九州大学国語国文学会
———(1976b)「近世後期京阪語に関する一考察─洒落本用語の写実性─」『国語学』107　16-33　日本語学会
———(1979)「近世後期京阪語資料としての滑稽本類─尊敬表現を中心に─」『静岡女子大学国文研究』12　17-35　静岡女子大学国語国文学会
山崎久之(1963)『国語待遇表現体系の研究　近世編』武蔵野書院
山田孝雄(1924)『敬語法の研究』東京宝文館(1981年復刻版)
山本淳(1990)「近世待遇法の一形式『テジヤ』について」『国学院雑誌』91-4　国学院大学綜合企画部
湯沢幸吉郎(1982)『徳川時代言語の研究』風間書房(1936年　刀江書院刊の再版)
渡辺実(1971)「附説　敬語体系」『国語構文論』421-442　塙書房
著者不明(1819頃)『浪花方言』(内題は「浪花聞書」)(正宗敦夫編1931『日本古典全集』日本古典全集刊行会)

Brown, P. and Levinson, S. C. 1987. *Politeness: some universals in language usage*. Cambridge: Cambridge University Press.

Chambers, J. K. 1995. *Sociolinguistic Theory: Linguistic Variation and its Social Significance*. Oxford: Blackwell.

Coates, Jennifer. 1983. *The Semantics of the Modal Auxiliaries*. London: Croom Helm.(澤田治美訳1992『英語法助動詞の意味論』研究社)

Coates, Jennifer. 1986. *Women, Men and Language: A sociolinguistic account of sex differences in language*. London: Longman.

Duranti, Alessandro. 1992. Language in context and language as context: the Samoan respect vocabulary. *Rethinking context: language as an interactive phenomenon*. (Ed.) A. Duranti and Charles Goodwin, Cambridge: Cambridge University Press. 77-99.

Graser, Barney G. and Anselm L. Strauss 1967. *The Discovery of Grounded Theory: Strategies for Qualitative Research*. Chicago: Aldine Publishing Company.(後藤隆・大出春江・水野夫訳 1996『データ対話型理論の発見』新曜社)

Levinson, S. C. 1983. *Pragmatics*. Cambridge: Cambridge University Press.(安井稔・奥田夏子訳 1990『英語語用論』研究社)

Lyons, John 1977. *Semantics*. Cambridge: Cambridge University Press.

Palmer, F. R. 2001. *Mood and Modality Second edition*. Cambridge: Cambridge University Press.

Paul, Hermann. 1920. *Prinzipien der Sprachgeschichte*.(初版 1880 年　福本喜之助訳 1993『新装版　言語史原理』講談社学術文庫)

Traugott, Elizabeth Closs and Richard B. Dasher 2002. *Regularity in Semantic Change*. Cambridge: Cambridge University Press.

Weinreich, Uriel, William Labov, and Marvin I. Herzog. 1968. Empirical Foundations for a Theory of Language Change. *Directions for Historical Linguistics: A Symposium*. (Ed.) W. P. Lehmann and Yakov Malkiel, Austin: University of Texas Press. 95–188.

資料(使用テキスト)

〔洒落本関係資料〕
洒落本大成編集委員会・代表：水野稔(1978～1988)『洒落本大成』1巻～30巻　中央公論社

高木好次・山本練藏編(1930)『洒落本大系』2　8　12　六合館

〔落語関係資料〕
珍亭可祝編(1899)『のちの落語集』
　　　明治32年写「明治三拾壱年拾月五日起稿、同三拾弐年壱月廿日脱稿、編輯者　下京珍亭可祝、発行者　上京流麗酔央」関西大学「中村幸彦文庫」所蔵

初代桂枝太郎(1899)「舩辨慶」珍亭可祝編『のちの落語集』(明治32年1月20日)所収

桂藤茂衛(1899)(＝四代目桂文吾)「按摩」珍亭可祝編『のちの落語集』(明治31年1月20日)所収

エーピーピーカンパニー発行『古今東西噺家紳士録』(2000年1月、丸善発売、CDROM付き)

諸芸懇話会、大阪芸能懇話会編(1989)『古今東西落語家事典』平凡社

桂文吾(1910～1911)「夢」桂文吾口演　社員速記大坂時事新報に明治43年12月17日より同44年1月15日まで30回連載　中之島図書館蔵マイクロフィルムを複写

〔浄瑠璃関係資料〕
菅専助作「有職鎌倉山」土田衛・北川博子・福嶋三知子編(1995)『菅専助全集　第六巻』勉誠社

〔噺本関係資料〕
春松子作「口合恵宝袋」武藤禎夫・岡雅彦編(1976)『噺本大系』第八巻東京堂出版(京都・江戸板　宝暦5年［1755年］　舞台は京都　半紙本五巻五冊　東大国語研究室蔵)

義笑作「絵本軽口福笑」武藤禎夫・岡雅彦編(1979)『噺本大系』第十七巻〈絵入本Ⅰ〉東京堂出版(京都　菱屋治兵衛板　明和5年［1768年］　舞台は京都　半紙本二巻合一冊　国立国会図書館蔵)

〔その他〕
羽様泰編(1908)「片山春舞踊談」『大福帳　歌舞之巻』第51号　1–6　毎日繁昌社

著者不明(刊年不明　文政末頃刊か)『浪花聞書』正宗敦夫編(1931)『片言・物類稱呼・浪速聞書・丹波通辭　日本古典全集』日本古典全集刊行会(復刻版1988『覆刻片言附補遺物類称呼浪花聞書丹波通辭稱呼』現代思潮社)

あとがき

　「ハル」敬語は不思議な敬語である。とりわけ京都のア段接続の音は明るい響きがあり、接続は明快である。ハルをつけて待遇されると方言敬語のぬくもりが感じられ、よそ者にも心地よい。しかし、よくよく耳を澄まして聞くとそこには市民生活で長年培われてきた人生の機微がしっかり織り込まれている。

　ハルの成立については未だ確かに解明されてはいないが、市井の人の間で産まれたということだけは間違いないであろう。その語は現在ではふだんの敬語生活のすべてをおおっている。そして周辺地域にも浸透し、テレビドラマの世界などでは時代を越えていろいろな属性の登場人物によって使われるようになっている。それにもかかわらず、近畿中央部方言話者以外の話者には、複雑なためか、自身に同じ枠組みがないためか、「ハル」敬語は理解されにくい。本書はそのような話者、ひいては他言語の話者にも理解してもらえることを目指したつもりである。もし、少しでもそれが成功しているとすれば幸いである。

　最初の談話を収録、文字化した資料を見つめて、さてこれをどのように使ったら敬語の分析ができるか、当地の敬語の機構がみえてくるかと頭をひねった日のことは昨日のことのように覚えている。それから収録を重ね模索する中で、例えば、「不特定」の各範疇や「極めて疎」の範疇が浮かびあがってきた。現在、いくつかの研究でそういった分類枠が活用されていることは喜ばしいことである。

　本書は 2004 年大阪大学に提出した博士学位論文「京都語におけるハル敬語の展開に関する社会言語学的研究」をもとに加筆修正したものである。

　本書を書き上げるにあたり、実に多くの方からご指導いただき、ご協力を賜った。直接のご指導を賜った真田信治先生には、研究テーマの決定段階か

ら実に時宜を得た貴重なご助言とお励ましをいただき、博士論文の完成にまでお導きいただいた。同じ社会言語学研究分野の渋谷勝己先生には、論文の書き方や談話調査の調査法、分析の仕方や提示法など懇切丁寧にご指導いただいた。真田信治先生、渋谷勝己先生とともに、学位論文の審査をしてくださった土岐哲先生、コーパス分析、コーディングの仕方などを実地に教えてくださった工藤真由美先生と石井正彦先生をはじめ日本語学講座の先生方にもいろいろな局面で大変お世話になった。心からの感謝とお礼を申し上げる。

談話収録にご協力下さった方々、面接調査のインフォーマントになってくださった方々、そのような方々をご紹介くださった武田佳子氏や京都在住の友人たち、といった大勢の方々の協力の輪に本研究は支えられている。そのことのありがたさをかみしめ、深く感謝申し上げる次第である。

文献資料や落語関係資料の収集、分析にあたっては、彦坂佳宣先生、木津川計先生、荻田清先生、金澤裕之先生、橋本礼一氏、肥田晧三先生、中井幸比古先生、佐竹久仁子氏など多くの方々のご教示、ご協力をいただいた。記して感謝申し上げる。

大阪大学大学院の研究室で研究テーマに即した貴重なアドバイスをいただいた先輩の日高水穂氏、村上敬一氏、姜錫祐氏、西尾純二氏、オストハイダ・テーヤ氏、また、議論を交わし良い刺激をあたえてくださった多くの学友の皆様にもお礼を申し上げる。金美貞氏、佐竹久仁子氏、牧野由紀子氏、水谷美保氏たち語用論勉強会の仲間とは、Brown, B. & Levinson, S. C.(1987)他の文献をともに読み、その中でポライトネス理論と敬語との接点を考えるきっかけを与えられた。

出版にあたっては、ひつじ書房社長松本功氏、編集担当の板東詩おり氏に大変お世話になった。松本功氏には出版を快くお引き受けいただき、完成まで懇切丁寧なご助言とご配慮をいただいた。厚くお礼申し上げる。

研究テーマが非常に近い宮治弘明先生には一度だけ、阪大日本語学同窓会の懇親会の折、敬語についてひとしきりお話を伺う機会があった。私の問いに対して、ハル敬語には「少し上げる」という機能があると思う、と語られたことなどその時の先生とのやりとりは今でも忘れられない。ご論文を通じて大いに勉強させていただいたことをありがたく思うとともに、再びお話を伺う機会が失われたことが残念でならない。

最後に長い期間、大学院に籍を置くことを許し、側面から研究生活を支え続けてくれた夫・勝次と息子たち家族に心から感謝し、本書を捧げたいと思う。

2009 年春　京都にて
辻　加代子

索引

事項・人名索引

B
Brown, P. and Levinson, S. C. 34, 37, 81, 136, 169, 358, 362

C
Chambers, Jack K. 4
Coates, Jennifer 207

F
FTA, FTAs 35, 36, 37, 190

L
Levinson, Stephen C. 32, 33, 362
Lyons, John 32

P
Palmer, Frank R. 121, 122
Paul, Hermann 5

T
Traugott and Dasher 33, 42, 367

W
Weinreich, Uriel 4

あ
間柄的関係 16, 38, 44, 45, 49, 67, 68, 86, 93, 98, 102, 140, 199
ア段接続 339, 343, 344, 348, 349
改まった場面 47

い
一般論 94, 98, 155, 158, 179, 183, 242, 289, 292
イディオレクト 4, 37, 40, 132, 171, 270, 297, 367
井上史雄 2, 31, 130, 362
井上文子 209, 210, 211, 213, 263
井之口有一 210

う
有情物 234, 236
楳垣実 12, 14, 129, 209, 210, 316

お
大石初太郎 12, 13, 15, 19, 21, 31, 38, 42, 49, 93, 98, 123, 129, 130
奥村三雄 17, 40, 207, 209, 267, 268, 269, 272, 273, 295, 296, 316, 329

か
会話体洒落本 272
カジュアル場面 44, 70, 82, 84, 85, 89, 96, 141, 171, 193, 215, 226, 227, 232, 274, 281, 286, 287, 291, 350, 356, 357
桂枝太郎 324, 332
桂文吾 338, 341, 343
家庭内敬語 31, 62, 85, 93, 340, 361
加藤正信 11, 12, 13, 15, 40
金沢裕之 267, 306, 315–318, 330, 337, 338, 363, 365
関係把握の表現 11, 15, 69
感情評価暗示 127
感情評価暗示用法 125, 161, 163, 189, 201, 205, 208, 359
間接化 116, 123, 125, 127

き
聞き手本位 13
菊地康人 17, 19, 20, 21, 22, 23, 25, 26, 28, 30, 39, 40, 79, 92, 99, 118, 123, 130, 137
岸江信介 11–13, 15, 16, 112, 113, 210
擬人化 119, 123, 125, 127
擬人化用法 123, 257
規範的運用 33, 34
狭義敬語 2, 18, 22–24, 38, 357
強調 127
強調用法 112, 123, 125, 161, 243, 257
京都板洒落本 5, 6, 54, 266, 269, 272, 291, 295, 315
虚構上あるいは歴史上の人物 95
虚構的用法 119
極めて疎 49, 86, 93, 97, 98, 158, 168, 183, 186, 192, 197, 243, 286, 358
近畿中央部方言 1, 3, 5, 11, 46, 56, 57
金水敏 209

金田一京助　30

く

くだけた場面　46, 47, 70, 80, 81, 82, 103, 127, 132, 141, 168, 192, 201, 250, 269, 348, 356, 358, 366
工藤真由美　263

け

(軽)卑語　257, 261, 262, 343
敬語的人称　30, 39
軽卑語　122, 168, 168, 201, 208–211, 221
謙譲語　21, 22, 23, 30, 37, 38
広義敬語　21, 38
『口語法調査報告書』　318, 336
国語調査委員会　365
近藤泰弘　119

さ

雑俳資料　301, 305, 366
真田信治　330
三人称指標　103, 124, 127, 204, 261, 358

し

自然物崇拝　66, 67, 128, 131
質問強調　100, 123, 190
島田勇雄　11–14, 112, 113, 271
社会言語史　5, 355
社会的ダイクシス　31, 33, 34, 42, 81, 213
従属句　25, 27, 28, 39, 41, 48, 49, 75, 76, 80, 130, 144, 174, 195, 196, 274, 308, 310, 313, 345
主体的　358
主体的運用　34, 312
正保勇　130
初代桂枝太郎　320, 330
所有傾斜　41, 45, 66, 67, 140, 222
所有者敬語　41, 67, 140, 222
親愛　127
親愛感情と視点同一化　120, 123
親愛語　1, 11, 13, 15, 16, 44, 46, 64, 112, 210
親愛用法　123, 125, 138, 168, 257
心学道話　325
心内発話　117, 118, 166, 168, 201, 255

す

鈴木勝忠　301
鈴木孝夫　119, 120

せ

性別による好みを反映した言語的差異　207
性別による相互排除的な言語的差異　207
絶対敬語　1, 3, 11, 13, 14, 15, 30, 31, 44, 68, 70, 86, 90, 131, 148, 153, 154, 169, 179, 180, 183, 192, 204, 356, 359, 363
全面否定　96, 157, 158

そ

相対敬語　15, 17, 30, 31, 44, 90, 153, 169, 240, 352, 363
相対敬語化　39, 154, 363, 364

創発的言語使用　367
素材敬語　3, 14, 23, 31, 33, 40, 46, 131, 212, 271, 365–367
素材待遇語　14, 15, 18, 40, 82, 85, 128, 137, 179, 180, 207, 208, 224, 232, 236, 250, 257, 259, 262, 356, 358
疎の関係　358

た

待遇的意味　2, 18, 19, 21, 22, 23, 28, 30, 38, 213, 367
待遇表現　2, 13, 17–21, 38, 42, 44, 49, 104, 148, 177, 211, 233–236, 250, 259, 260, 266, 267, 271, 276, 287, 291, 295, 310, 312, 317, 331, 332, 355, 360
ダイクシス　31–33, 119
第三者待遇専用敬語形式　365
第三者待遇に偏る素材待遇語の使用　16, 43, 46, 47, 63, 68, 85, 137, 141, 149, 151, 155, 169, 180, 193, 198, 220, 224, 232, 236, 271, 359, 364
対者敬語　23, 31, 112, 130, 367
対者敬語化　3, 14, 31
対象化　107, 108, 121, 123, 189, 191
対立型　130
対話の世界　23
高橋太郎　11, 15, 210
滝浦真人　37
脱待遇　38, 44, 47, 49, 98, 129, 140

索引　385

団体・機関　94, 156, 158, 177, 179, 184, 186, 192, 199, 242, 245, 247
断定強調　111, 123

ち

知的意味　2, 18, 23, 38, 367
チャッタ敬語　368
直示体系　81
直示の中心　32, 34

つ

辻村敏樹　23, 30, 40
角田太作　26, 41

て

丁重語　21, 23, 38
丁寧語　1, 11, 12, 14–17, 21–24, 38, 43, 44, 46, 47, 49, 61–63, 68, 70, 82, 86, 99, 115, 116, 118, 128, 148, 166, 190, 192, 219, 224, 305, 358, 362, 367
丁寧語化　2, 31, 362
丁寧体　82, 190
丁寧融合型尊敬形式　40, 62, 132, 135, 140, 169, 192, 359
テヤ敬語　368
寺島浩子　364

と

東條操　266
時枝誠記　23, 40, 42
特殊な待遇意図　123, 130, 201, 346, 359
特定　86, 158, 177, 179, 180, 183, 186, 197, 204, 233, 235, 241, 244, 247, 248, 250, 358

な

中井精一　11, 13, 14, 15, 84, 209, 211, 318
中井幸比古　11, 13, 14, 15, 40, 53, 210, 318, 324
永田高志　38, 363
ナガノ－マドセン, ヤスコ　51
中村真有美　11, 15, 92
中村幸彦　330

に

西尾純二　212, 224
西陣言葉　43, 72

ね

ネガティブ・フェイス　35, 361, 362
ネガティブ・ポライトネス　35, 36
ネガティブ・ポライトネス・ストラテジー　36, 37, 116

の

のちの落語集　324, 330
野元菊雄　11, 13

は

橋本礼一　330, 331
発見・驚きの表明　124, 163
発見・驚き表示　127
発話行為　190
話し手中心性　13
話手本位　13
噺本　54, 320, 321, 325
原田信一　25, 26
範疇一般　94, 155, 158, 184, 185, 186, 199, 245
範疇個人　96, 157, 158, 185, 186, 199, 245, 334

ひ

美化語　1, 11, 15–17, 22, 23, 40, 46, 68, 128, 358
卑語　208, 210, 211, 215, 224, 230, 257–259, 335, 348
彦坂佳宣　275, 286, 305
非情物　45, 65, 66, 122, 126, 139, 141, 204, 222, 234, 236, 249, 250, 357
日高水穂　21
肥田晧三　315
卑罵語　18, 22, 122, 224, 287, 334, 335, 339
評価・感情暗示用法　121–123

ふ

フェイスを脅かす行為　35, 169
フォーマル場面　70, 82, 85, 90, 96, 227, 274, 281, 286, 291, 292
藤原与一　11, 14, 73
普通形式　18, 38, 49, 82, 84, 85, 88, 90, 101, 103, 127, 130, 190, 191
普通体　72, 82, 101, 103, 112, 130, 190, 191
不特定　86, 93, 98, 131, 155, 158, 169, 177, 179, 180, 183, 186, 192, 193, 197, 199, 201, 204, 231, 234, 236, 241, 242, 243, 245, 247, 249, 250, 260, 261, 313, 349, 352, 358–360
プラス評価／好感情　120, 123
プラス方向の評価・感情指

標用法　257

ほ
方言敬語　1–3, 17, 39, 47, 49, 62, 70, 131, 132, 135, 266, 356, 365, 367
ポジティブ・フェイス　35, 362
ポジティブ・ポライトネス　35, 37, 261, 362
ポジティブ・ポライトネス・ストラテジー　36, 37, 358, 361, 362
ポライトネス理論　34, 37
堀井令以知　12, 112, 113, 121, 129

ま
マイナス評価／悪感情　118, 123
マイナス方向の評価・感情・感覚指標用法　257
前田勇　315
真下三郎　268
益岡隆志　122
馬瀬良雄　31
マトモの相手　30, 39, 48, 49, 98, 99, 334

み
身内尊敬用法　11, 13–15, 39, 40, 44, 47, 68, 70, 148, 239, 240, 291, 292, 348, 352, 359
見かけ時間　4, 5
南不二男　21, 23, 27, 29, 41, 75, 76, 80, 88, 129, 130, 144, 308
宮治弘明　3, 11, 13–16, 40, 46, 57, 63, 68, 69, 85, 149, 151, 212, 213, 263, 364

む
村上謙　267
室町言葉　43, 66, 67, 72, 132, 142, 171

も
森山卓郎　40, 57, 169

や
柳田征司　209
矢野準　271
山崎久之　42, 267, 268, 273, 287, 291, 295, 297, 307, 311, 365

ゆ
融合型　130
融合的視点　103
湯沢幸吉郎　328, 329

よ
四代目桂文吾　320, 324, 325, 331

ら
落語関係資料　7, 54, 316, 320, 325, 330, 347, 361, 368
落語速記資料　267, 315, 348

れ
レル敬語　61, 62, 219
連体修飾句　25, 27, 39, 67, 76, 77, 80, 144, 175, 196, 345

わ
ワキの相手　30, 39, 48, 49, 99
話題の世界　23
話題の世界の敬語　39, 41
渡辺実　23, 40, 41

語彙索引

あ
アソバス　277

い
一段化　277, 281, 334, 337, 338
イテル　212
イル　208, 211, 212

お
(オ〜)ナサル　312, 349
(オ〜)ナハル　312, 349
オ〜アソバス　286, 289
オ〜ナサル　286, 287, 289, 299–302, 310, 311, 360
オ〜ナハイ　304
オ〜ナハル　286–288, 289, 292, 295, 299–305, 310, 311, 313, 349, 360
オ〜ヤス　3, 14, 16, 40, 44, 57, 62, 132, 135, 136, 140, 141, 192, 229, 334, 336, 340, 347, 348, 359, 361
オ〜ヤハル　192
オ＋一段化　277, 286, 289, 306, 310
オ＋一段化・オ動詞　281
オ＋連用指定　281, 286, 289, 299
オ＋連用命令　281, 299, 304, 342
オ動詞　277, 286, 289, 306, 310, 311
オル　2, 6, 56, 128, 208–214, 225, 229, 232, 233, 235, 236, 247, 250, 253, 255, 257, 258–259, 261, 277, 342, 356, 360

く
クサル　287

し
シテハル　345
シテヤハル　345
シャル　268, 269, 277, 278, 286, 287, 288, 289, 319, 336
シヤル　301

そ
尊敬語助動詞　286
尊敬語連用命令　281

て
(〜テ)(オ)クレ　281
〜テオクレ　304
テ敬語　317
テ形命令　334, 348
テ指定　277, 281, 286, 289, 304, 307, 308, 310, 311, 334, 337, 338, 342, 348, 350, 360, 361, 365, 366
デス・マス　62, 85, 86
テハル　306, 335, 340, 347
テミエル　277, 286
テル　208, 211

と
トル　2, 6, 56, 128, 207, 208, 209, 210, 211, 213, 214, 221, 225, 229, 232, 233, 235, 236, 244–247, 248, 250, 252, 253, 255–259, 261, 356, 360

な
ナサル　17, 40, 268–272, 277, 278, 281, 286, 287, 289, 301, 312, 313, 315, 317, 319, 335, 336, 347, 360, 361
ナサレ　281
〜ナハイ　304
ナハル　7, 17, 57, 189, 192, 266, 267, 269–272, 277, 278, 281, 286, 287, 289, 291, 292, 295–297, 301–305, 306, 312, 313, 315, 317, 319, 324, 325, 330, 331, 334, 335, 337, 343, 346, 347, 348, 360, 361
ナハレ　281, 334, 336
ナマス　293

は
ハレ　334–336
普通体命令形　299

ま
マス　85

や
やしやる　328, 329
ヤハル　7, 17, 73, 74, 84, 266, 269–272, 277, 278, 281, 286, 287–289, 291, 292, 295–297, 302, 305, 306, 312, 313, 315, 317–320, 324, 325, 330, 331, 335, 339, 340, 343, 345, 346, 348, 349, 350, 360, 361, 365, 366
ヤル　85

よ
ヨル　2, 6, 56, 85, 128, 201, 202, 204, 205, 207–216, 220, 221, 224, 225, 229, 232, 233, 235, 236, 248–250, 251, 253–259,

261, 263, 277, 304, 308,
309, 313, 340, 356, 359,
360

ら

ラレル　277, 287

れ

レル・ラレル　40, 219, 229
連用指定　277, 286, 289
連用命令　281, 299, 304,
338, 348

【著者紹介】

辻 加代子（つじ かよこ）

〈略歴〉1947年、鹿児島県生まれ。東京都出身。
2005年、大阪大学大学院文学研究科博士後期課程修了。博士（文学）。
京都外語学院日本語学校非常勤講師、甲南大学文学部非常勤講師を経て、現在神戸学院大学経済学部准教授。

〈主な著書・論文〉「京都市方言・女性話者の「ハル敬語」―自然談話資料を用いた事例研究―」『日本語科学』10号（国立国語研究所、2001年）、「ことばの切換え（第2章2-2）」（彭国躍との共著）真田信治編『社会言語学の展望』（くろしお出版、2006年）、「近世京都語資料に現れた待遇表現形式チャッタに関する覚書」『日本語の研究』3巻1号（日本語学会、2007年）。

ひつじ研究叢書〈言語編〉第71巻

「ハル」敬語考
京都語の社会言語史

発行	2009年5月29日 初版1刷
定価	7800円+税
著者	©辻 加代子
発行者	松本 功
本文フォーマット	向井裕一（glyph）
印刷所	三美印刷株式会社
製本所	田中製本印刷株式会社
発行所	株式会社 ひつじ書房

〒112-0011 東京都文京区千石2-1-2 大和ビル2階
Tel.03-5319-4916 Fax.03-5319-4917
郵便振替 00120-8-142852
toiawase@hituzi.co.jp　http://www.hituzi.co.jp

ISBN978-4-89476-416-3

造本には充分注意しておりますが、落丁・乱丁などがございましたら、小社かお買上げ書店にておとりかえいたします。ご意見、ご感想など、小社までお寄せ下されば幸いです。

〈刊行のご案内〉

国会会議録を使った日本語研究
松田謙次郎 編　5,250円

対人行動の日韓対照研究
言語行動の基底にあるもの
尾崎喜光 編　5,250円

留学生の日本語は、未来の日本語
日本語の変化のダイナミズム
金澤裕之 著　2,940円